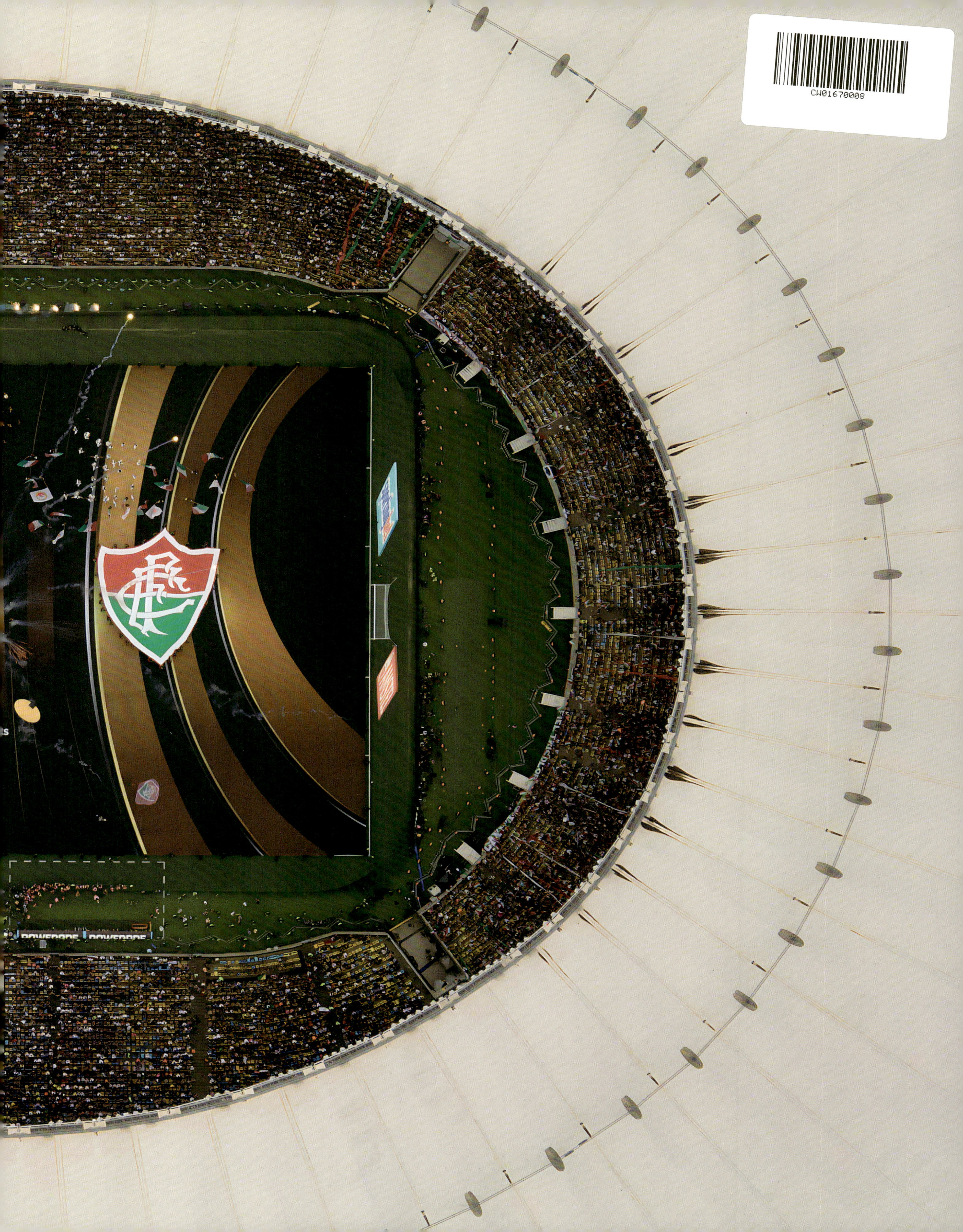

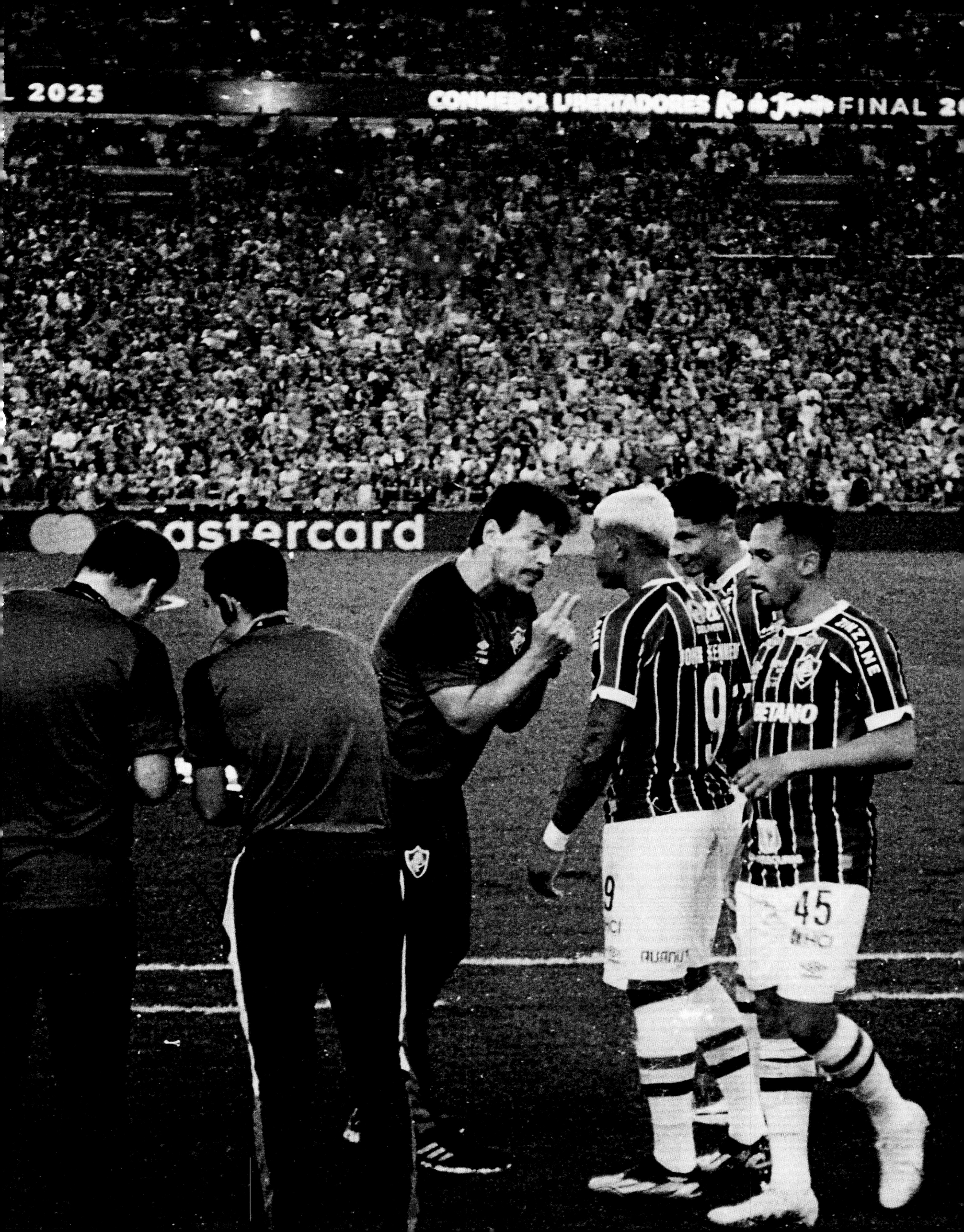
2023
CONMEBOL LIBERTADORES
FINAL
astercard
9
BETANO
45

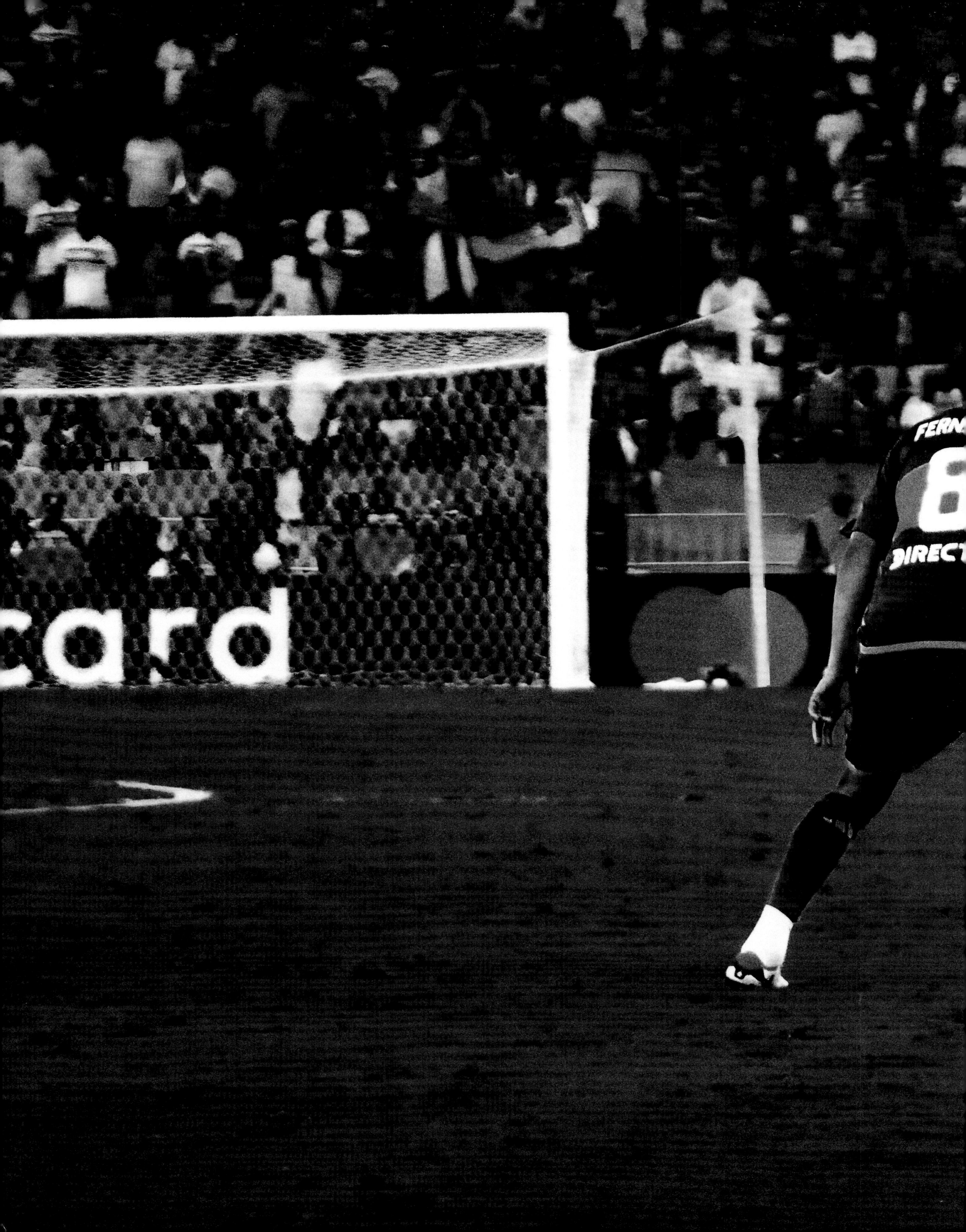
card

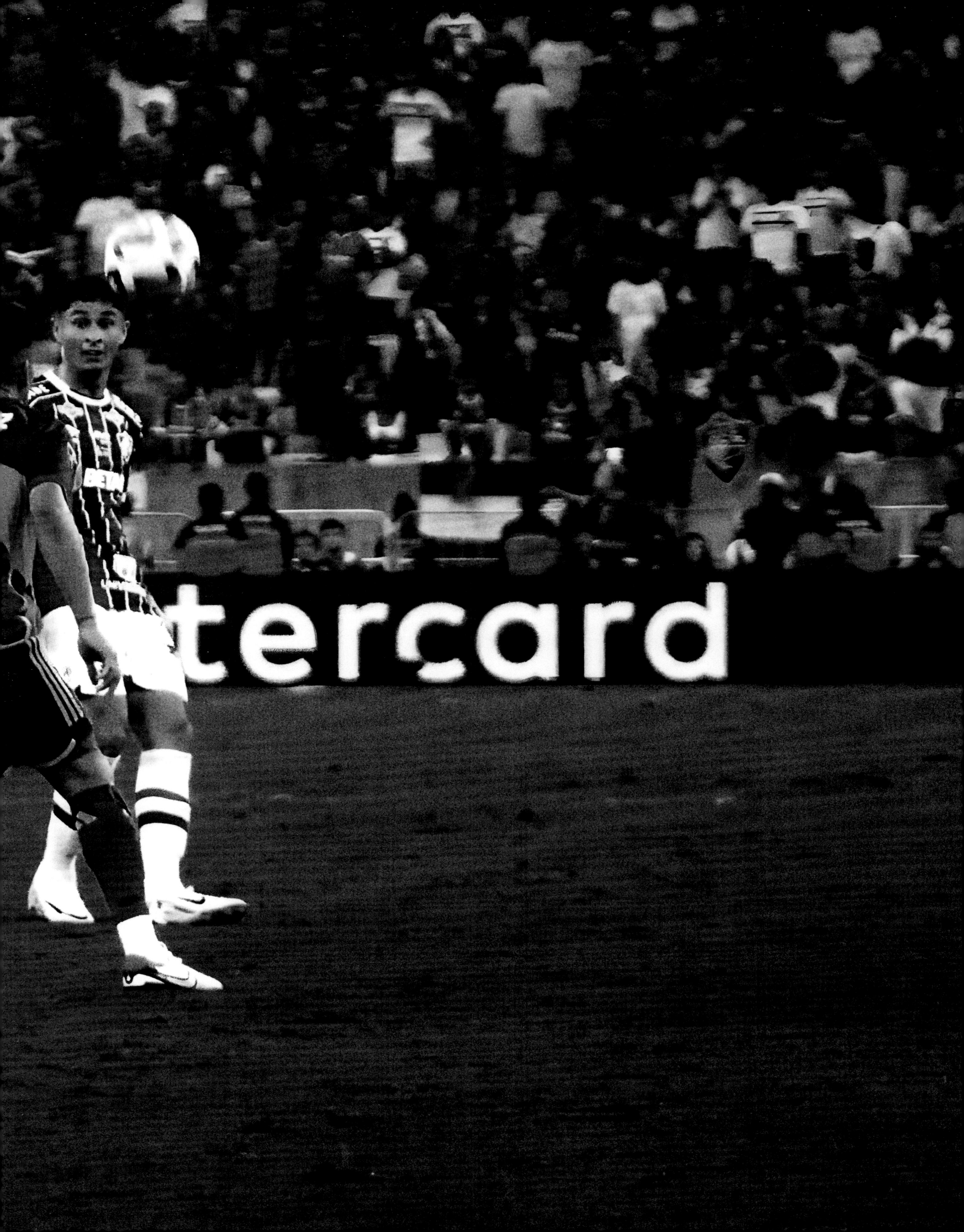
tercard

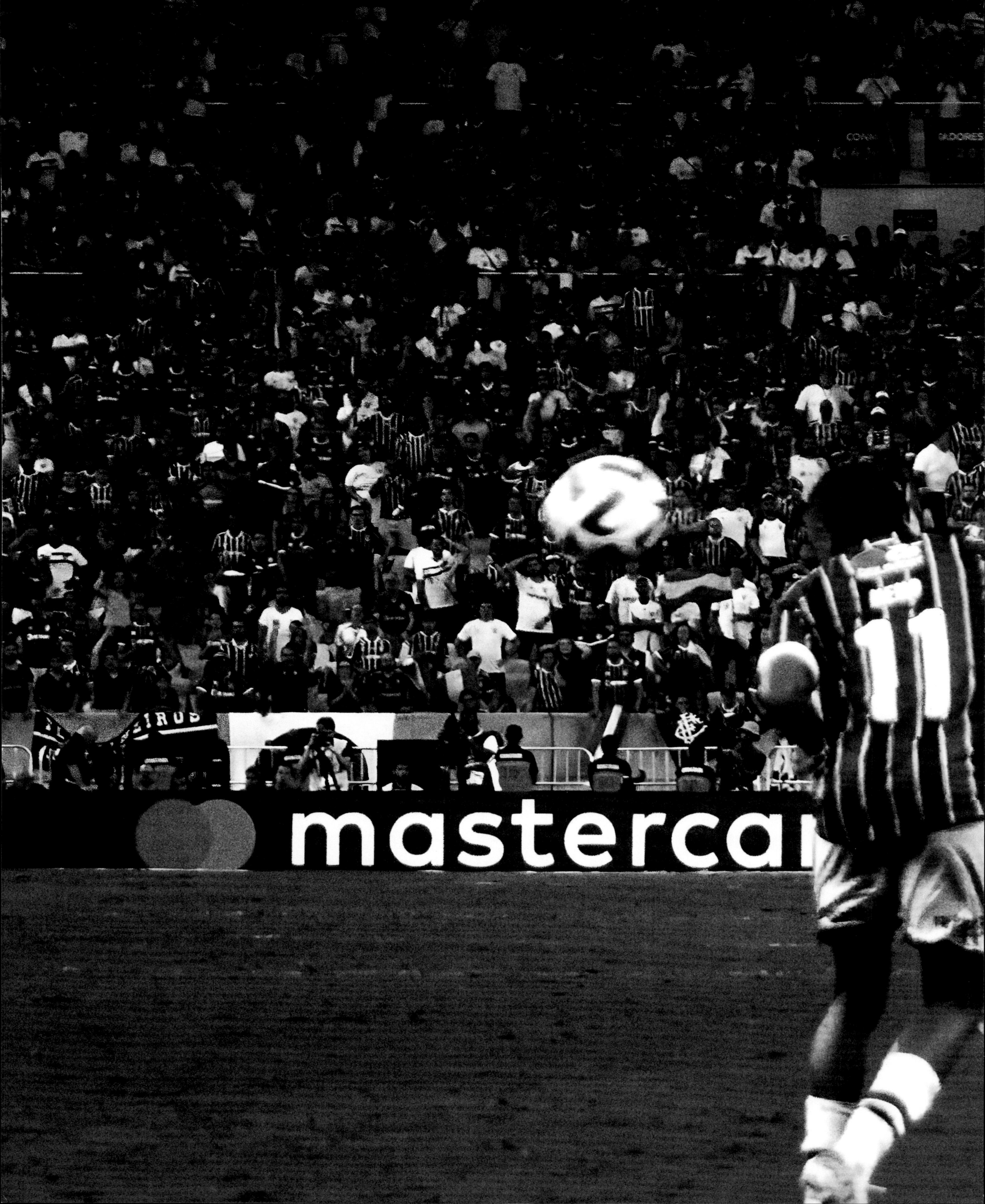
mastercar

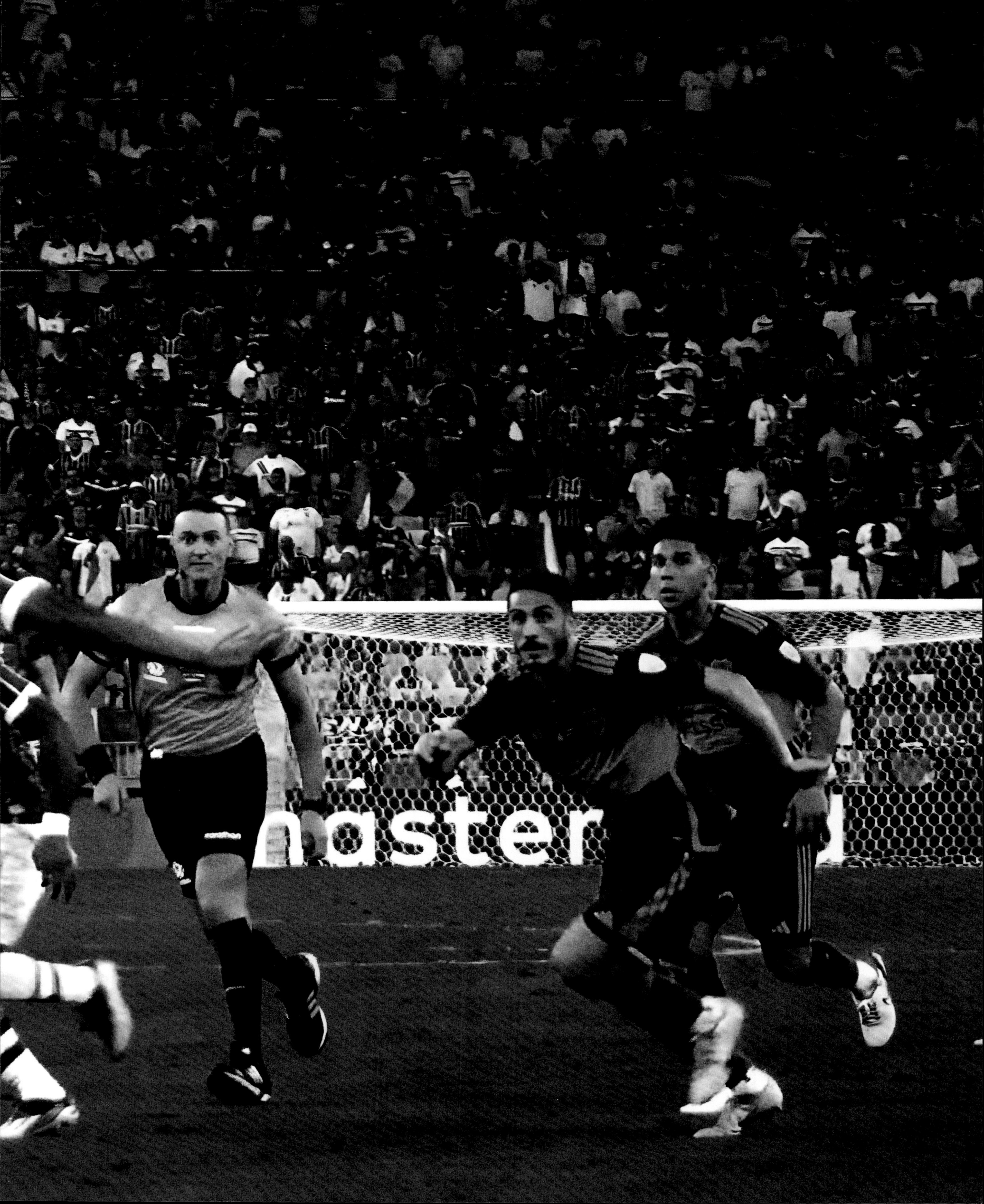
master

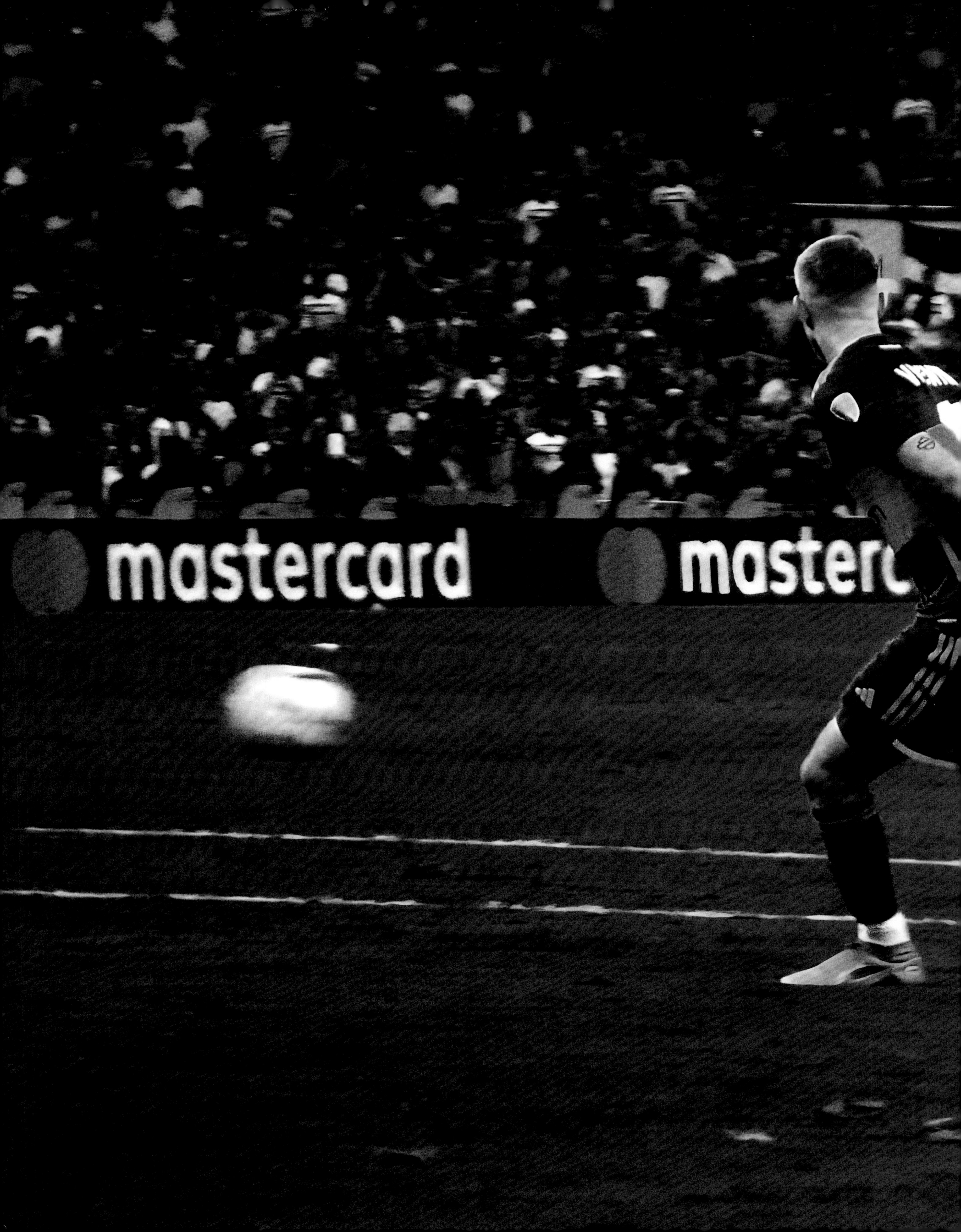
mastercard

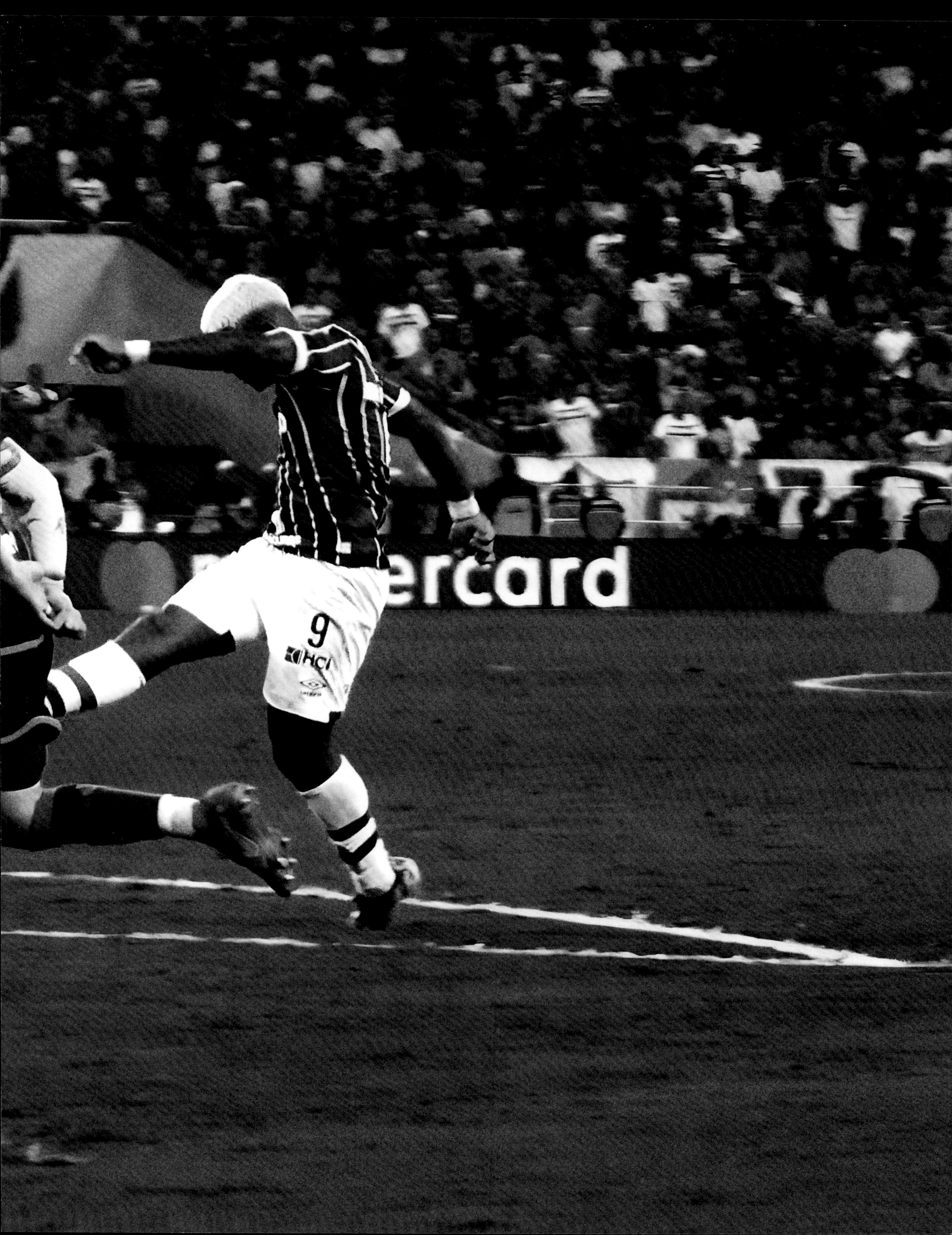

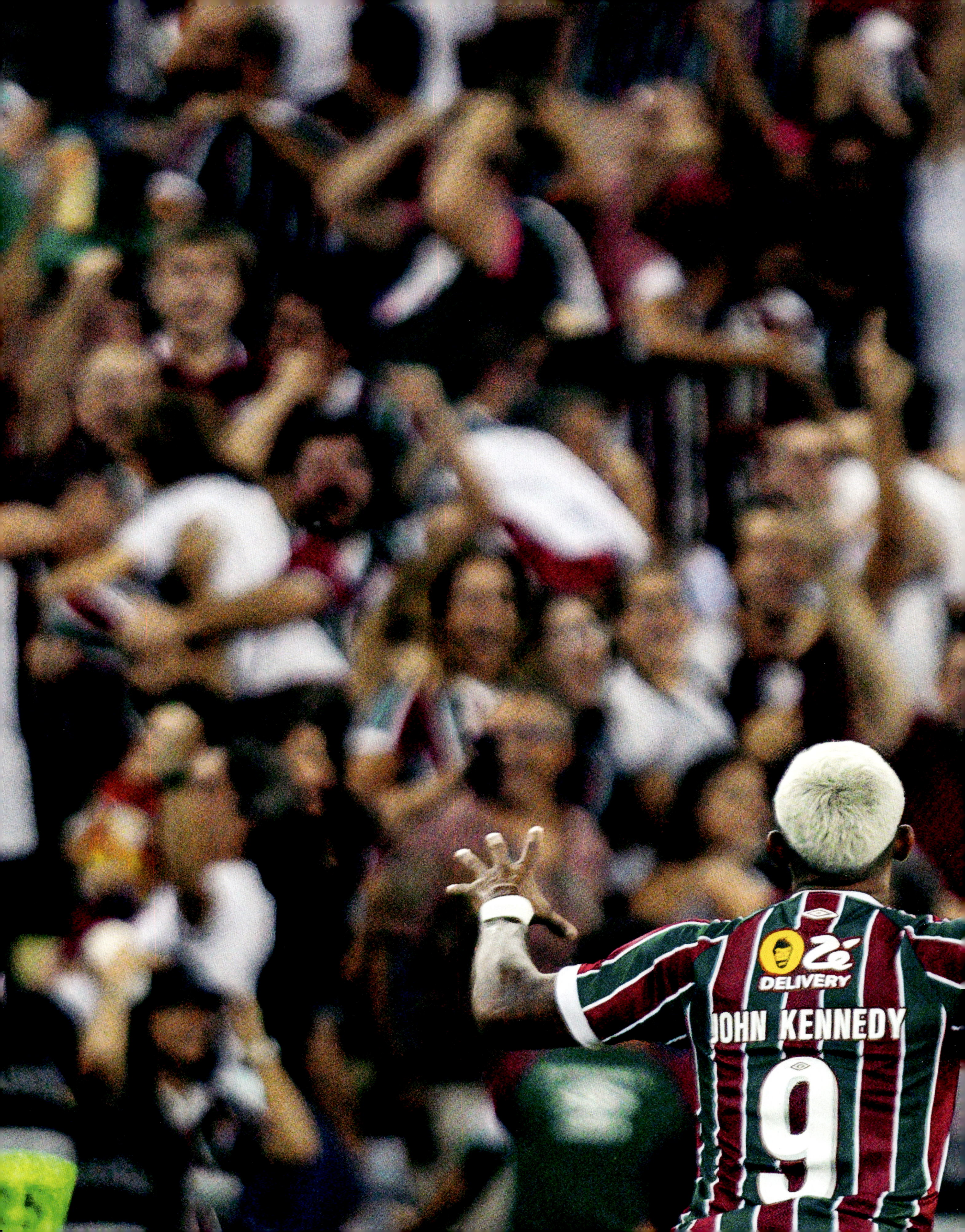
Zé
DELIVERY
JOHN KENNEDY
9

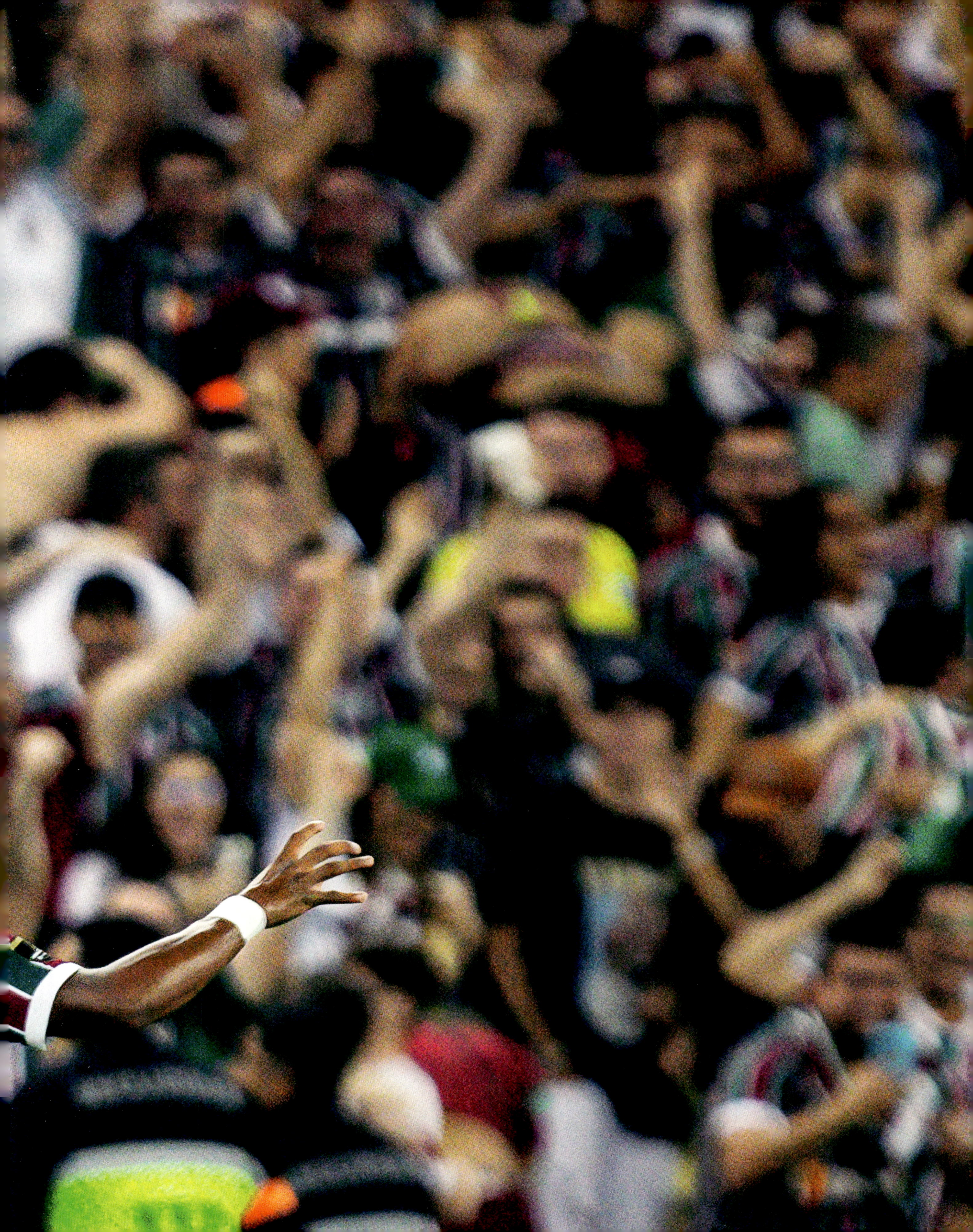

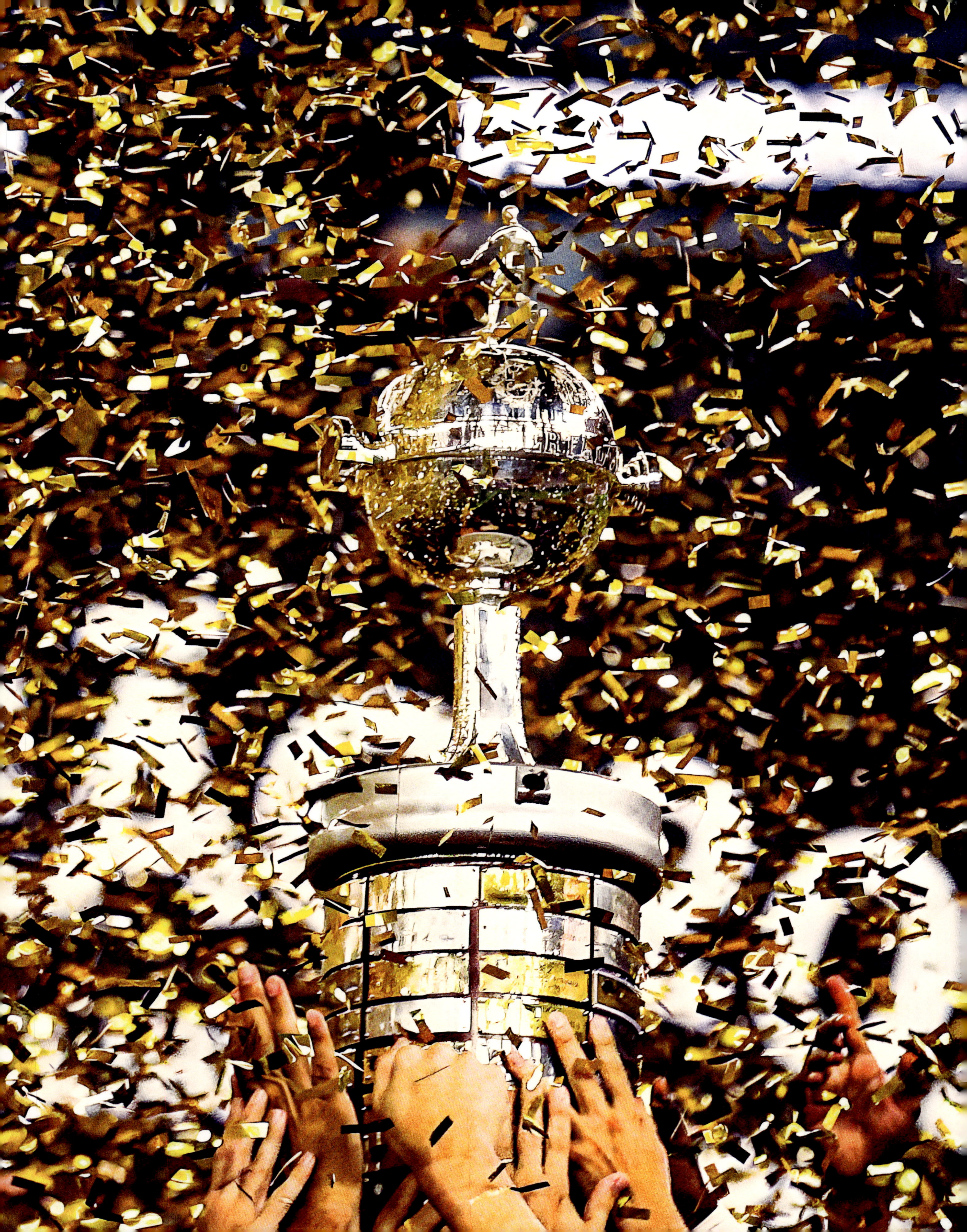

VAMOS, TRICOLORES

A CONQUISTA DA AMÉRICA

SEXTANTE ARTES

FLUMEMÓRIA

Organização
DHANIEL COHEN

Design Gráfico
ANGELO BOTTINO

Revisão
LUIS AMÉRICO COSTA
PEDRO STAITE
SÉRGIO TRIGO

Imagens
ACERVO FLU-MEMÓRIA
ARI KAYE (guardas)
CLÉBER MENDES/LANCEPRESS (página 18)
JOÃO MÜLLER MOURA (página 1)
JORGE BISPO (página 31)
LEANDRO CABRAL/FLUMINENSE FC (arte da capa)
LEONARDO BRASIL/FLUMINENSE FC
LUCAS MERÇON/FLUMINENSE FC
MAILSON SANTANA/FLUMINENSE FC
MARCELO GONÇALVES/FLUMINENSE FC
MARINA GARCIA/FLUMINENSE FC
RODRIGO ERNESTO (página 152, abaixo)
RONALDO FRANÇA (página 28)

Impressão e Acabamento
IPSIS GRÁFICA E EDITORA S/A

"Vamos, tricolores", composição de WAGNER FRAGA COSTA

CIP-BRASIL. CATALOGAÇÃO NA PUBLICAÇÃO
SINDICATO NACIONAL DOS EDITORES DE LIVROS, RJ

V295

Vamos, tricolores : a conquista da América / organização Dhaniel Cohen. - 1. ed. -
Rio de Janeiro : Sextante, 2024.
160 p. : il. ; 35 cm.

ISBN 978-65-5564-882-9

1. Fluminense Football Club - História. 2. CONMEBOL Libertadores.
I. Cohen, Dhaniel.

24-88772 CDD: 796.334098153
CDU: 796.332(815.3)

Meri Gleice Rodrigues de Souza - Bibliotecária - CRB-7/6439

Rua Voluntários da Pátria, 45 — 14º andar — Botafogo
22270-000 — Rio de Janeiro — RJ
Tel.: (21) 2538-4100
E-mail: atendimento@sextante.com.br
www.sextante.com.br

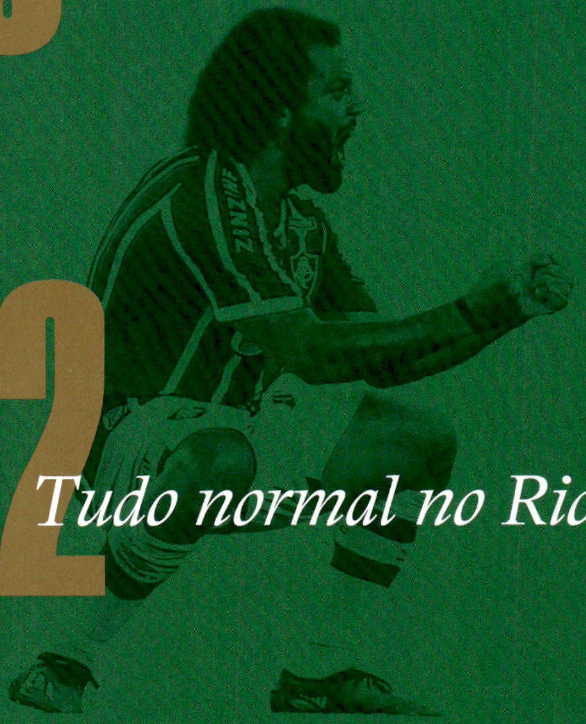

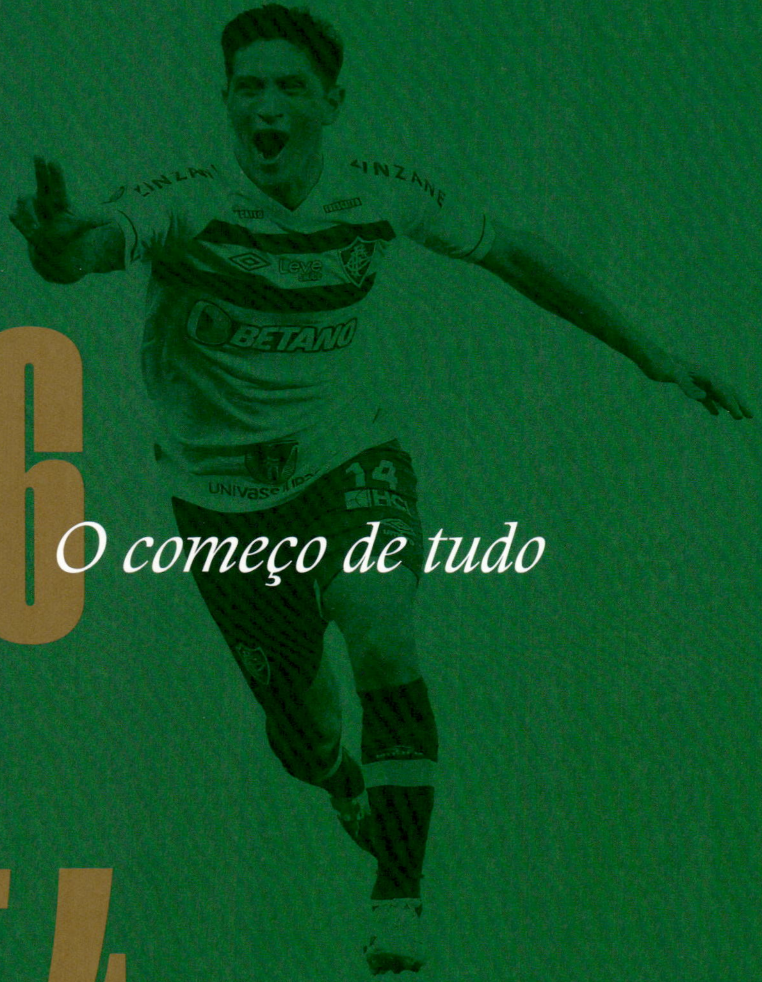
BETANO

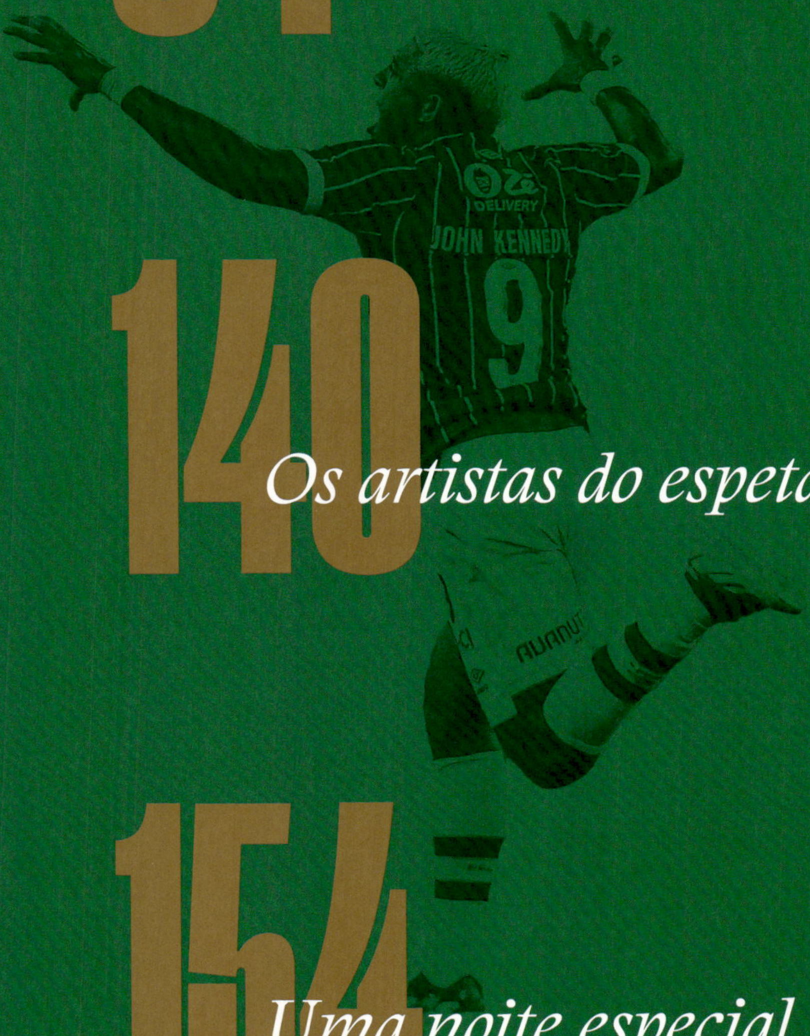
JOHN KENNEDY
9

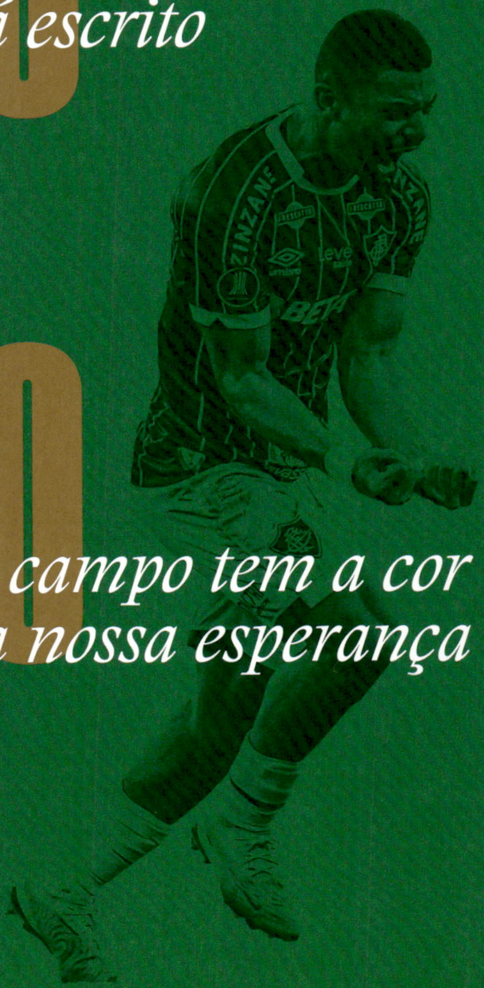

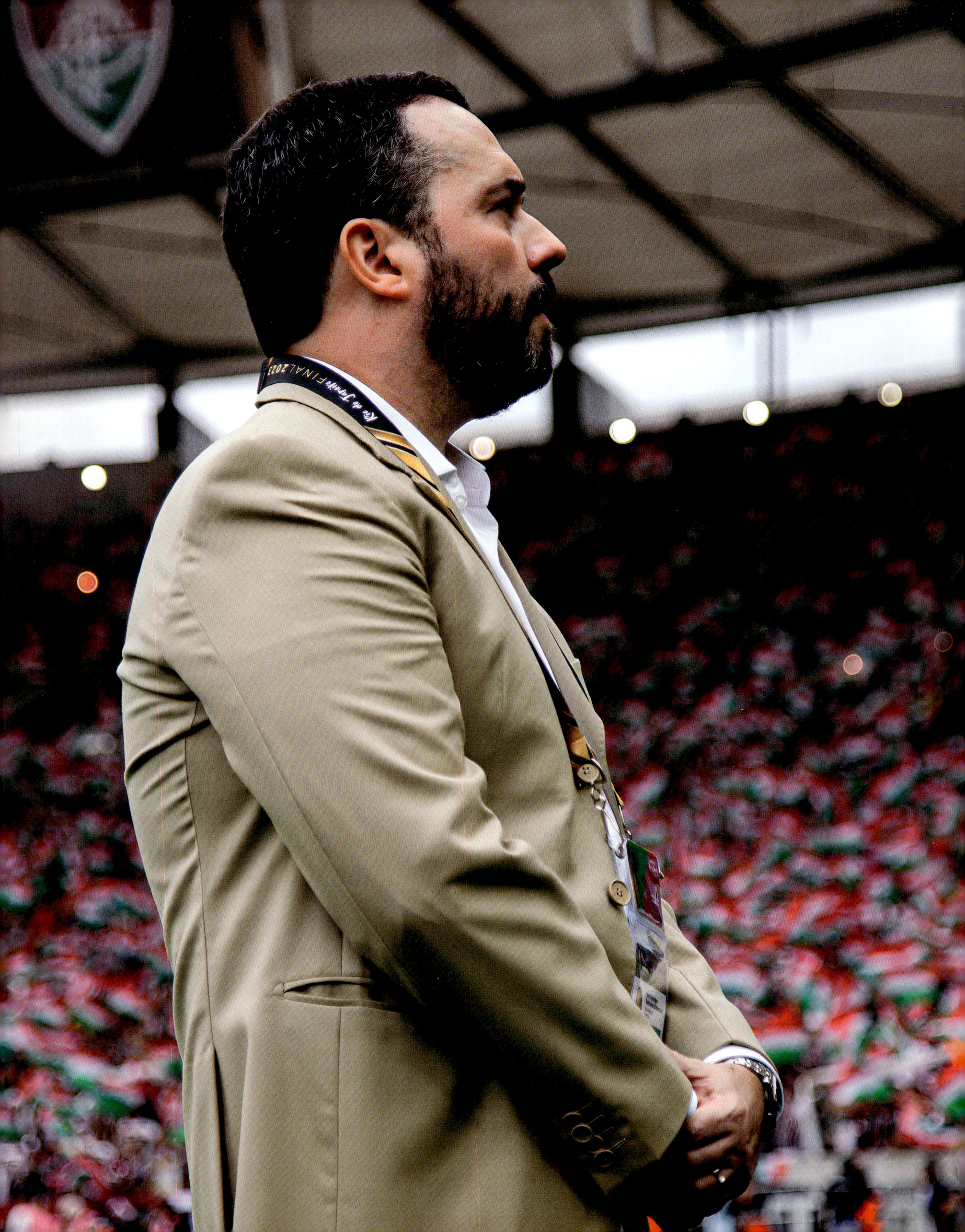
Rio de Janeiro FINAL 2023

A GLÓRIA ETERNA

Um novo tempo em nossa história

MÁRIO BITTENCOURT

No futebol, as conquistas, os gols, as grandes partidas, as glórias e, inevitavelmente, as frustrações marcam a passagem do tempo. O momento capturado pela foto ao lado foi de contemplação dos 121 anos de história. Era a imagem da taça no alto, nas mãos de nossos jogadores, ali no centro do gramado, no meio do vórtice da energia que eletrizou o Maracanã naquele 4 de novembro. Aquela cena me fez ter a súbita sensação de que toda a essência do Fluminense estava ali, na conquista, na alegria, nos abraços de nossa torcida.

Esse livro narra nosso bicampeonato carioca, nossa campanha na CONMEBOL Libertadores, a conquista da CONMEBOL Recopa e menciona alguns passos de nossa reconstrução institucional. Agradeço à minha família, aos meus amigos e amigas, aos vice-presidentes, diretores e funcionários por estarem ao meu lado nesta caminhada que está se renovando a cada dia. Agradeço à nossa torcida pelo apoio e aos sócios pelo suporte que nos deram, mesmo no momento mais difícil da pandemia. Tudo foi importante.

No início da gestão, parecia impossível. O desafio a ser vencido era imenso. Não apenas o superamos em novembro de 2023, como consolidamos a conquista da América no Maracanã, em fevereiro de 2024, reunindo as duas taças que, juntas, são a chave de ouro do período que será para sempre lembrado como o resgate histórico de uma instituição grandiosa. E o início de um novo tempo.

Quando ainda muito menino, minha mãe me perguntou o que eu queria ser quando crescesse. "Presidente do Fluminense", respondi, com os olhos brilhando em busca da aprovação dela, a única que me importava então. Nossa relação era de verdade e encantamento. Uma vez, no Maracanã — eu tricolor e ela torcedora do rival — assistimos juntos a um clássico em que o Fluminense perdeu. Fiquei arrasado. Era uma criança desolada. Sem forças, tirei a camisa. Ela imediatamente me repreendeu: "Nunca desista. Tenha orgulho de seu time, levante a cabeça porque um dia você vai vencer."

A mulher forte me fez forte. Sua generosidade e sabedoria me ensinaram que o amanhã sempre será melhor. Ali, ao lado de minha mulher e minhas filhas, no dia mais importante de nossas vidas, vi aquele passado, o presente e o futuro do Fluminense em uma só cena. Esse é o significado dessa conquista para mim. Essa foi a vitória de uma vida inteira.

O COMEÇO DE TUDO

Como o Fluminense conquistou a América

RONALDO FRANÇA

Um dia após a vitória do Fluminense sobre o Al Ahly, em Jidá, na Arábia Saudita, o pequeno tricolor Lucas, de 9 anos, voltava da partida semifinal entre o Manchester City e o Urawa Reds, quando perguntou a seu pai "É verdade que o universo começou no Big Bang?", referindo-se à explosão ocorrida há aproximadamente 13,8 bilhões de anos na qual uma única partícula fundamental se expandiu a ponto de criar astros, estrelas e outras formações de quantidade e extensão ainda desconhecidas. Teria sido então obra de Deus? Estava escrito?

No banco de trás do carro de sete lugares que cruzava as engarrafadas ruas da cidade-sede do Mundial de Clubes, os primos Bernardo e João Pedro saíam alegremente no tapa, excitados pela infância e a energia que eletrizou todos os torcedores naquele fim de dezembro de 2023, durante a disputa do campeonato. Nada mais interessava. O Fluminense finalmente havia conquistado a CONMEBOL Libertadores.

Por um desses mistérios que nos fazem acreditar em destino, o editor deste livro, Marcos Pereira, havia feito a mesma pergunta semanas antes. "Como tudo começou?". Dúvida pertinente. As especulações sobre o tema, em geral, invocam o impulso provocado pela decepção de 2008, quando o time perdeu esta exata taça em casa, no mesmo Maracanã, para a LDU. Aliás, sincronia intrigante,

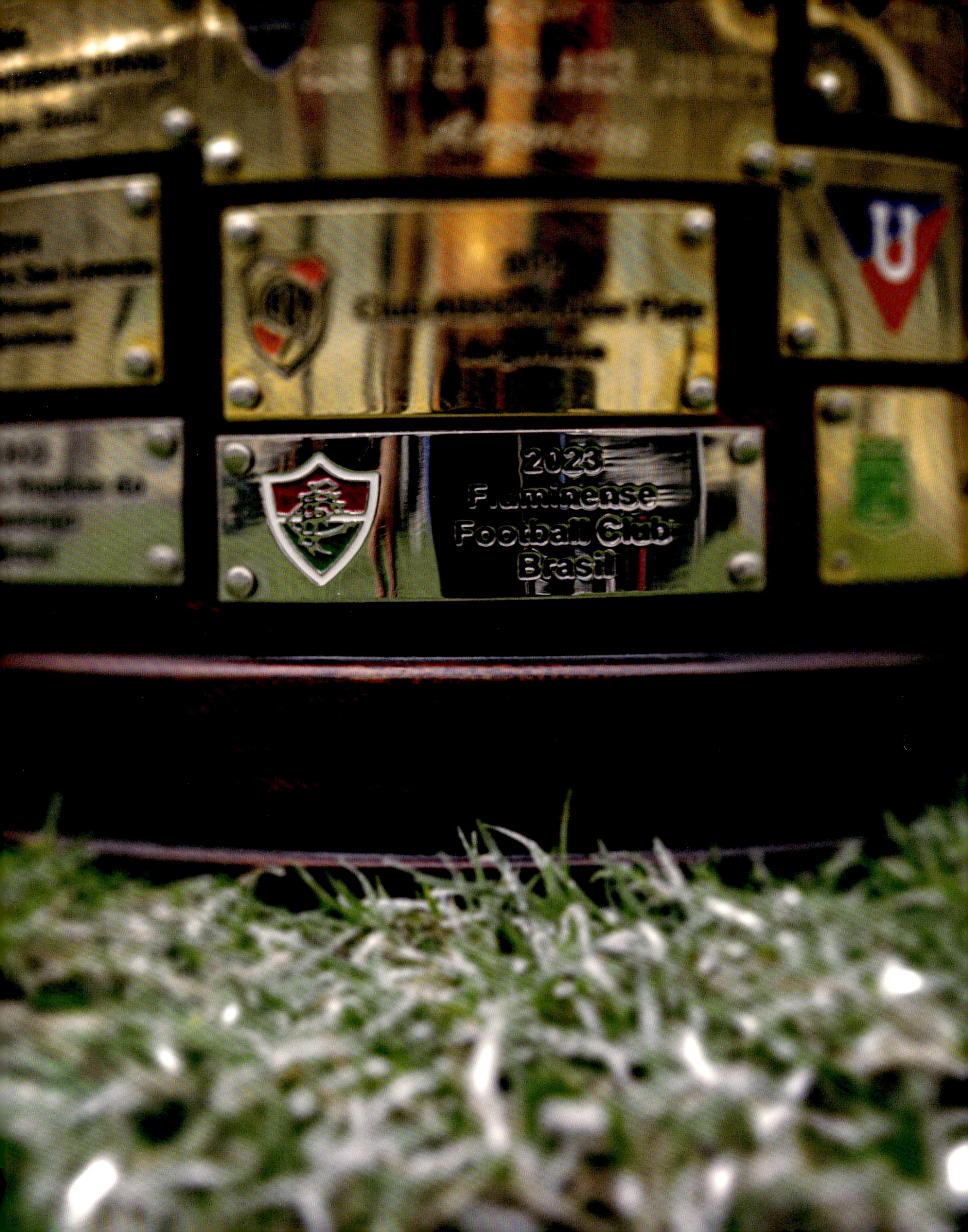
2023
Fluminense
Football Club
Brasil

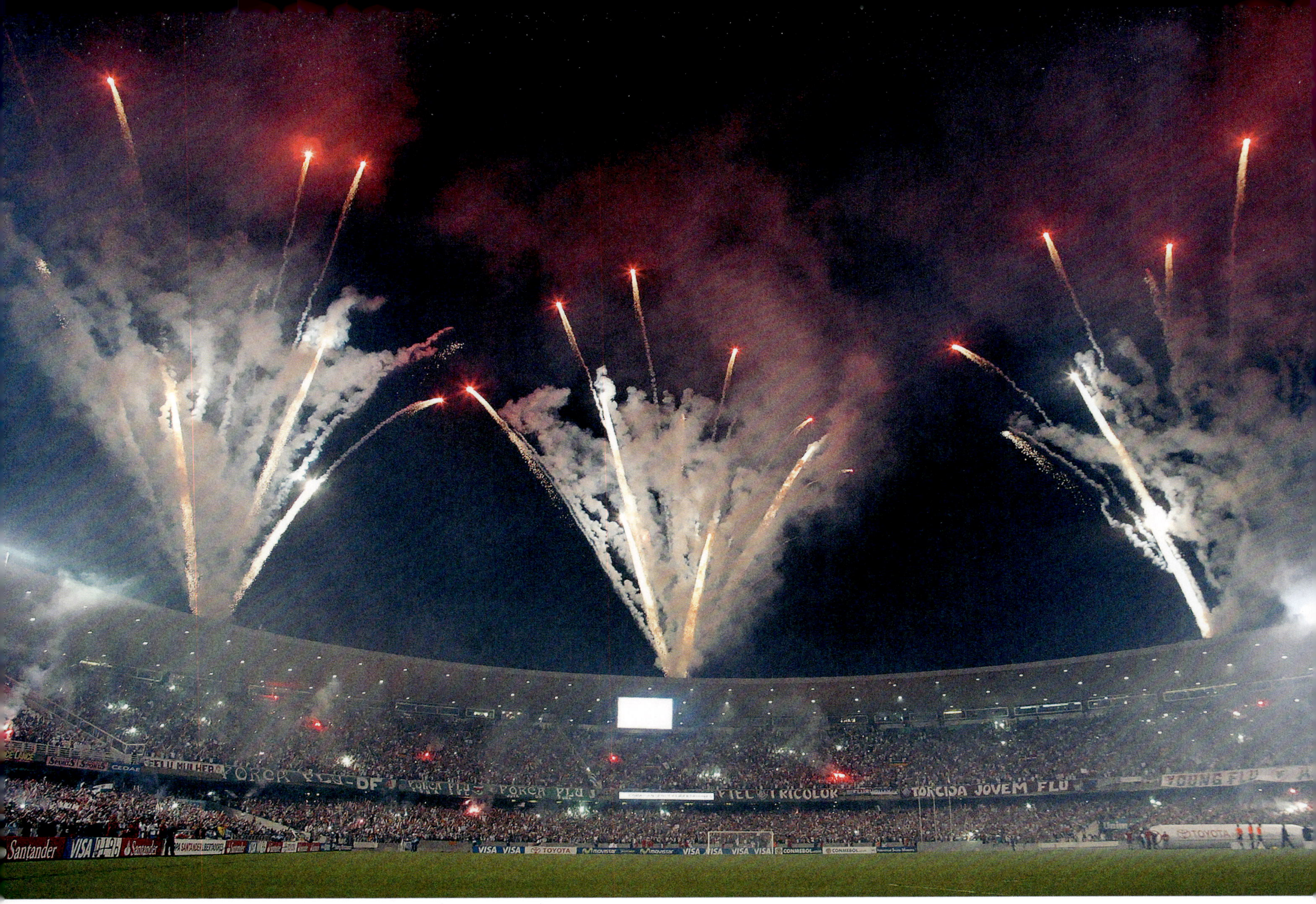

O Fluminense fez uma campanha brilhante na edição de 2008 da CONMEBOL Libertadores. Na primeira fase, com quatro vitórias, um empate e uma derrota, alcançou o primeiro lugar geral em pontos. Destaque para a vitória por 6 a 0 sobre o Arsenal (ARG). Logo depois, a partir das oitavas, passou por Atlético Nacional (COL), São Paulo e Boca Juniors, sempre em jogos emocionantes. Chegou à final contra a LDU. Perdeu fora por 4 a 2 e, mesmo prejudicado pela arbitragem, ganhou em casa por 3 a 1. A decisão foi para os pênaltis e a tristeza tomou conta do Maracanã.

já que, por ter vencido, voltaria a enfrentar a LDU pela CONMEBOL Recopa, e de volta no Maracanã. Já Felipe Melo se recorda do jogo de 2022 em que, derrotado pelo Olimpia, do Paraguai, no icônico estádio Defensores Del Chaco, o time começou o caminho para ganhá-la, à custa de qualquer sacrifício.

Uma terceira corrente atribui o desenlace ao retorno do técnico Fernando Diniz, à profundidade e originalidade de seu pensamento sobre o jogo e, principalmente, à relação visceral que estabelece com seus jogadores a ponto de extrair deles o melhor, alternando cobranças com tratamento amigo e carinhoso, o que resulta em uma relação de proximidade verdadeira. Há ainda entre as hipóteses a chegada de Marcelo, que retornou trazendo todo o esmagador peso de sua experiência, o talento elevado à potência dos craques intergalácticos e o total desassombro com as cenas de taças sendo erguidas acima da cabeça dos capitães com quem divide o gramado, por tê-las visto algumas dezenas de vezes.

O mais correto, portanto, é reconhecer que a indagação sobre o momento da criação, o átimo original da conquista da América, tem múltiplas respostas e dimensões. Fato é que tudo isso se construiu sobre o edifício iniciado em 2019, quando o agora presidente Mário Bittencourt decidiu colocar em prática seu plano de fazer o Fluminense voltar a vencer campeonatos e liderar discussões

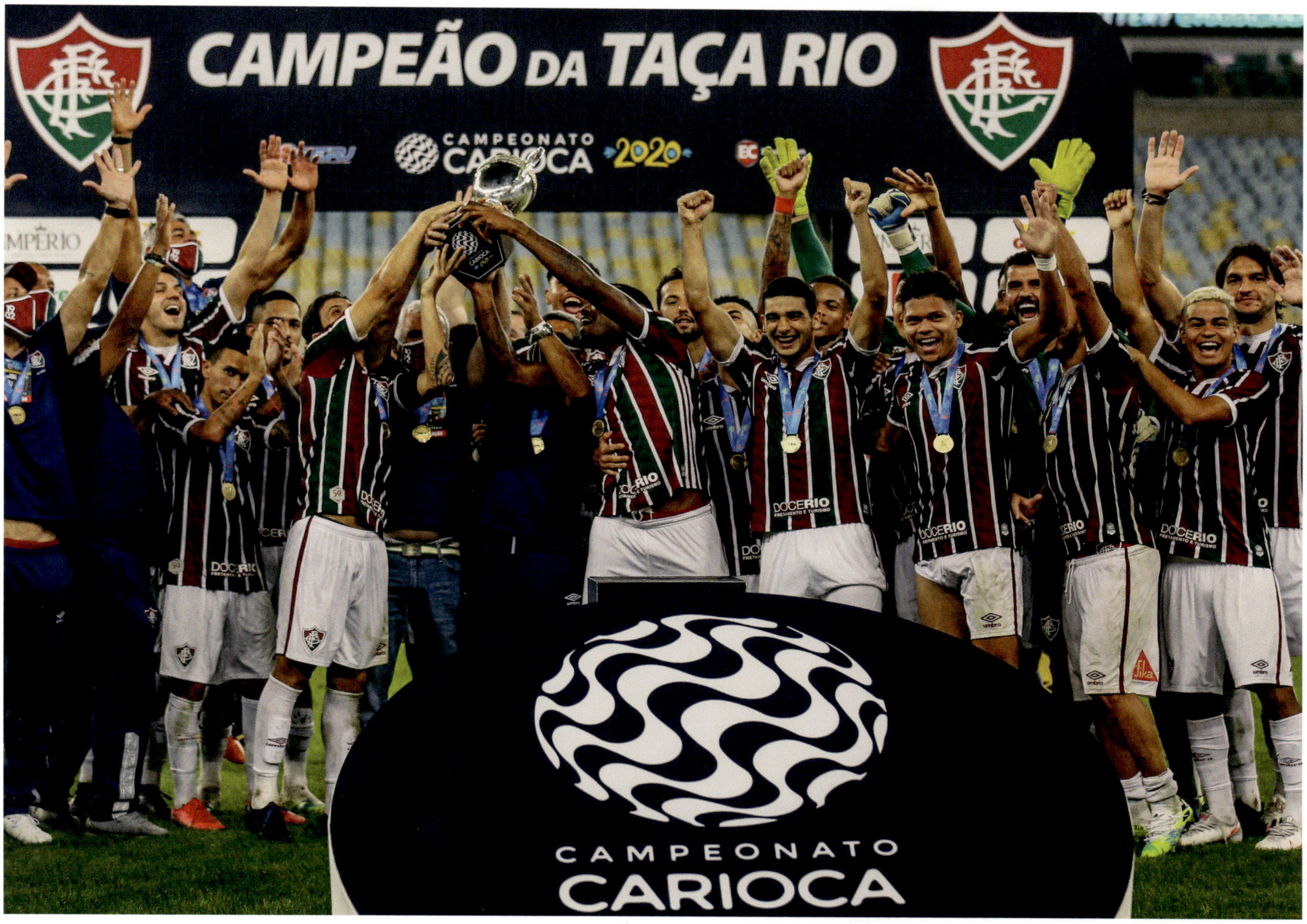

De março a junho de 2020, o futebol ficou paralisado no Brasil por causa da pandemia de Covid-19. Após o retorno das atividades esportivas, um Fla-Flu que decidiu a Taça Rio daquele ano parou o país. O Maracanã não recebeu público e mais de 16 milhões de torcedores assistiram à partida que foi transmitida de modo exclusivo pela FluTV. No tempo normal, empate por 1 a 1. Nos pênaltis, com muita emoção, deu Tricolor: 3 a 2. Foi o primeiro troféu levantado em uma nova era que estava por vir.

relevantes, reincorporando o seu espaço como um dos pilares fundamentais do futebol brasileiro. Ao vencer a eleição, em sua segunda corrida, começou a reconstrução.

Para levantar a taça do campeonato de futebol mais importante do continente americano, o Fluminense precisou primeiro se reerguer. Era difícil imaginar um futuro na situação em que o clube se encontrava em 2019. Seria preciso ganhar a confiança de funcionários, fornecedores e parceiros comerciais do clube. Era o próprio Mário, que assumiu a presidência em junho daquele ano, quem ligava para cada um, naquele inverno, renegociando prazos, renovando acordos ou informando o desacordo em um ou outro caso. Sim, falar a verdade, mesmo que dura e indesejada, foi essencial ao resgate da credibilidade. E tê-la dita diretamente pelo presidente do clube demonstrou o compromisso. Essa rotina durou até que, no início de 2022, o Regime Centralizado de Execuções (RCE) foi aprovado, encerrando o ciclo de anos de solavancos provocados por contas penhoradas. A estabilidade nas contas permitiu melhor planejamento das contratações.

Antes do RCE, no início da gestão, era o caos. Foi a seriedade nos relacionamentos em todas as frentes que abriu caminho para a retomada de parcerias

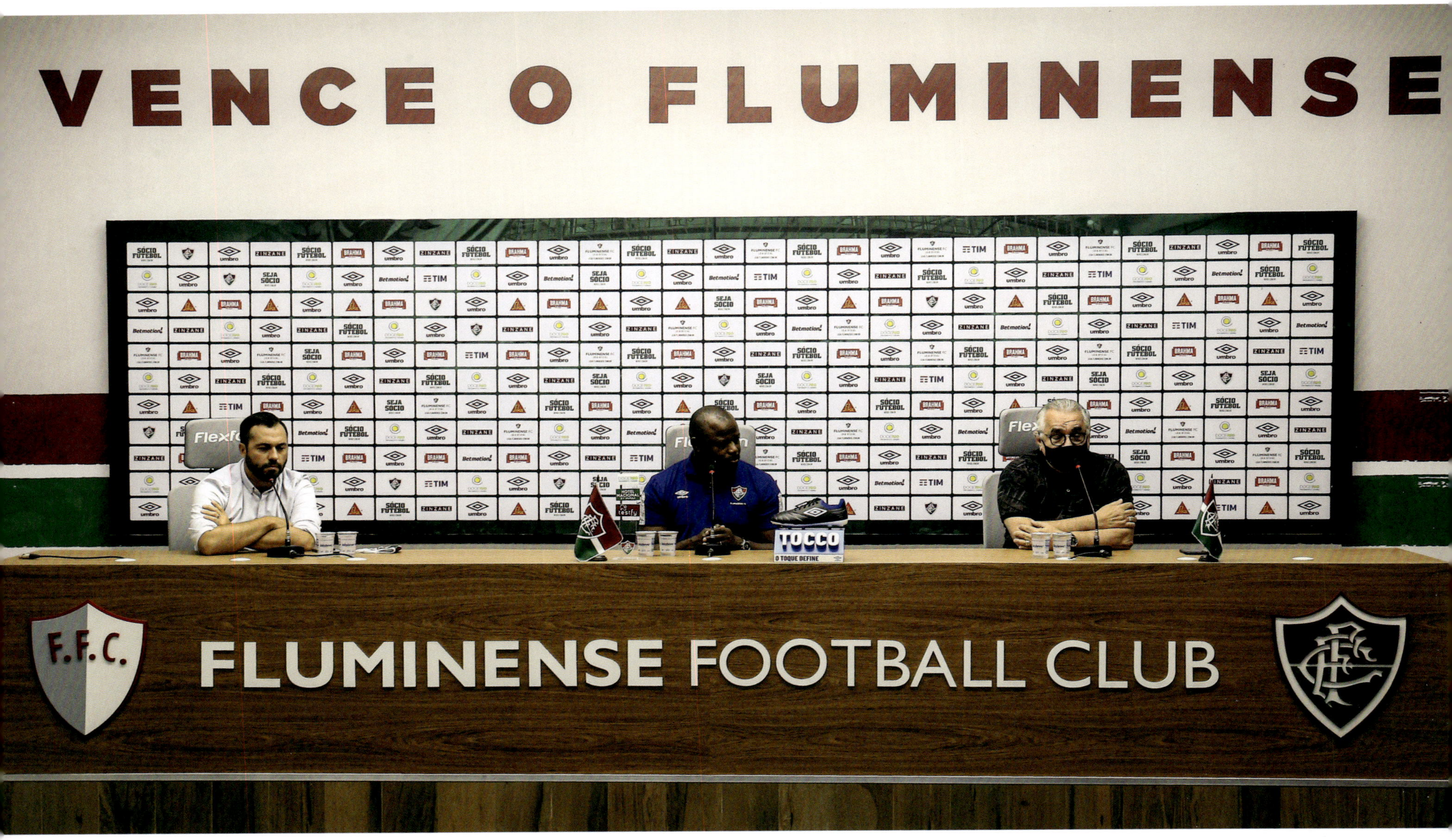

que haviam sido perdidas. Mário, pessoalmente, telefone celular em punho, trouxe o patrocínio máster para a camisa e trabalhou pelo retorno de marcas importantes, os dois movimentos que fizeram o clube voltar a ser enxergado pelo mundo dos patrocínios.

Mas não bastava colocar as contas e as dívidas sob uma organização mais racional. A crise transbordara para o campo. Naquele exato momento, em 2019, o time estava em 17º lugar na tabela do Brasileirão, após 11 rodadas disputadas, e acabara de entrar no Z-4, a zona de rebaixamento. E chegaria ao 18º lugar antes de começar a se recuperar, já mais para o final do ano. Com muito esforço, e a ajuda fundamental de Marcão como técnico interino, encerrou em 14º lugar da tabela. Foi ali a primeira grande "decisão" da gestão que se iniciou no meio do ano. O rebaixamento seria terminal para os planos de reconstrução.

Manter a equipe motivada e trazer a torcida de volta às arquibancadas eram essenciais para ajudar a energizar o time. Aumentar o número de sócios seria uma forma de financiá-lo. Foi em meio às discussões intermináveis na sala da presidência do Fluminense, madrugadas adentro, que surgiu a notícia de que o primeiro passo nesse sentido começaria a ser dado. E ela foi trazida pelo próprio presidente, no início de 2020: Fred, finalmente, estava voltando para casa!

Após a carreira como atleta, Marcão investiu em sua formação como treinador, com cursos preparatórios na CBF e no exterior. Recebeu a oportunidade de voltar para a sua casa como auxiliar técnico permanente e com muito trabalho demonstra que o time pode contar com o seu serviço. Desde 2019, com competência, vem assumindo a função interinamente em momentos importantes. Seus números são bons e ajudaram de modo decisivo na classificação da equipe para as edições de 2021 e 2022 da CONMEBOL Libertadores.

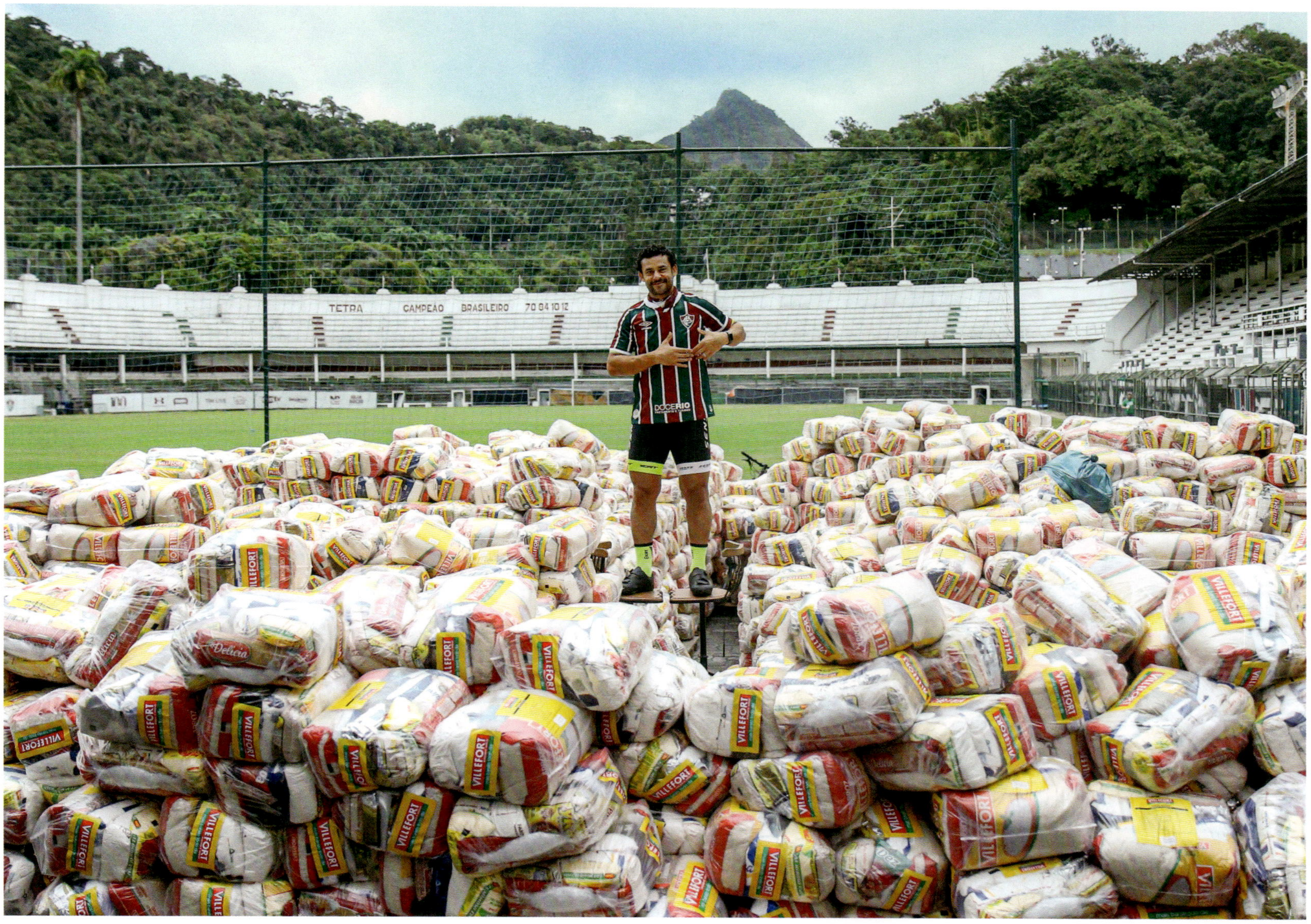

Desde o início da pandemia do Covid-19, o Fluminense reforçou o posicionamento de só voltar aos treinos presenciais quando órgãos governamentais e de saúde dessem o aval para o retorno em segurança de todos os funcionários envolvidos nas atividades. Em meio ao drama vivido pelo mundo, houve uma alegria para a torcida tricolor, com o retorno do grande ídolo Fred. O artilheiro chegou ao clube de bicicleta e doou milhares de cestas básicas no dia da assinatura de seu contrato em Laranjeiras.

A visão de Mário era valorizar os ídolos e tê-los por perto sempre que possível. Uma forma de demonstrar gratidão, elevar o orgulho, o sentimento de pertencimento da torcida e dar ao clube, e aos jogadores, a exata noção de sua grandeza. "Ele foi me buscar em Teófilo Ottoni quando nem eu mesmo acreditava mais em mim. Achava que tinha chegado ao fim da carreira", disse Fred, que voltaria para ainda ser campeão carioca, acrescentar 27 gols à sua contagem e se consagrar como o segundo maior artilheiro da centenária história do clube — e o maior de todos, considerando-se apenas os jogos oficiais.

Era o início da pandemia. Após uma épica jornada de bicicleta entre Minas Gerais e Rio de Janeiro, Fred chegou e trouxe junto 4 mil cestas básicas. O Fluminense, apesar da falta de dinheiro e do peso financeiro da paralisação do futebol, não demitiu nenhum funcionário. Cerca de 16 mil sócios mantiveram suas mensalidades em dia, apesar da interrupção do futebol e do fechamento do clube social. Diretores e gerentes abriram mão de parte de seus salários. O clube já havia começado a fazer doação de alimentos quando Fred entrou pelo portão da Pinheiro Machado ao som do hit "All Star". Ao todo, foram cerca de 6 mil cestas naquele ano, distribuídas em comunidades carentes do Rio de Janeiro e a funcionários de salário menor, pois muitos deles sofreram com a perda de

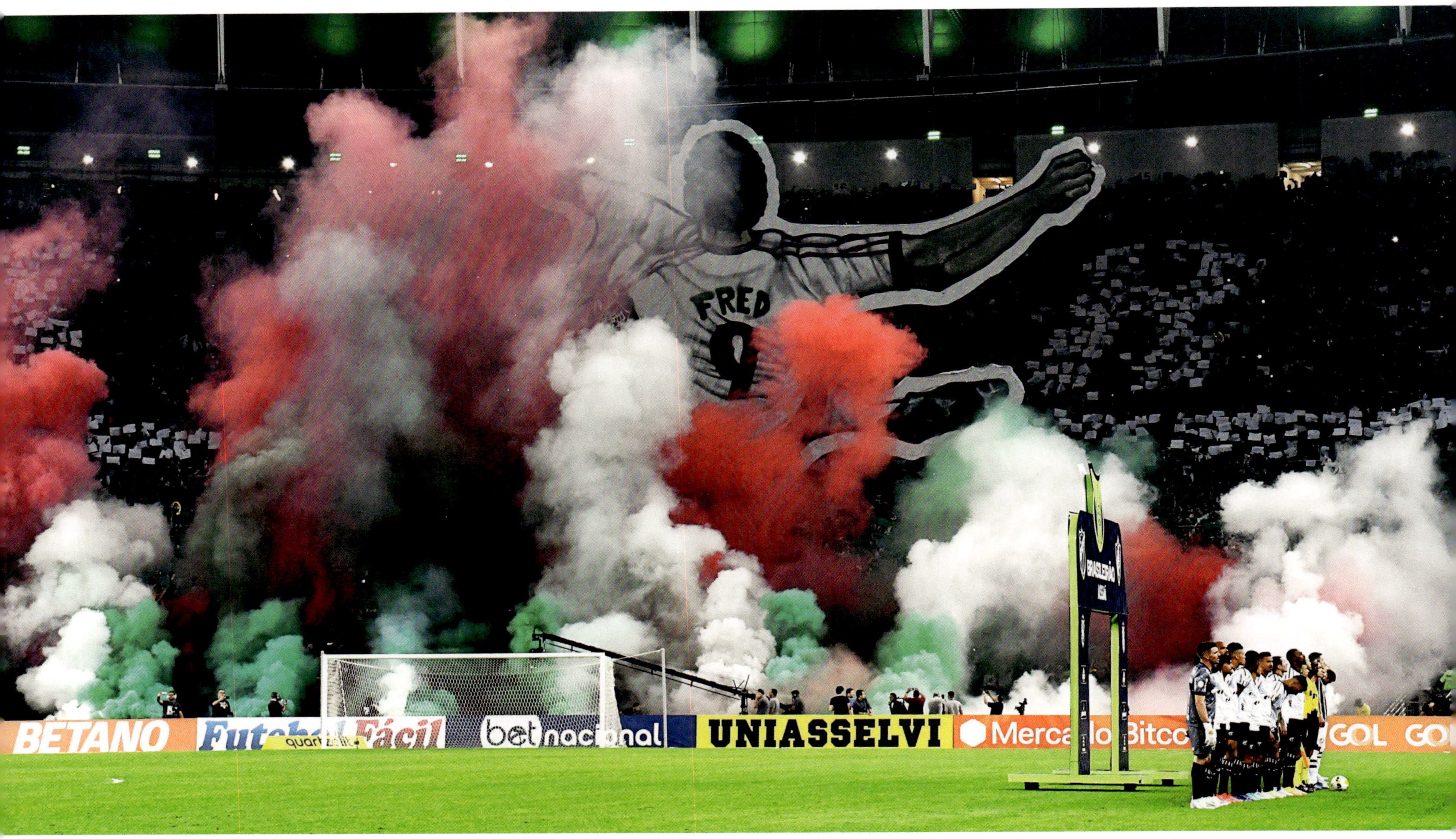

emprego de parentes que ajudavam a compor a renda familiar. Colocando em perspectiva, o número de pessoas que se beneficiaria dos alimentos — cerca de 25 mil — era, àquela altura, maior do que média de público dos jogos do Fluminense em 2018, de 17.104 pessoas.

Depois de um encerramento de carreira à altura do ídolo, eternizado pelas lágrimas em seus olhos na corrida após o gol cinematográfico da vitória de 4 a 0 sobre o Corinthians, Fred teve a maior festa de despedida de um jogador em todos os tempos, enfrentando o Ceará. No Maracanã, a torcida linda e a energia da festa não deixaram dúvidas. O Fluminense é enorme e Fred, eterno. Momentos como aquele, assim como a eletrizante apresentação de Marcelo menos de um ano depois, que contou com cerca de 35 mil torcedores no Maracanã, ajudaram o clube a acreditar em sua grandeza, ingrediente indispensável na receita da conquista maior. Todos viram o ídolo eternizado e o moleque de Xerém voltando para casa como o gigante jogador com mais títulos da história do Real Madrid, trazendo a firme determinação de voltar a ser campeão vestindo as cores com as quais nasceu para o futebol.

Parecia inacreditável ver Marcelo, no meio do campo, saudando os torcedores que o receberam em êxtase. Apenas três anos antes, em 2020, a reali-

No dia 9 de julho de 2022, Fred se despediu em um jogo contra o Ceará, no Maracanã, deixando um legado de 199 gols, 381 jogos, dois títulos de Campeonato Brasileiro e dois Campeonatos Cariocas com a camisa tricolor. Sua história de amor e pertencimento o tornou ídolo maior de muitas gerações. Entre as homenagens, a torcida demonstrou gratidão ao eterno camisa 9 com um mosaico de 16 metros de altura. Pouco tempo após encerrar a carreira como atleta, ele assumiu o cargo de diretor de planejamento esportivo no clube.

Com muita história no clube, o treinador Abel Braga dirigiu o Fluminense no título estadual de 2022. Sob o seu comando, a estrela de Germán Cano começou a aparecer. O atacante foi decisivo contra o Botafogo, ao marcar um gol no último minuto do segundo jogo da semifinal. Ele também teve papel fundamental nas duas partidas das finais contra o Flamengo, quando assinalou os três gols do time. Surgia mais um grande ídolo que ainda naquele ano começaria a acumular gols importantes e artilharias em competições.

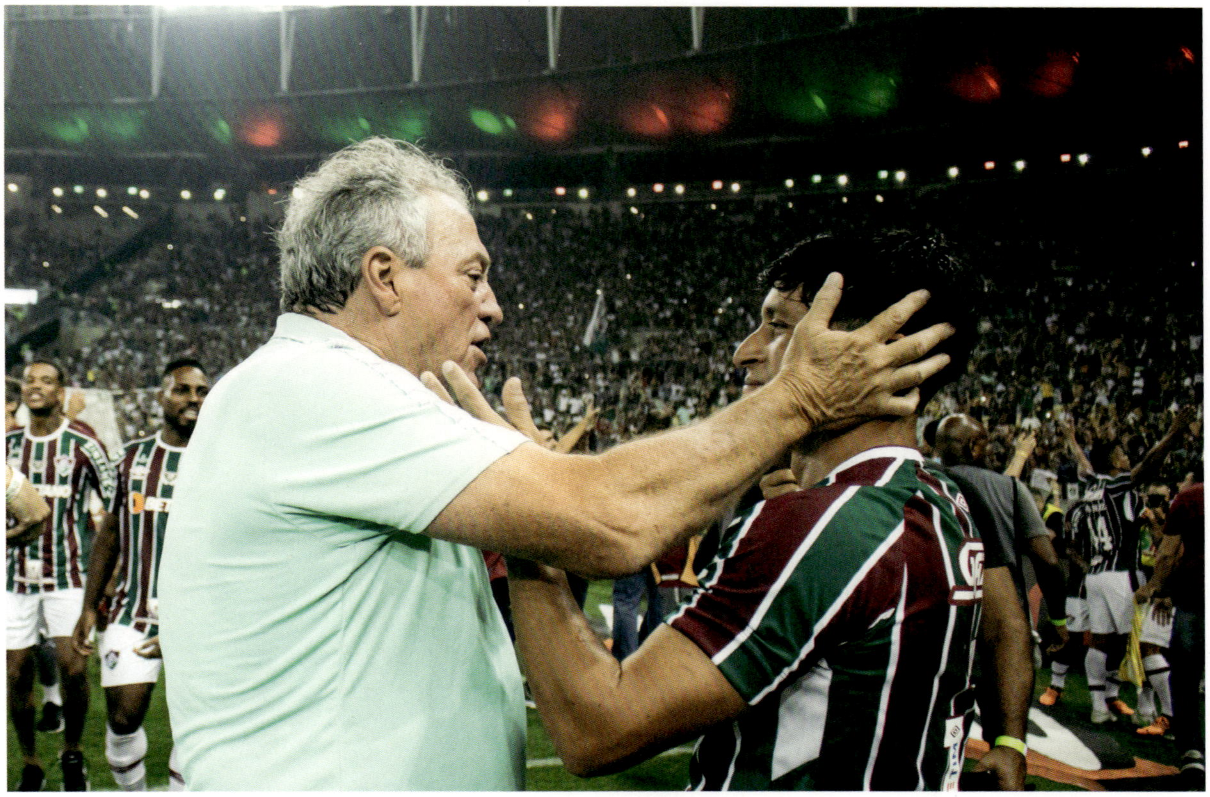

dade era totalmente diferente. Sem dinheiro para contratações, o Fluminense enfrentava a falta de credibilidade que afastava o interesse dos profissionais do mercado em geral e principalmente dos jogadores promissores. Não apenas por conta dos atrasos de salários, que chegaram a se acumular por até quatro meses, em algumas ocasiões anteriores a 2019. Havia um conjunto de fatores tais como falta de estrutura e, o mais relevante, a total instabilidade do ambiente político interno, movido por intrigas e disputas sem sentido.

Um clube é um organismo vivo em que o departamento de futebol é o órgão vital. Se uma parte do corpo adoece, ele sofre as consequências. E as disputas de Laranjeiras afetavam o CT. Para cessá-las, era preciso despolitizar o clube o máximo possível. Ninguém foi demitido por ser antes da oposição. E a relação com a imprensa e blogueiros escalou para embates sinceros sempre que o tratamento dado ao clube foi descuidado.

O trabalho de reconstrução seguiu sua marcha. Todas as áreas foram revisadas, repensadas e robustecidas por profissionais de mercado. A força e a pulsão de vida do Fluminense são tão grandes que o trabalho, antes pensado para se estender por uma década de esforço contínuo, começou a maturar mais cedo. O verde, o branco e o grená ressurgiram no gramado, definitivamente, após o bicampeonato estadual. Essa primavera tricolor começou com a série de vitórias em clássicos, depois os estaduais e as consecutivas classificações para a competição mais importante da América. Em sua história, o clube havia participado apenas seis vezes (1971, 1985, 2008, 2011, 2012 e 2013) antes de voltar outras quatro vezes ao torneio, a partir de 2021. Estávamos voltando, agora renovados. Havia no ar uma energia que inspirava confiança ao elenco.

O ano de 2023 começou animado no Centro de Treinamento Carlos Castilho, na Barra da Tijuca. Ao todo, 17 jogadores viriam se integrar ao elenco ao

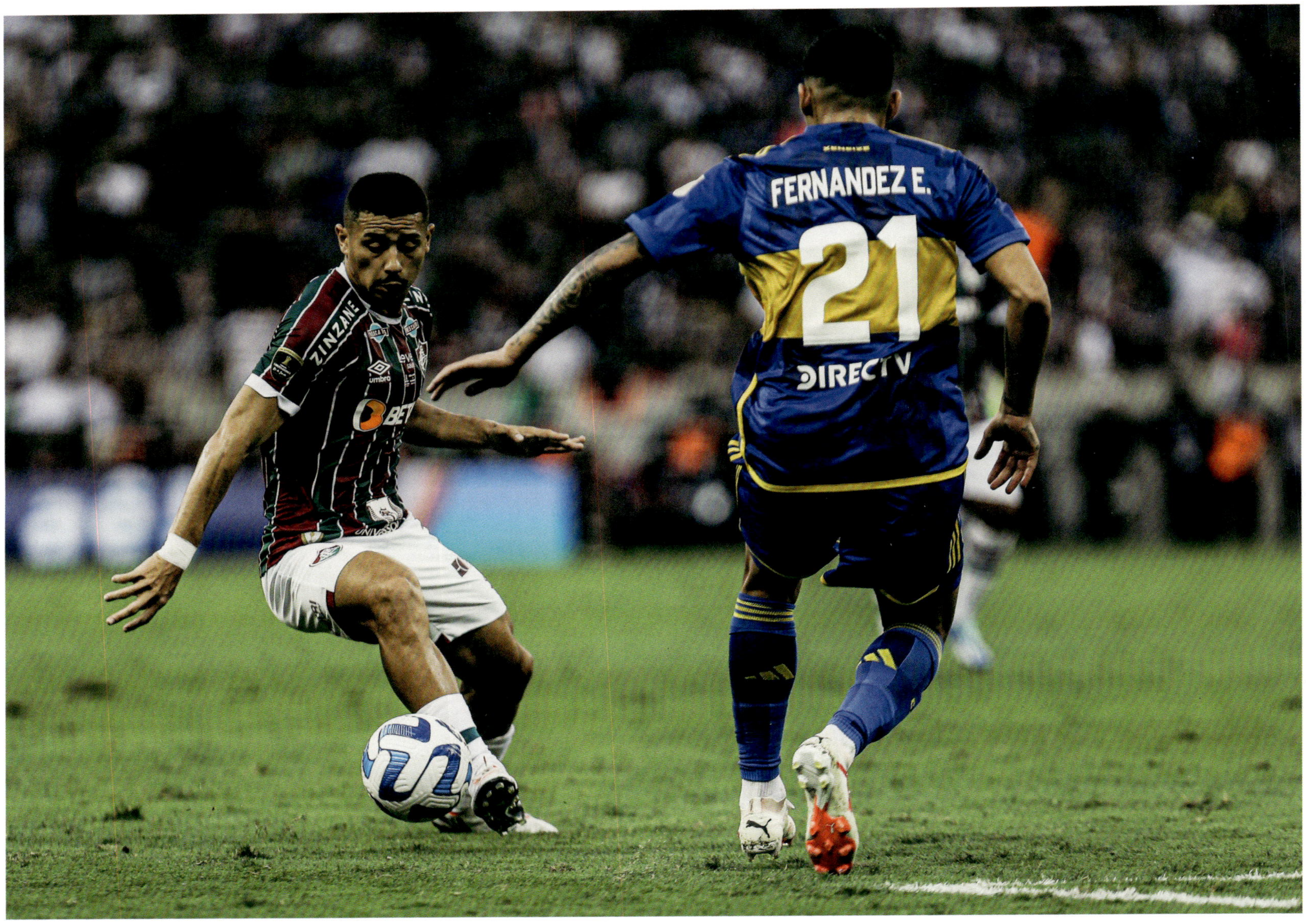

longo da temporada, sendo 16 contratações e o retorno do decisivo John Kennedy, que havia ido jogar na Ferroviária. O talento de John Árias, que chegou dois anos antes, deslanchara — e, não à toa, ele ganhou depois a Bola de Bronze no Mundial de Clubes, entre outros prêmios individuais em sua jovem carreira. Germán Cano, que veio em 2022, revelou-se um artilheiro frio e implacavelmente preciso, situando-se entre os cinco maiores artilheiros do mundo logo no ano de sua chegada, feito que repetiu em 2023.

Com o time já estruturado, seria necessário vencer mais um desafio à gestão do clube. No meio do ano mais importante da história recente do Fluminense, as propostas pelo indispensável André chegaram fortes. E foram rejeitadas em nome da disputa continental. Um risco calculado para a sobrevivência financeira do clube. A aposta — enfim vencedora — só foi possível graças a outras receitas extraordinárias. Tudo em nome do triunfo eterno.

Com tantos jogadores vencedores e estrutura renovada, o CT Carlos Castilho se tornara um centro de treinamento de futebol de primeira grandeza. Era notável a reunião de atletas que traziam histórias de sucesso e vieram se somar à trajetória — e à maestria — de Paulo Henrique Ganso, o primeiro craque a chegar, em janeiro de 2019, celebrado por centenas de pessoas no aeroporto.

Em julho de 2021, o jovem André entrou durante um Fla-Flu, fez o gol da vitória e nunca mais saiu do time. Formado em Xerém, o volante foi fundamental nas boas temporadas do Fluminense de 2022 e 2023. Um dos destaques do futebol brasileiro, não por acaso o seu nome vem sendo constantemente lembrado para a Seleção. Suas atuações chamaram a atenção de grandes clubes europeus. Nitidamente, André segue os passos de Marcelo, referência de talentos da divisão de base tricolor, e em suas atitudes sempre demonstra gratidão ao clube que o formou.

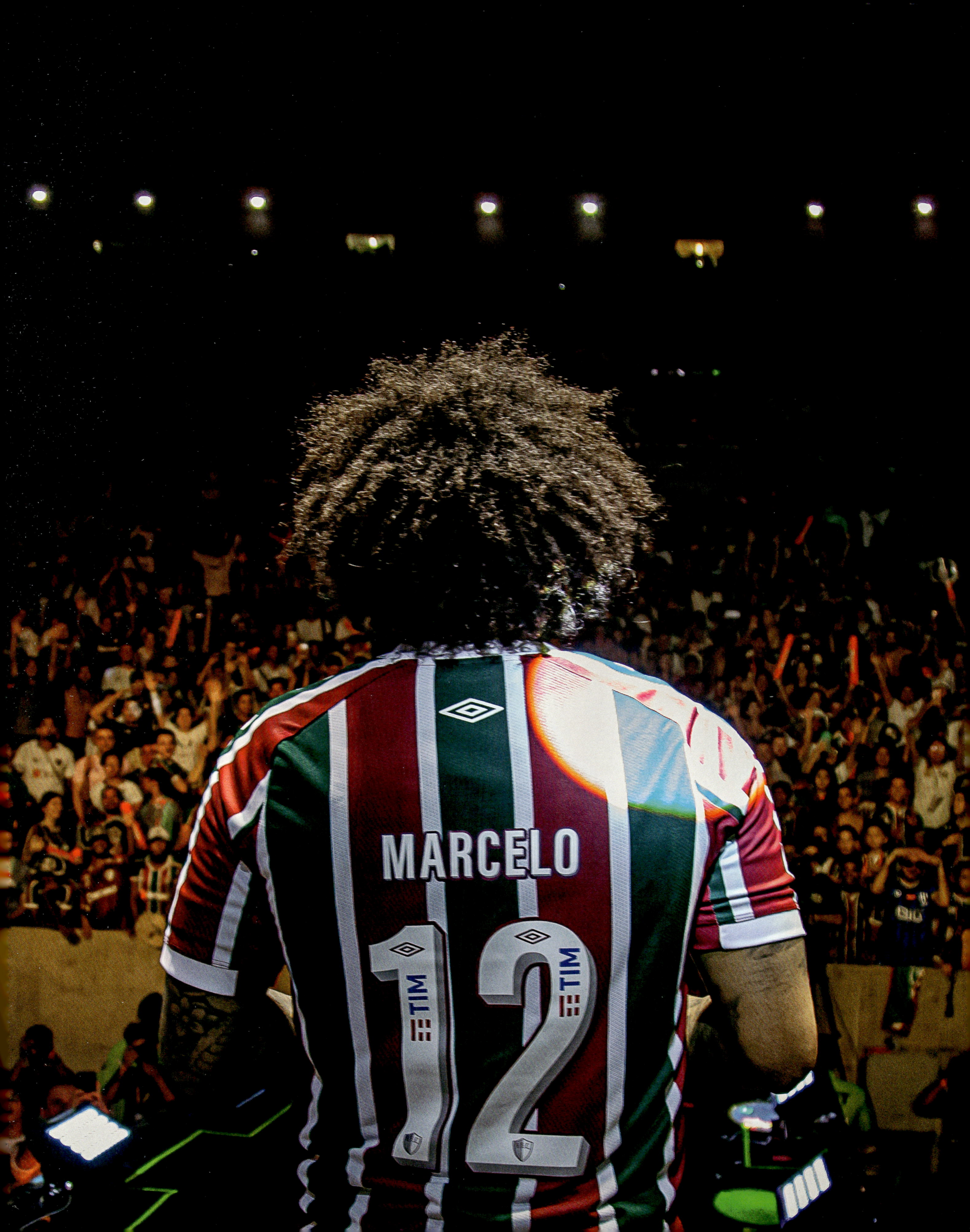
MARCELO
12
TIM
TIM

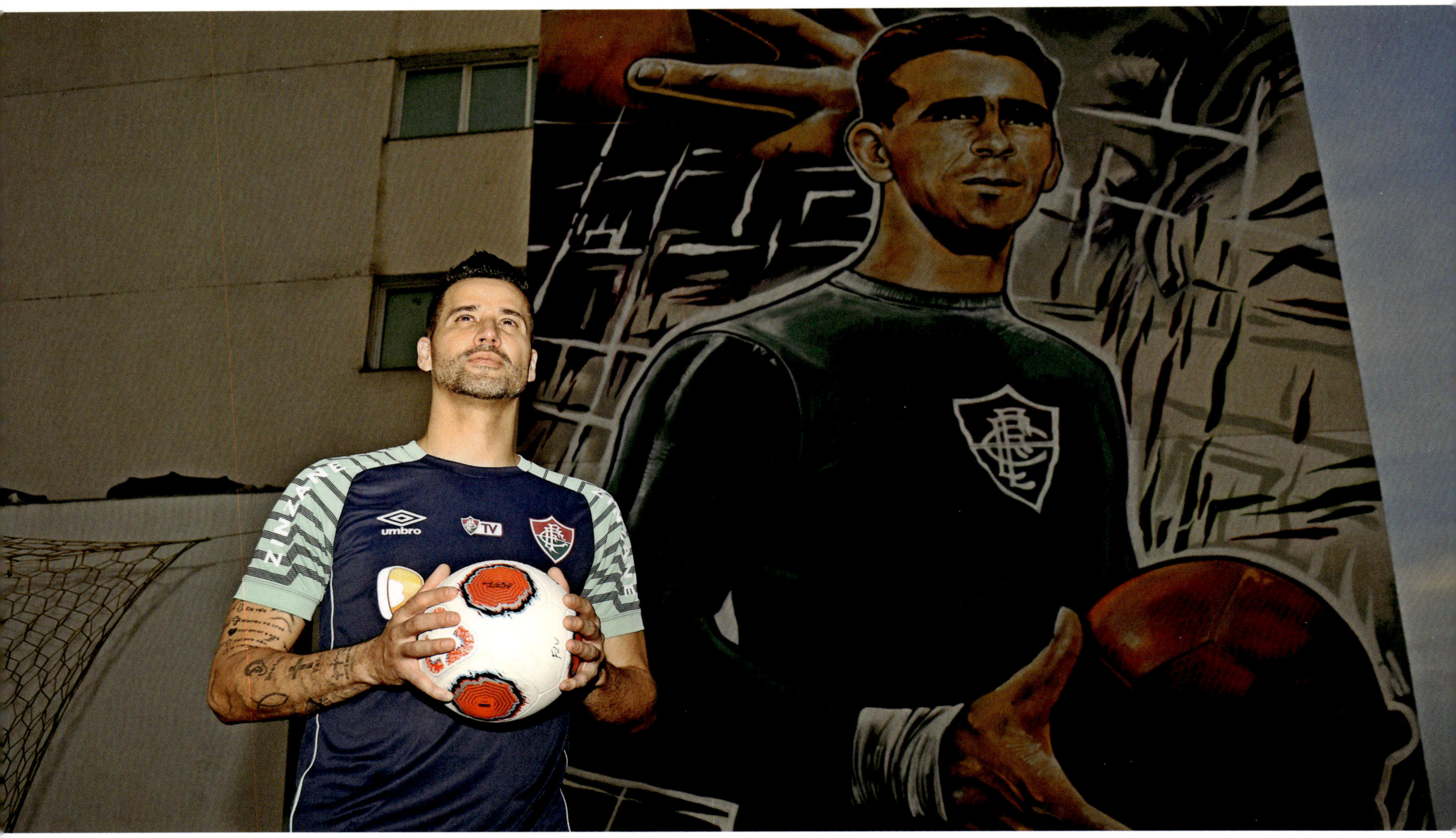

A soma das histórias dos novos e antigos no elenco já era, por si só, uma torrente de campeonatos importantes, incluindo regionais e nacionais, seja no Brasil ou nos países em que jogaram.

Nino havia conquistado a medalha de ouro com a Seleção Brasileira Olímpica, em 2021, o que acrescentava uma dose de autoridade à sua personalidade firme e pautada por valores essenciais à liderança. Somadas, as conquistas da equipe que se reuniu em 2023 perfaziam dezenas de títulos importantes. Uma injeção de experiência e maturidade que mudou a personalidade do time.

O esporte de alto rendimento é, em qualquer modalidade, um desafio aos limites humanos. No caso dos esportes coletivos, jogados em arenas sob os olhares e o escrutínio de milhares de pessoas, é uma tarefa ainda mais difícil, porque extremamente psicológica. Mas existem as tarefas difíceis e existe o futebol. Poucos indivíduos conseguem ir além dos limites da destreza, do vigor físico, da inteligência emocional e do raciocínio rápido para obter — e protagonizar — conquistas realmente importantes nesse esporte. São os que têm a chamada mentalidade vencedora. No Fluminense de 2023, Fábio, Marcelo e Felipe Melo, juntos, traziam mais de 90 taças, muitas delas inter-

Em janeiro de 2022, o goleiro Fábio anunciou que não tinha chegado a um acordo com o Cruzeiro para renovar seu contrato. Em seu clube anterior, o atleta tinha disputado quase mil jogos. Dias depois, o Fluminense anunciou a sua contratação. Não demorou para ele assumir a titularidade da equipe e começar a acumular taças. Na final da CONMEBOL Libertadores 2023, Fábio atingiu a marca de 100 partidas na competição. É o brasileiro que mais vezes entrou em campo no principal torneio do continente.

Diretor executivo de futebol do Fluminense Football Club, Paulo Angioni teve papel fundamental na reconstrução proporcionada pela gestão Mário Bittencourt a partir de 2019. Com muita convicção, o profissional foi um dos principais defensores do retorno do treinador Fernando Diniz em 2022. Ele também trabalhou incessantemente para a chegada de grandes reforços para a equipe ao longo de cada ano. Em campo, o resultado foi visto com as conquistas de um time que soube unir juventude e experiência.

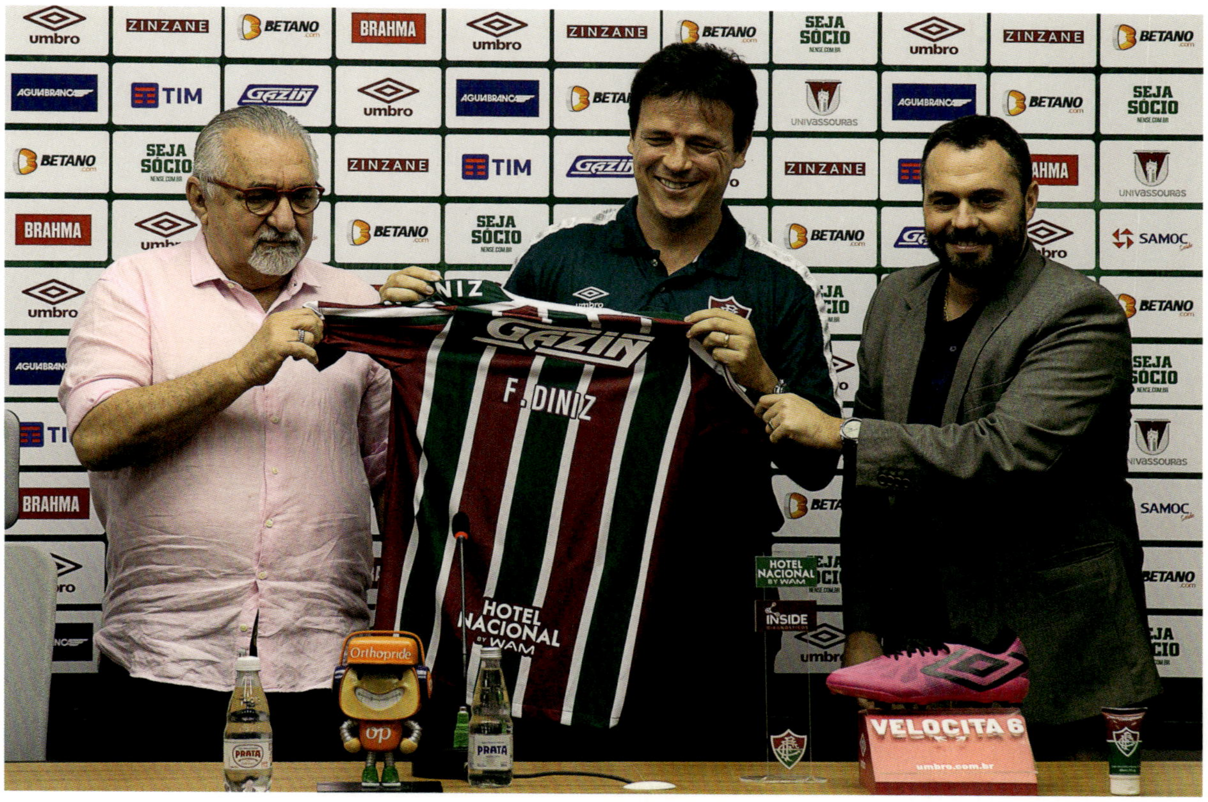

nacionais. Fora incontáveis premiações individuais. Os três formaram, aos poucos, o pilar mais sólido da mentalidade vencedora que se instalou e criou raízes na equipe.

Quando o elenco de 2023 começou a treinar no CT, encontrou um Fluminense muito mais organizado. A maioria dos integrantes da equipe do departamento de futebol trabalha junta há mais de uma década. Alguns profissionais estão ali há 20, 30 anos. A decisão de manter os bons profissionais, a despeito de algumas críticas, revelou-se acertada, e mais, fruto de enorme sabedoria em reunir talentos.

"O Fluminense ganhou a Libertadores porque teve merecimento. Generosidade com as pessoas, coragem para afastar as que nos prejudicavam e resgate de jogadores fundamentais do futebol brasileiro, dando a eles uma nova estrada em que pudessem voltar a vencer", explicou o diretor de futebol Paulo Angioni, diante da pergunta sobre como tudo começou. Os investimentos em profissionais, equipamentos e inteligência no uso de informações estratégicas foram cuidadosamente pensados. O índice de prevenção de lesões e a velocidade na recuperação levaram o Fluminense a ficar entre os três clubes brasileiros com menos jogadores parados no departamento médico.

O uso da ciência de dados no apoio das decisões técnicas deslanchou. Para se ter uma ideia dos efeitos, durante o ano, entre a 1ª e a 13ª rodada do Campeonato Brasileiro (jogo em que perdeu para o São Paulo, no Morumbi, por 1 a 0), percebeu-se que o Fluminense era o time que mais permitia invasões adversárias ao seu campo no campeonato. Corrigido o problema, entre a 14ª e a 31ª rodada do Brasileiro, ou seja, até a final da CONMEBOL Libertadores, passou a ser o 7º time menos invadido. Se antes era o 11º a pressionar os adversários, pulou para 5º. Com raciocínio estratégico, uso correto dos dados e uma atenção qua-

Em dezembro de 2023, após o fim do Campeonato Brasileiro, enquanto todos os clubes nacionais estavam de férias, o Fluminense desembarcou no Oriente Médio para disputar a Copa do Mundo de Clubes da FIFA. O maravilhoso pôr do sol de Jidá, na Arábia Saudita, banhada pelo histórico Mar Vermelho, foi parte da paisagem no dia a dia de intensos treinos para disputar a maior competição de clubes do mundo. Milhares de tricolores, de todas as partes do planeta, estiveram por lá para acompanhar o time campeão da América dirigido pelo treinador Fernando Diniz.

lificada do departamento médico, fisiologia, preparação física, nutrição e psicologia, o Fluminense chegou ao final do ano pronto para ser campeão.

Quiseram os astros que isso acontecesse 15 anos após o último encontro com a torcida no mesmo estádio. Tudo significava e viria a fazer sentido. Há nesse período da história tricolor uma dose de mistério. Se, por um lado, será sempre imprecisa qualquer definição sobre quando começou a conquista continental de 4 de novembro de 2023 e os inúmeros fatores que a trouxeram, é certo que o ano só se encerrou no bissexto 29 de fevereiro de 2024, quando o Fluminense superou a LDU, no Maracanã, para se consagrar o campeão da CONMEBOL Recopa. A vitória deu um sabor de segundo tempo à conquista, por ser contra a mesma LDU de 2008. Resgate histórico no mesmo templo do futebol. Quis o destino que fosse lá novamente. Assim como quis que o Fluminense enfrentasse, na final do Mundial de Clubes, o Manchester City, o melhor time do planeta. Um jogo para honrar a temporada e se consagrar como o segundo melhor time do planeta na Copa do Mundo de Clubes da FIFA em 2023.

Toda a campanha da conquista da América foi cercada de eventos, coincidências e situações que deram um sabor especial às disputas. Um momento de nossa história em que se misturam, nas lembranças de agora, os versos e a melodia de "Tá escrito", cantada por nossa torcida em Porto Alegre; "Vamos, tricolores", a prece convertida em música de arquibancada; o pôr do sol em Jidá, no belíssimo litoral do Mar Vermelho, que trazia consigo um mistério profundo do Oriente e o vermelho intenso que manchava o verde do mar ao cair da tarde; mas, acima de tudo, a lembrança de ver reunido ali um grupo de jogadores que soube levar a campo todo o merecimento, os valores e a coragem libertadora. O apito final soou com a mesma intensidade da explosão fundamental do Universo, aos corações de quem é Fluminense de verdade.

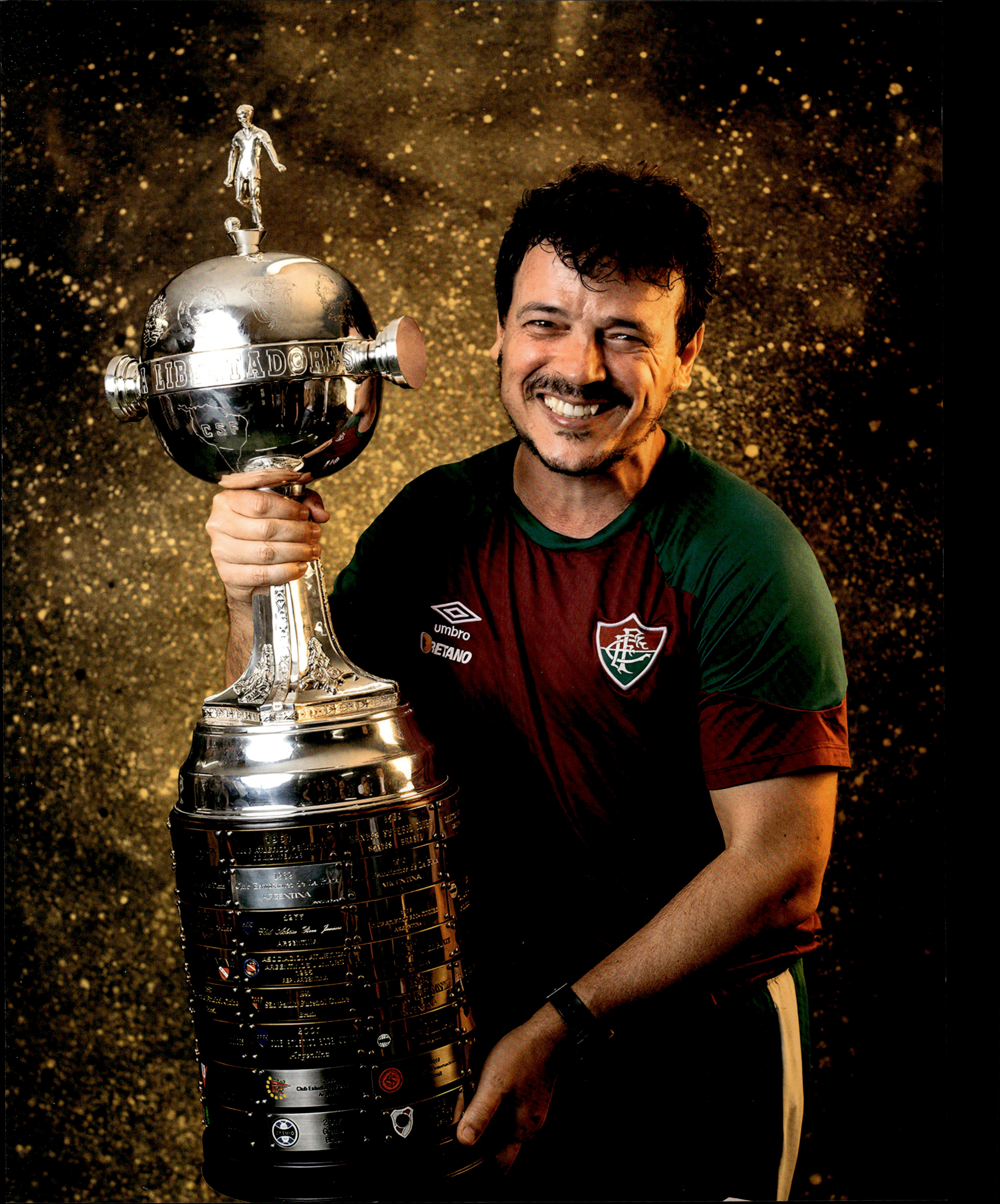
CSF
umbro

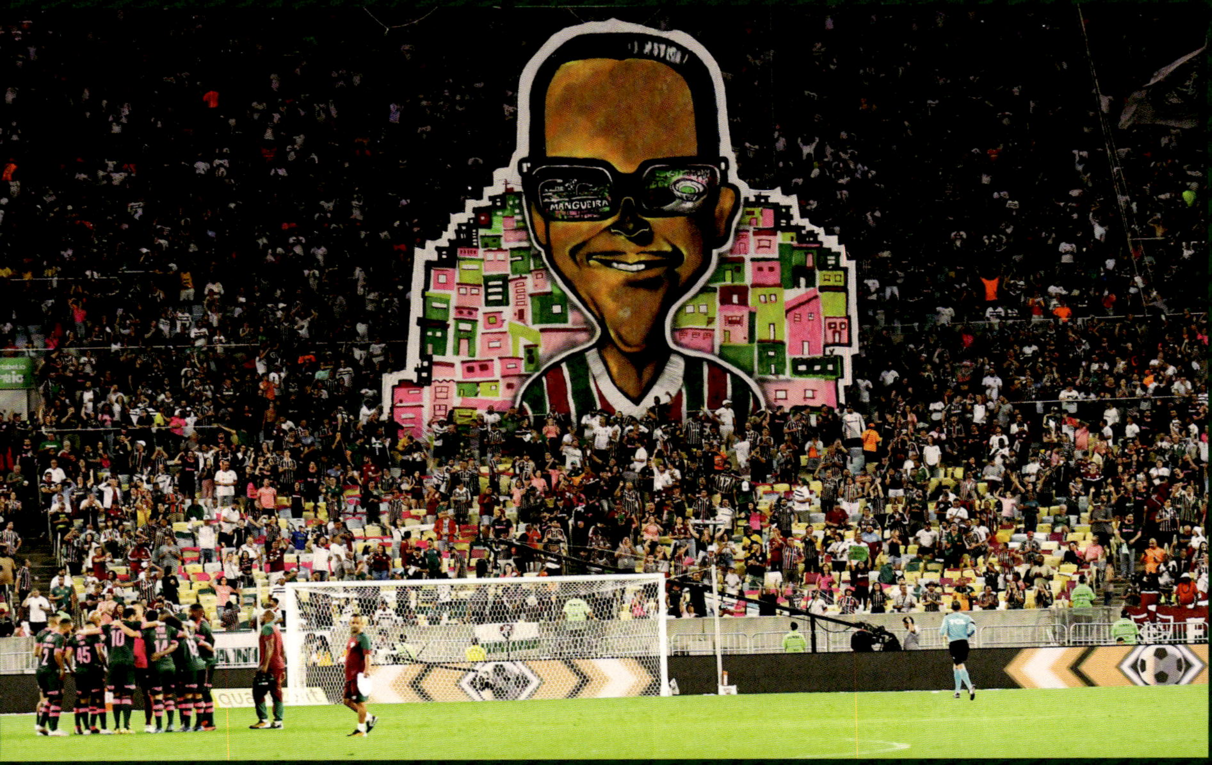

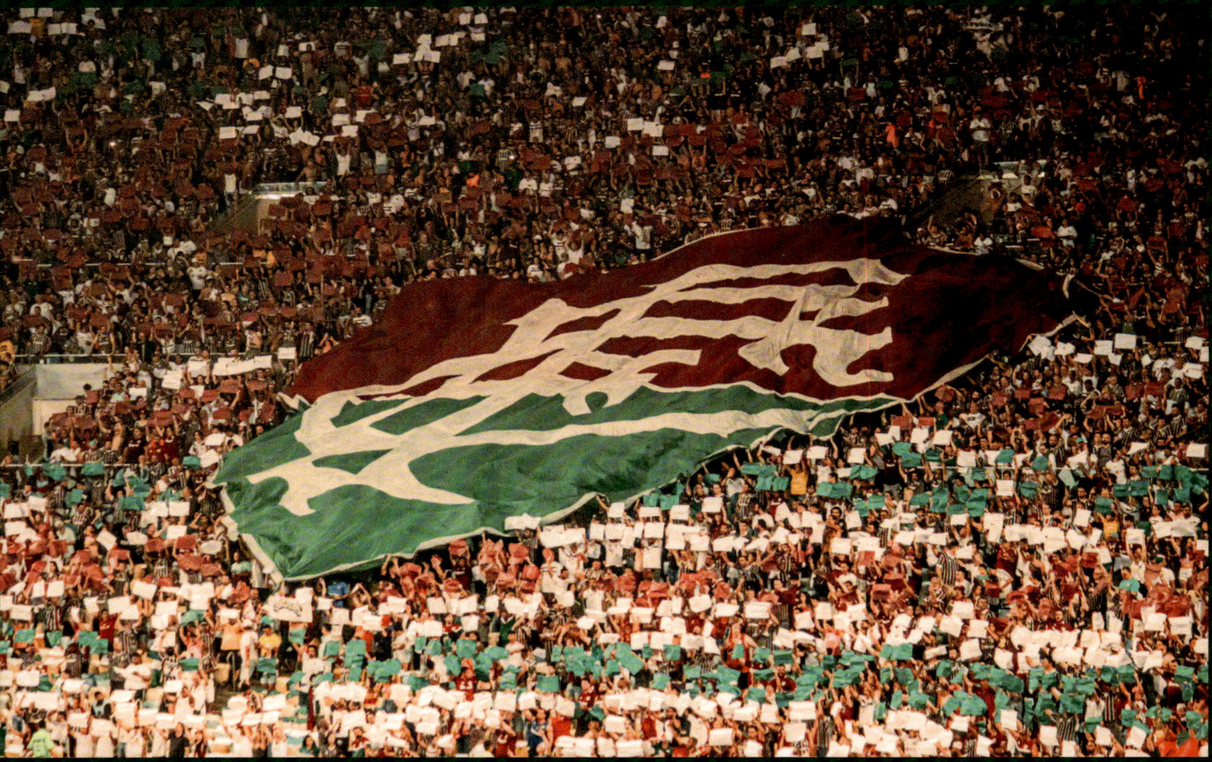

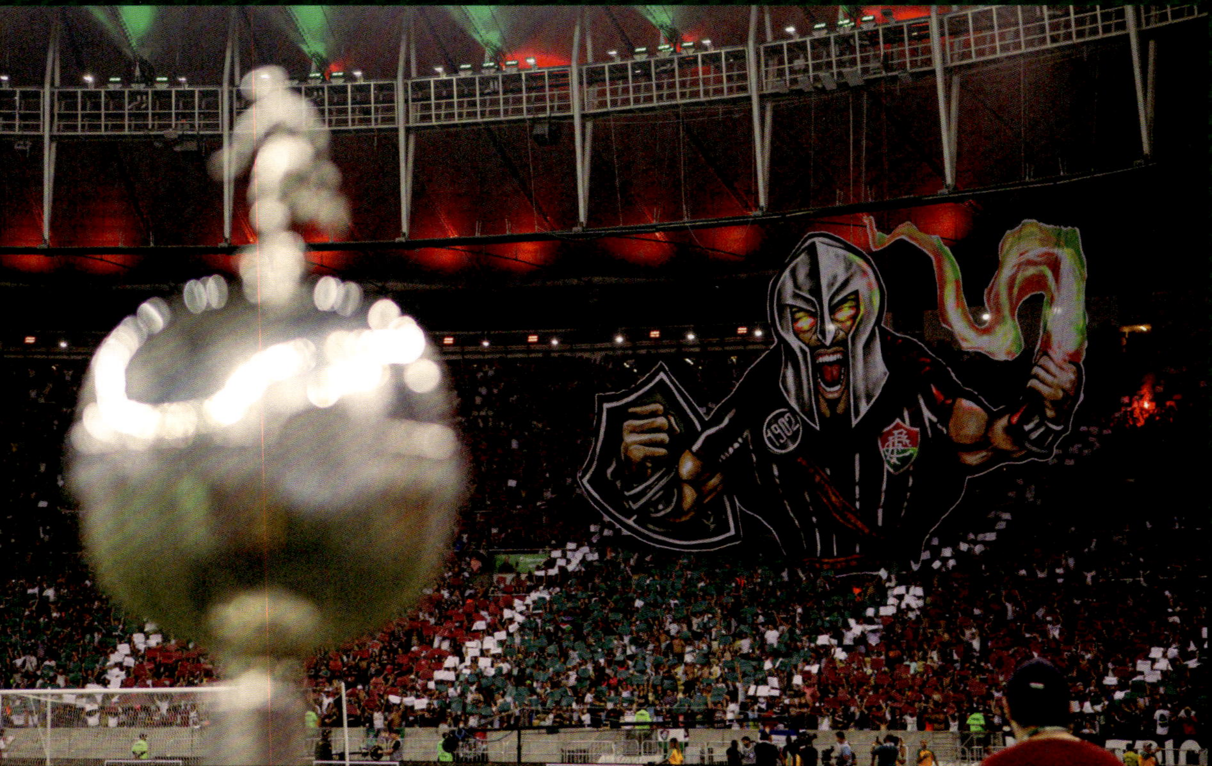

O FLUMINENSE VAI JOGAR
EU VOU FICAR
LOUCO DA CABEÇA
NADA ME INTERESSA

SOU TRICOLOR
SOU TRICOLOR
SOU TRICOLOR
SOU TRICOLOR
LAIALAIÁ, LAIALAIÁ
LAIALAIÁ, LAIALAIÁ

O FLUMINENSE VAI JOGAR
EU VOU FICAR
LOUCO DA CABEÇA
NADA ME INTERESSA

SOU TRICOLOR
SOU TRICOLOR
SOU TRICOLOR
SOU TRICOLOR
LAIALAIÁ, LAIALAIÁ
LAIALAIÁ, LAIALAIÁ

O FLUMINENSE VAI JOGAR
EU VOU FICAR
LOUCO DA CABEÇA
NADA ME INTERESSA

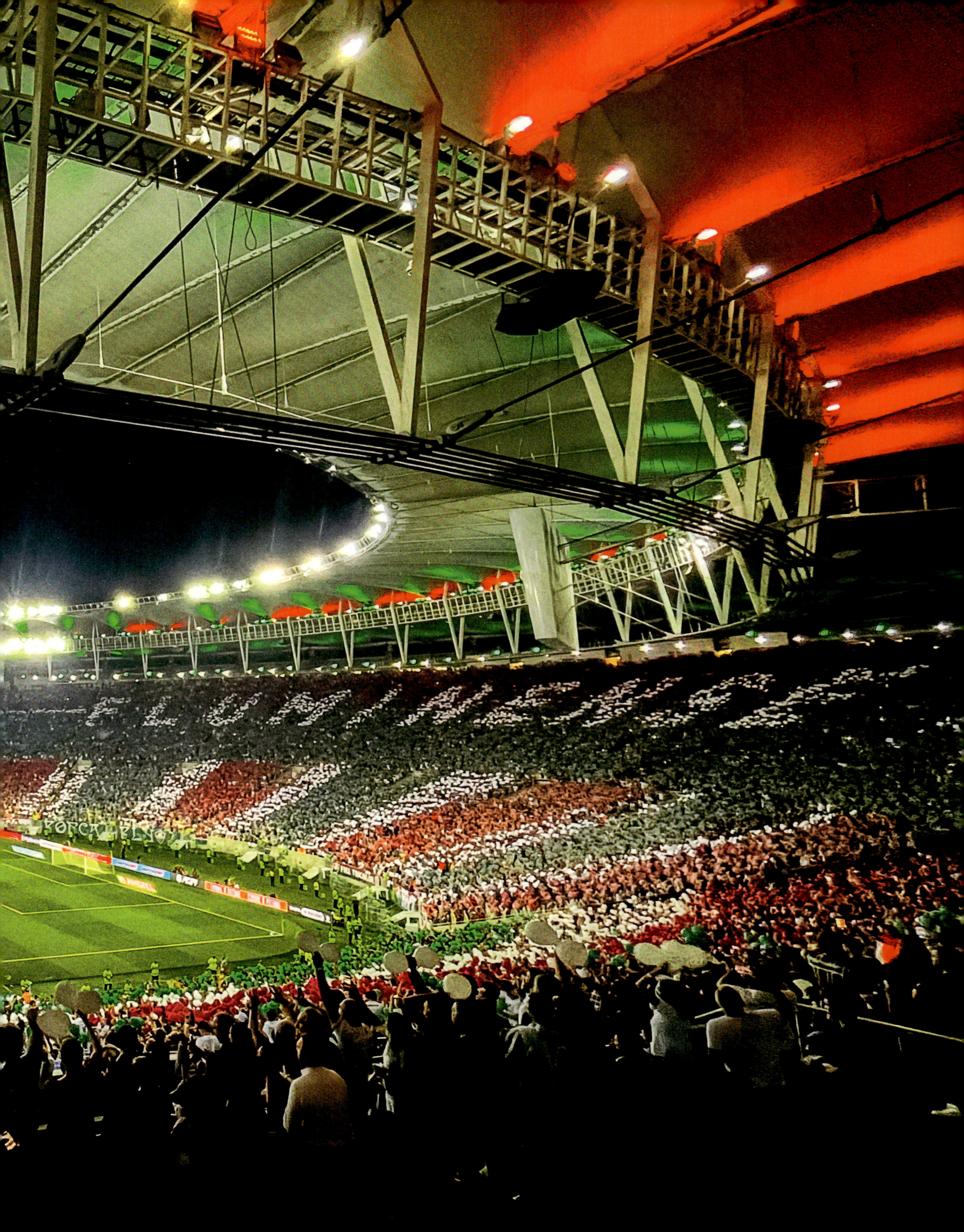

TUDO NORMAL NO RIO

O bicampeonato carioca

Em 2022, o Fluminense celebrou o título estadual. Nas competições nacionais, o time mostrou um futebol bonito e fez boas campanhas. Não faltava esperança para o novo ano. Em busca do bicampeonato carioca, o time venceu seus três primeiros jogos, mas um empate e duas derrotas nas rodadas seguintes deixaram a classificação em risco. Era a hora da arrancada. Com cinco vitórias seguidas, incluindo uma de virada sobre o Flamengo, o clube conquistou a Taça Guanabara. Nas semifinais, o adversário foi o Volta Redonda, que já tinha vencido o Tricolor na fase de classificação e tornou a superá-lo, por 2 a 1, no jogo de ida. Só que um avassalador 7 a 0, no Maracanã, deu ao Flu a vaga para a grande final. Que não poderia ter outro confronto: o Clássico dos Clássicos, em que “a multidão se desperta”. Com a derrota por 2 a 0 no jogo de ida, apenas outra volta por cima daria o bicampeonato estadual. A torcida tricolor, maioria no estádio, lotou o Maracanã. Em meio aos torcedores, havia a certeza de uma inédita remontada, pois era enorme a confiança no trabalho do técnico Fernando Diniz. E, com apoio intenso da torcida, um antológico 4 a 1 entrou para o almanaque do Fla-Flu. Como em 1919, 1936, 1941, 1969, 1973, 1983, 1984, 1995 e 2022, o Fluminense superou o Flamengo e chegou ao seu trigésimo terceiro título carioca, este, um bicampeonato, que o clube não levantava desde 1984.

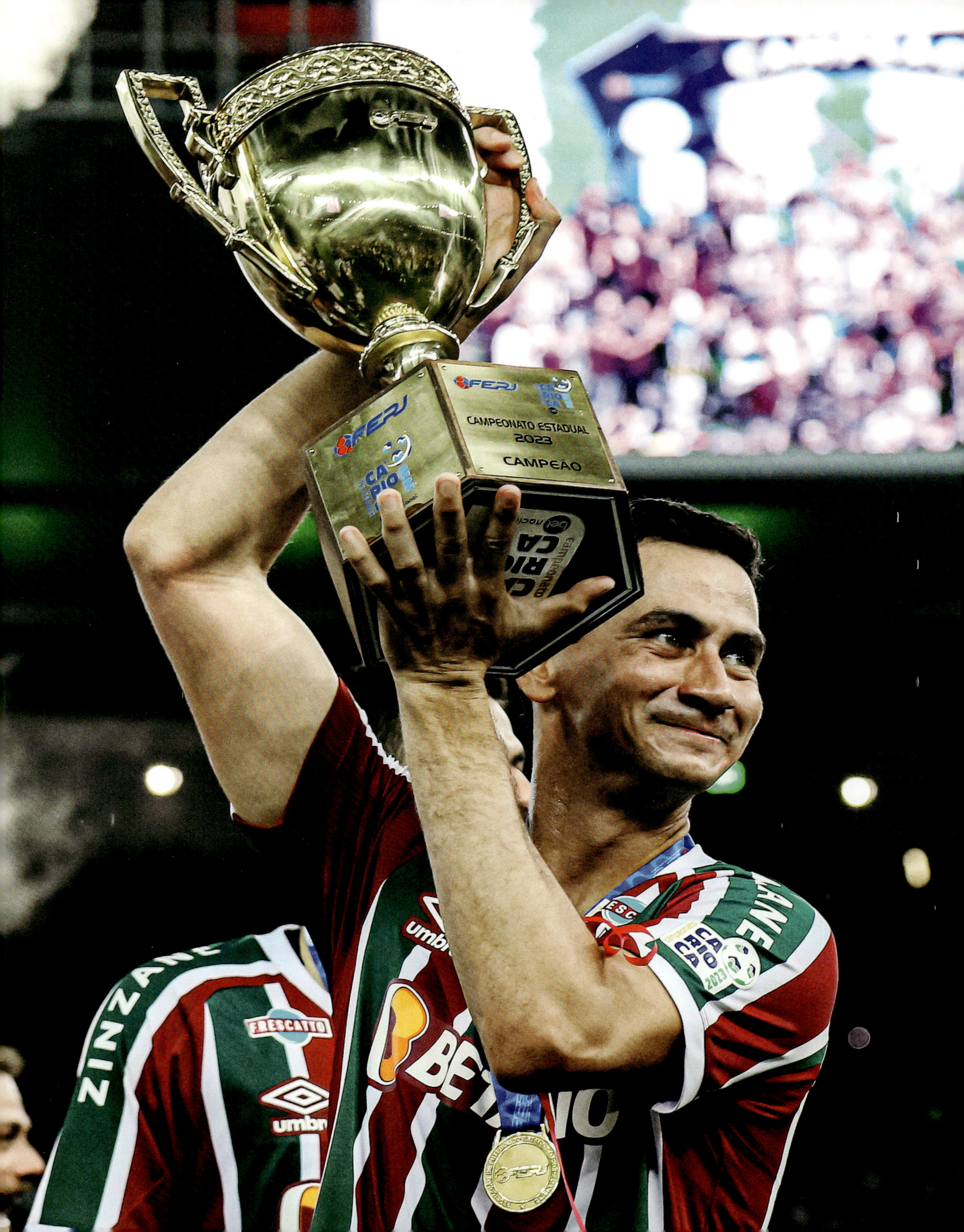
FERJ
CAMPEONATO ESTADUAL
2023
CAMPEÃO
FRESCATTO
umbro
ZINZANE

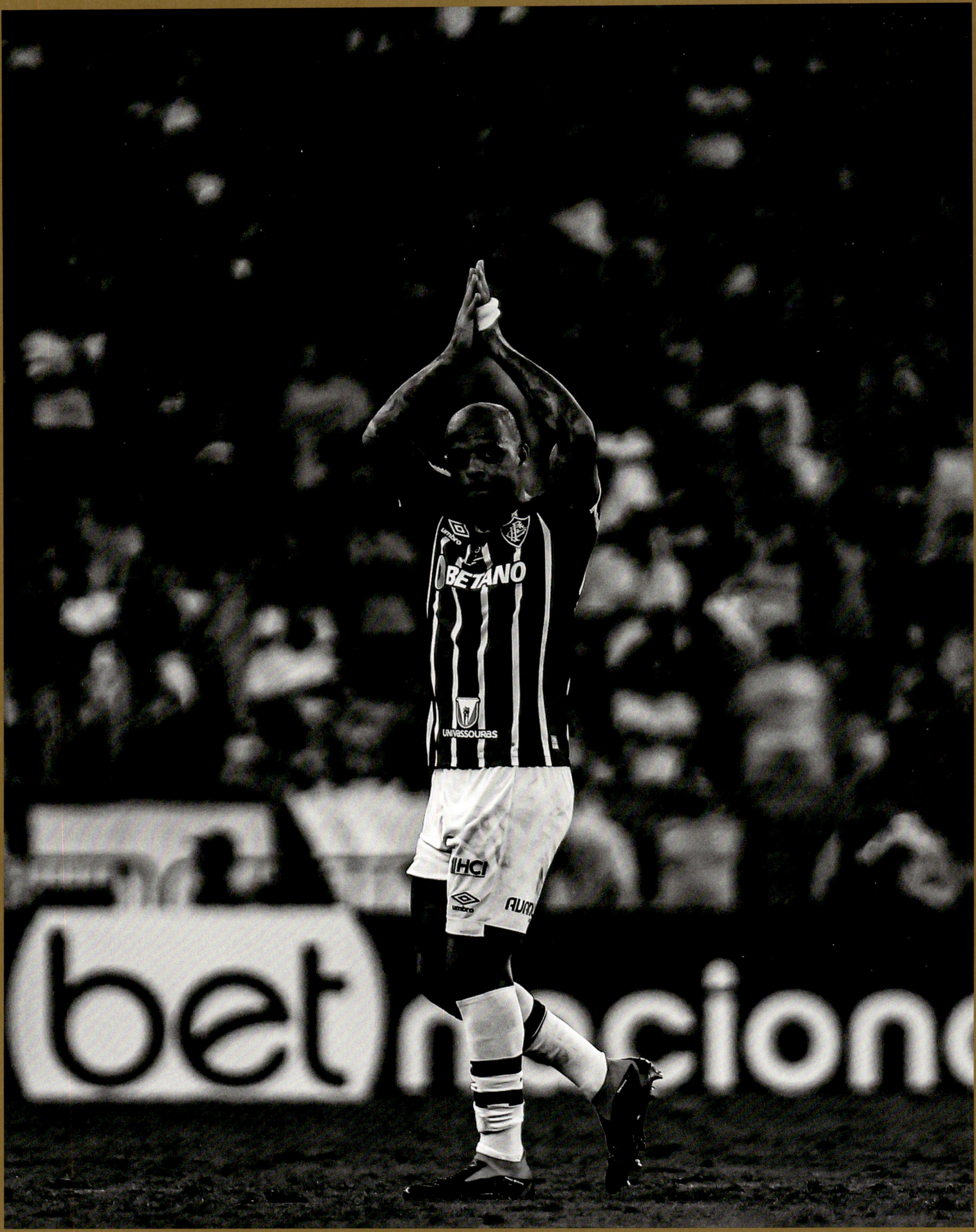
BETANO
UNIVASSOURAS
bet

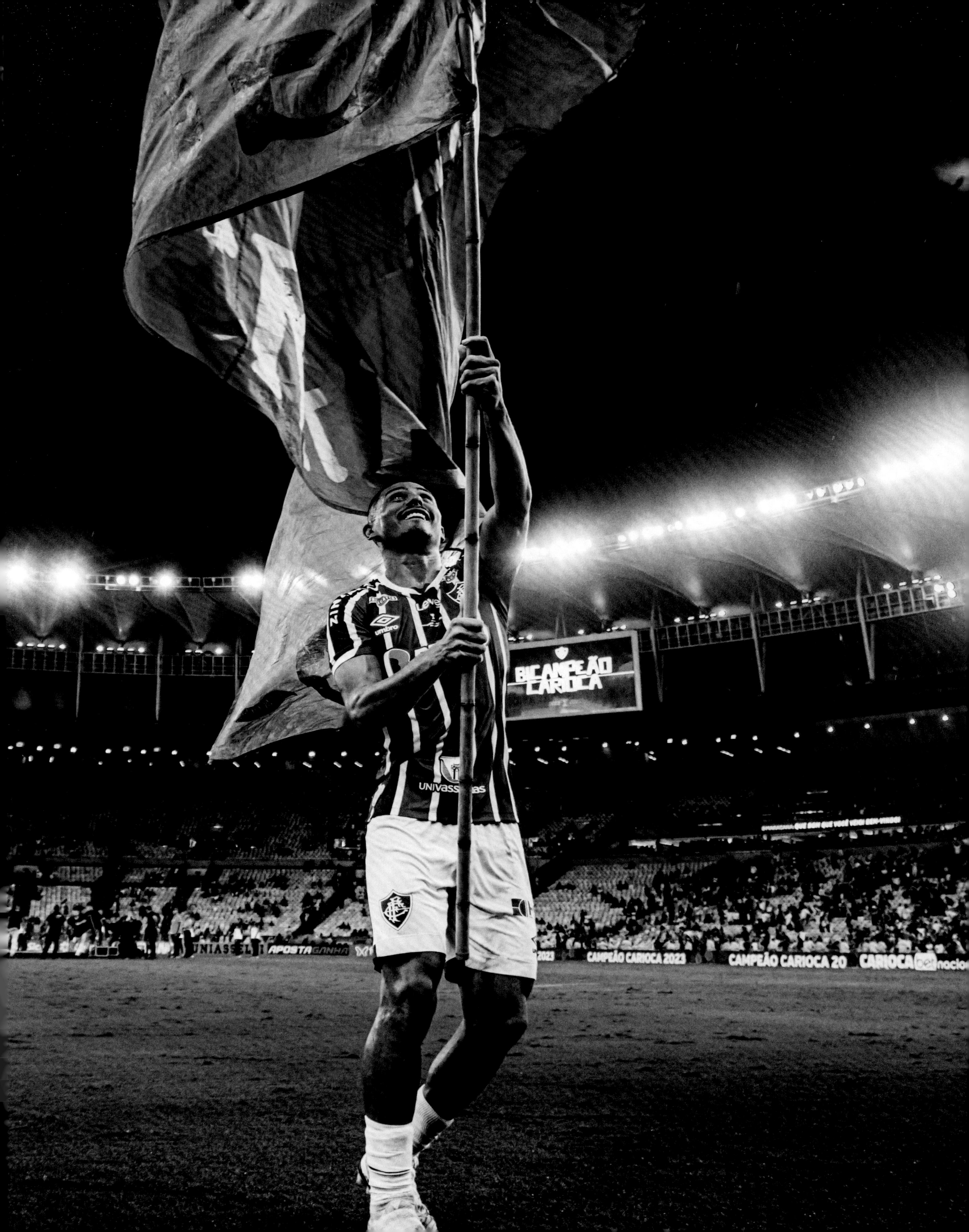
BICAMPEÃO
CARIOCA
CAMPEÃO CARIOCA 2023
APOSTAGANHA

12 de fevereiro
Maracanã, Rio de Janeiro, Brasil

FLUMINENSE 2 X 0 VASCO

Recheado de muita história, o Clássico dos Gigantes celebrava seu centenário em 2023. No primeiro duelo entre os clubes na temporada, sob risco de não conseguirem se classificar para as semifinais do Campeonato Carioca, ambos precisavam vencer. Naturalmente, a partida iniciou de maneira intensa, com boas chances para os dois times. Até o fim da primeira etapa, apesar de boas movimentações das equipes, o 0 a 0 permaneceu.

O Fluminense voltou diferente para a segunda etapa. Em campo, a equipe parecia bem mais incisiva, e o primeiro gol parecia questão de tempo. Logo no início, Keno arriscou de fora da área e mandou por cima. Em seguida, Nino roubou a bola no ataque, tocou para Lima tabelar com Martinelli e assustar a defesa adversária. Na sequência, Arias cobrou falta rente ao travessão. Minutos depois, Germán Cano, insistente, teve duas finalizações bloqueadas. A primeira após cobrança de escanteio e a segunda de fora da área, depois de recuperar a bola no lance anterior. Aos 16 minutos, Martinelli descolou passe de letra, deixou Lima na direção do gol, o meia bateu forte e a bola saiu pela linha de fundo.

O gol amadurecia, e o destino quis que o autor fosse Germán Cano. Aos 20 minutos, o artilheiro abriu o placar com uma finalização perfeita, da entrada da área, após cruzamento de Samuel Xavier. O domínio tricolor ficou ainda maior. Para fechar a partida, já nos acréscimos, o argentino deixou o Maracanã inteiro pasmo ao acertar um chutaço do meio de campo. A bola, batida com o pé esquerdo, encobriu o goleiro Léo Jardim e foi morrer no fundo da rede. Um gol antológico, que mereceu uma placa. "Chora, vascaíno, o sonho acabou, o Germán Cano é tricolor", cantou, extasiada, a torcida do Flu, maioria no estádio.

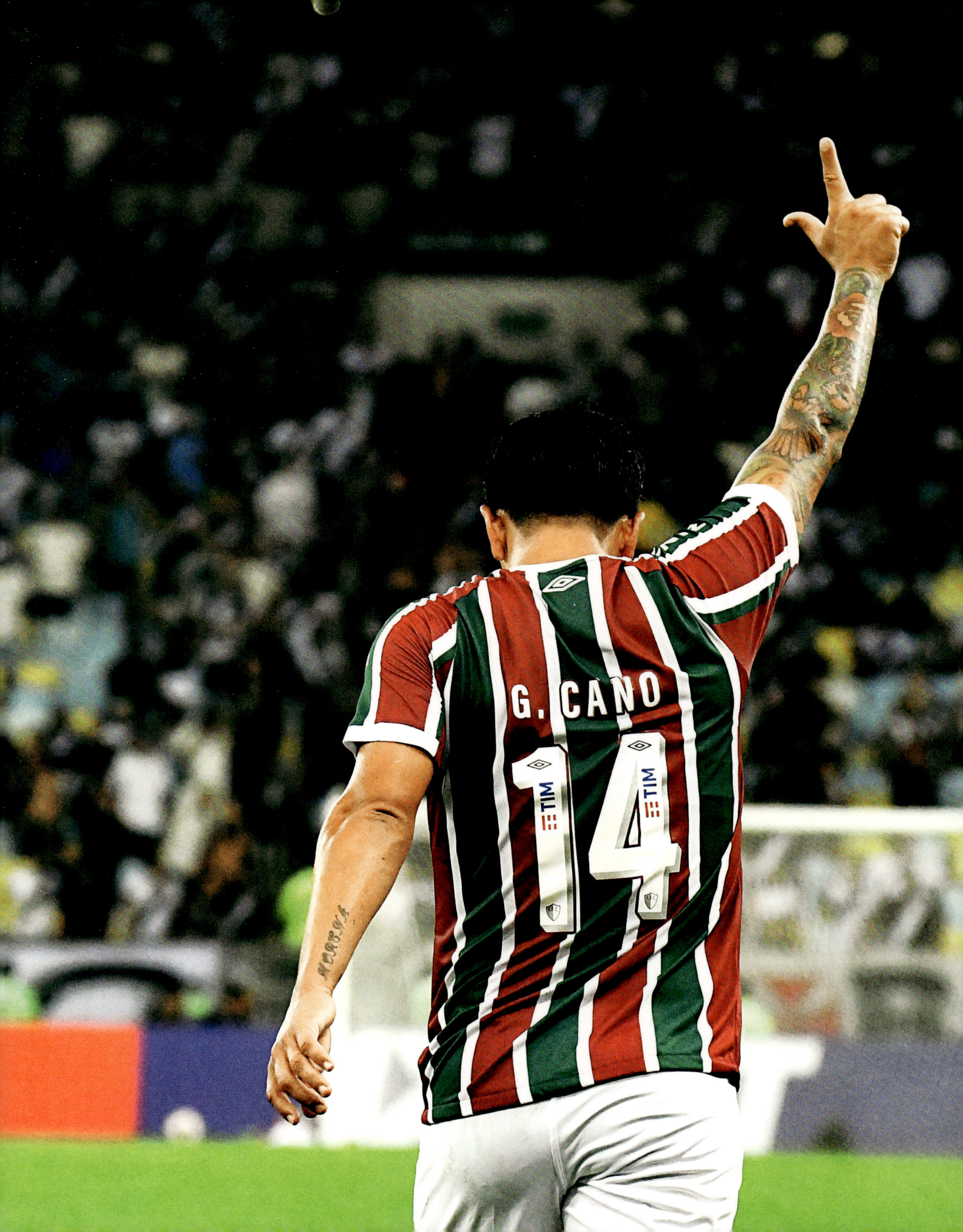
G. CANO
14
TIM

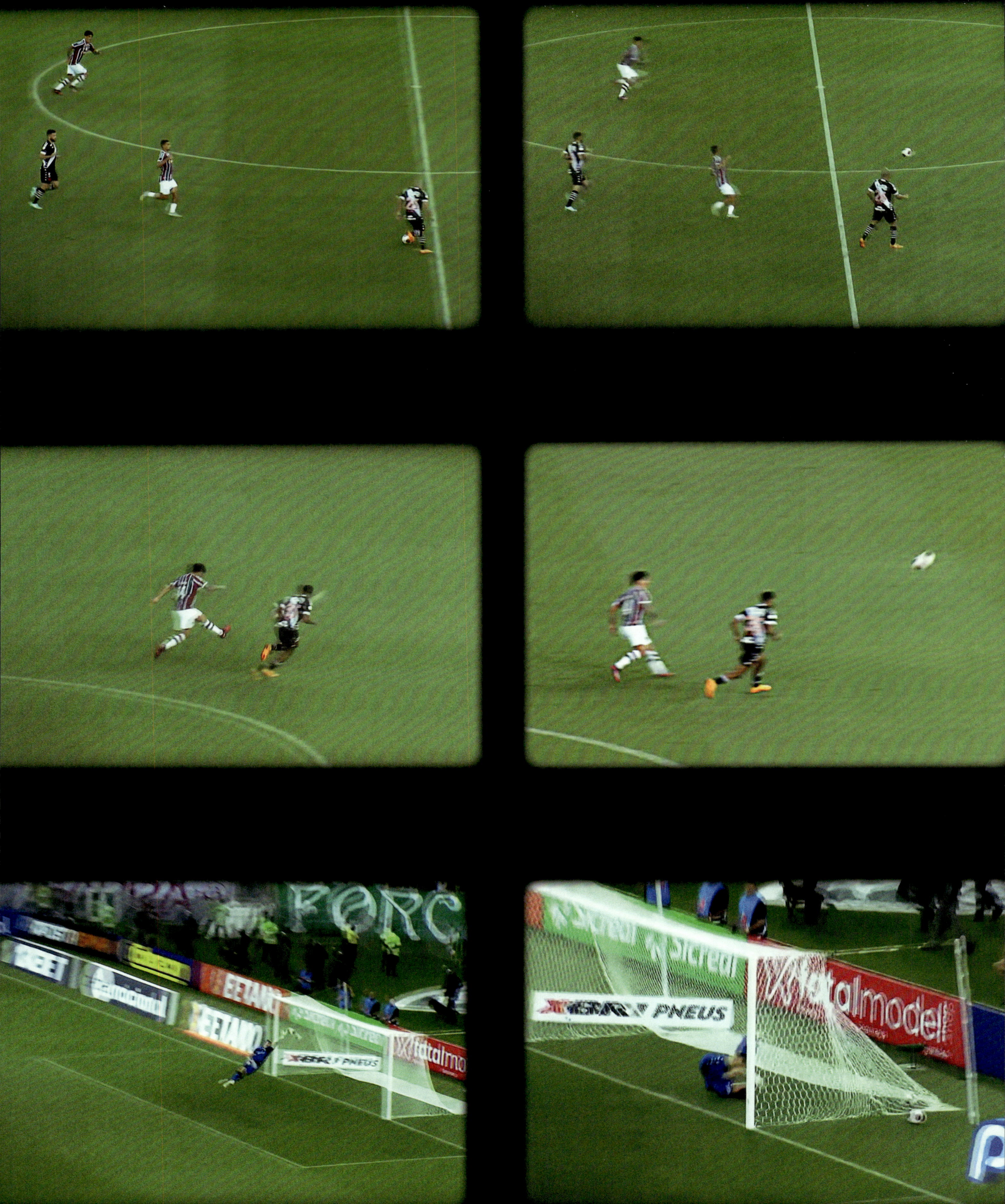
PNEUS
fatalmodel

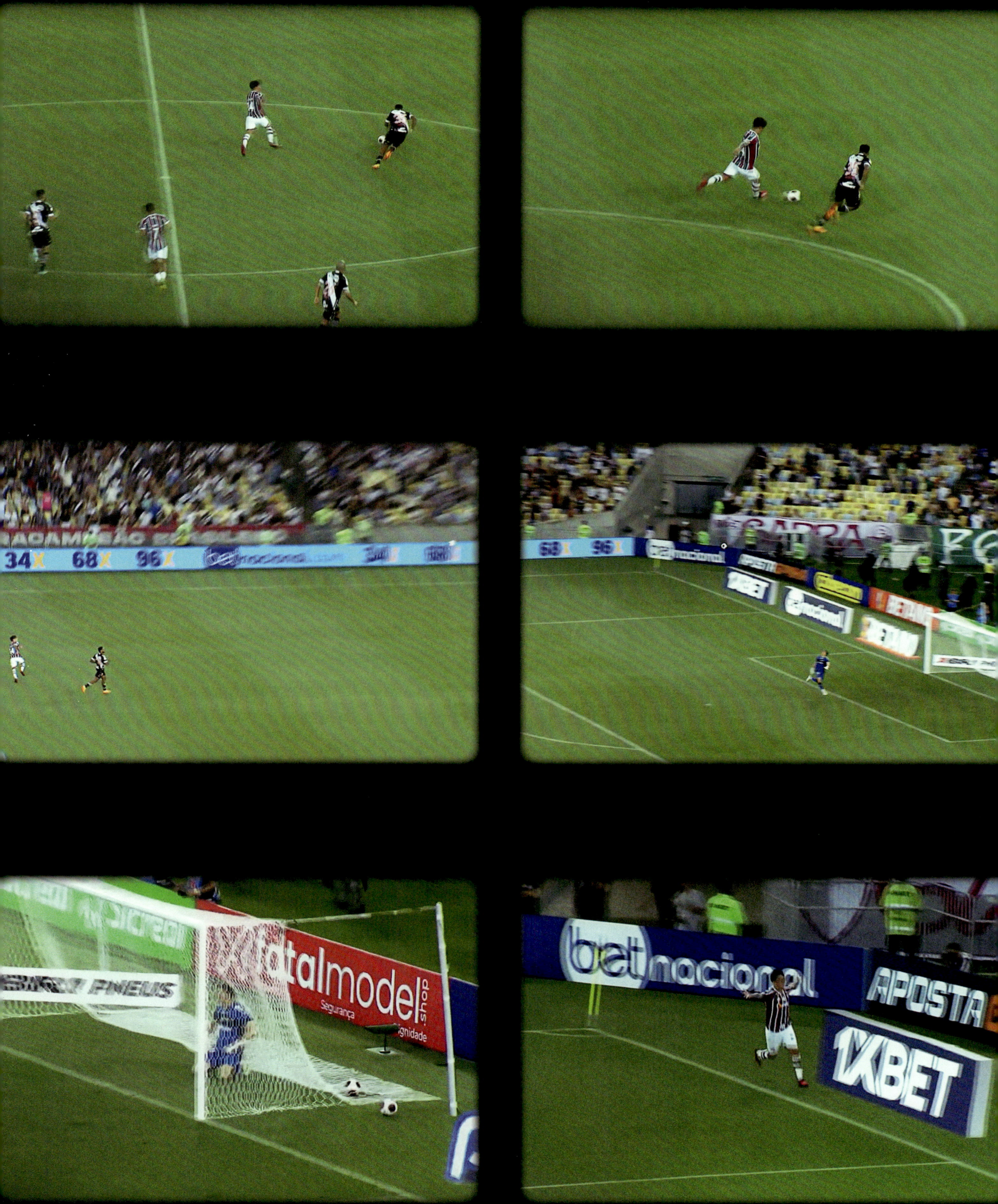
34X
68X
96X
fatalmodel
.shop
Segurança
betnacional
APOSTA
1XBET

8 de março
Maracanã, Rio de Janeiro, Brasil

FLAMENGO 1 X 2 FLUMINENSE

O enredo para o Fla-Flu de número 441 não poderia ter sido melhor. Os times chegaram à última rodada disputando o título da Taça Guanabara. Com um ponto a menos, o Fluminense precisava vencer para faturar um inédito bicampeonato, enquanto uma eventual derrota poderia até eliminá-lo das finais.

Com bom retrospecto recente no clássico, o Flu buscou se impor desde o início, por meio da troca de passes curtos e boas movimentações. Aos 18 minutos, porém, Everton Cebolinha abriu o placar para os rubro-negros. Em busca da reação, o Tricolor chegou com perigo algumas vezes até o fim do primeiro tempo, mas não conseguiu empatar.

O Fluminense iniciou a segunda etapa trabalhando a bola ainda mais no campo de ataque. Logo na primeira boa oportunidade, aos 7 minutos, Germán Cano empatou. Gabriel Pirani descolou ótimo passe para Arias. O colombiano invadiu a área e tocou para o artilheiro empatar o jogo. Faltava o gol da virada. Após muito pressionar, ele veio aos 39 minutos. Cano chutou e a bola sobrou para Pirani, que bateu rasteiro, no canto do goleiro Matheus Cunha. O gol fez o Maracanã explodir. "Eu vou ficar louco da cabeça", cantava sem parar a torcida tricolor, que em nenhum momento deixou de acreditar e apoiar o time.

Com a emocionante vitória por 2 a 1, o Fluminense chegou aos 25 pontos, ultrapassou o adversário na tabela e garantiu mais uma taça para a sua enorme coleção. Além de obter a conquista, o resultado confirmou a classificação da equipe para as semifinais do Campeonato Carioca. O próximo adversário seria o Volta Redonda. Por ter melhor campanha, pelo regulamento da competição, o Flu teria a vantagem de fazer o segundo jogo em casa e poderia chegar à final com dois resultados iguais.

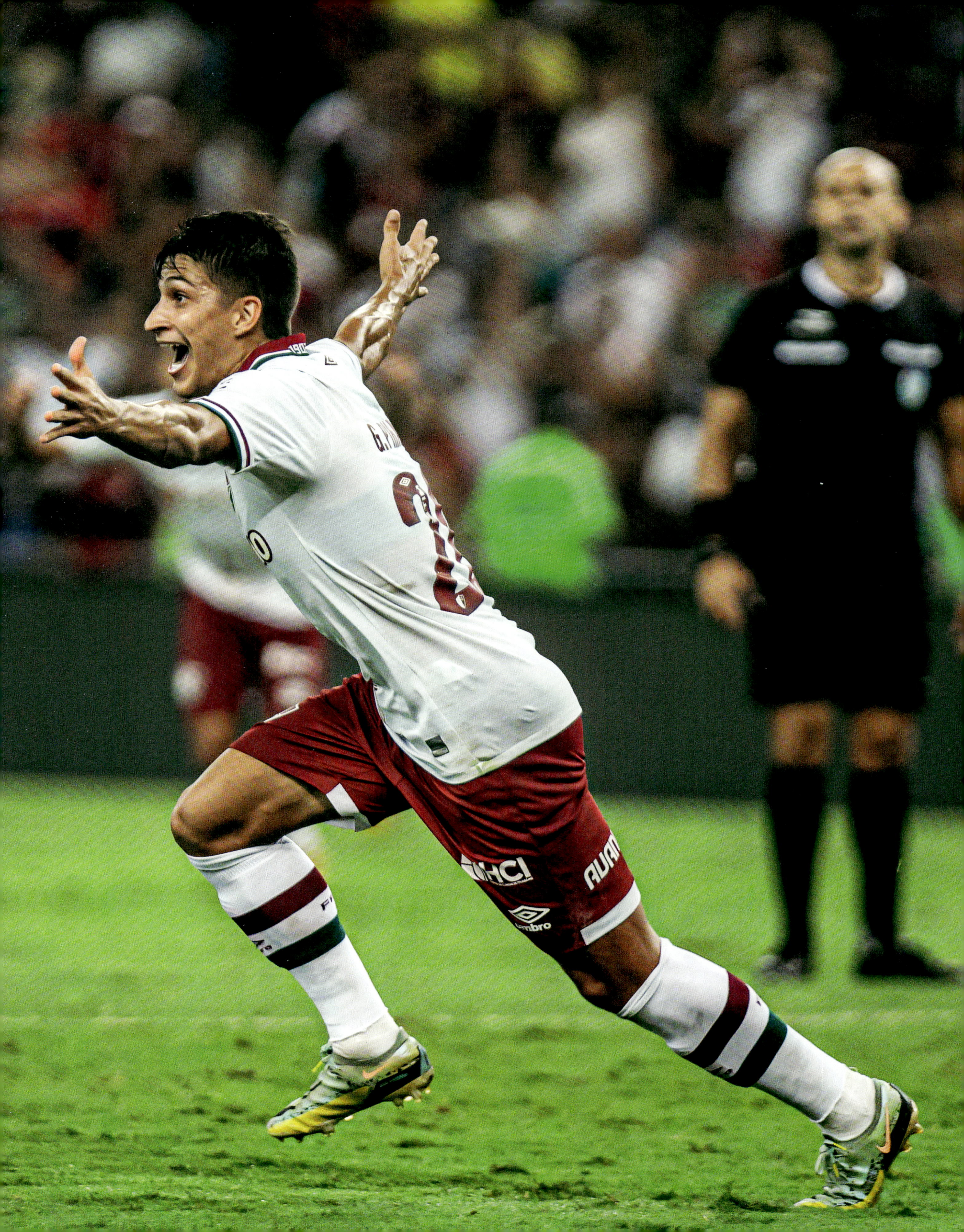
umbro

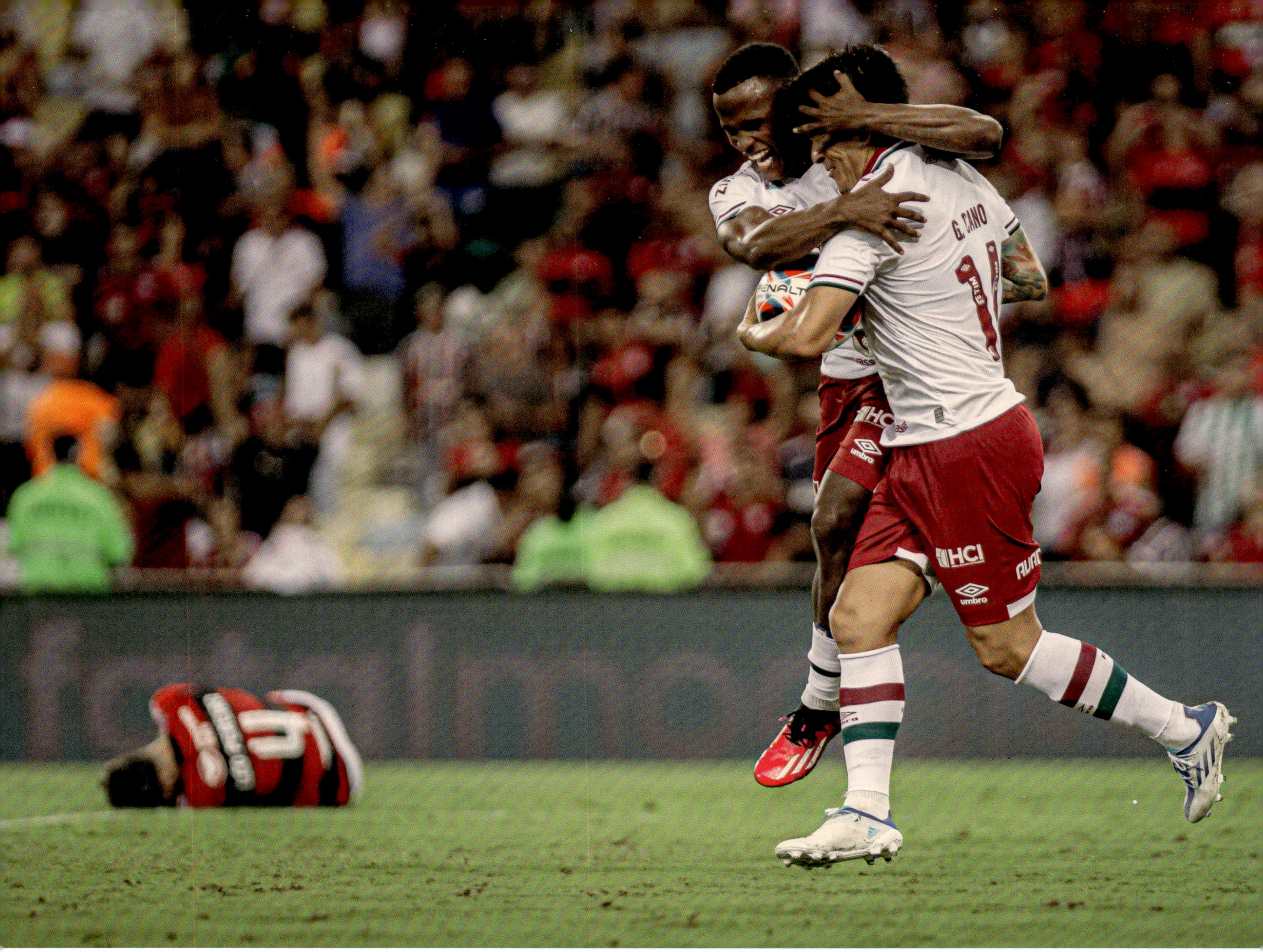

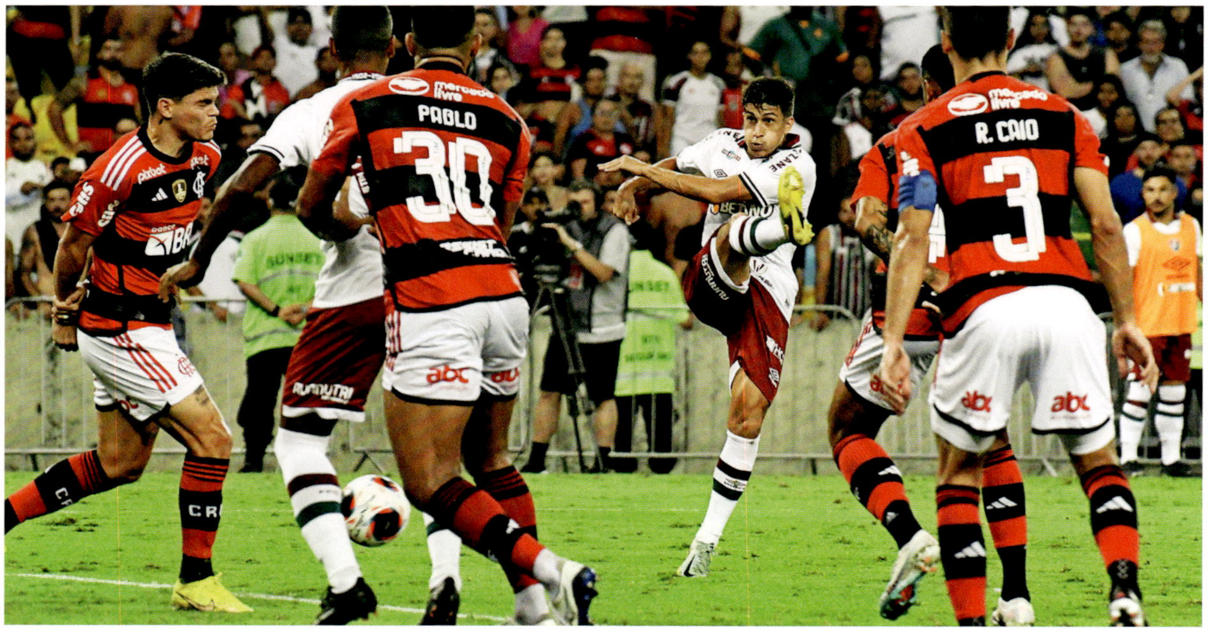

Só a vitória interessava para o Tricolor conquistar um inédito bicampeonato da Taça Guanabara. Depois de sair perdendo por 1 a 0, o time voltou diferente no segundo tempo e a virada veio. Germán Cano, sempre ele, empatou. A virada ocorreu na reta final. No lance decisivo, Cano centrou de peito de pé e a bola sobrou limpa para Gabriel Pirani, que chutou cruzado, no canto do goleiro rubro-negro. Foi o gol do título.

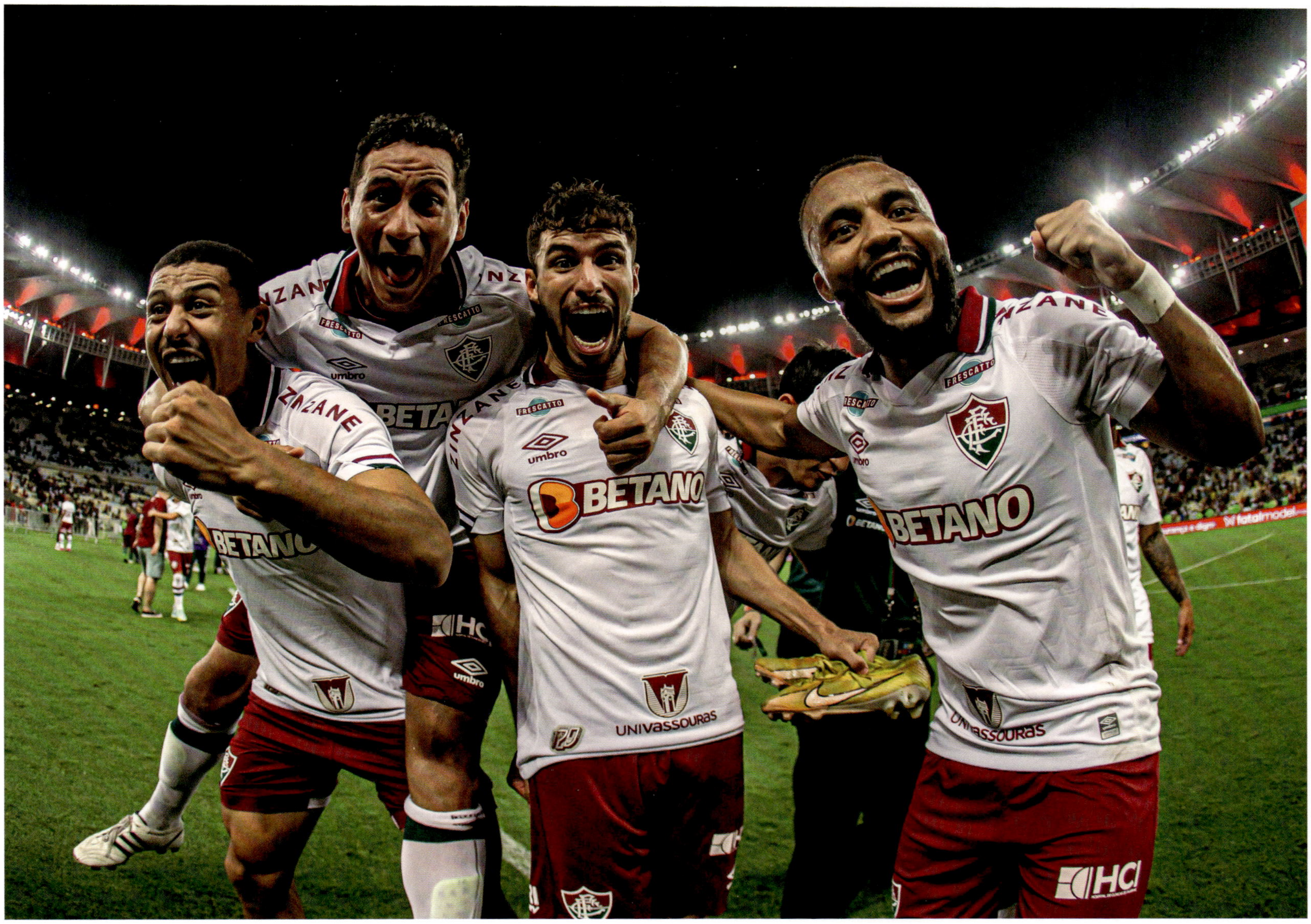
BETANO
umbro
UNIVASSOURAS
HCI

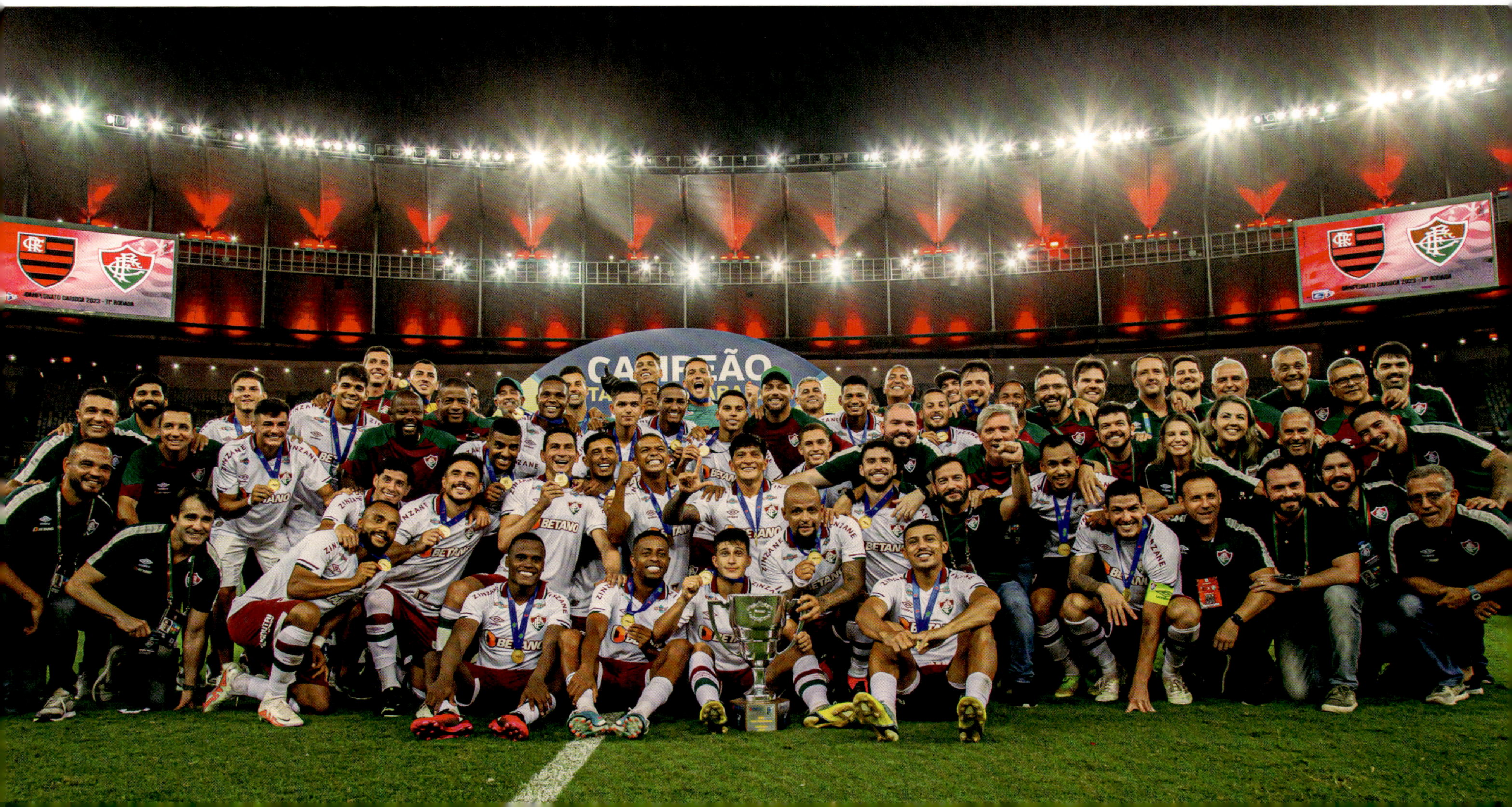

18 de março
Maracanã, Rio de Janeiro, Brasil

FLUMINENSE 7 X 0 VOLTA REDONDA

A torcida do Fluminense andava feliz da vida. Os dias que antecederam o jogo de ida das semifinais do Campeonato Carioca haviam sido de extrema euforia para os tricolores em seu salão de festas, o Maracanã, tanto pela conquista da Taça Guanabara, em emocionante vitória de virada sobre o Flamengo, quanto pela apresentação do craque Marcelo, numa celebração majestosa, menos de 48 horas depois. O momento era mágico. A energia estava contagiante.

O penúltimo obstáculo para o bicampeonato seria o Volta Redonda, até então a surpresa do Estadual, que ficou com a última vaga, deixando o Botafogo de fora das fases decisivas. No primeiro jogo, realizado no Estádio Raulino de Oliveira, derrota tricolor por 2 a 1. Só não foi pior porque Nino descontou no fim, quando o placar marcava 2 a 0. Só a vitória, então, interessava na segunda partida.

Empurrado por uma massa que lotou o Maracanã, o Tricolor foi envolvente do início ao fim do jogo. Com velocidade na troca de passes, a equipe chegou ao ataque constantemente, com qualidade e precisão, o que resultou em sete gols marcados. Germán Cano marcou quatro vezes e Alexsander assinalou um gol pela primeira vez no profissional. Samuel Xavier e Martinelli fecharam o histórico placar.

De fato, o Fluminense foi avassalador. Em uma tarde de sábado inspirada, o time esqueceu as duas derrotas recentes para o adversário e venceu o Volta Redonda por um inapelável 7 a 0 no jogo que mais valia. Com o placar agregado de 8 a 2, o Flu chegou à grande final da competição pelo quarto ano consecutivo. A luta pelo bi estava mais viva do que nunca. Classificadíssimos, os tricolores dormiram o sono dos justos enquanto aguardavam o grande rival da final: Flamengo ou Vasco.

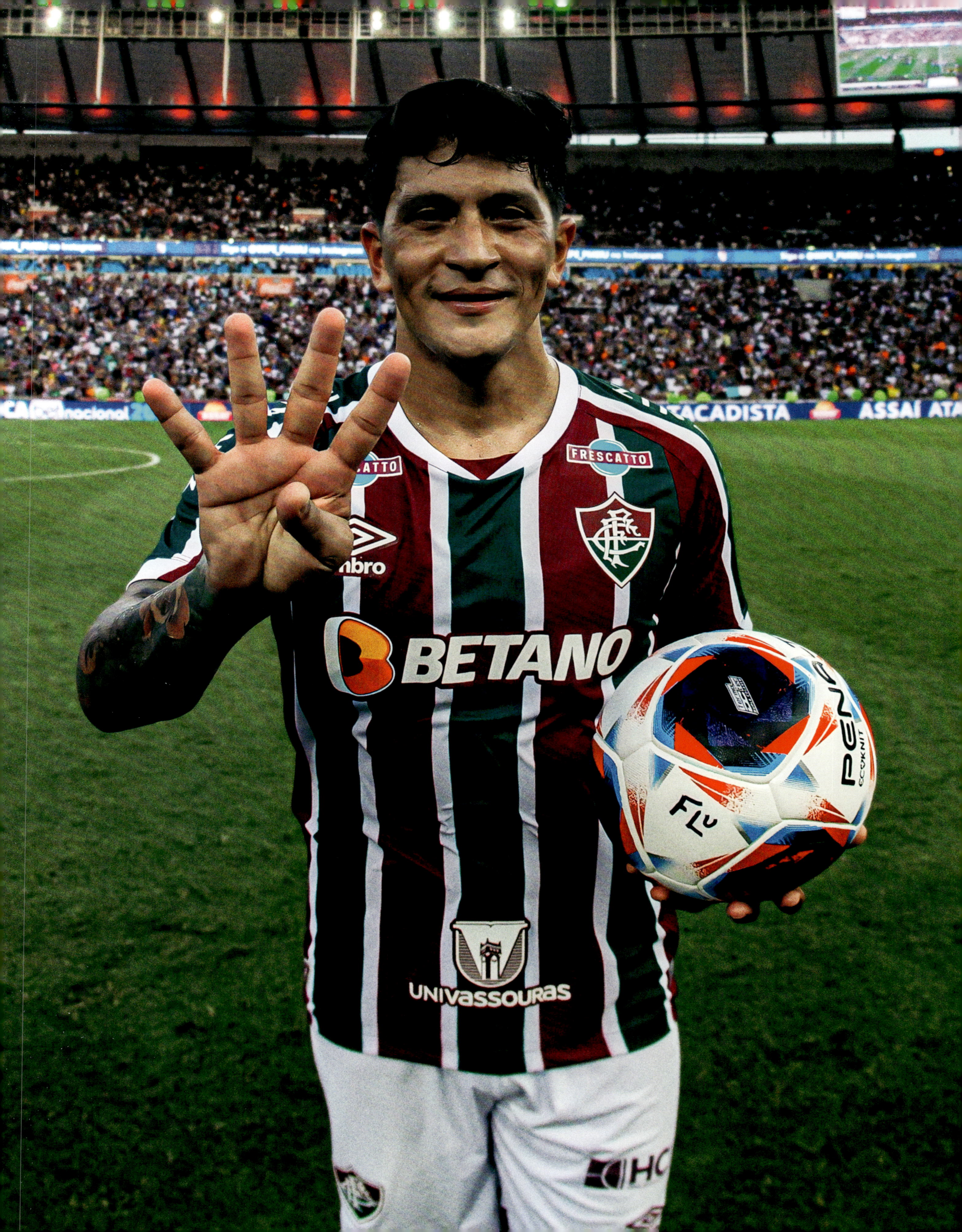
ATACADISTA
ASSAI
FRESCATTO
BETANO
UNIVASSOURAS

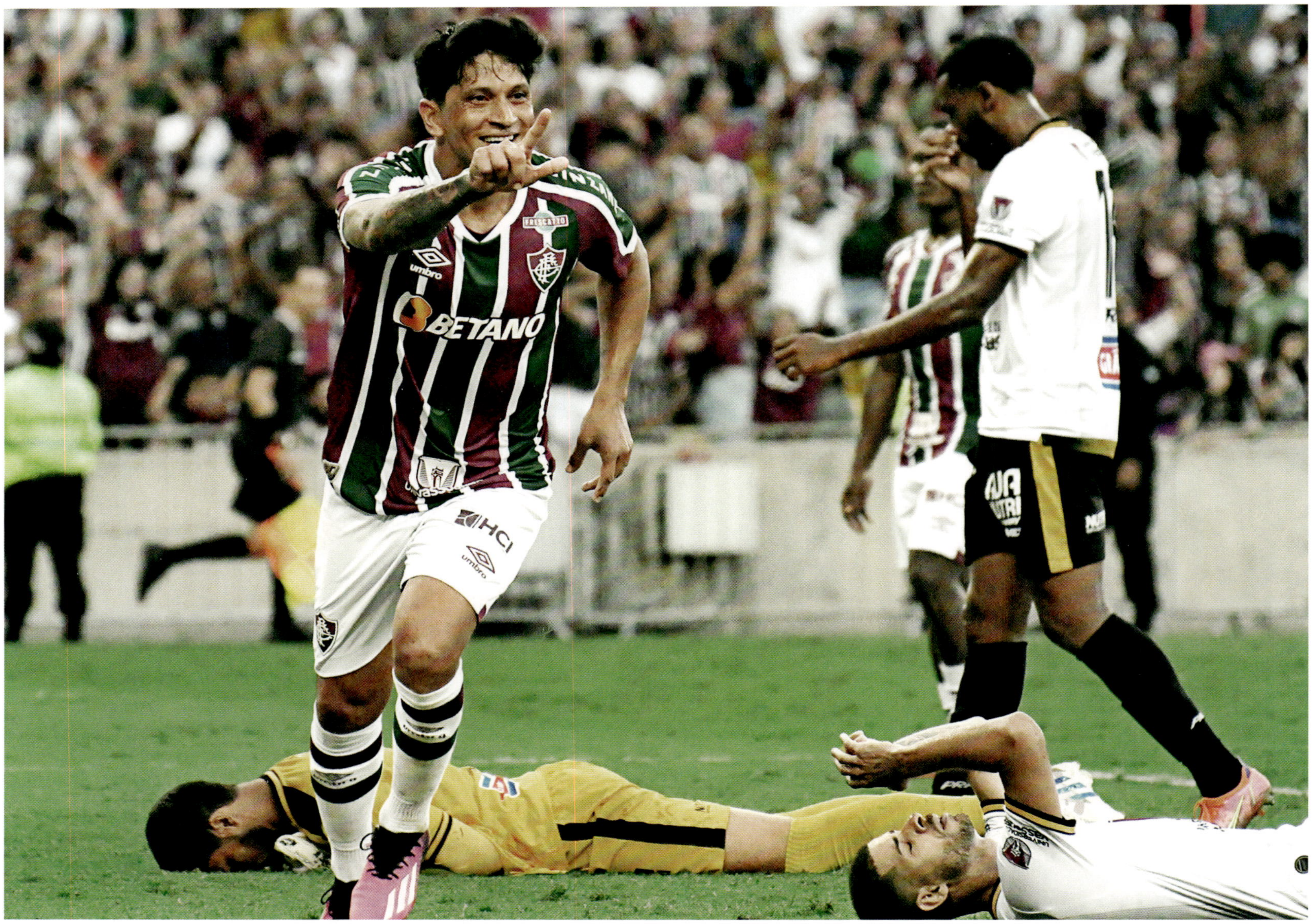
umbro
BETANO

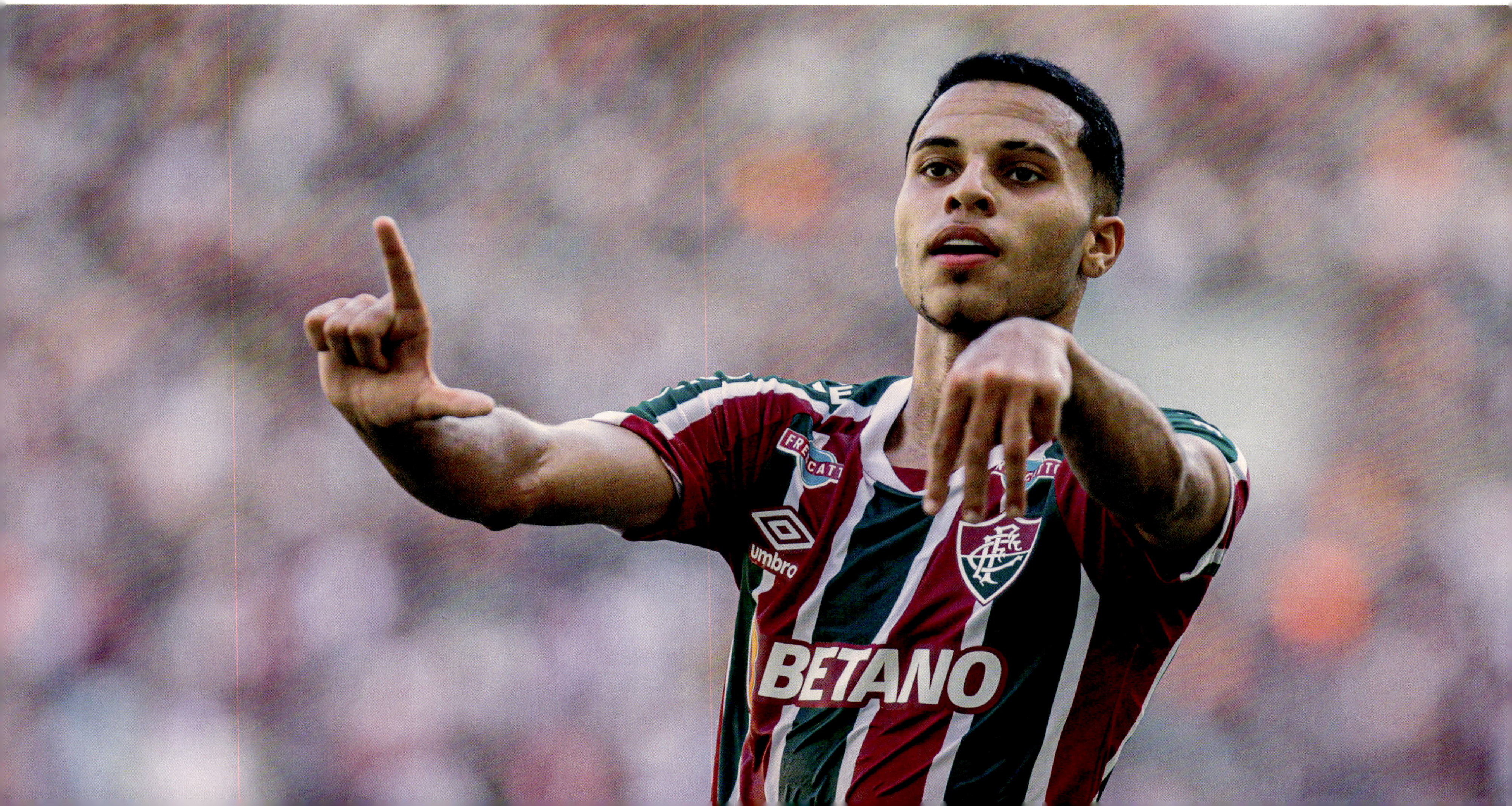
umbro
BETANO

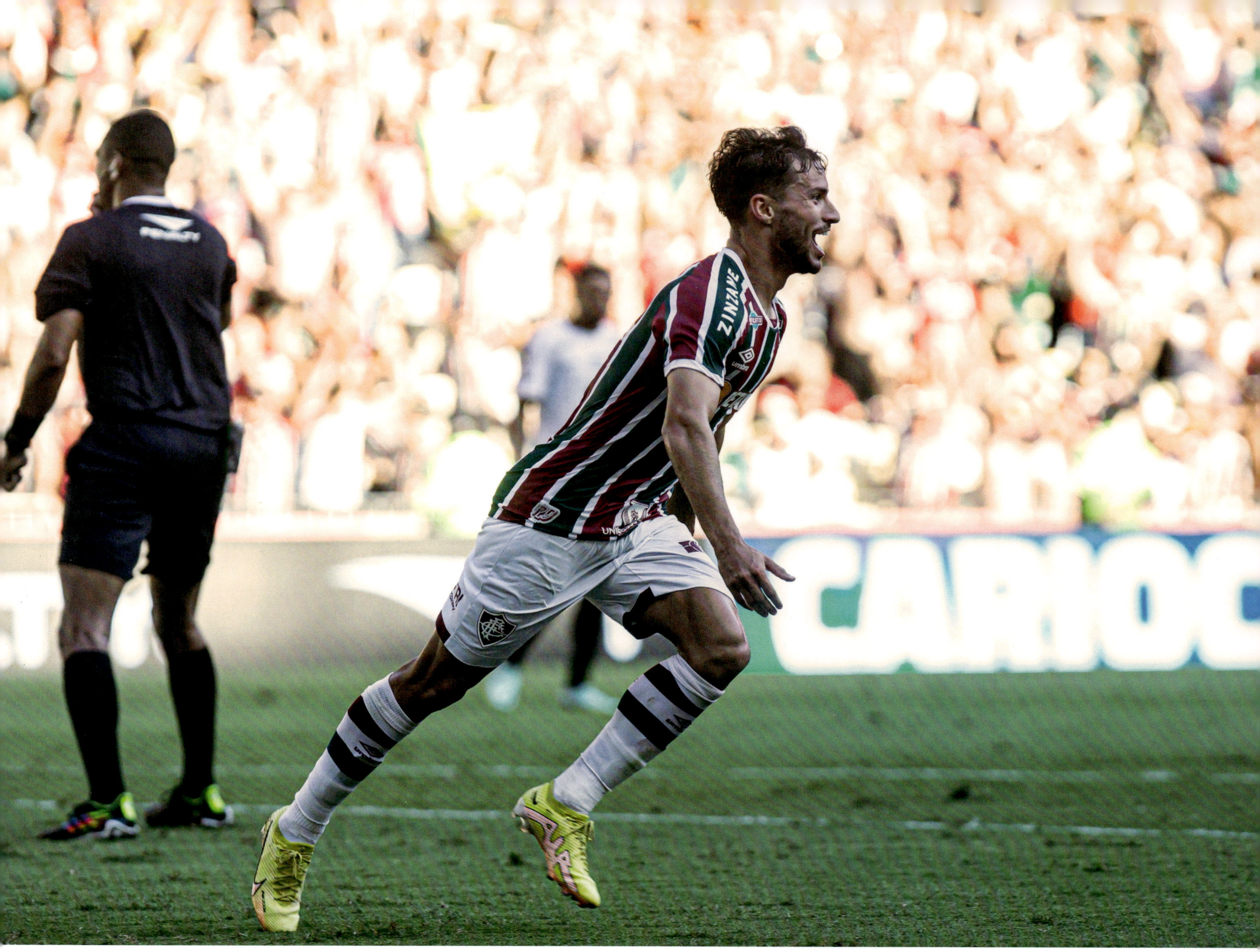

O avassalador 7 a 0 traduziu a superioridade tricolor. Pela primeira vez na carreira, Germán Cano assinalou quatro gols em um jogo. Para completar, chegou aos 14 gols e assumiu a artilharia da competição, ultrapassando Lelê, então no Volta Redonda, que tinha 13. Foi uma atuação de gala, premiando os cerca de 50 mil tricolores presentes. Os demais gols foram feitos por Samuel Xavier, que abriu o placar, Martinelli e Alexsander, seu primeiro como profissional.

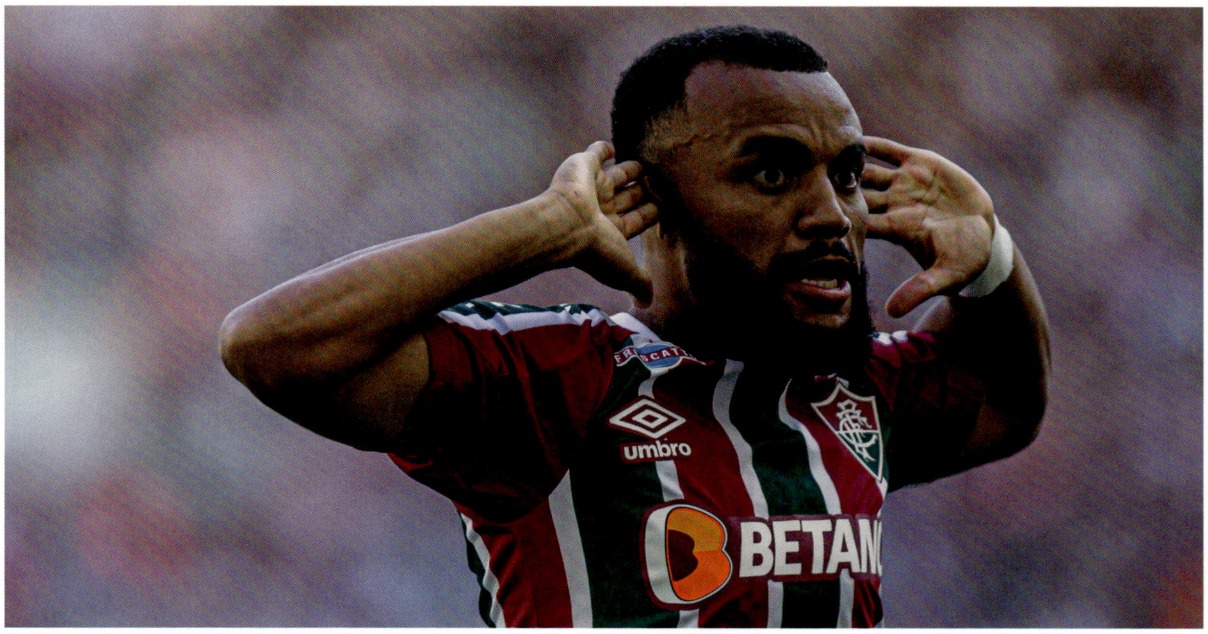

9 de abril
Maracanã, Rio de Janeiro, Brasil

FLUMINENSE 4 X 1 FLAMENGO

Mais uma vez, o Campeonato Carioca seria decidido em um Fla-Flu, clássico que reúne os dois maiores campeões da competição. Realizado em uma noite de sábado, com mando rubro-negro, o primeiro jogo terminou 2 a 0 para o Flamengo, gols de Ayrton Lucas e Pedro, dois atletas revelados em Xerém, por sinal. A Lei do Ex prevaleceu contra o Flu, que viu o título ficar um pouco mais distante. Na arquibancada, porém, a confiança no bicampeonato parecia inabalável. Após o apito final, aos gritos de "Seremos campeões", a torcida tricolor escancarou a sua força, fazendo-se ouvir até mais alto.

No jogo de volta, em pleno domingo de Páscoa, apenas um placar com diferença de três gols poderia trazer o título para o Fluminense. Com apoio de sua torcida, dessa vez em maior número, o que para alguns idiotas da objetividade parecia ser um milagre aconteceu.

No primeiro tempo, aos 26 minutos, Marcelo fez linda jogada individual, passando por dois marcadores, e bateu no cantinho, abrindo o placar com um golaço. Aos 31, contra-ataque fulminante com Keno e Ganso. O camisa 10 deu bela assistência para Cano, que finalizou e fez o L ao marcar o segundo gol.

Na segunda etapa, o ritmo não diminuiu. Logo no início, Marcelo cobrou falta, o braço de Fabrício Bruno impediu a passagem da bola e o pênalti foi assinalado. A cobrança de Cano foi defendida por Santos, mas, no rebote, o artilheiro não perdoou e fez o terceiro. Aos 19, Alexsander fez mais um. Guga arriscou de fora de área, o goleiro deu rebote e o volante estufou a rede com um chutaço no ângulo. Nos últimos minutos, o Fla descontou, mas não tinha tempo para mais nada. Placar final: 4 a 1. O Time de Guerreiros aplicou um chocolate sobre o seu principal rival e ficou com a taça. Flu bicampeão, e com louvor!

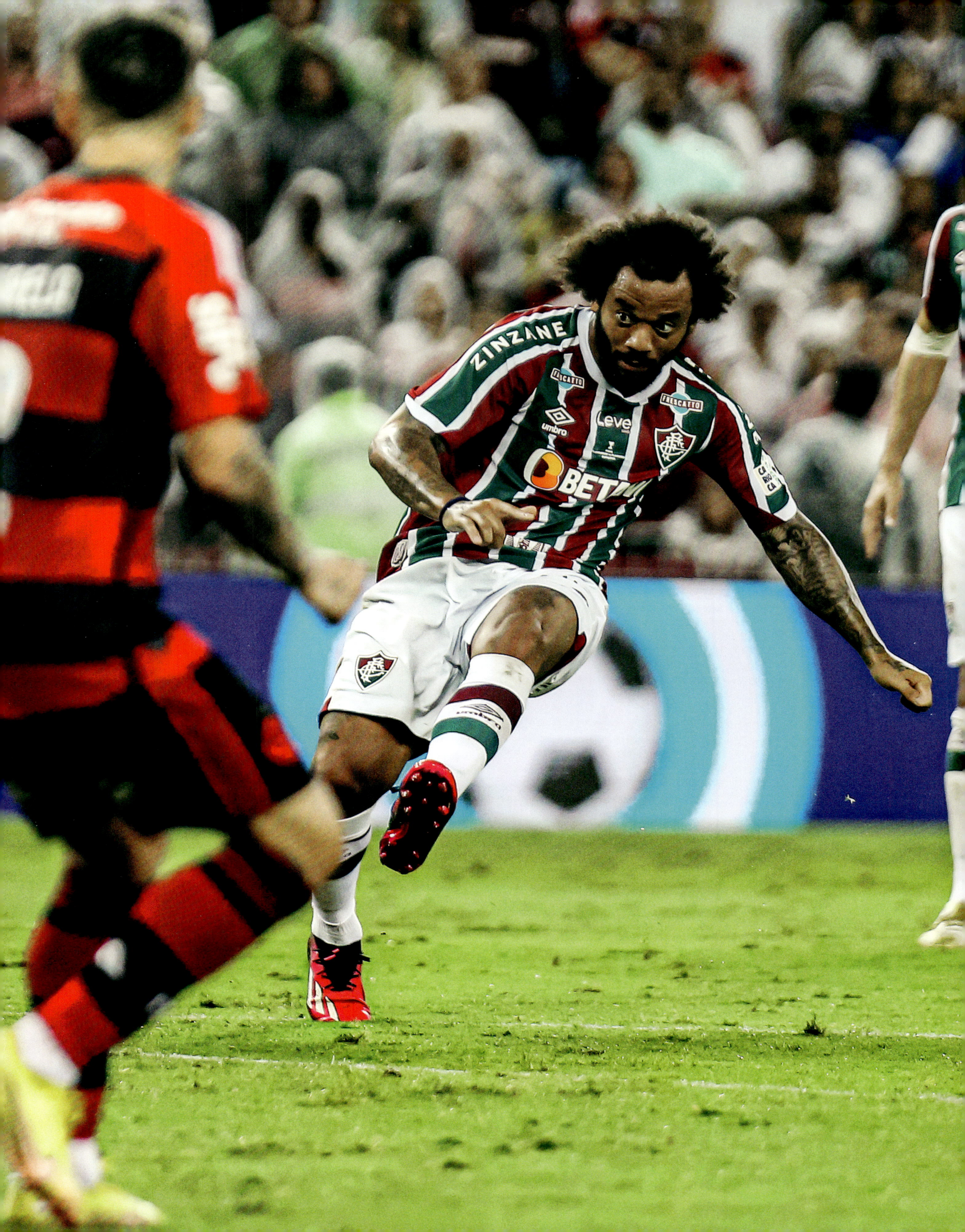
ZINZANE
FRESCATTO
umbro

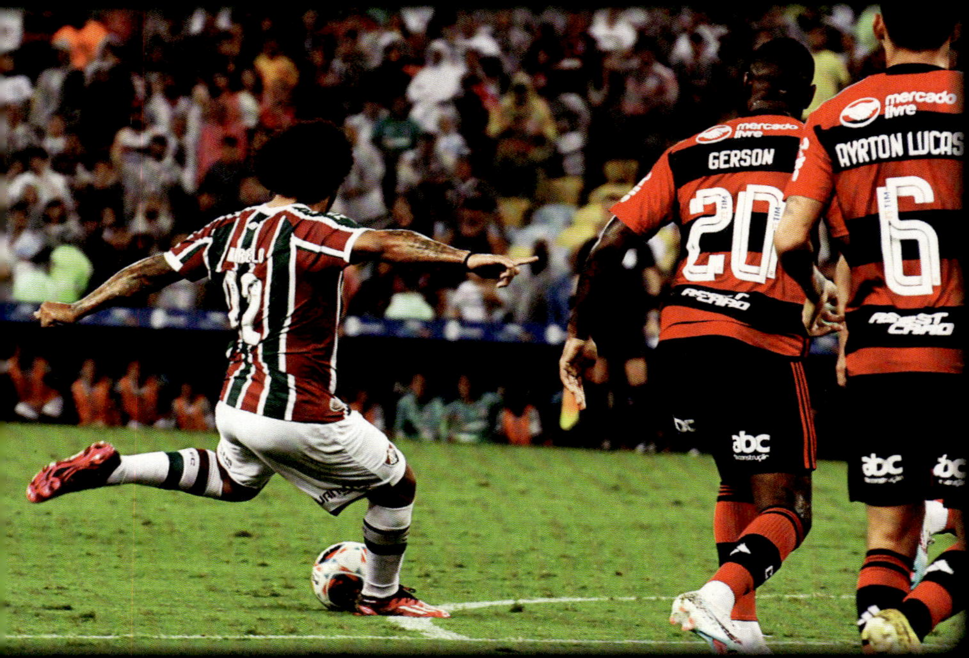
mercado livre
GERSON
20
AYRTON LUCAS
6
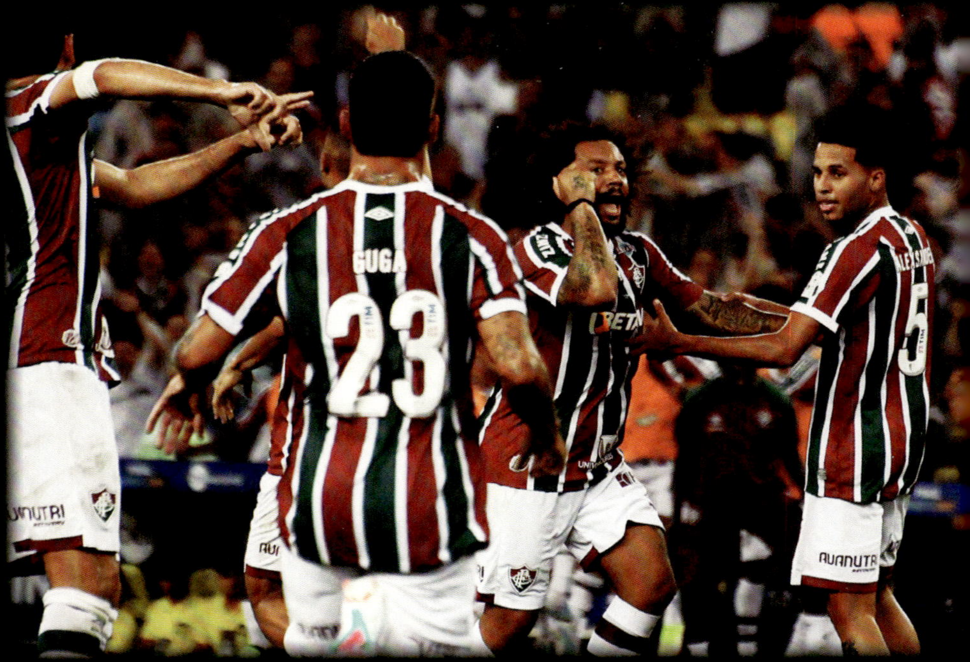
GUGA
23
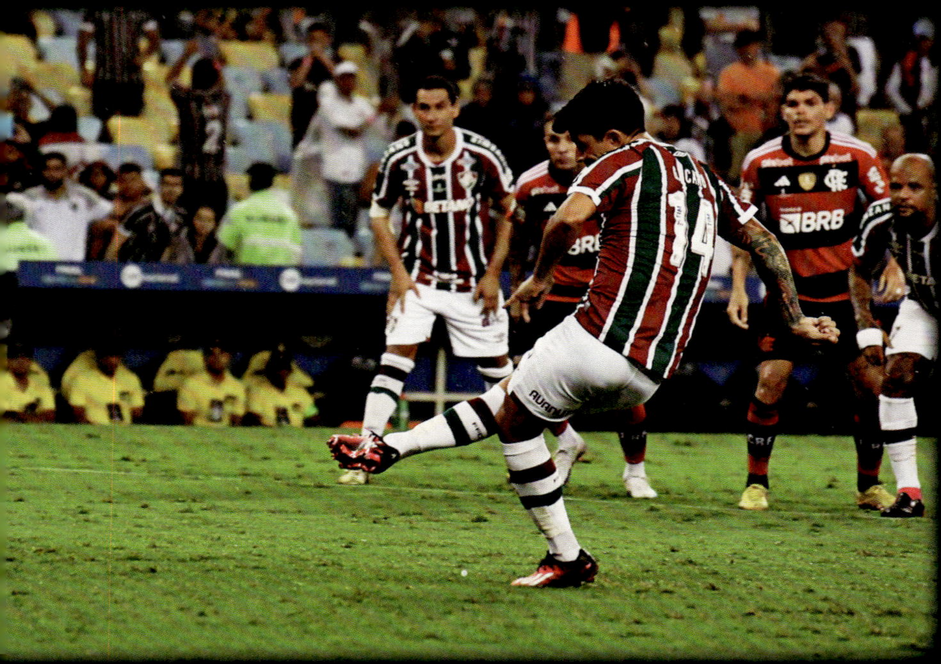
BRB
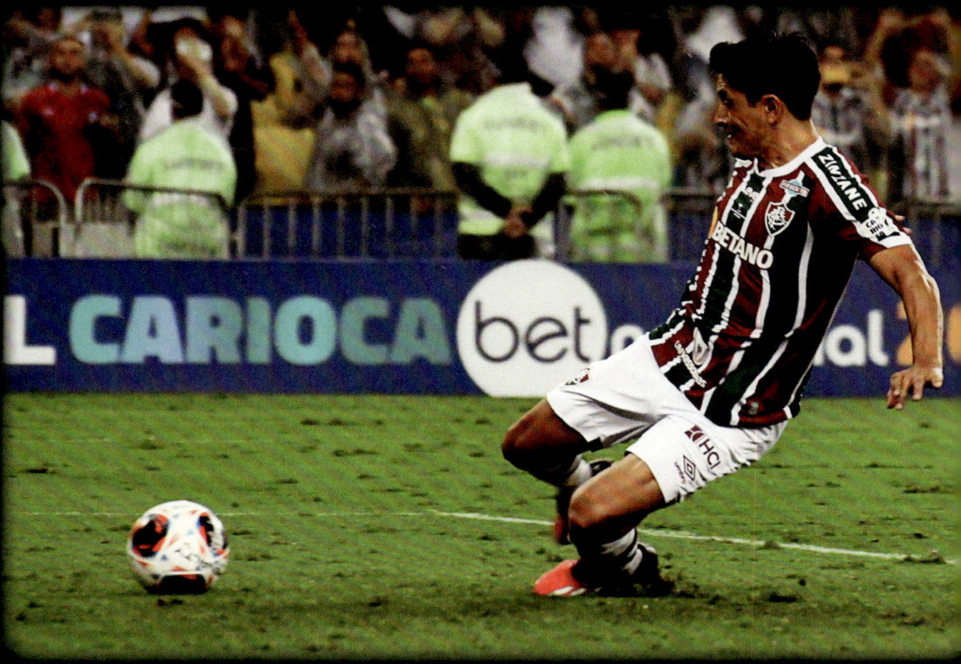
L CARIOCA
bet
BETANO

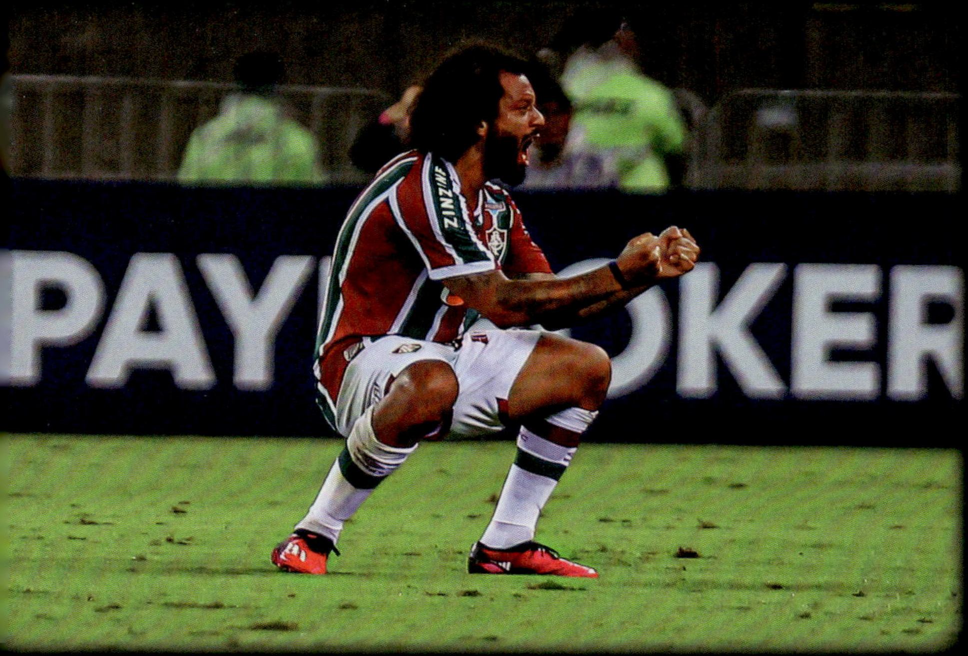

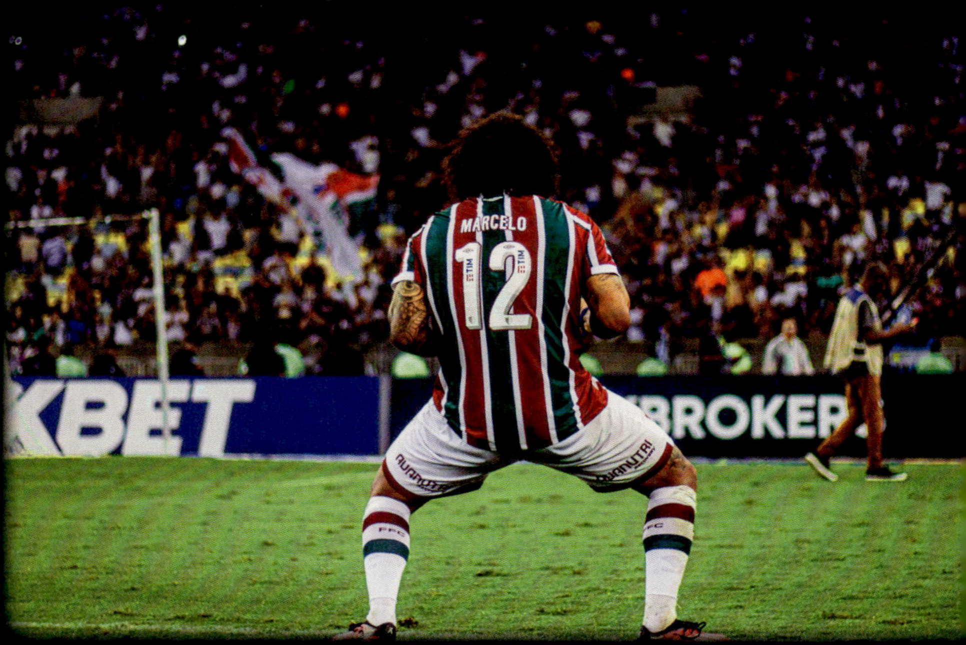
MARCELO
12

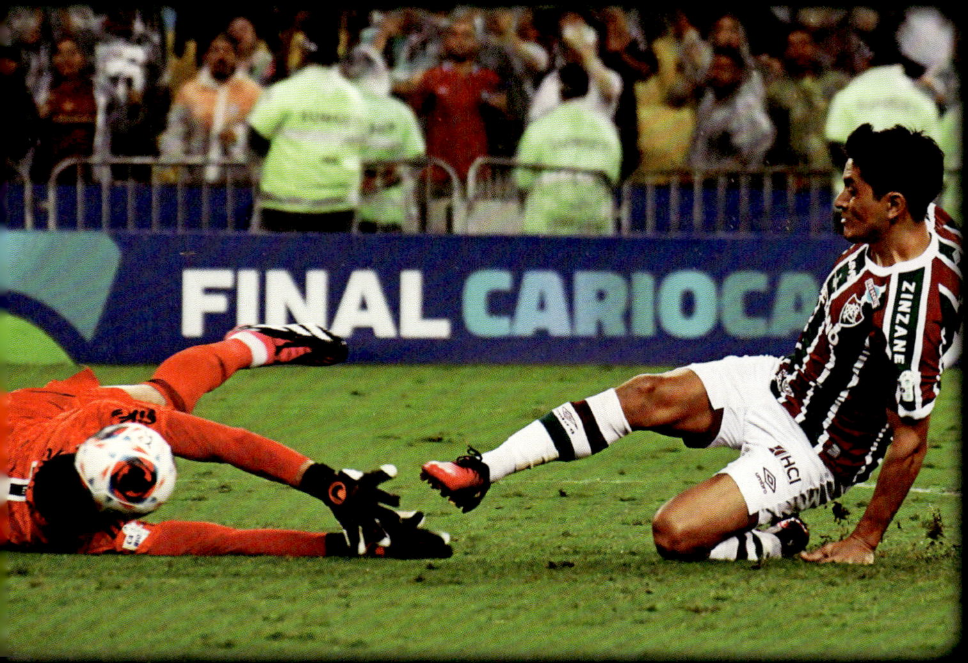

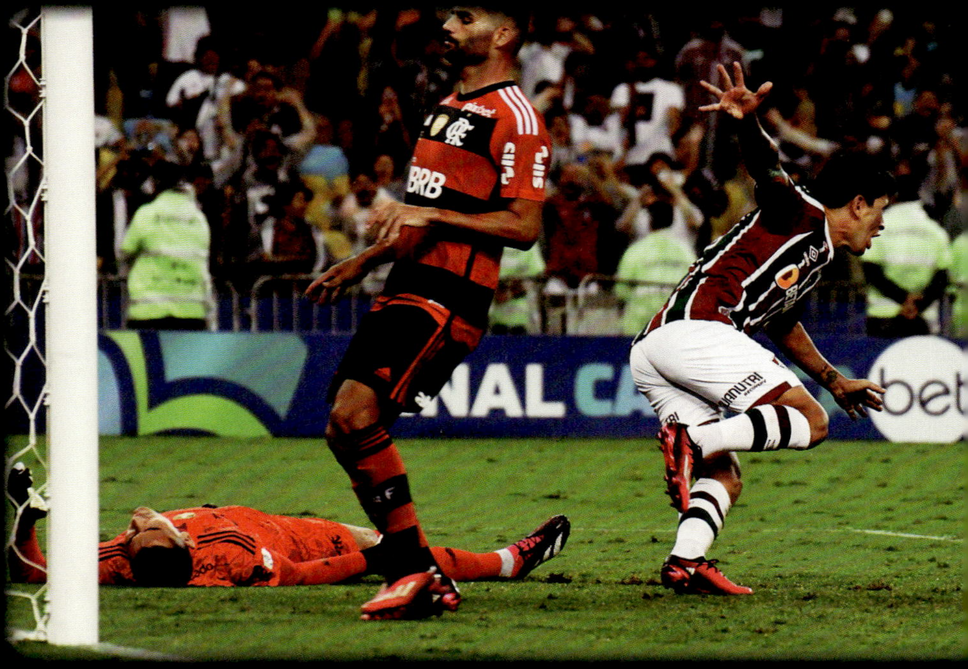

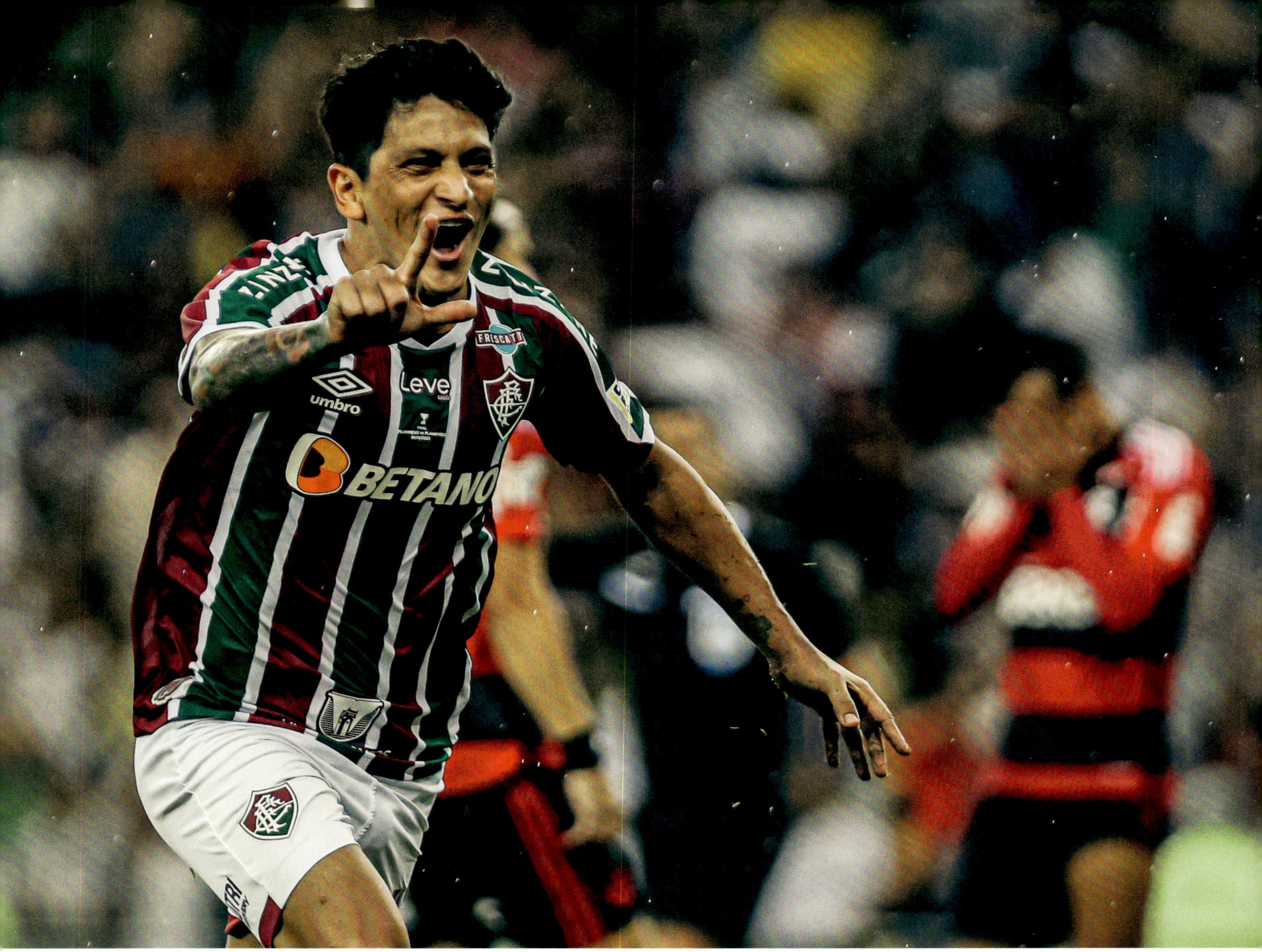

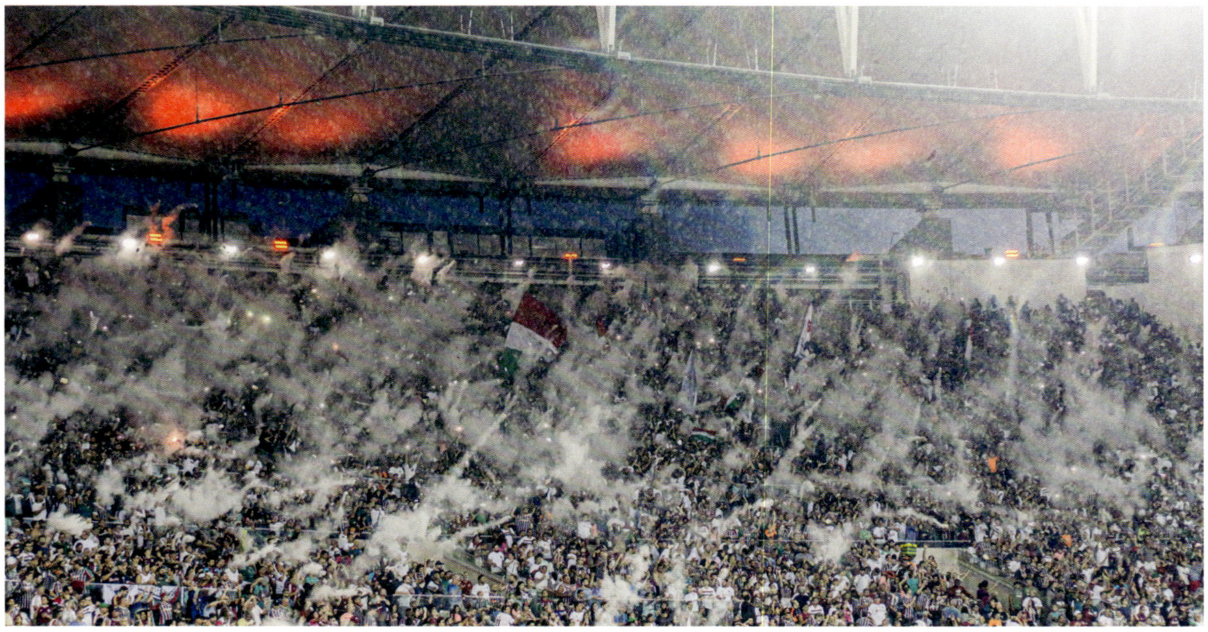

Maioria no estádio, a torcida tricolor jogava junto desde antes de a bola rolar. "Vamos virar, Nense", "A bênção, João de Deus", cantavam. Não poderia faltar o tradicional pó de arroz, que tornava o ambiente ainda mais especial. Em campo, empurrado pela massa em frenesi, o Fluminense jogou em ritmo alucinante, marcando, um por um, todos os gols necessários. Com dois gols, Germán Cano foi o carrasco rubro-negro em mais uma decisão.

Nino e Paulo Henrique Ganso, os dois atletas mais antigos do elenco tricolor, exibem com orgulho mais uma taça conquistada. Em mais uma final contra o Flamengo, apesar de ter sido derrotado no primeiro confronto da decisão por 2 a 0, o Fluminense conseguiu uma inédita remontada e aplicou 4 a 1 sobre o rival. Foi uma aula tática, técnica e física de futebol que ficará marcada para sempre na memória do torcedor.

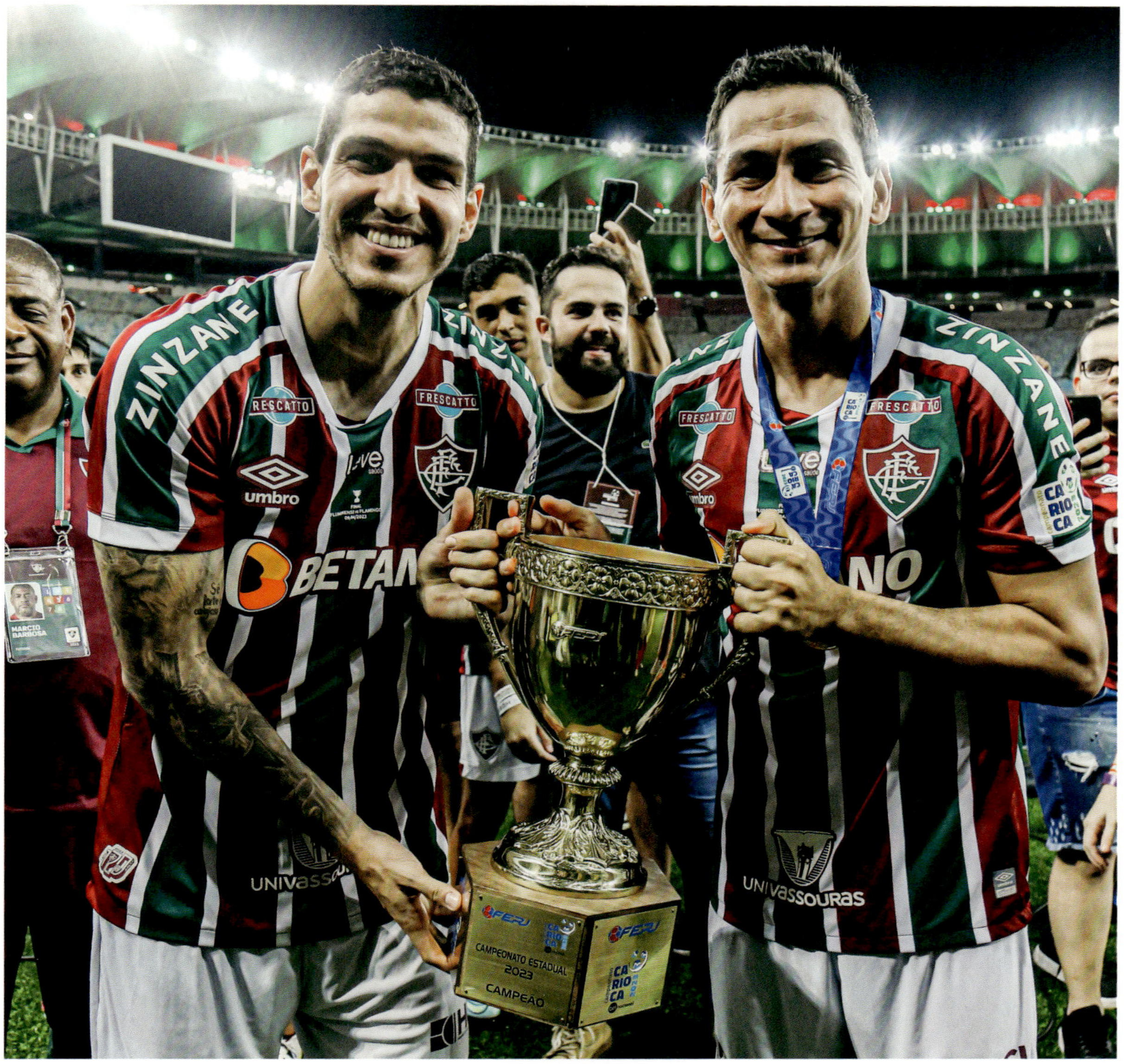

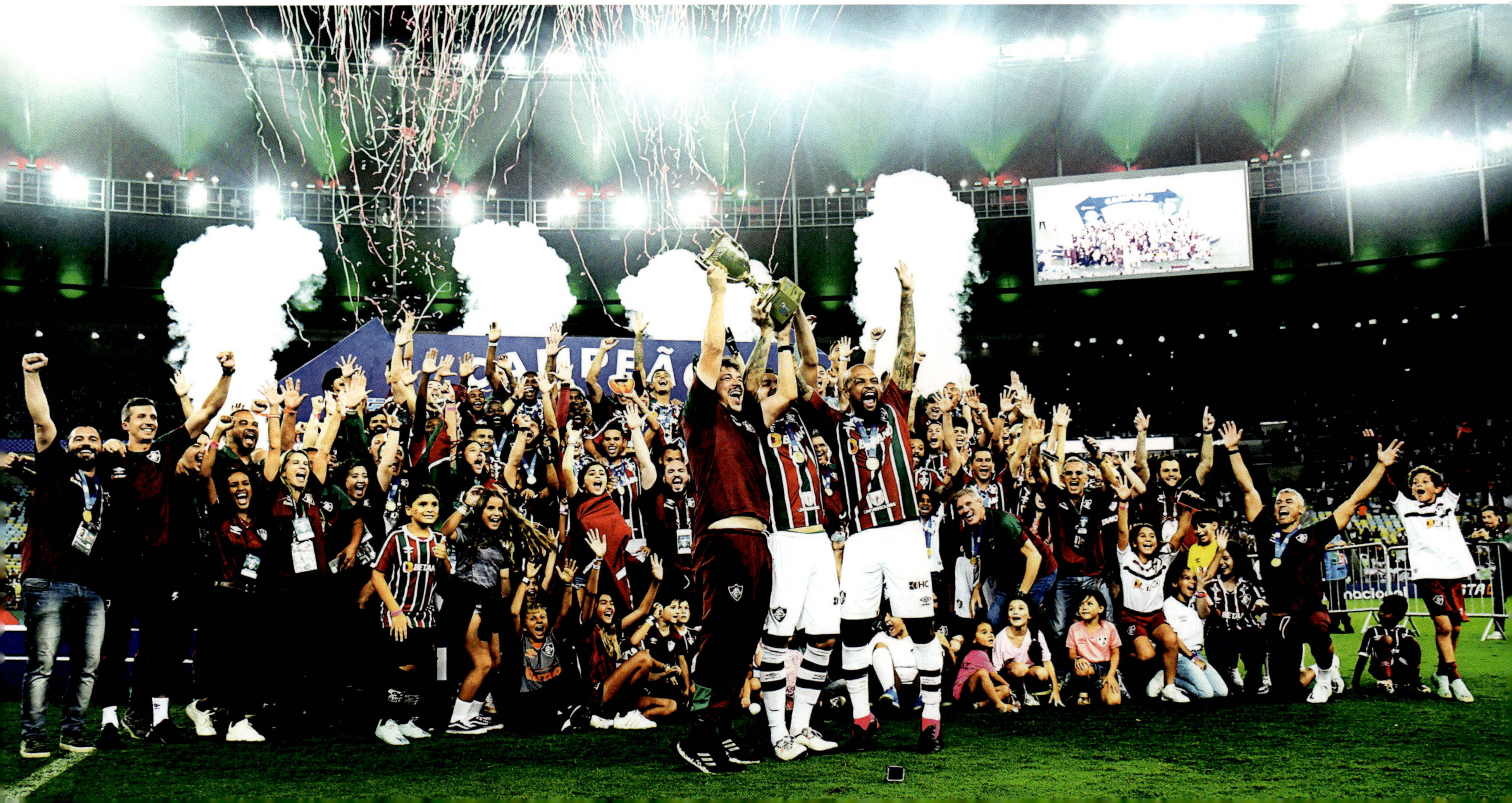

CHEGOU A HORA

Campeão da CONMEBOL Libertadores

A grande obsessão tricolor na temporada 2023 seria a disputa da CONMEBOL Libertadores. O Tricolor caiu em um grupo difícil, mas já na primeira fase, com uma goleada de 5 a 1 sobre o River Plate, mostrava que brigaria pelo título. Nas oitavas de final, o adversário foi o Argentinos Juniors, campeão da competição em 1985. Com um empate por 1 a 1 fora de casa e uma vitória por 2 a 0 decidida com gols no finalzinho, o Fluminense chegou às quartas. Tudo levava a crer que seria um duelo contra o Flamengo, mas o tradicional Olimpia impediu o clássico. Nos pênaltis, a equipe paraguaia tinha eliminado o Flu no ano anterior, mas o trauma ficou para trás. Com um placar de 5 a 1 no agregado, a semifinal virou realidade. A forte equipe do Internacional foi a adversária. Ao longo dos dois confrontos, drama não faltou, mas as estrelas de John Kennedy e Germán Cano brilharam nos minutos finais no Beira-Rio. Estava escrito. Fluminense em mais uma final no Maracanã. O adversário seria Palmeiras ou Boca Juniors, os dois clubes com melhor desempenho no torneio ao longo do século XXI. Deu Boca x Flu. Em um desfecho mágico, o 4 de novembro entrou para a história. Com uma vitória por 2 a 1, gols mais uma vez de Germán Cano e John Kennedy, a tão desejada conquista aconteceu, e em nossa casa, no melhor palco possível, para delírio da torcida tricolor.

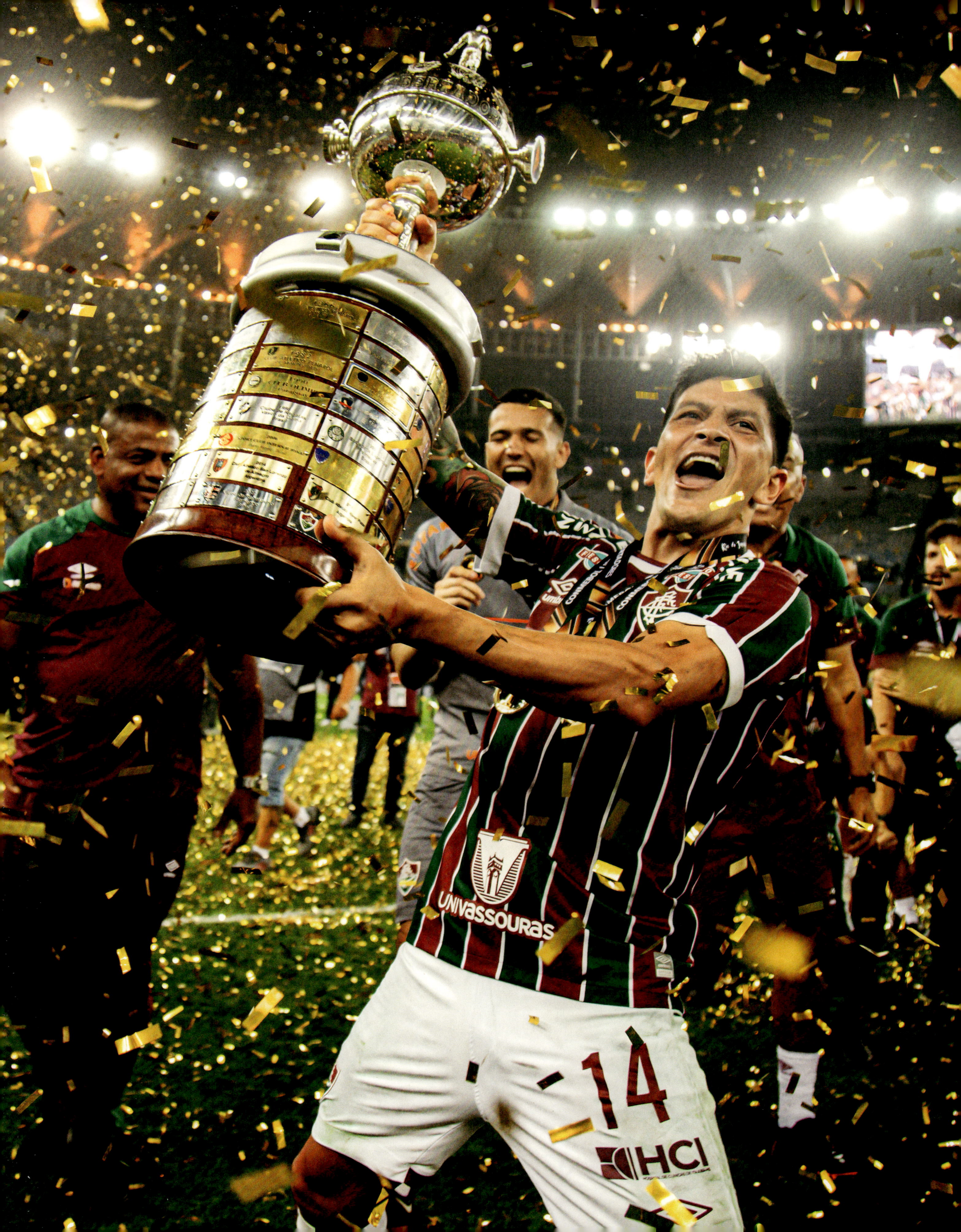
UNIVASSOURAS
14
HCI

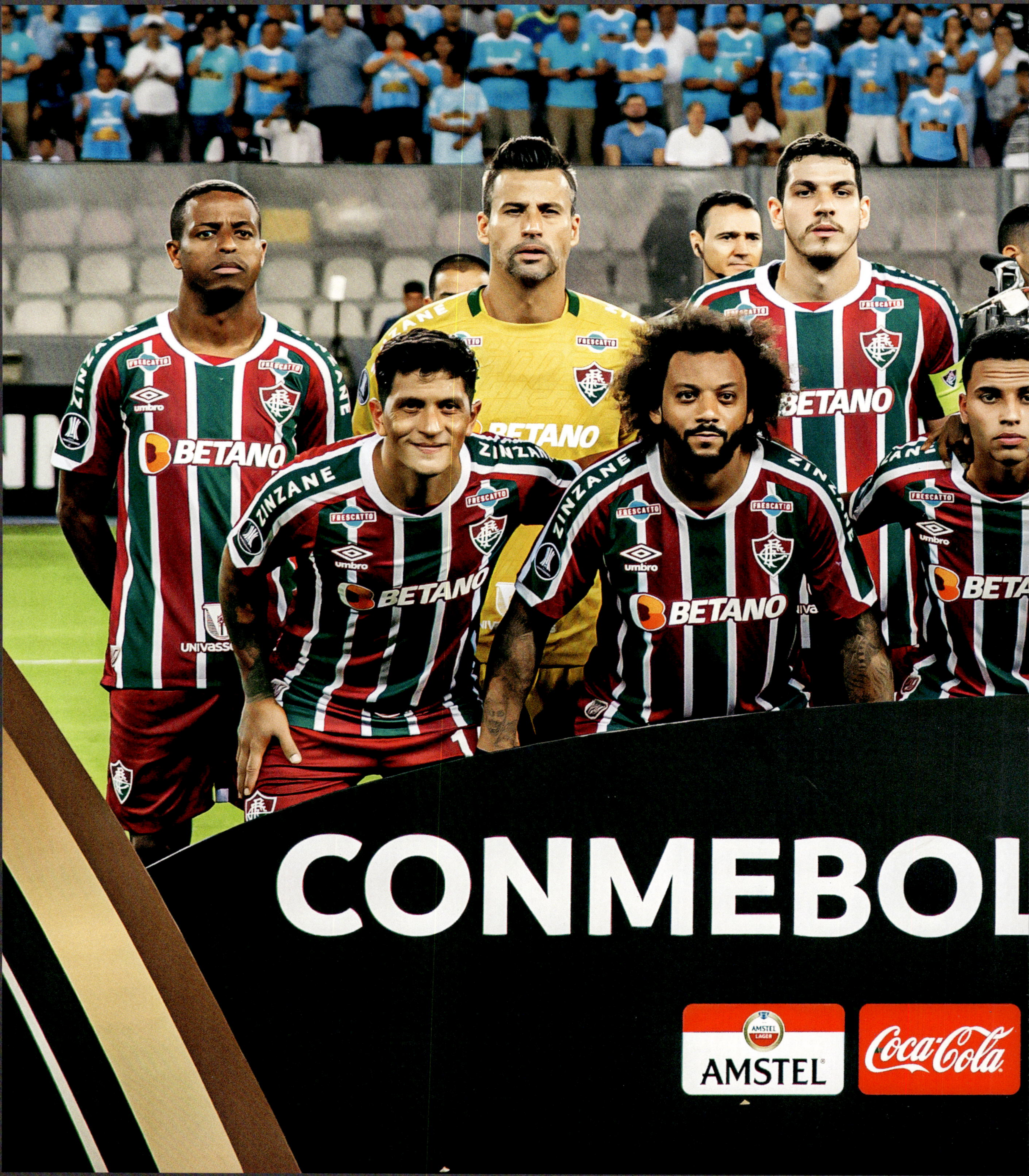
CONMEBOL
AMSTEL
Coca-Cola
BETANO
ZINZANE
umbro

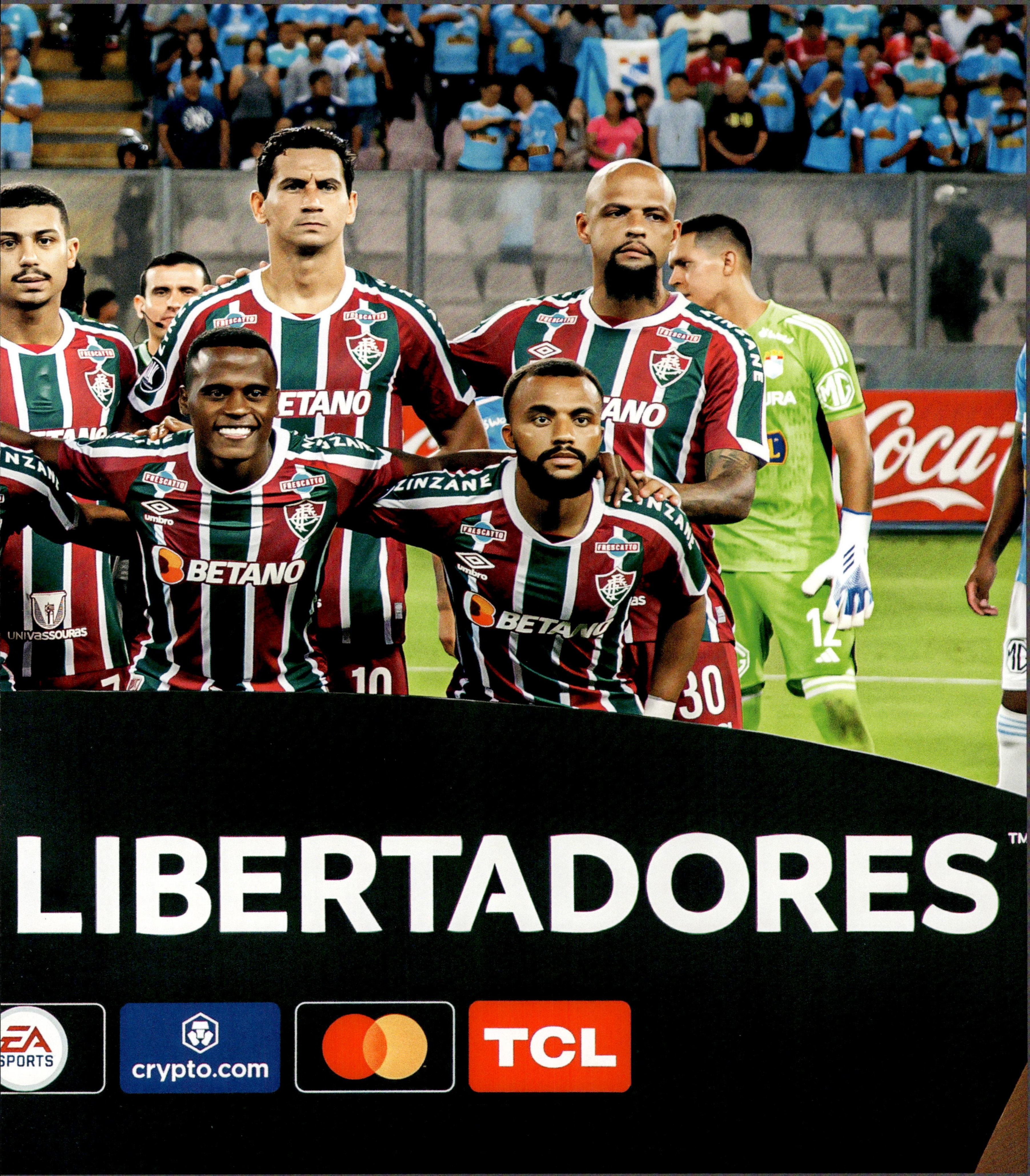
LIBERTADORES
crypto.com
TCL

5 de abril
Estádio Nacional, Lima, Peru

SPORTING CRISTAL 1 X 3 FLUMINENSE

O Fluminense estreou na CONMEBOL Libertadores com vitória fora de casa, e de virada. A noite ainda foi marcada pela tão aguardada reestreia do lateral esquerdo Marcelo, que voltou a defender a camisa tricolor após 17 anos. Não por acaso, o Estádio Nacional de Lima, no Peru, recebeu excelente público. Mais do que marcar forte presença, a torcida do Sporting Cristal não parava de cantar.

Sem sentir o peso do jogo, o Flu iniciou a todo vapor. Em menos de 5 minutos já tinha chegado diversas vezes ao ataque. Era uma chance atrás da outra, mas, apesar de uma nítida superioridade tricolor, os peruanos, dirigidos pelo técnico brasileiro Tiago Nunes, abriram o placar, aos 17 minutos, com Grimaldo. Ainda no primeiro tempo, o merecido empate aconteceu. Paulo Henrique Ganso achou belo passe para Samuel Xavier cruzar. A bola passou por todo mundo e sobrou para Marcelo tentar resolver a jogada, mas a defesa mandou para escanteio. O gol saiu na sequência, com Cano. Na cobrança de Arias, o capitão Nino cabeceou e o goleiro defendeu. No rebote, o artilheiro, oportunista, mandou para o fundo da rede.

Após o intervalo, o Tricolor voltou ainda melhor e não demorou para chegar à virada. Aos 13 minutos, Marcelo, de três dedos, realizou um passe espetacular para Arias. Dentro da área, o colombiano rolou para Cano bater no cantinho. O terceiro gol parecia questão de tempo. Só dava Flu, que jogava com muita segurança e autoridade. Até que, aos 35, Vitor Mendes fez o terceiro. O zagueiro cabeceou forte, com estilo, depois de escanteio perfeito cobrado por Arias, o rei das assistências. O placar final de 3 a 1 fez justiça ao que foi o jogo e poderia ter sido maior se o árbitro tivesse assinalado uma penalidade clara sobre Cano.

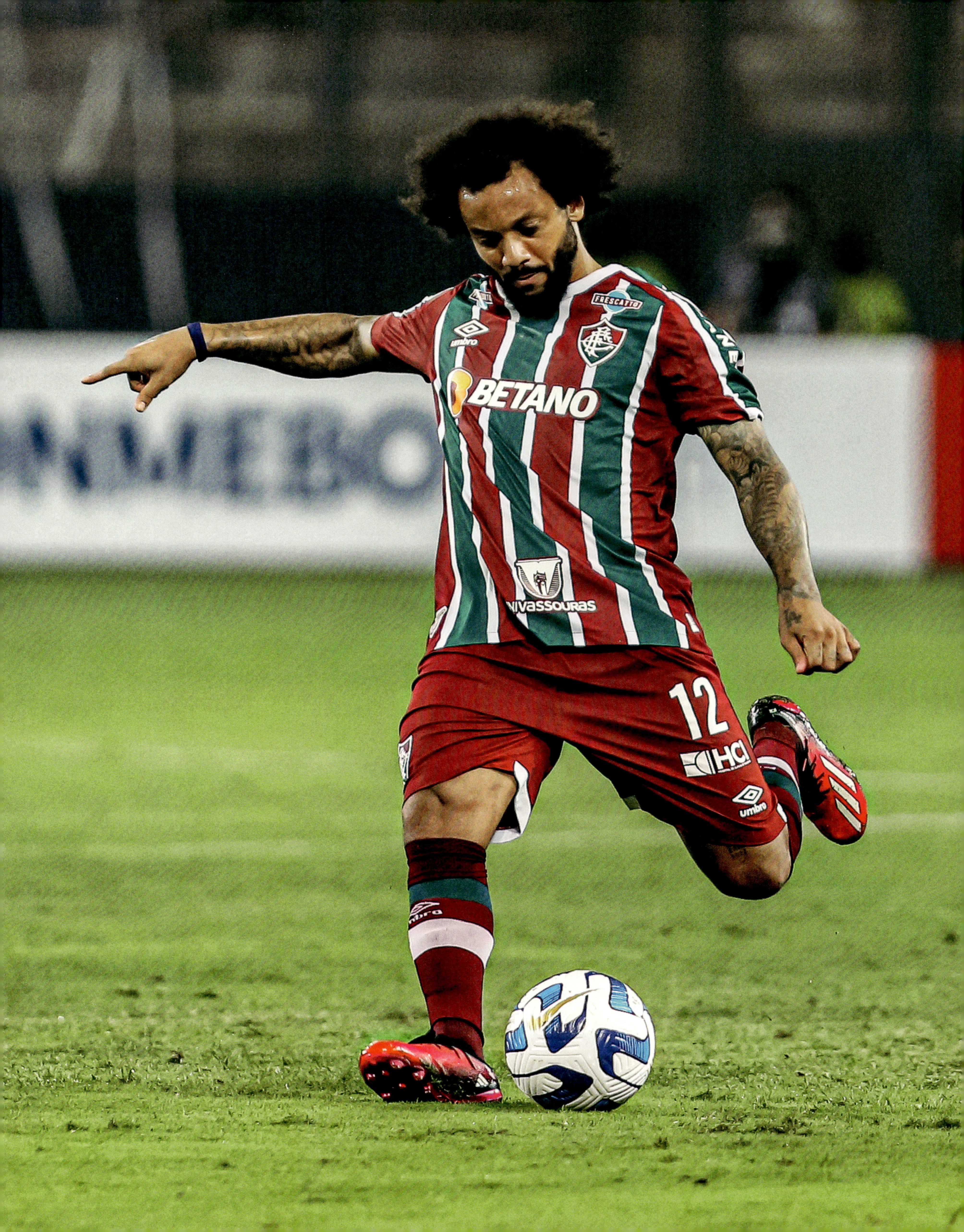
FRESCATTO
umbro
BETANO
vivassouras
12
HCI
umbro

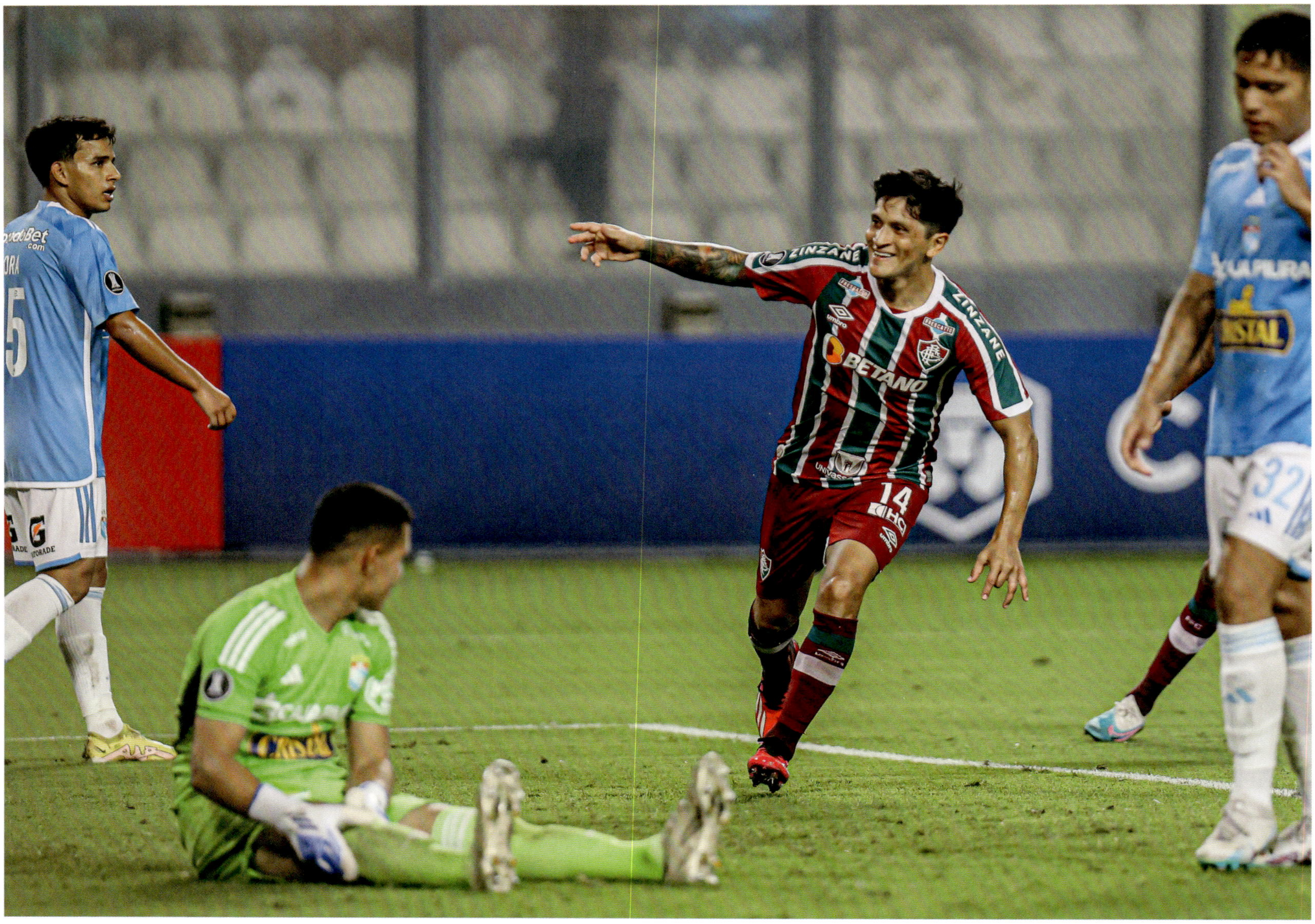

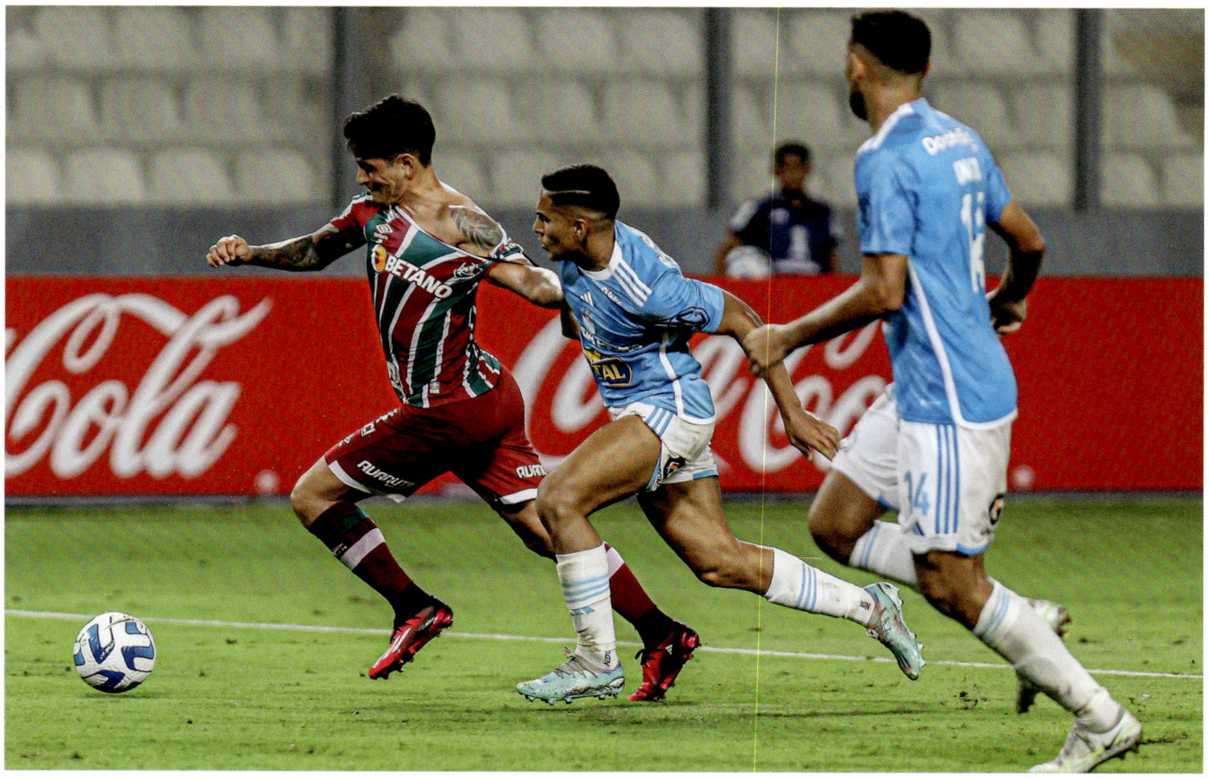

O flagra deixa escancarado. De fato, todo mundo quer a armadura tricolor, afinal, a camisa é a mais bonita do mundo. Autor de dois gols na vitória fora de casa por 3 a 1 sobre o Sporting Cristal, Germán Cano foi agarrado dentro da área e quase teve a camisa arrancada. O lance foi escandaloso. O árbitro colombiano Wilmar Roldán, porém, ignorou o pênalti claro para o Fluminense. Felizmente, não fez falta.

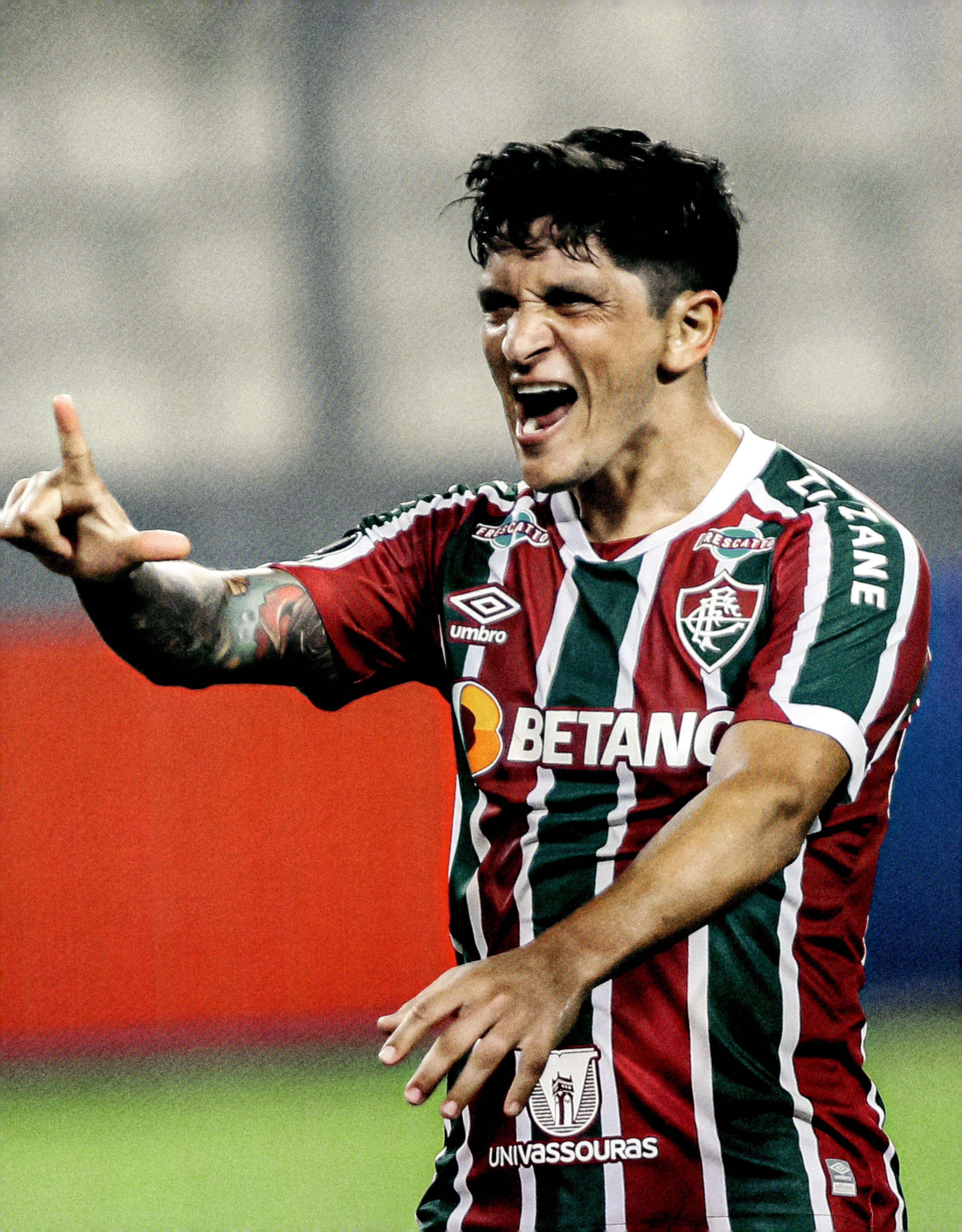
umbro
UNIVASSOURAS

18 de abril
Maracanã, Rio de Janeiro, Brasil

FLUMINENSE 1 X 0 THE STRONGEST

A partir de 2011, o Fluminense disputou cinco edições da CONMEBOL Libertadores sem poder contar com o Maracanã, por causa sobretudo de obras, ou até chegou a jogar no estádio, mas sem público, devido à pandemia. A última vez em que o Fluminense havia atuado no Maracanã com público pelo torneio tinha sido no marcante ano de 2008. Naturalmente, era imensa a ansiedade da torcida tricolor por voltar a ver o time em sua casa na competição. No dia do tão esperado reencontro, realizado após 15 anos, o torcedor fez a sua parte. Foram mais de 52 mil alucinados presentes para assistir ao duelo contra o The Strongest, da Bolívia.

O estádio pulsava. Desde o início do jogo, o Flu dominou a posse de bola e não deixava o adversário respirar. Com muita disposição em campo, o time tinha controle absoluto das ações. O primeiro grito de gol veio aos 15 minutos, com Cano, após bela enfiada de bola de Arias, mas o lance foi anulado por impedimento. Coube ao capitão Nino, em fase iluminada, abrir o placar. Aos 39 minutos, após cruzamento de Ganso, o zagueiro voou até a bola e, de cabeça, balançou a rede. Pelo intenso volume de jogo, tudo levava a crer que não demoraria para saírem mais gols, mas o 1 a 0 persistia.

Com menos de cinco minutos da segunda etapa, o Fluminense já havia chegado diversas vezes ao ataque. Aos 17, na melhor chance do segundo tempo até então, Arias achou bom passe para Cano, que finalizou e o goleiro defendeu. Aos 20, Arias e Cano voltaram a trabalhar juntos, quando o artilheiro bateu para mais uma defesa. Aos 28 minutos, Arias apareceu pela direita, com cruzamento para Samuel Xavier. De cabeça, o lateral direito acertou a trave. Com boas chegadas, o Fluminense manteve a pressão até o apito final e garantiu os três pontos.

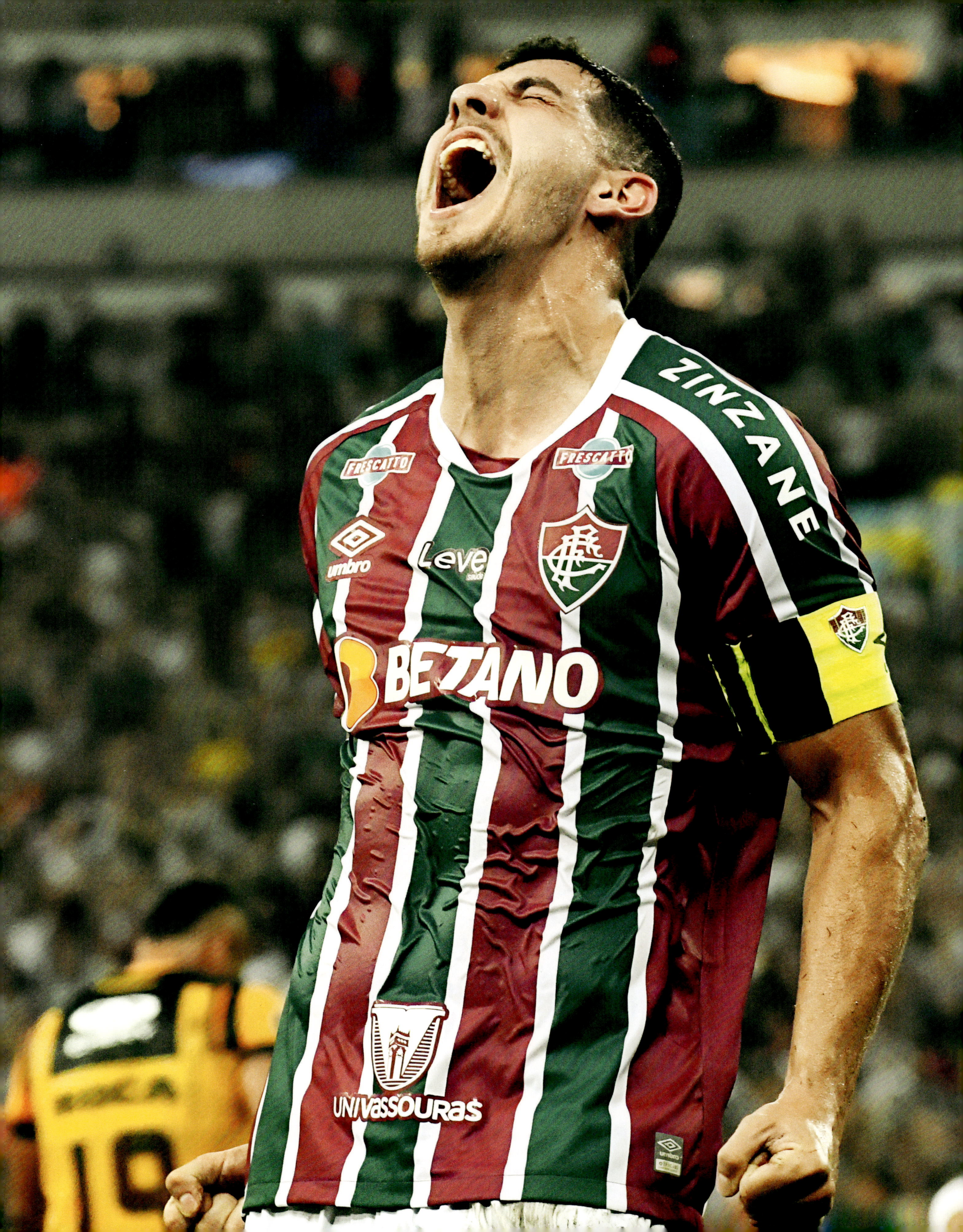
ZINZANE
FRESCATTO
FRESCATTO
umbro
BETANO
UNIVASSOURAS

2 de maio
Maracanã, Rio de Janeiro, Brasil

FLUMINENSE 5 X 1 RIVER PLATE

Chegou o momento do confronto mais esperado da fase de grupos. Diferentemente de 2021, quando enfrentou o adversário na competição, mas sem público, dessa vez o Maracanã estava abarrotado. Foram mais de 62 mil presentes. Todos puderam testemunhar um espetáculo. Mais do que nunca, a dupla formada por Cano e Arias funcionou. Com três gols do argentino e dois do colombiano, o Fluminense deu um show e aplicou 5 a 1 no River Plate.

Em sintonia total com o time, a torcida criou uma atmosfera de arrepiar. A partida começou em alta voltagem. Após sucessivas chegadas ao ataque, aos 28 minutos Keno achou Cano na área. O artilheiro limpou três defensores e bateu firme, no ângulo, abrindo o placar com um golaço. Aos 38, porém, Beltrán empatou para a equipe adversária. O primeiro tempo terminou 1 a 1. O resultado não fazia justiça ao que se via em campo.

Na segunda etapa, aos 6 minutos, após receber de Ganso, Cano bateu da entrada da área e parou no goleiro. Na sequência, o camisa 10 abriu a marcação adversária com passe espetacular para Samuel Xavier, que só rolou para Cano fazer o segundo. Aos 15 minutos, Cano marcou de novo, mas um impedimento foi assinalado. Aos 24, a trave impediu mais um gol do artilheiro, após batida cruzada. Dois minutos depois, em tentativa de chute colocado, Arias mandou para fora. Só dava Flu. Aos 29, porém, o colombiano não perdoou. Após tabelar com Alexsander, Arias ficou cara a cara com o goleiro Armani e estufou a rede. Aos 41, com assistência de Arias, Cano concretizou seu hat-trick. Ainda houve tempo para mais um. Com passe de John Kennedy, Arias fechou a goleada. A vitória garantiu a liderança no grupo e os 100% de aproveitamento da equipe na competição.

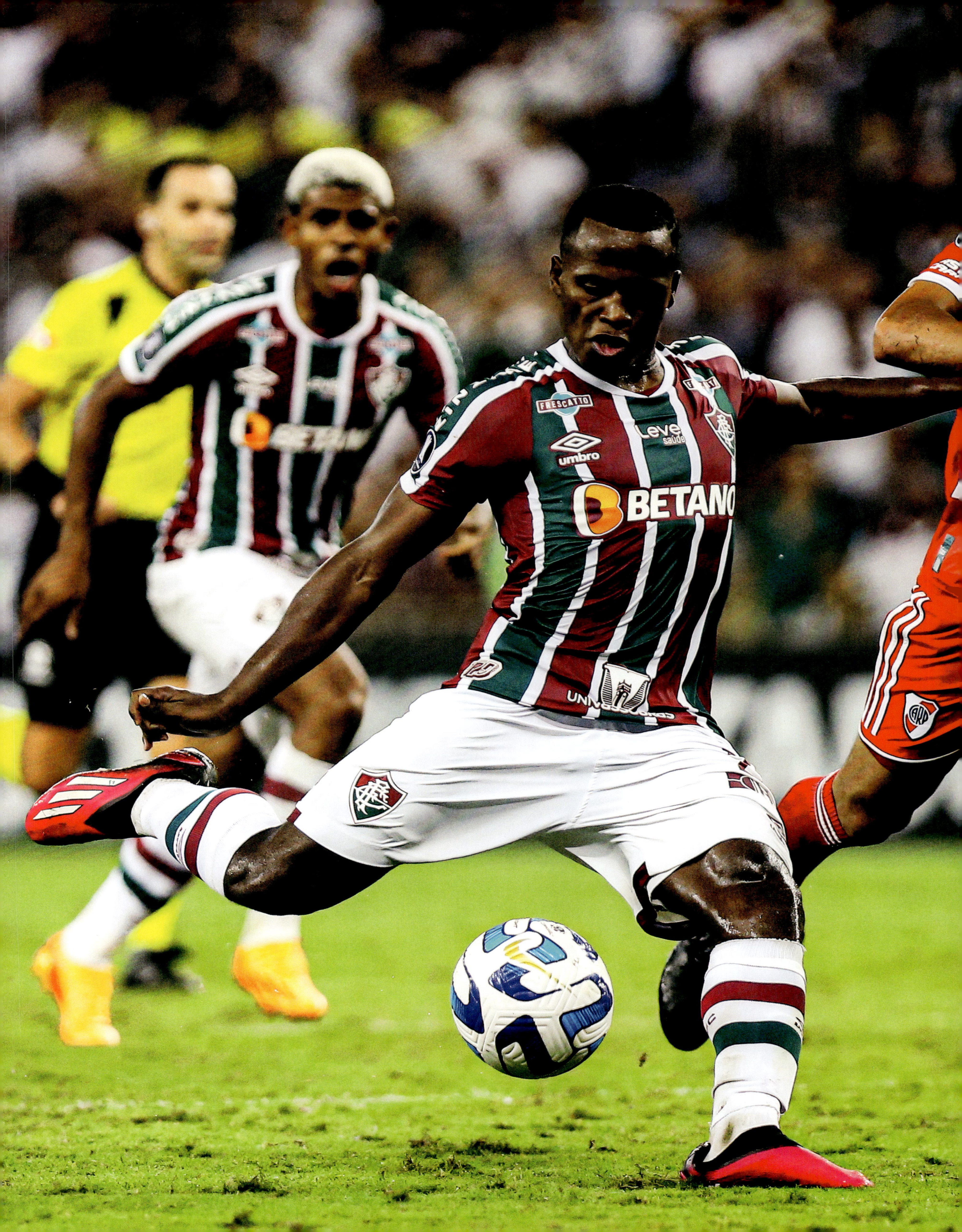
FRESCATTO
umbro
BETANO

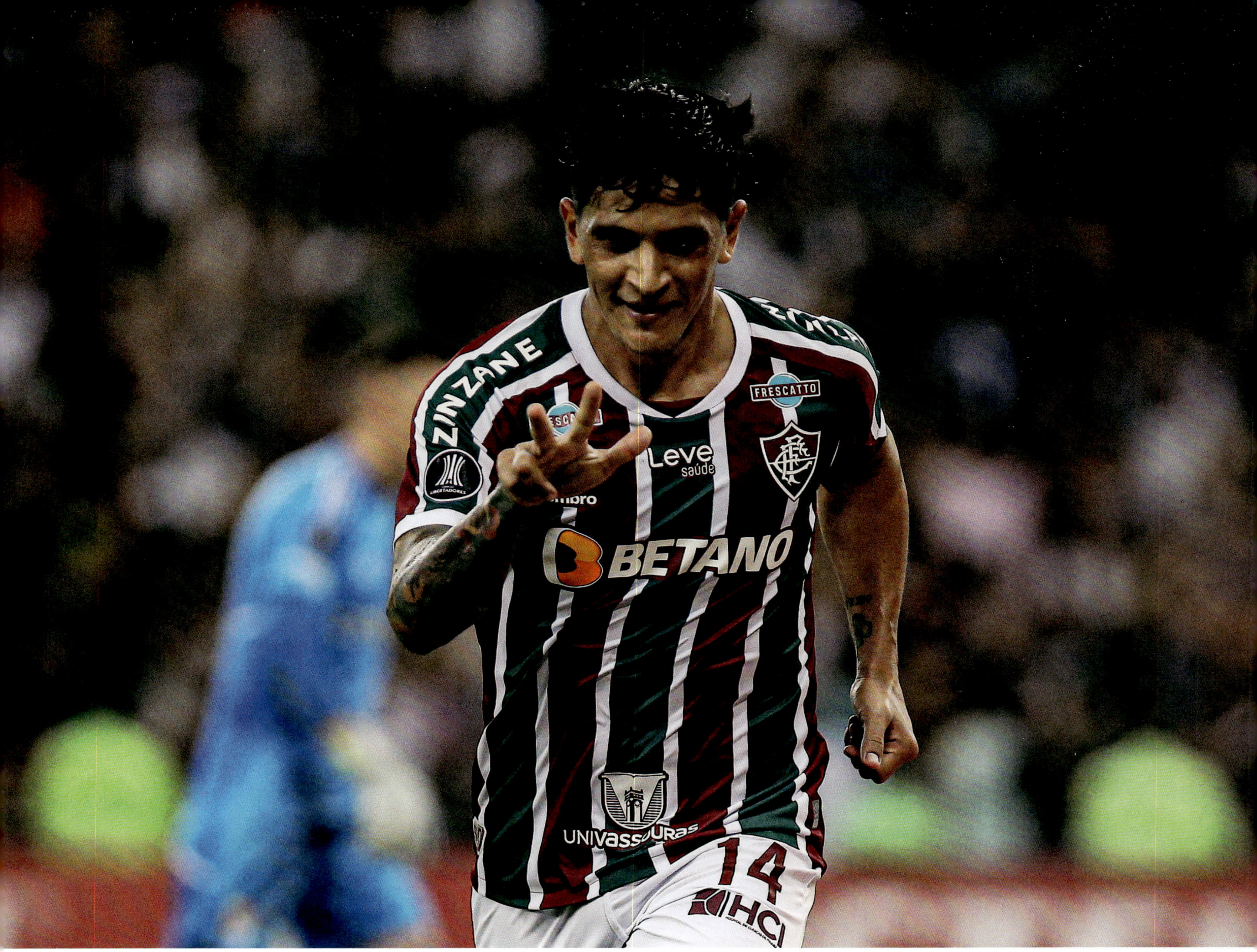

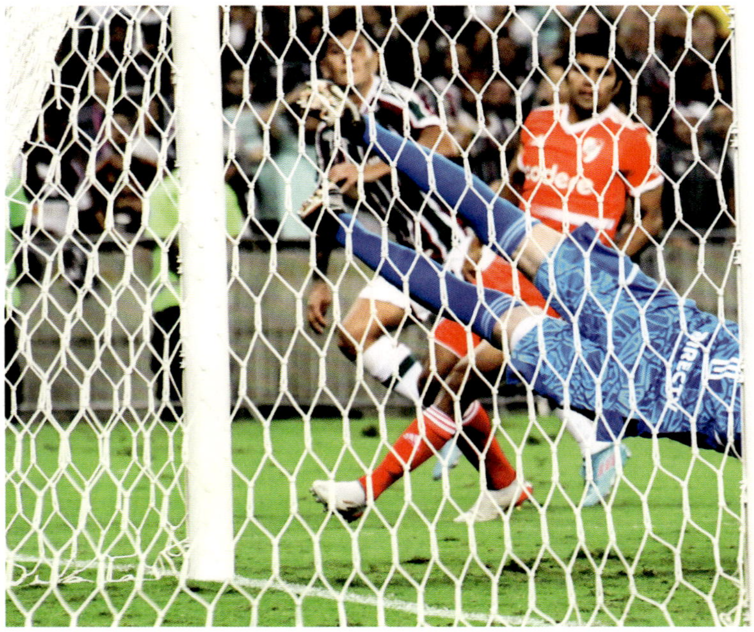

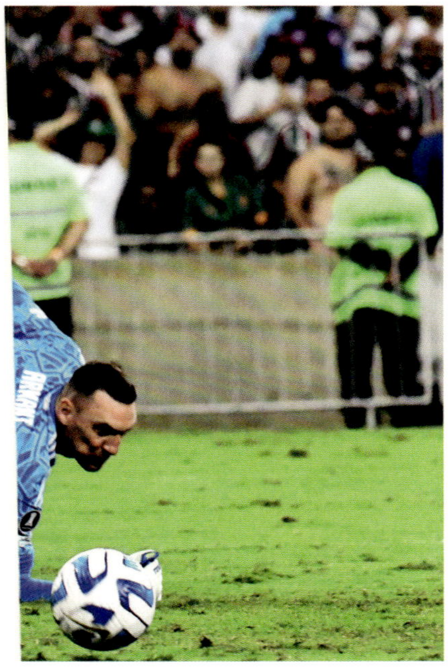

Germán Cano, apesar de ser um dos maiores artilheiros do planeta desde que começou a vestir a camisa tricolor, nunca foi convocado para a Seleção da Argentina. Para quem tinha dúvidas sobre a sua eficiência, no duelo contra o River Plate, considerado o time mais forte do país campeão da Copa do Mundo de 2022, a resposta veio em campo. Com um hat-trick, o centroavante encantou o Maracanã e foi decisivo para a histórica goleada.

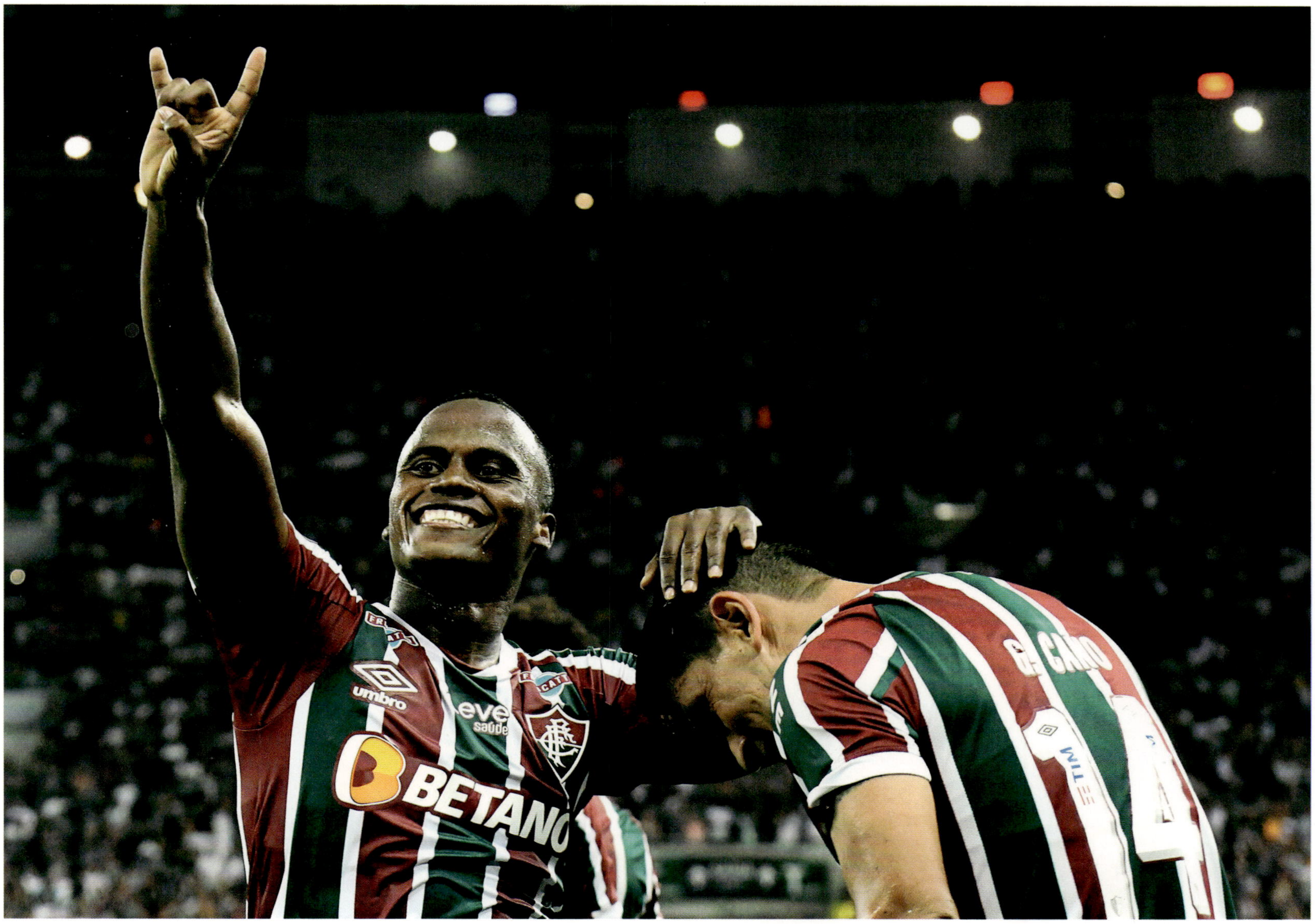
umbro
BETANO

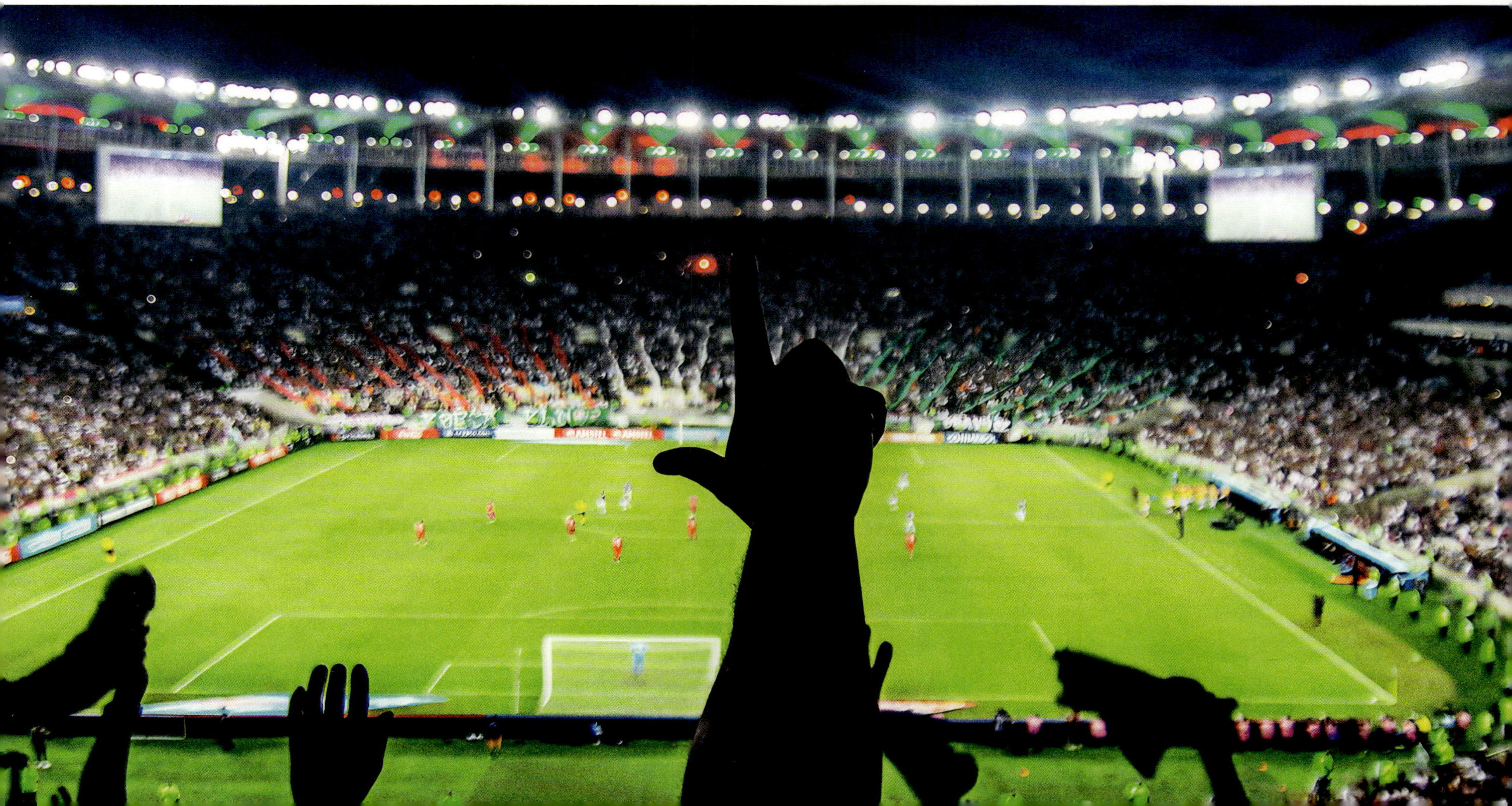

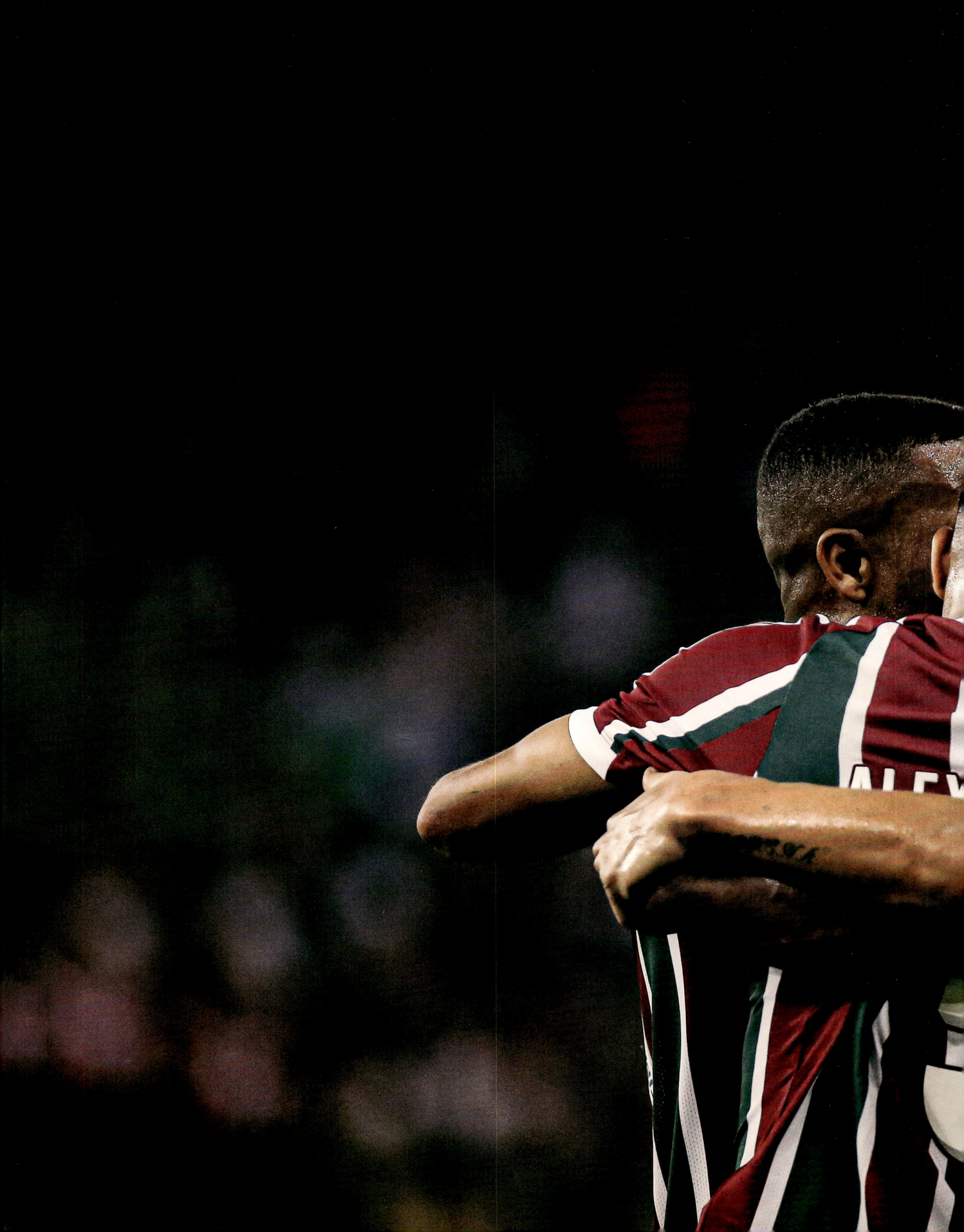

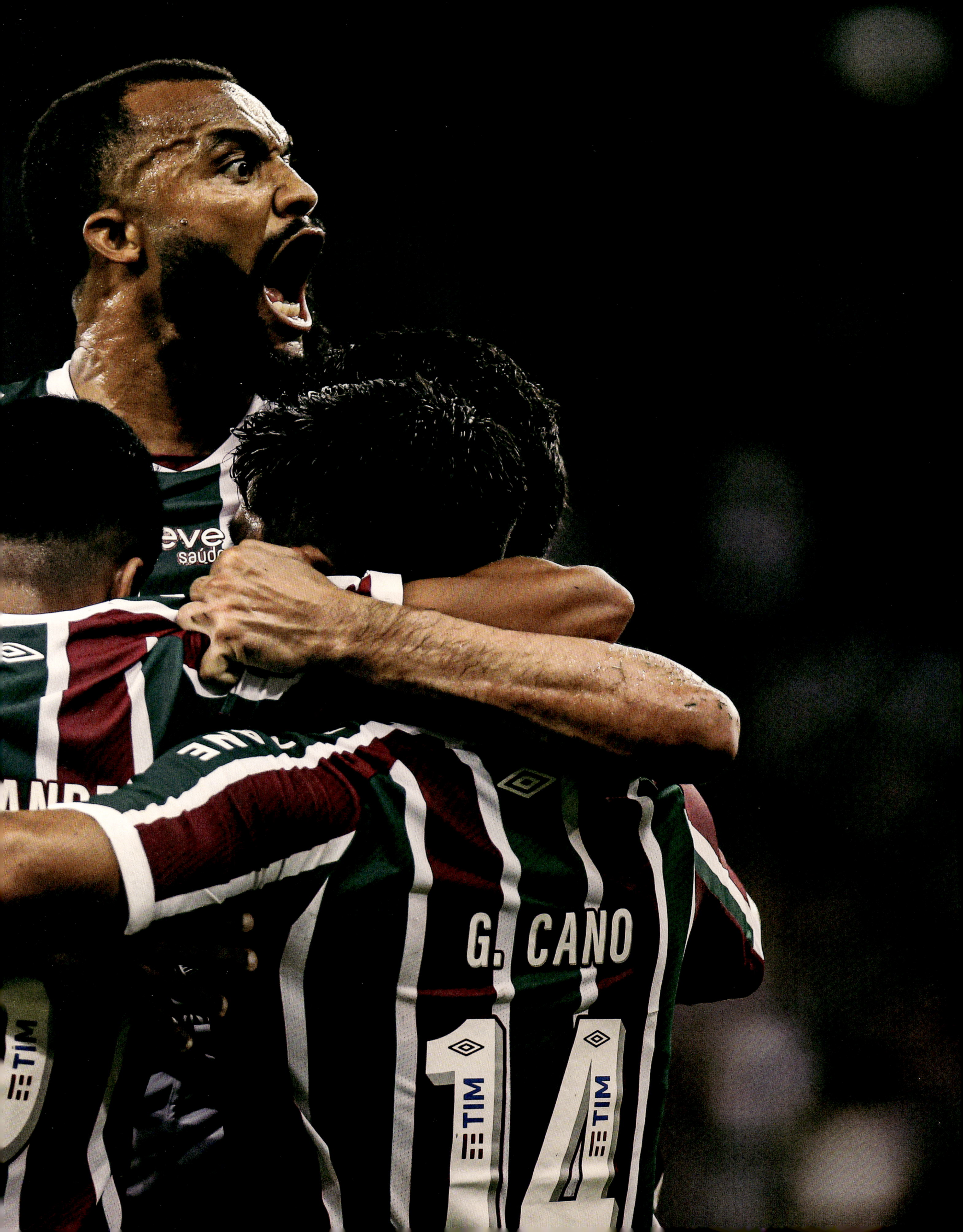
G. CANO
14
TIM

27 de junho
Maracanã, Rio de Janeiro, Brasil

FLUMINENSE 1 X 1 SPORTING CRISTAL

Com 9 pontos, o Fluminense chegou à última rodada na liderança de seu grupo, mas ainda não classificado. Em tese, a situação era privilegiada. Bastava um empate no Maracanã para o time manter a primeira posição e chegar às oitavas de final. O adversário Sporting Cristal, no entanto, ainda estava vivo. A equipe, por sinal, passava por um bom momento, em uma crescente na competição. Os peruanos precisavam de uma vitória para obter a classificação, e uma eventual derrota eliminaria o Tricolor, que tinha perdido as duas últimas partidas fora de casa. Em resumo, o duelo no Maracanã se transformou em um real mata-mata, pois somente uma equipe poderia chegar à próxima fase.

Mais uma vez, com mais de 50 mil tricolores, a torcida compareceu em grande número. Como era de se esperar, o início do jogo foi muito movimentado. O primeiro gol ocorreu aos 21 minutos, com uma forte e precisa finalização de Cano, após lançamento de Keno. O 2 a 0 parecia questão de tempo, mas, após um escanteio aos 36, Brenner deixou tudo igual. Logo depois, Arias acertou a trave. O Flu continuou pressionando e criando chances, mas a primeira etapa terminou empatada.

Sem querer dar chance para o azar, o Fluminense iniciou a segunda etapa pressionando em busca do segundo gol, mas a equipe desperdiçava uma oportunidade atrás da outra. Uma certa tensão pairava pelo estádio, pois todos sabiam que um gol do time peruano derrubaria o sonho tricolor. Com um drama muito maior que o previsto, o empate por 1 a 1 persistiu até o fim e o Flu obteve a classificação para as oitavas. Agora era aguardar o sorteio para saber o próximo adversário, que poderia resultar em um confronto com um time tradicional como Atlético-MG, Flamengo, River Plate ou Argentinos Juniors.

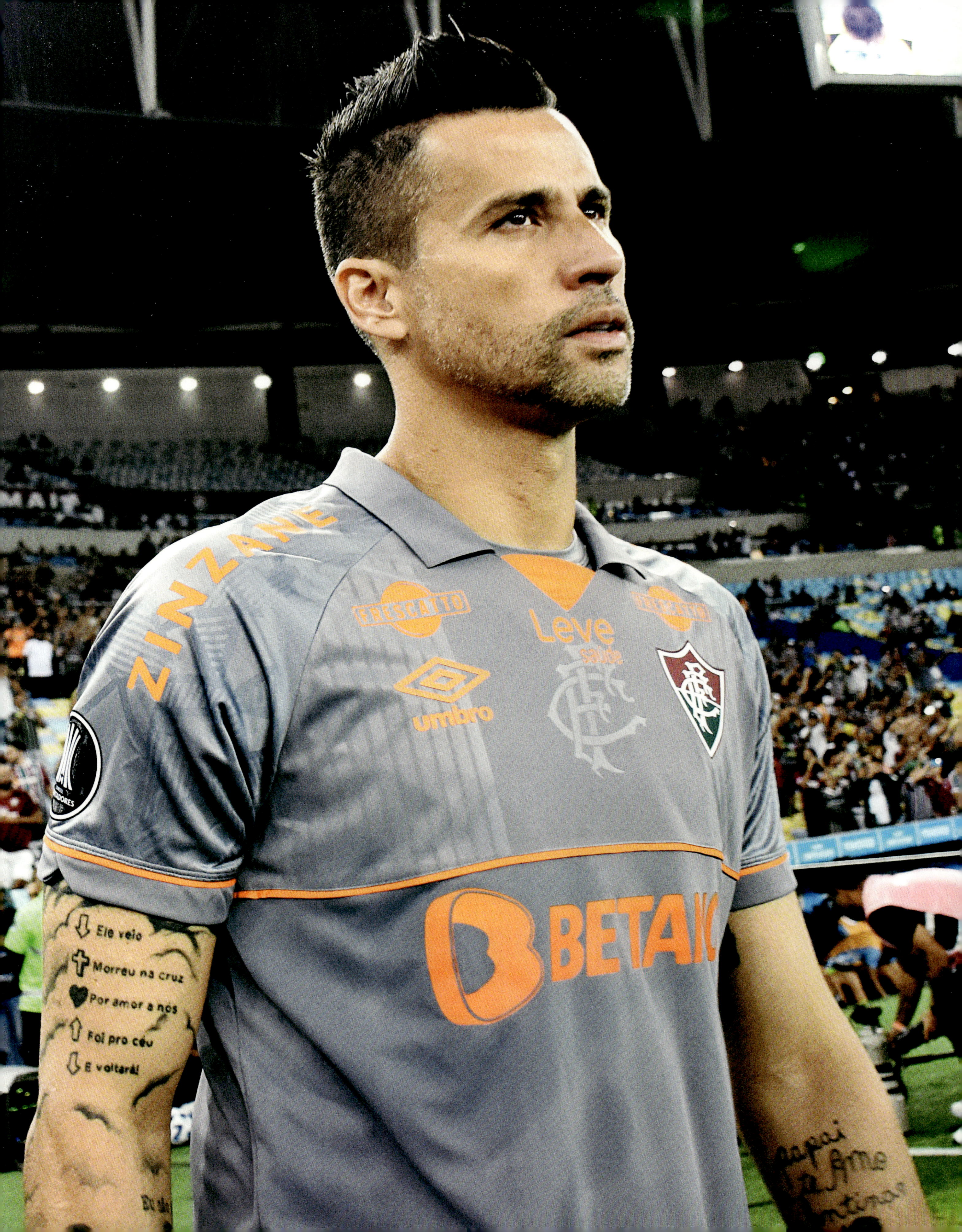
ZINZANE
FRESCATTO
Leve saúde
umbro
Ele veio
Morreu na cruz
Por amor a nós
Foi pro céu
E voltará!

1º de agosto
Estádio Diego Armando Maradona, Buenos Aires, Argentina

ARGENTINOS JUNIORS 1 X 1 FLUMINENSE

O rival sorteado para o Fluminense nas oitavas foi o Argentinos Juniors, campeão da competição em 1985, que tinha caído em um grupo difícil na fase anterior, passando inclusive pelo Corinthians. O primeiro jogo seria fora de casa, em Buenos Aires, no Estádio Diego Armando Maradona, palco em que o Flu aplicou 4 a 2 no adversário em 2011 e conseguiu uma classificação histórica.

A partida começou disputada. Aos 14 minutos, Ávalos abriu o placar, e o estádio, um caldeirão, foi à loucura. No segundo tempo, aos 8 minutos, André quase empatou. O volante recebeu de Samuel Xavier, avançou e chutou forte, cruzado, mas a bola explodiu na trave. Ele ainda teve outra chance, no rebote, mas a bola passou raspando. Cinco minutos depois, em jogada acidental, o zagueiro Luciano Sánchez sofreu uma grave lesão e o árbitro chileno Piero Maza aplicou cartão vermelho em Marcelo.

O Fluminense passou a jogar com um a menos. Bem postado, o time não era tão ameaçado. Pelo contrário. Aos 20 minutos, Keno quase empatou. Recebeu na entrada da área, girou e chutou rasteiro, mas a bola parou na trave. Em contra-ataque aos 36 minutos, Diogo Barbosa chegaria sozinho para marcar, mas o goleiro Martín Arias saiu da área, fez falta e foi expulso. O jogo voltava a ficar 10 contra 10, e, como o time argentino já tinha feito todas as substituições, um atleta de linha precisou ir para o gol.

O Flu, então, chegou ao empate. Aos 41 minutos, Diogo Barbosa fez belo cruzamento para Cano na pequena área. O argentino tocou para Léo Fernández, que escorou para Samuel Xavier. O lateral direito bateu de primeira e deixou tudo igual. E ainda quase veio a virada. Nos acréscimos, Léo Fernández recebeu de Diogo Barbosa, finalizou para o gol, mas foi marcado impedimento. Fim de jogo: 1 a 1.

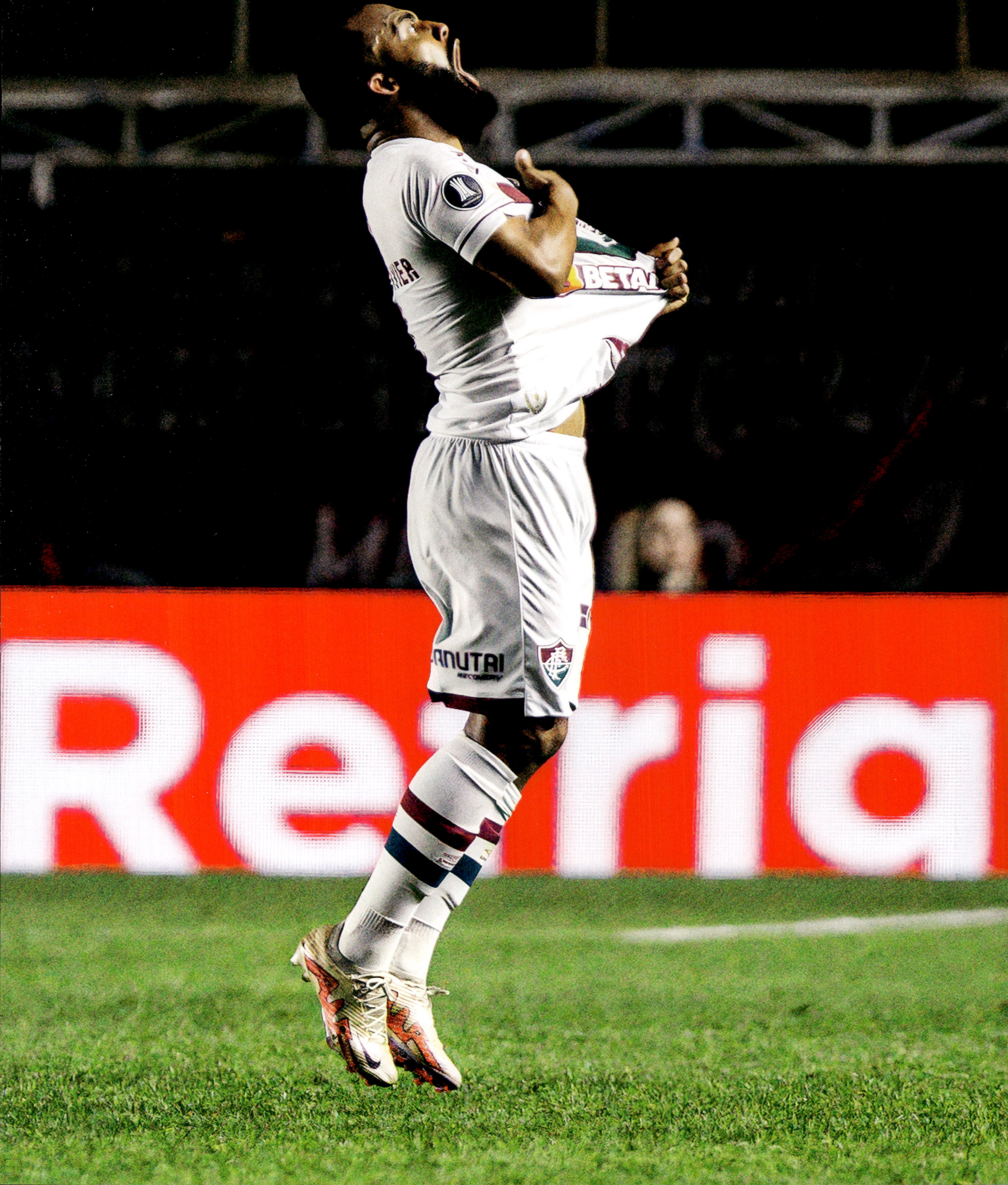

8 de agosto
Maracanã, Rio de Janeiro, Brasil

FLUMINENSE 2 X 0 ARGENTINOS JUNIORS

Foi uma noite de gala. Quem foi ao estádio testemunhou uma grande festa da torcida tricolor. Mais uma vez em um Maracanã lotado, com mais de 60 mil presentes, o Fluminense chegou ao triunfo e se classificou para as quartas de final da CONMEBOL Libertadores. Guerreiro, o Tricolor lutou do início ao fim e venceu o forte time do Argentinos Juniors por 2 a 0. Houve uma simbiose entre time e arquibancada. A torcida entendeu perfeitamente a dificuldade da partida. Em busca da vitória, em nenhum momento o torcedor deixou de apoiar.

Desde o início, o Flu fez uma blitz rumo ao primeiro gol, mas o tento redentor insistia em não sair. O 0 a 0 persistia e parecia que a vaga seria decidida nos pênaltis. Dentro de campo, nitidamente, com muita luta, os atletas não deixaram de acreditar. Após muito tentar, o presente veio aos 40 minutos do segundo tempo. Em disputa de bola na área, John Kennedy desviou e Samuel Xavier mandou uma bomba no ângulo do goleiro Acosta, para abrir o placar. O lateral direito, herói na primeira partida, repetia a dose no jogo da volta. Em êxtase, o Maracanã explodiu.

Nada estava decidido. Um gol dos argentinos levaria o jogo para os pênaltis. Apareceu, contudo, a estrela de uma revelação da base tricolor que estava no banco de reservas e já tinha participado ativamente da jogada do primeiro gol. Em rápido contra-ataque nos acréscimos, John Kennedy resolveu. O atacante recebeu lançamento de Daniel, invadiu a área, limpou um defensor e bateu na saída do goleiro. Um golaço. A torcida foi ao delírio e fez o tradicional gesto do urso para celebrar o gol que colocou de vez o Fluminense nas quartas. Restava saber se o adversário seguinte seria o Olimpia ou o Flamengo.

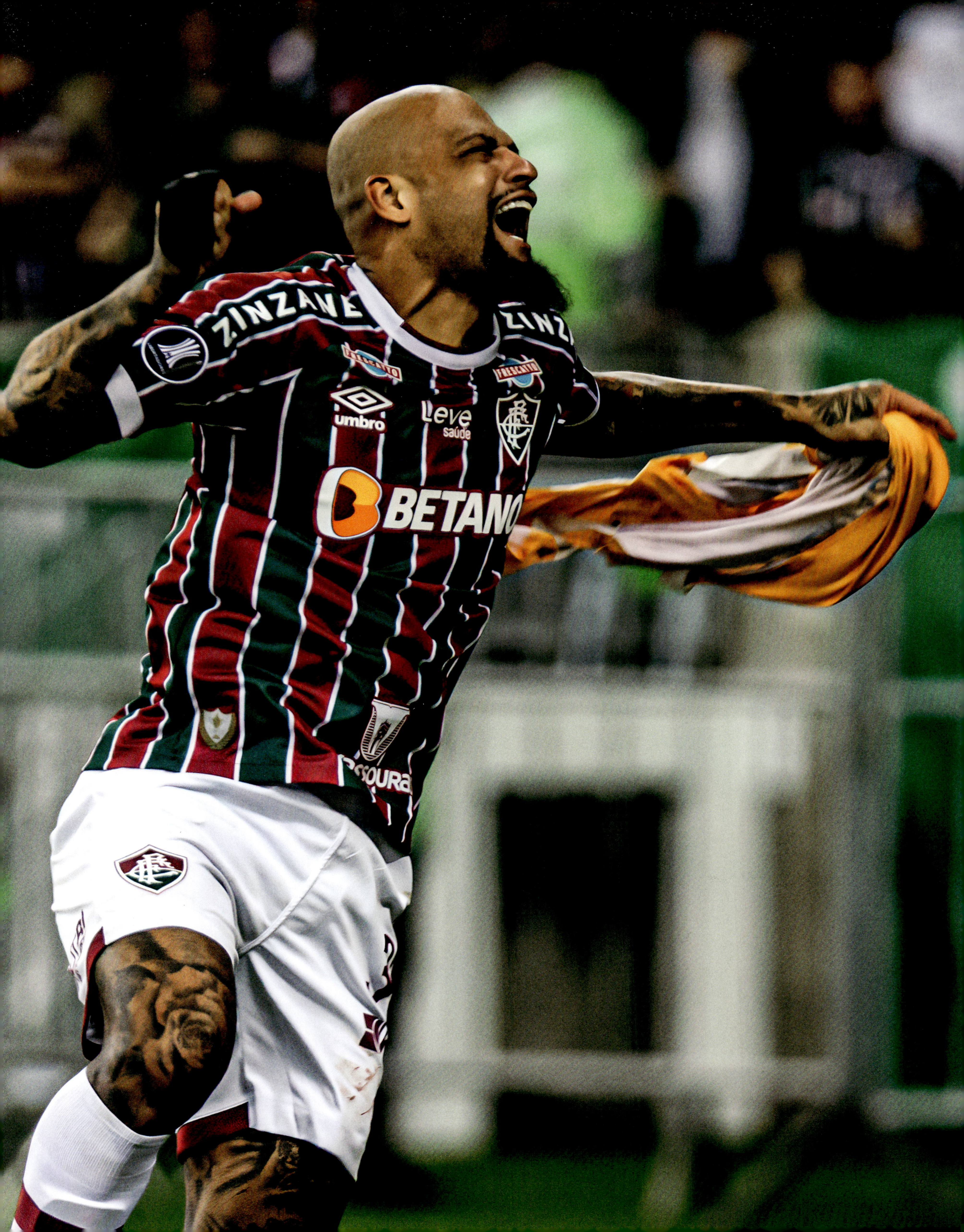
ZINZANE
umbro
Leve
saúde
BETANO

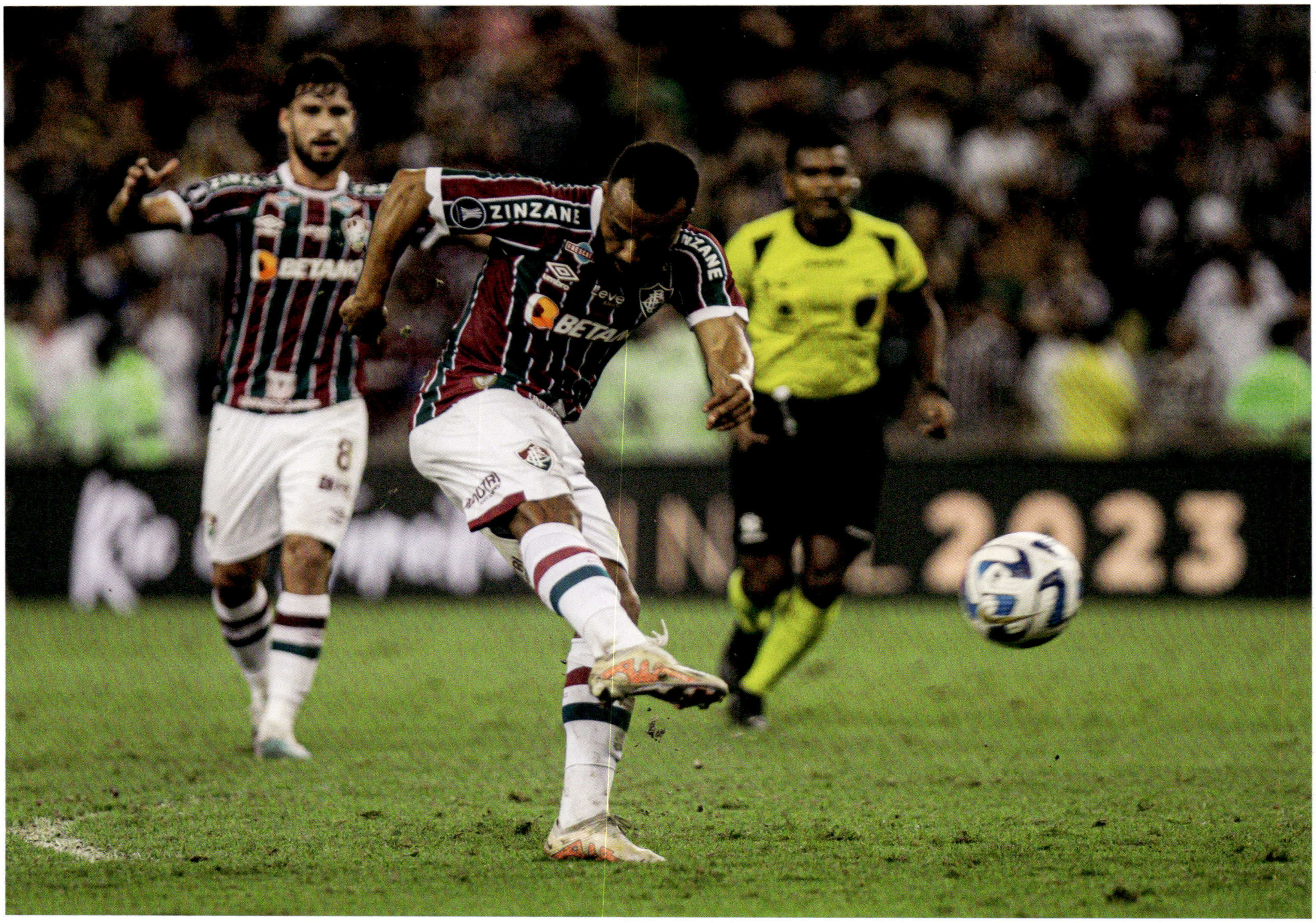

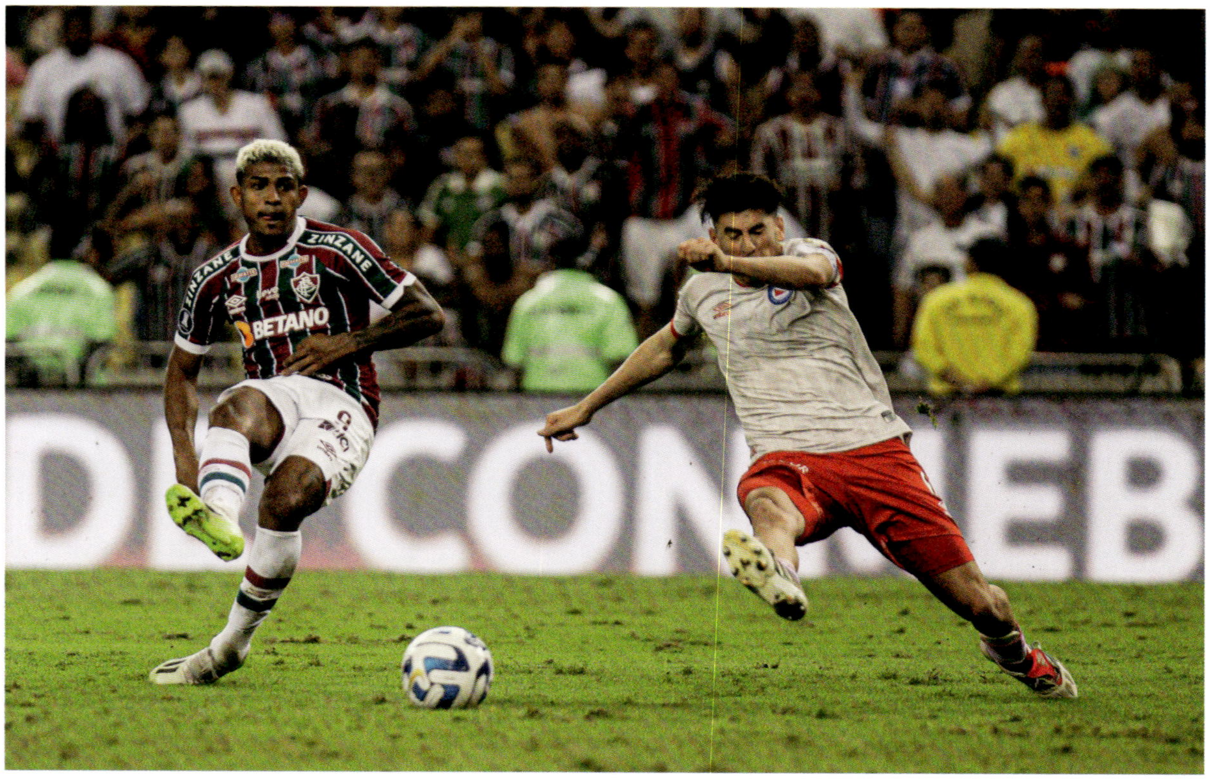

Carrasco tricolor na edição da CONMEBOL Libertadores de 1985, o bom time do Argentinos Juniors criou muita dificuldade para o Fluminense no Maracanã. Herói no primeiro jogo, Samuel Xavier foi de novo decisivo. A partida se encaminhava para uma dramática decisão por pênaltis, mas, na reta final, o lateral direito tricolor abriu o placar, após mais um gol com belo chute de primeira, e ainda houve tempo para John Kennedy marcar o segundo. Restavam cinco jogos para o sonho de atingir a Glória Eterna.

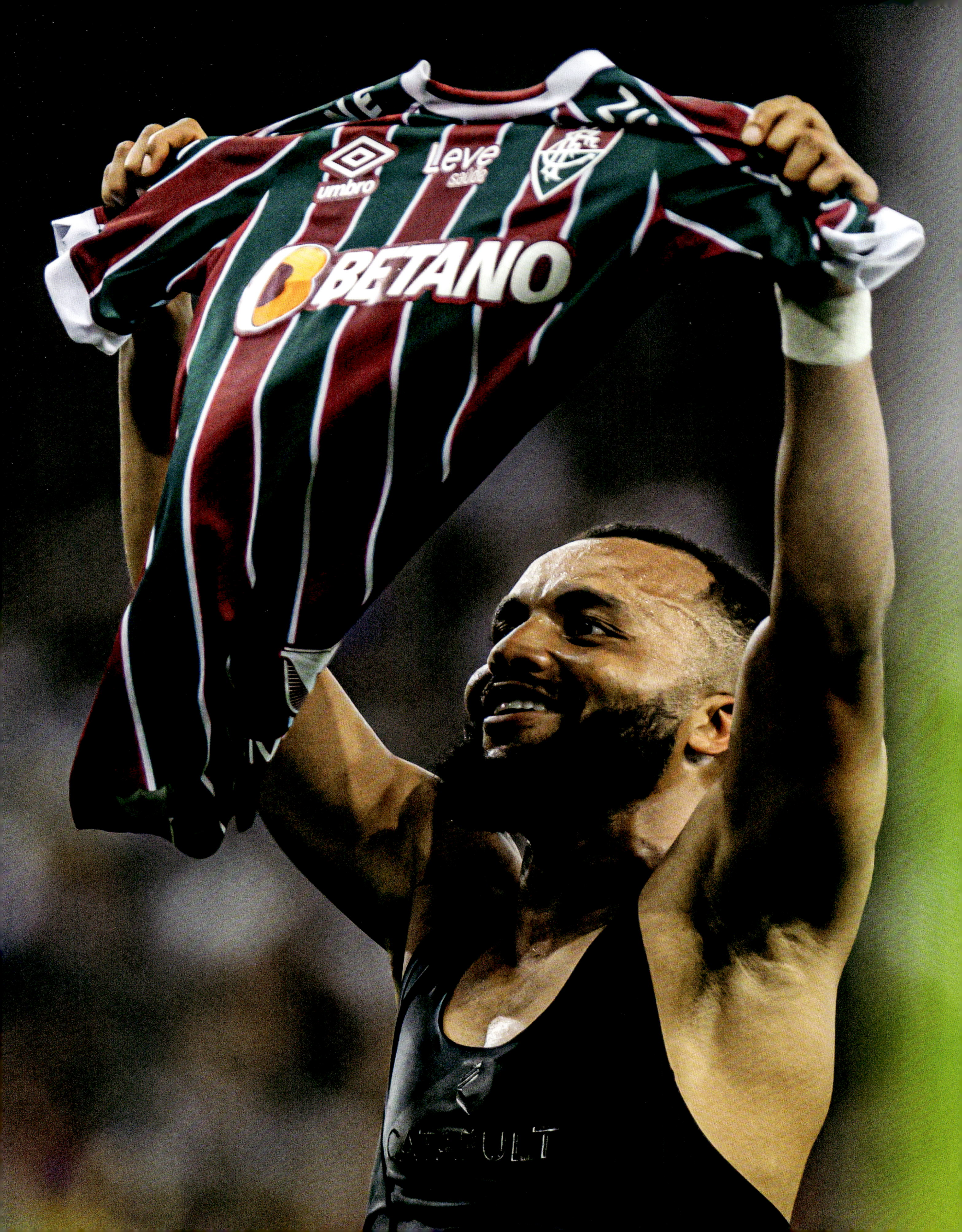
umbro
Leve
BETANO

24 de agosto
Maracanã, Rio de Janeiro, Brasil

FLUMINENSE 2 X 0 OLIMPIA

Após perder o primeiro jogo para o Flamengo por 1 a 0 no Rio de Janeiro, o Olimpia conseguiu uma classificação histórica ao derrotar os rubro-negros por 3 a 1, de virada, em Assunção. Pela primeira vez, o Fluminense teria a oportunidade de jogar na competição contra os paraguaios no Maracanã. Diferentemente de 2013, quando enfrentou o adversário em São Januário, e de 2022, quando o duelo foi realizado no Engenhão. Não por acaso, mais de 64 mil tricolores lotaram o estádio. A atmosfera era incrível, incluindo faixas, mosaico e balões, colorindo o ambiente com as cores verde, branco e grená.

Em campo, com uma escalação muito ofensiva, a estratégia se mostrou certeira. O Flu massacrou desde os primeiros minutos. Sempre buscando o ataque, o Tricolor finalizava de todos os jeitos, mas a bola não entrava. O primeiro gol foi sair na reta final do primeiro tempo, após André arriscar um chute de fora da área. Em sua partida de número 150 pelo clube, o volante conseguiu tirar o zero do placar. Gol extremamente merecido para um atleta digno de Seleção Brasileira.

O segundo saiu aos 13 minutos da segunda etapa. John Kennedy tentou marcar de bicicleta, mas a bola sobrou para Germán Cano bater de primeira para ampliar. Mais um golaço do argentino, que fez o difícil parecer simples. Até o fim, o time emendou uma chance atrás da outra, mas o jogou terminou mesmo 2 a 0. Os tricolores levariam uma boa vantagem para o confronto da semana seguinte no Paraguai. No entanto, essa vantagem estava longe de ser definitiva. Era só lembrar de 2011 e 2022, quando o clube conseguiu a mesma diferença de gols no jogo de ida e foi eliminado na volta no Estádio Defensores del Chaco, respectivamente para o Libertad e o próprio Olimpia.

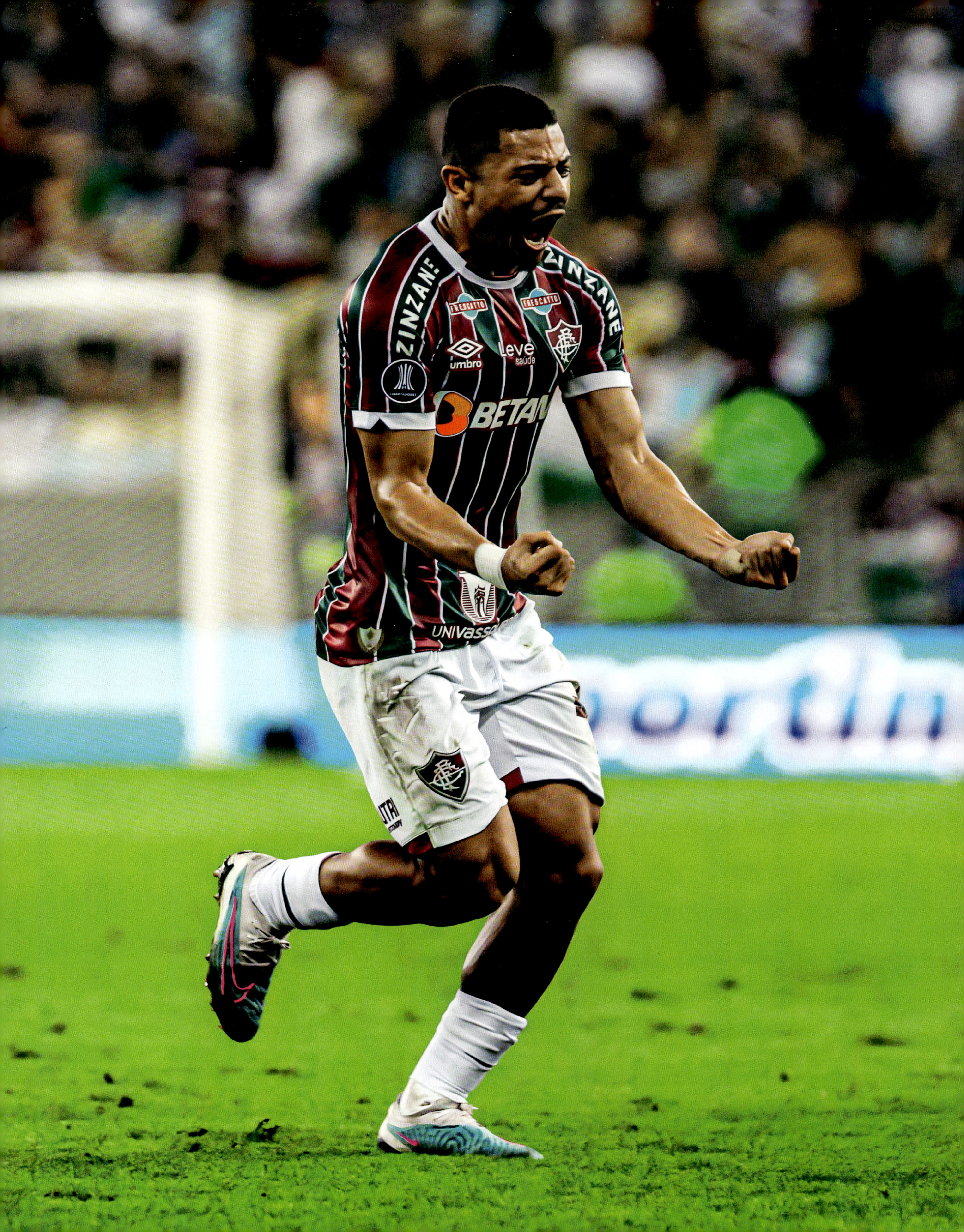
ZINZANE
ZINZANE
umbro
Leve
saúde

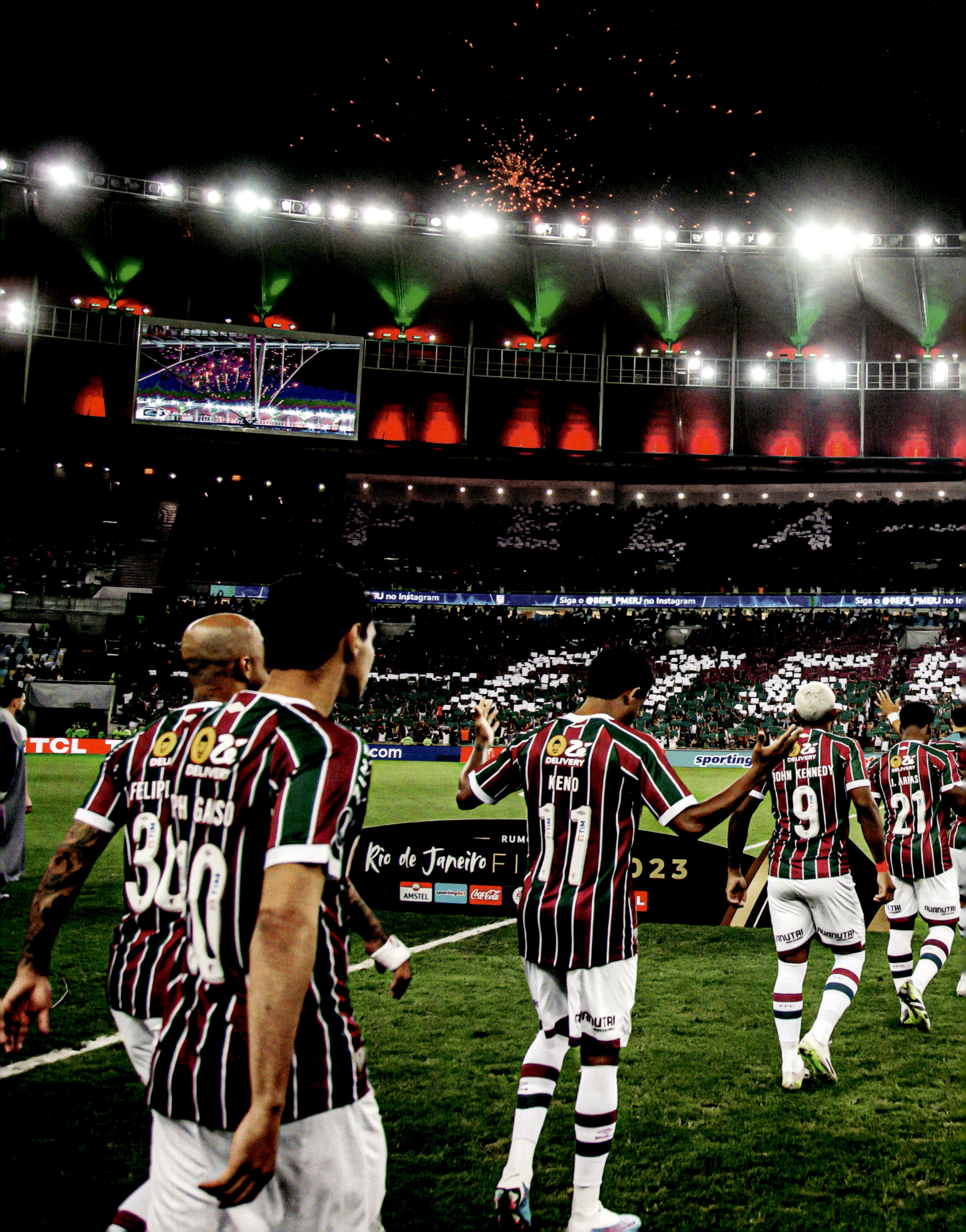
Siga o @BEPE_PMERJ no Instagram
Rio de Janeiro
KENO
JOHN KENNEDY
AMSTEL
TCL

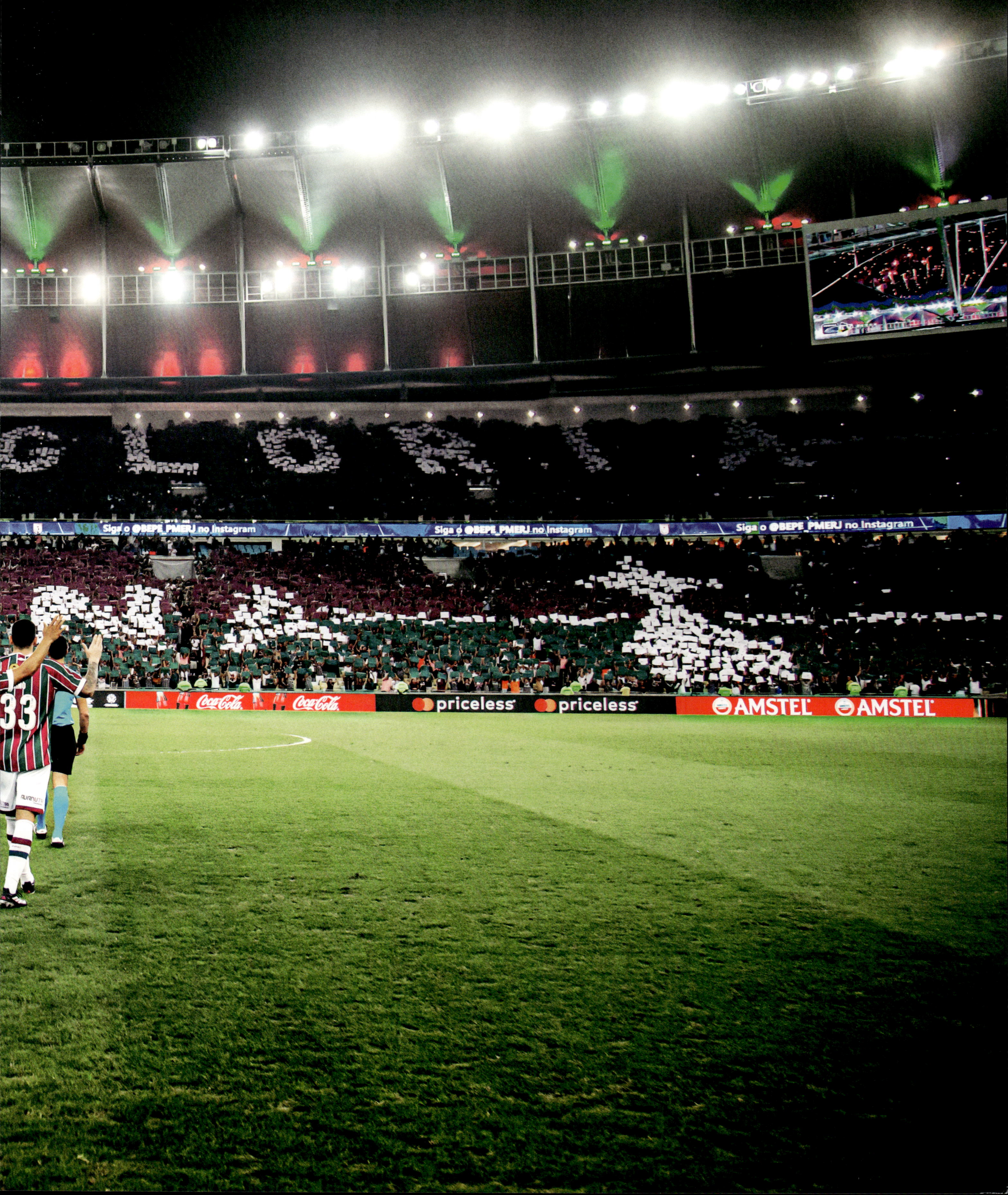
Siga o @BEPE_PMERJ no Instagram
Coca-Cola
priceless
AMSTEL
33

umbro

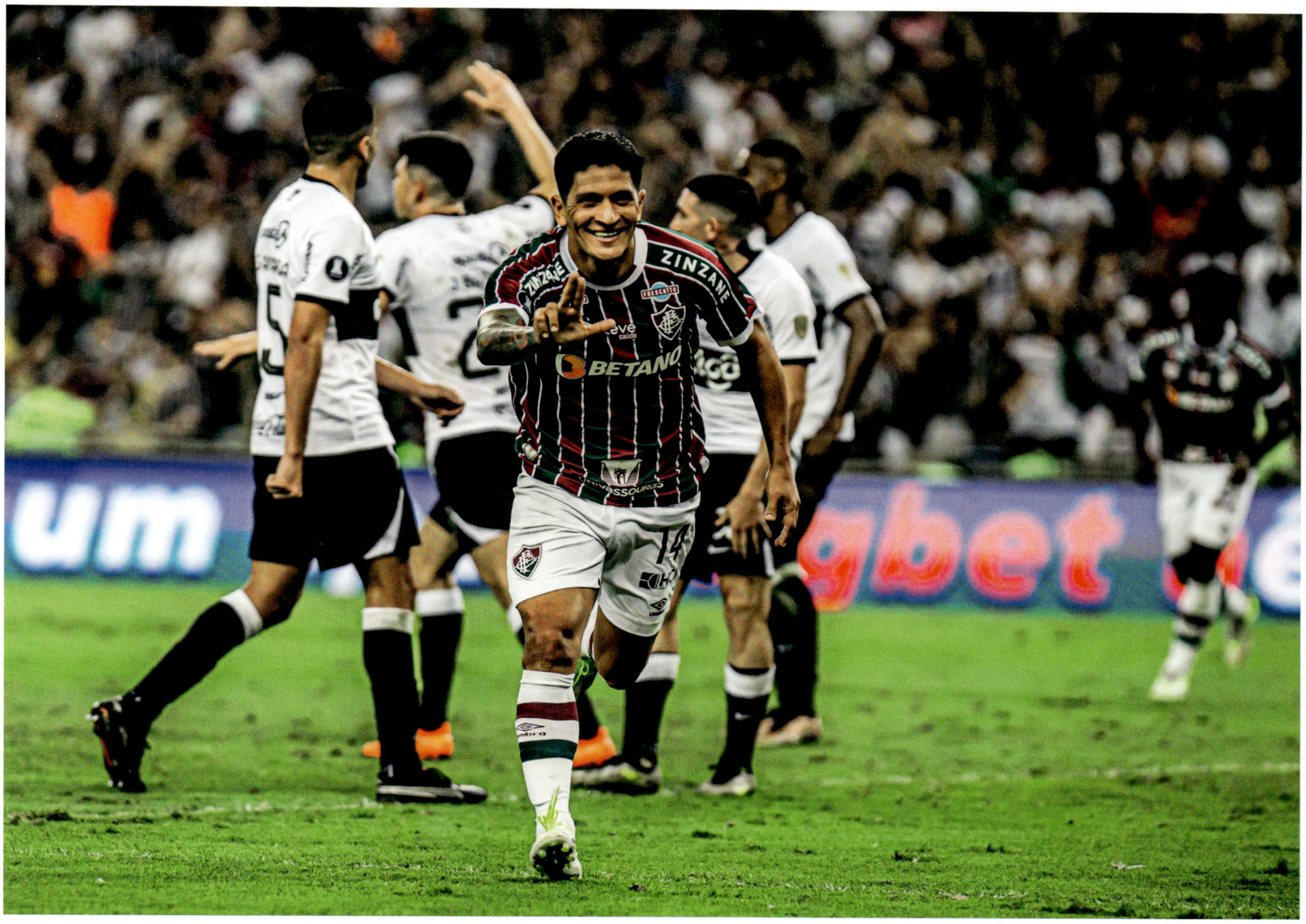

O Olimpia eliminou o Fluminense nas edições de 2013 e 2022 da CONMEBOL Libertadores. Nas oitavas de final da competição de 2023, passou pelo Flamengo com autoridade. Os paraguaios impediram o que poderiam ser dois dos maiores Fla-Flus de todos os tempos. Tudo levava a crer que seria um duelo muito difícil, mas, com apoio da torcida, o Tricolor conseguiu se impor. O placar de 2 a 0 não traduziu o que foi o jogo. Foram muitas chances desperdiçadas e o resultado da primeira partida poderia ter sido 4, 5 ou 6 a 0, sem exagero.

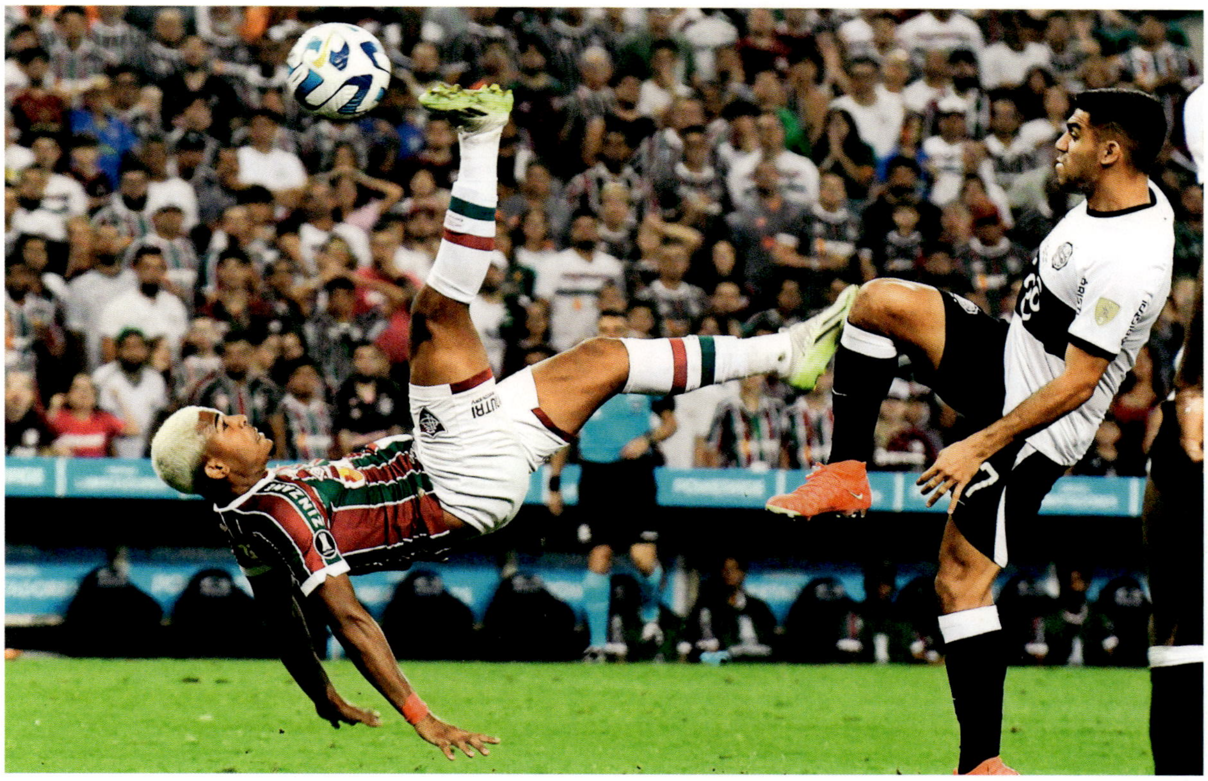

31 de agosto
Estádio Defensores del Chaco, Assunção, Paraguai

OLIMPIA 1 X 3 FLUMINENSE

Depois de 15 anos, com um 5 a 1 no agregado do confronto contra o Olimpia nas quartas de final, o Fluminense voltou a se classificar para uma semifinal da CONMEBOL Libertadores. O Time de Guerreiros derrotou de novo os paraguaios, dessa vez por 3 a 1, em pleno Defensores del Chaco. John Kennedy e Germán Cano, este duas vezes, marcaram os gols que carimbaram o passaporte da equipe para a próxima fase da competição continental.

O fantasma da dolorosa eliminação no ano anterior nem passou perto. Assim como no primeiro jogo no Rio de Janeiro, ao longo dos 90 minutos, mesmo fora de casa, o Flu teve amplo domínio. O primeiro gol saiu aos 23 minutos, quando John Kennedy mostrou estrela mais uma vez. O jovem atacante revelado em Xerém recebeu um lindo passe de Keno na intermediária. Após bonita arrancada, ele se infiltrou na grande área e soltou a bomba para colocar o Fluminense em vantagem. O Tricolor era muito superior e tinha total controle da partida. Ainda assim, tomou um susto no fim do primeiro tempo, quando Facundo Zabala igualou para o adversário, após desvio na defesa.

O empate não abalou o time, e, já no segundo tempo, o Fluminense estava mais próximo do segundo gol do que o Olimpia. Aos 34 minutos, Germán Cano recebeu na entrada da área e encontrou John Kennedy. O camisa 9 finalizou, a bola tocou na trave e, no rebote, o argentino fez o gol. Nos acréscimos, Cano recebeu de Lima, driblou a zaga adversária e ampliou o placar.

Com tranquilidade, a vaga para as semifinais virou realidade. O próximo adversário seria o Internacional, que tinha eliminado o forte River Plate nas oitavas e o Bolívar, com sua altitude, nas quartas. Chegaria a hora de um duelo de brasileiros.

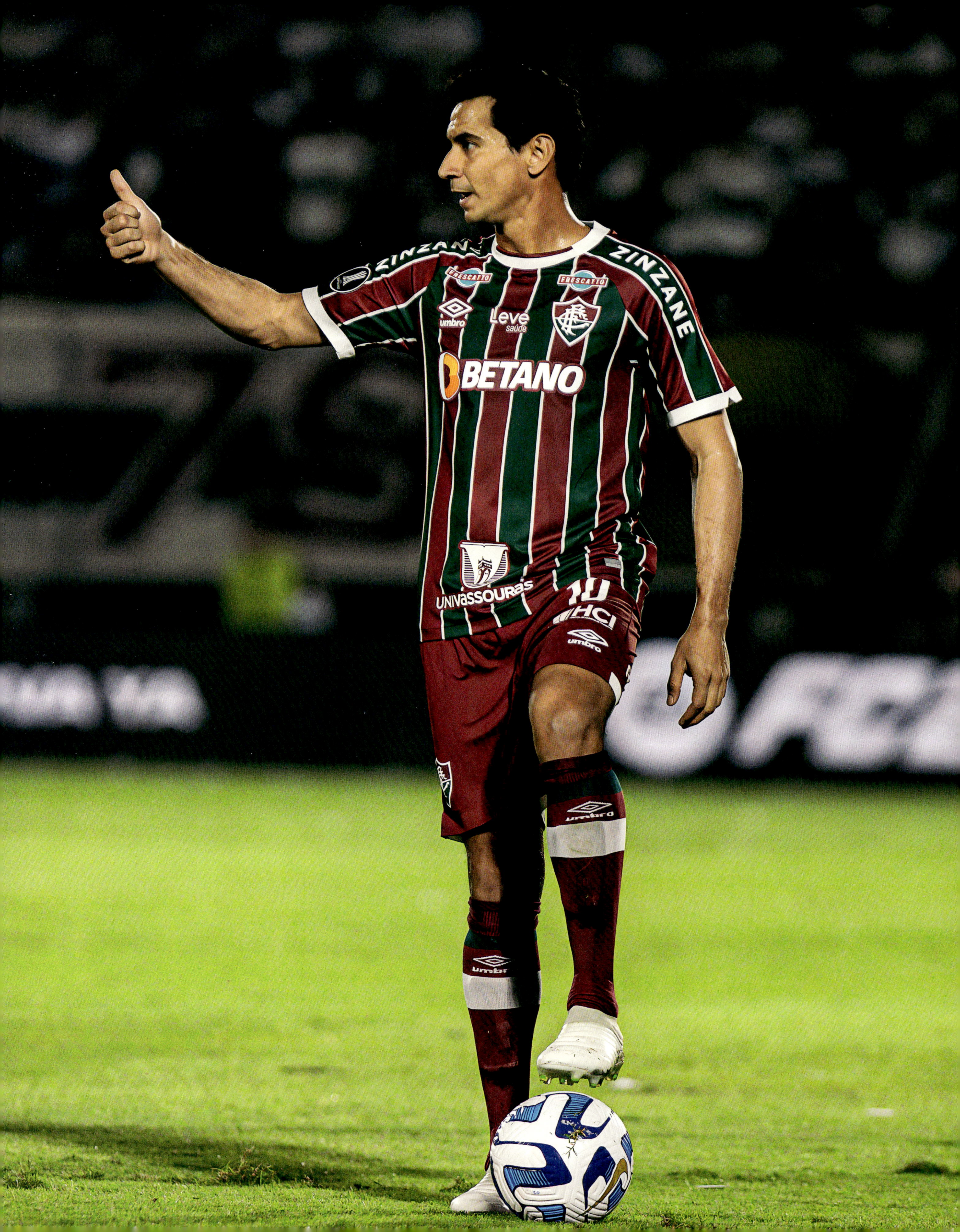
ZINZANE
ZINZANE
FRESCATTO
FRESCATTO
umbro
Leve
saúde
BETANO
UNIVASSOURAS
10
HCI
umbro

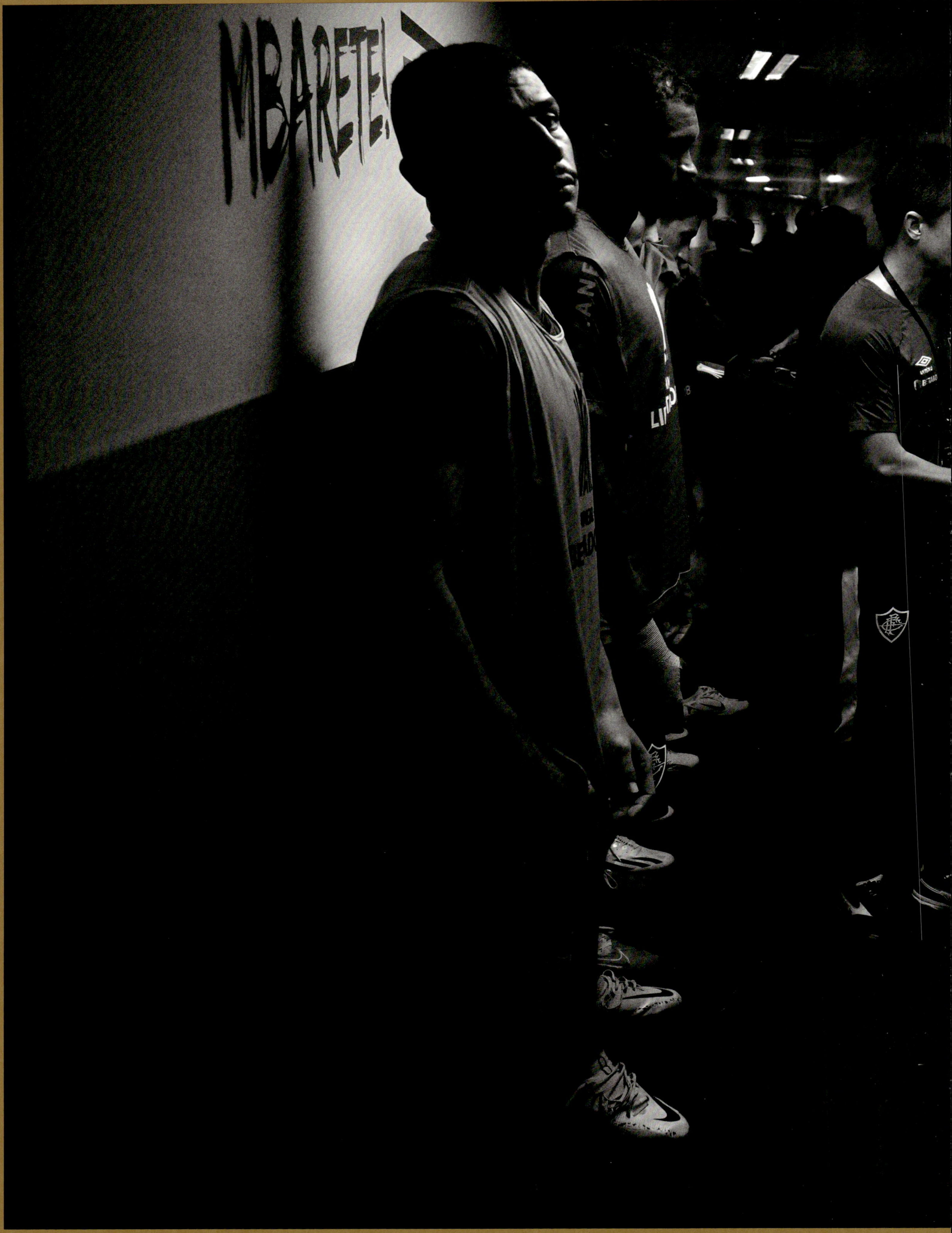
MBARETE!

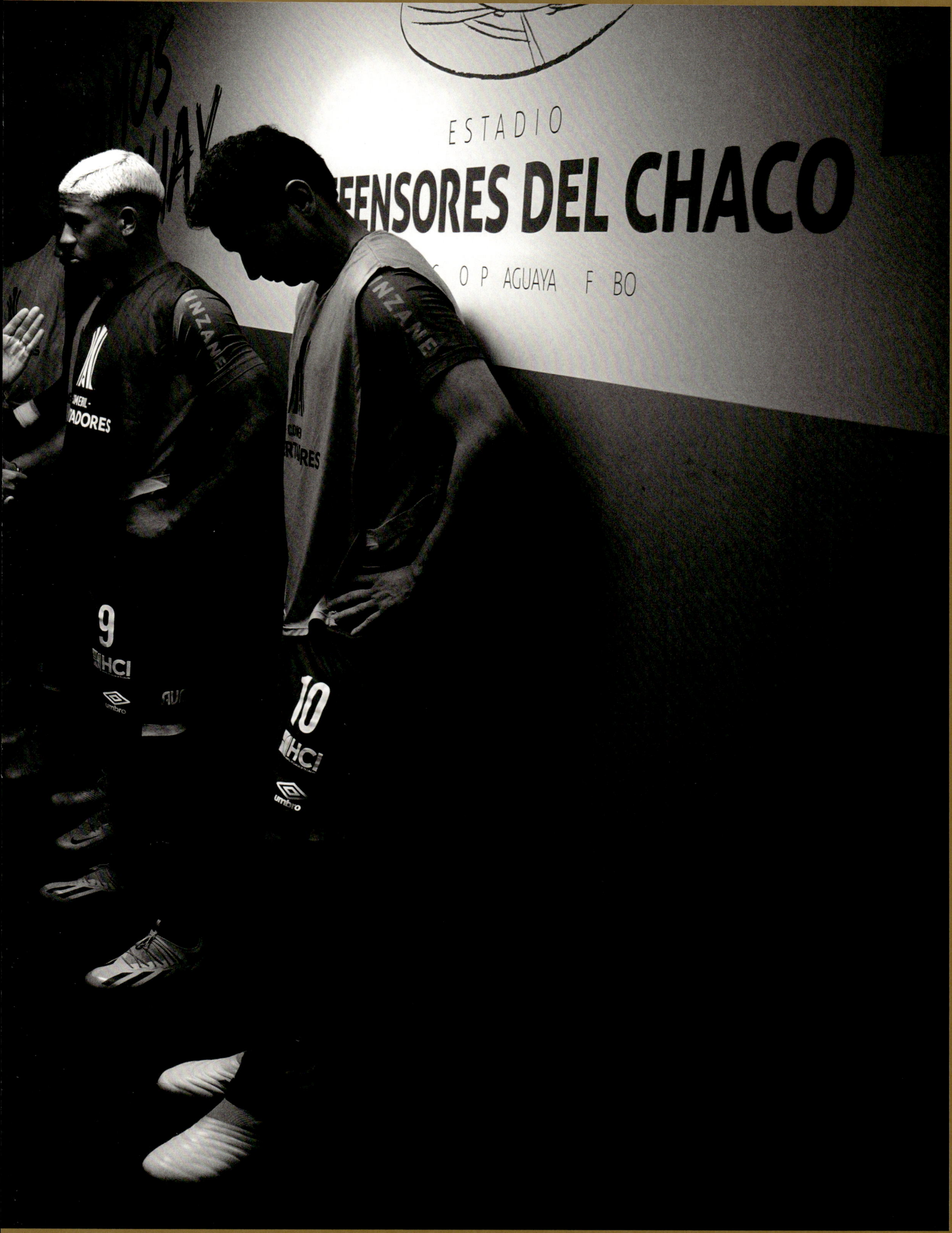
ESTADIO
DEL CHACO

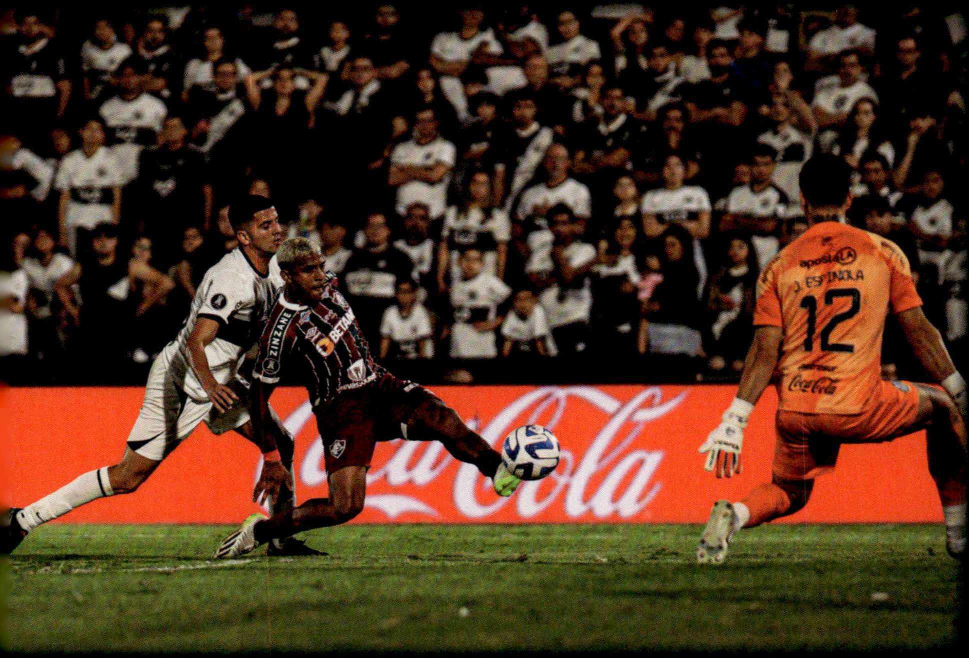
J. ESPINOLA
12
Coca-Cola
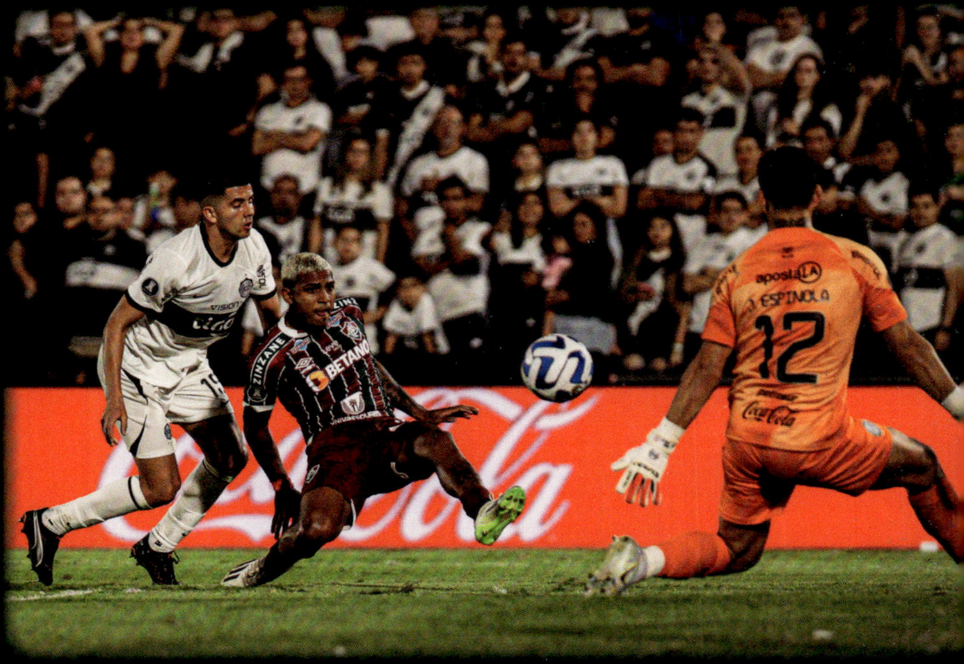
J. ESPINOLA
12
BETANO
Coca-Cola
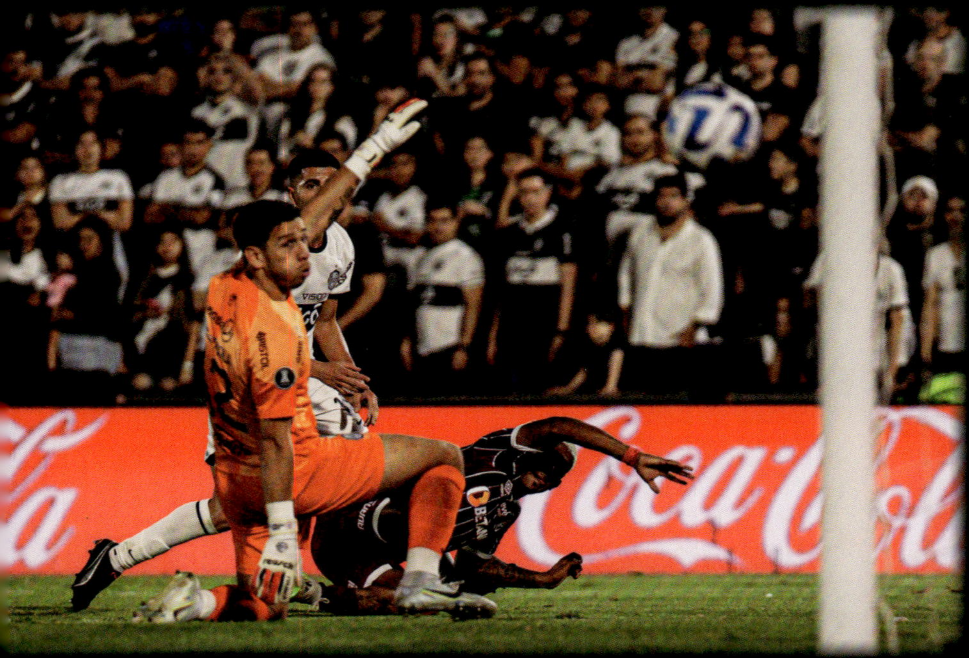
Coca-Cola
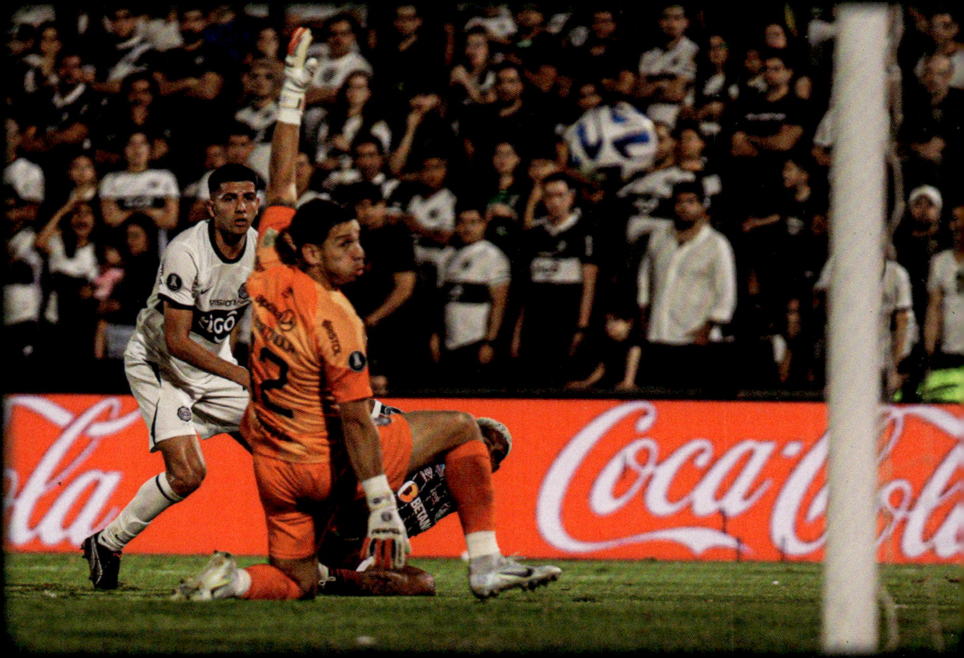
Coca-Cola
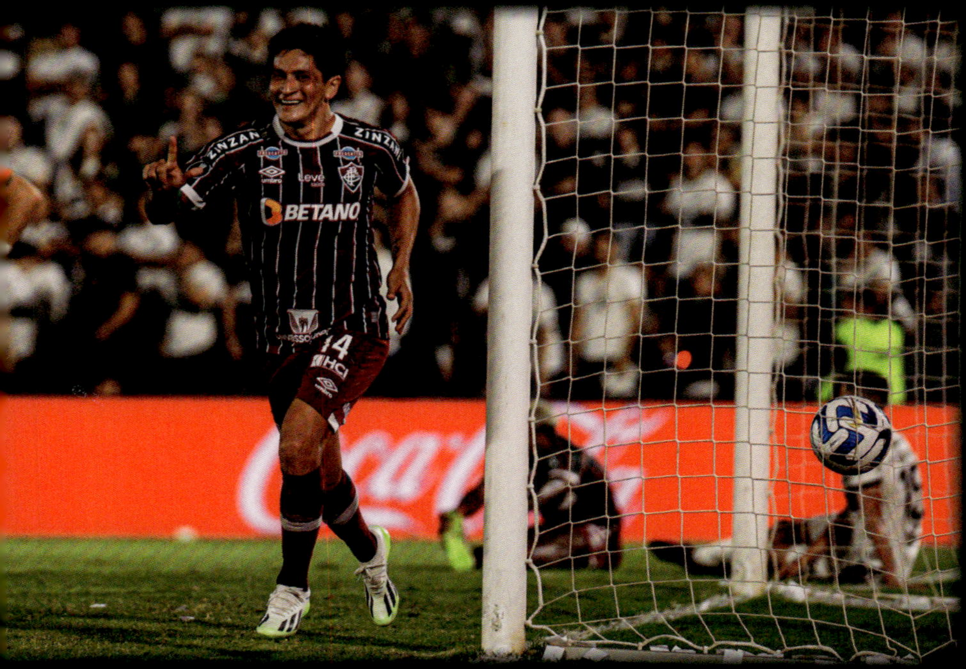
BETANO
14
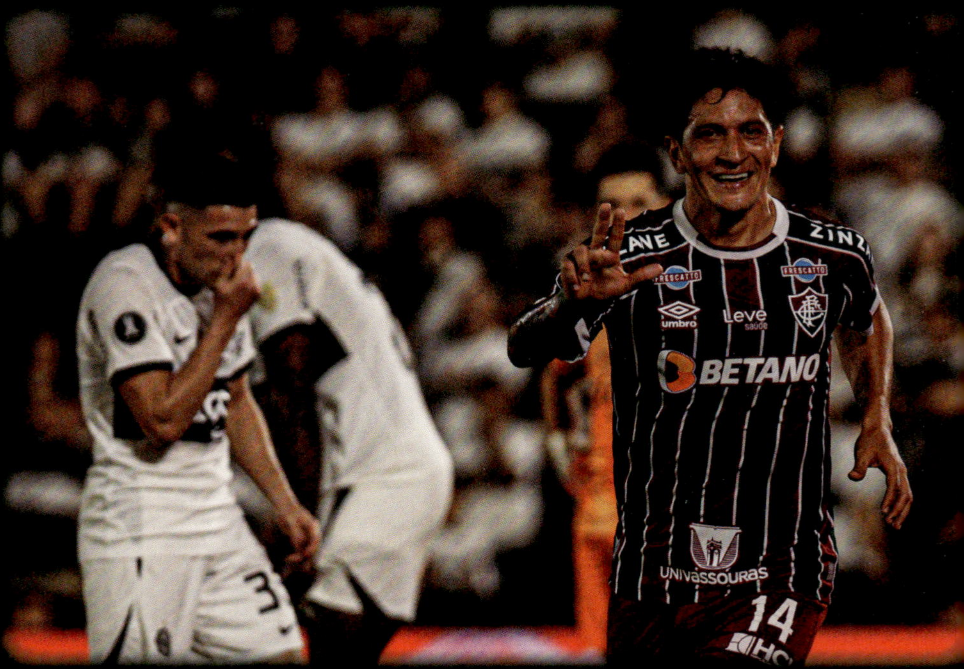
BETANO
14

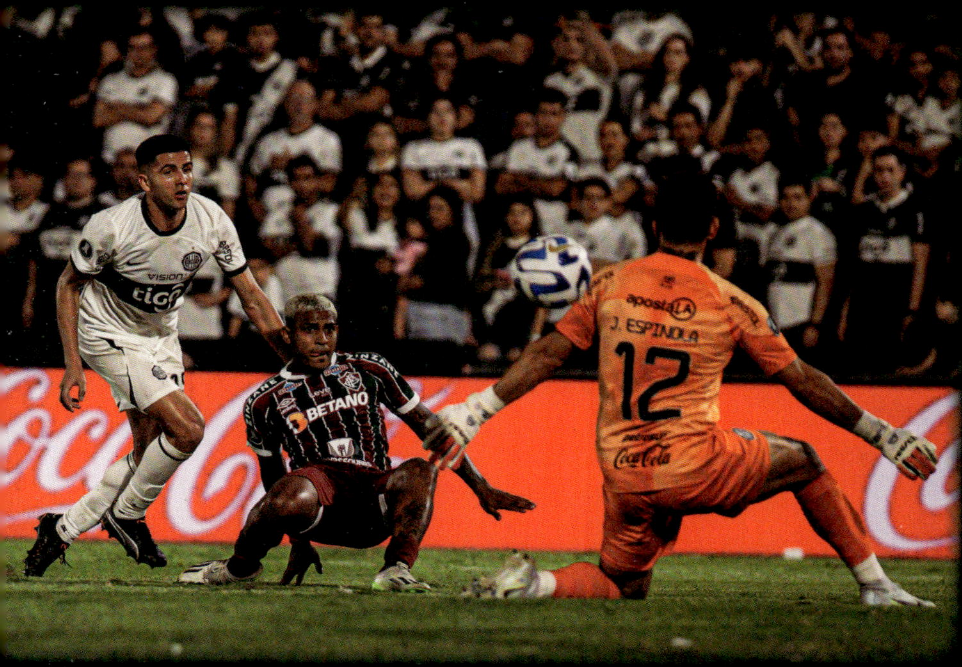
J. ESPINOLA
12
BETANO

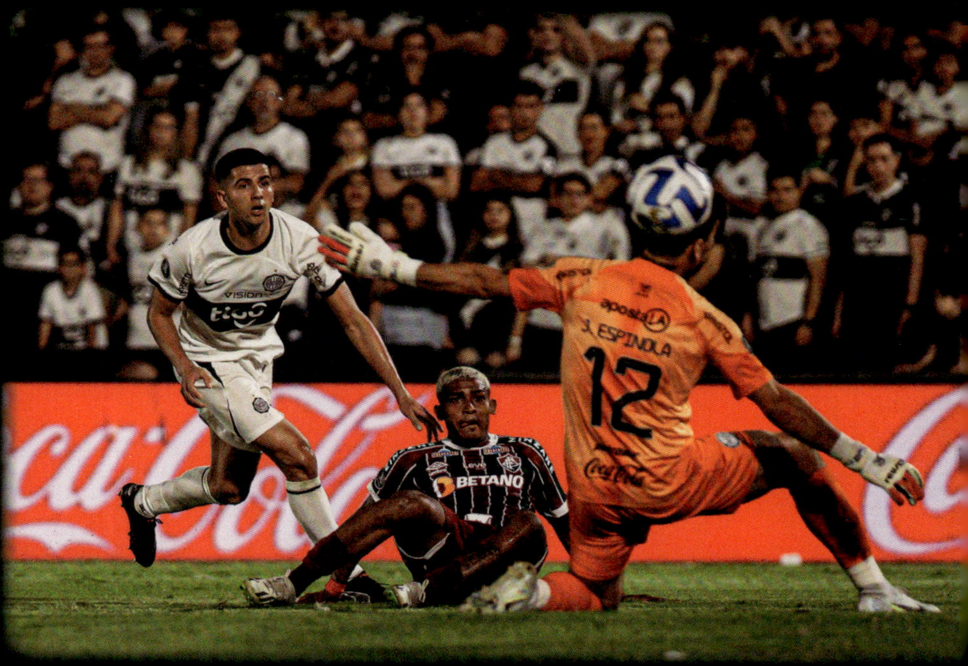
J. ESPINOLA
12
BETANO

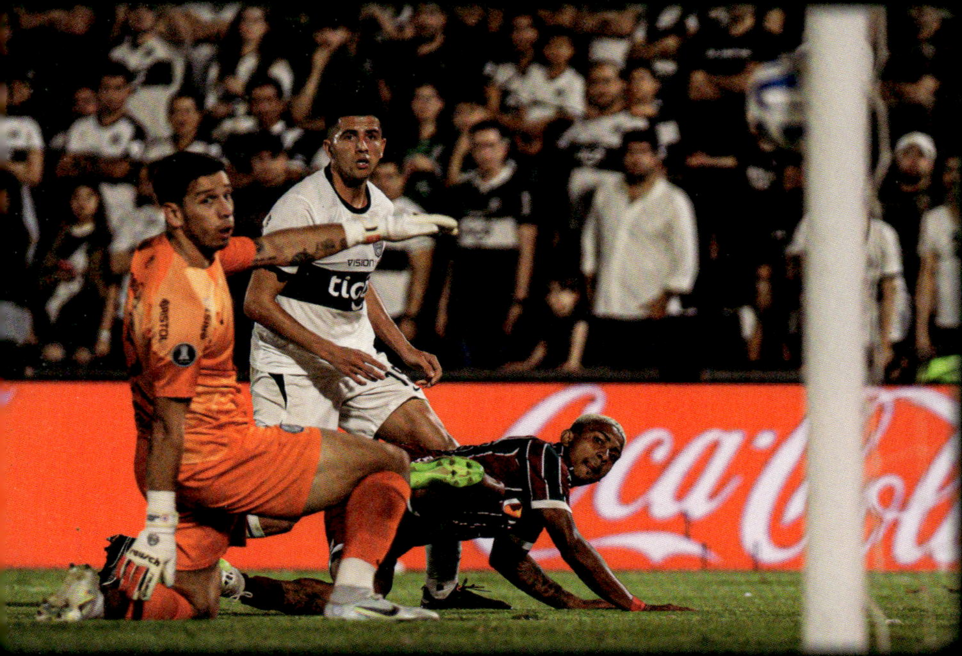

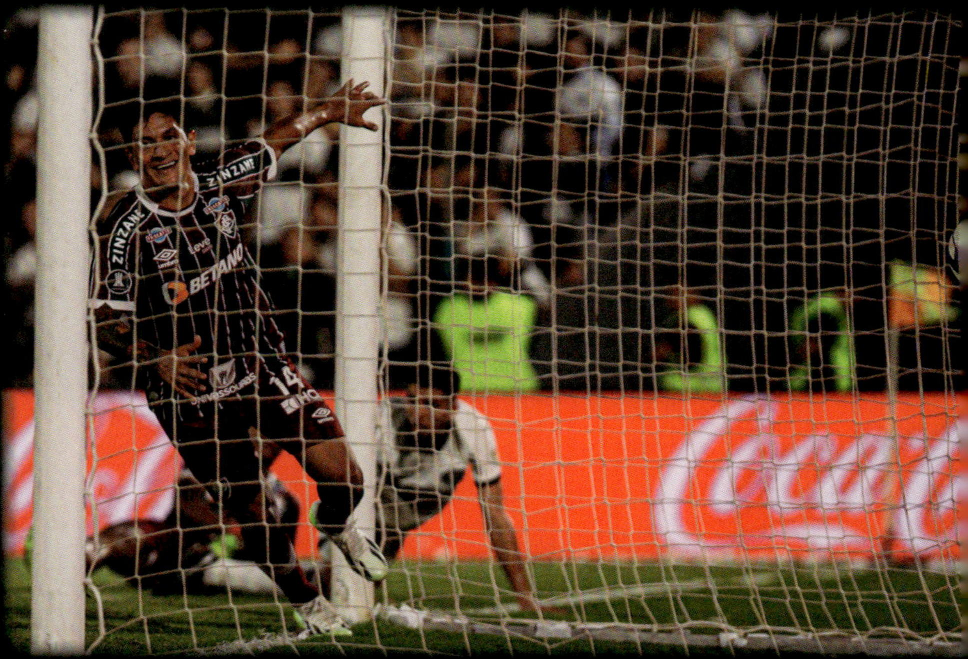
BETANO

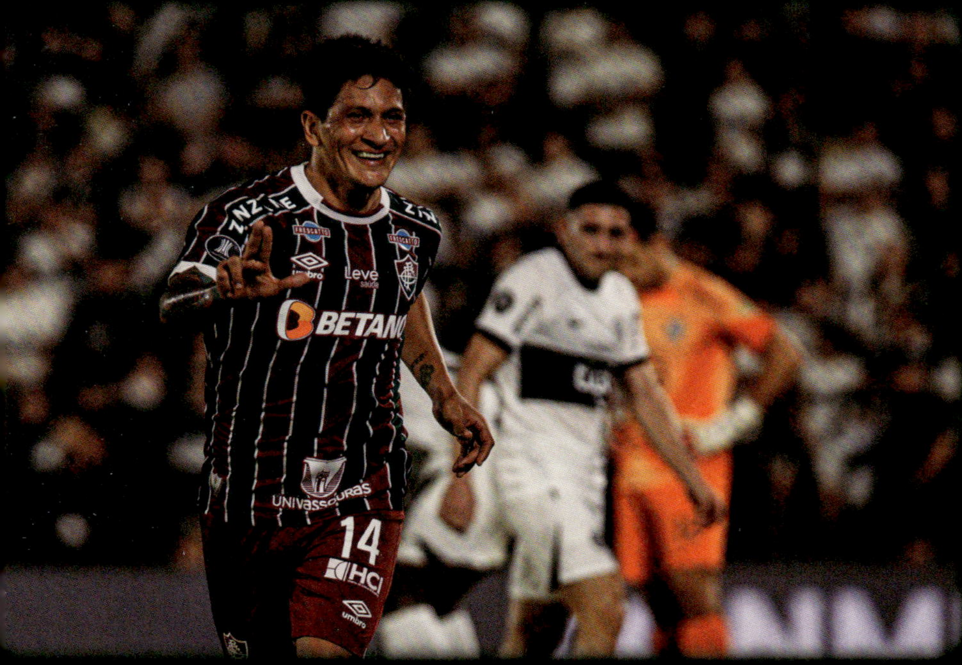
BETANO
14

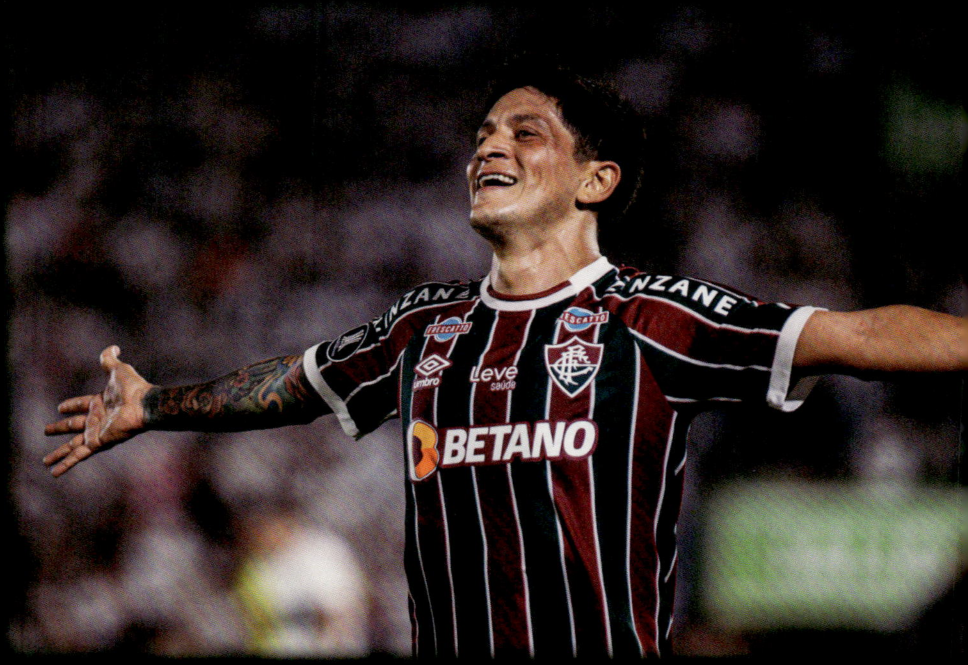
BETANO

27 de setembro
Maracanã, Rio de Janeiro, Brasil

FLUMINENSE 2 X 2 INTERNACIONAL

Empurrado pelo apoio de mais de 67 mil torcedores, o Fluminense, mesmo com um a menos, foi guerreiro e empatou com o Internacional em 2 a 2 no jogo de ida da semifinal da CONMEBOL Libertadores. O Flu buscou o ataque desde o início e construiu sua primeira boa jogada logo aos 3 minutos. André inverteu para Arias, que, de primeira, cruzou rasteiro, mas Rochet chegou antes da finalização. Aos 7 minutos, Keno roubou a bola na saída da grande área, passou por cinco marcadores, se infiltrou na pequena área e bateu cruzado, exigindo grande defesa do goleiro. Aos 10 minutos, Arias roubou a bola pela lateral direita, passou para John Kennedy, que dominou, girou e só escorou para Cano abrir o placar.

Houve chance de ampliar aos 19 minutos, quando Keno tabelou com Cano na quina da grande área e chutou para o gol, exigindo mais uma ótima defesa do goleiro Rochet. O segundo gol parecia que sairia a qualquer momento, mas tudo mudou aos 45 minutos do primeiro tempo, quando o árbitro argentino Darío Herrera resolveu complicar o jogo ao expulsar Samuel Xavier por ter supostamente pisado no pé de Enner Valencia. Pouco depois, no último lance do primeiro tempo, Hugo Mallo igualou o placar.

Com um atleta a menos por todo o segundo tempo, o Fluminense precisou se superar. Aos 18 minutos, Alan Patrick virou para o Internacional. Na arquibancada veio um clima de apreensão. Nem o tricolor mais pessimista poderia imaginar o dramático cenário. Ainda assim, percebendo a entrega em campo, o torcedor não parava de cantar. O alívio veio aos 33 minutos. Arias cobrou escanteio, Nino cabeceou e Cano chutou forte para balançar a rede. Dentro das circunstâncias, o empate foi uma vitória, pois deixava o Flu vivo para a batalha da quarta-feira seguinte no Beira-Rio.

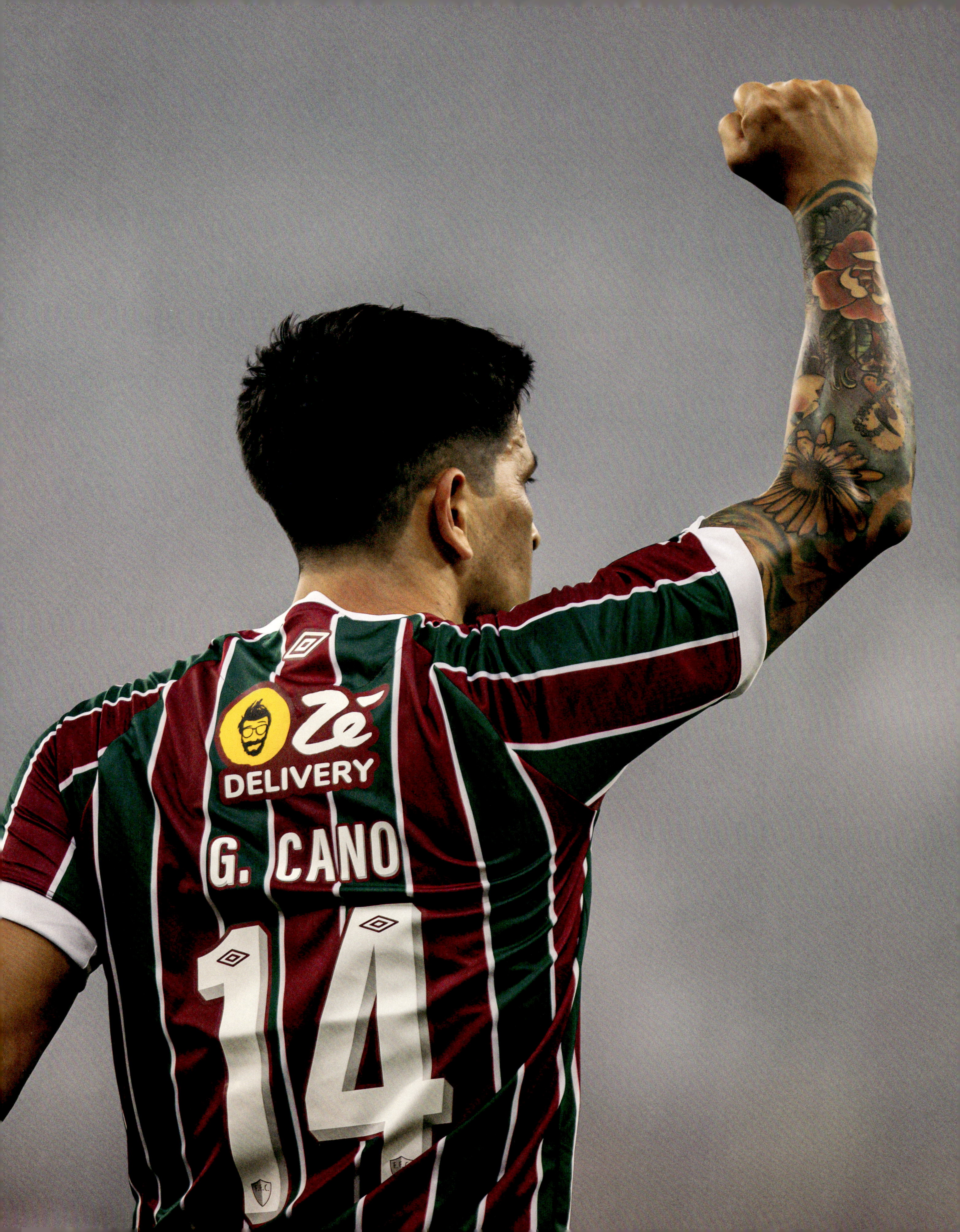
Zé
DELIVERY
G. CANO
14

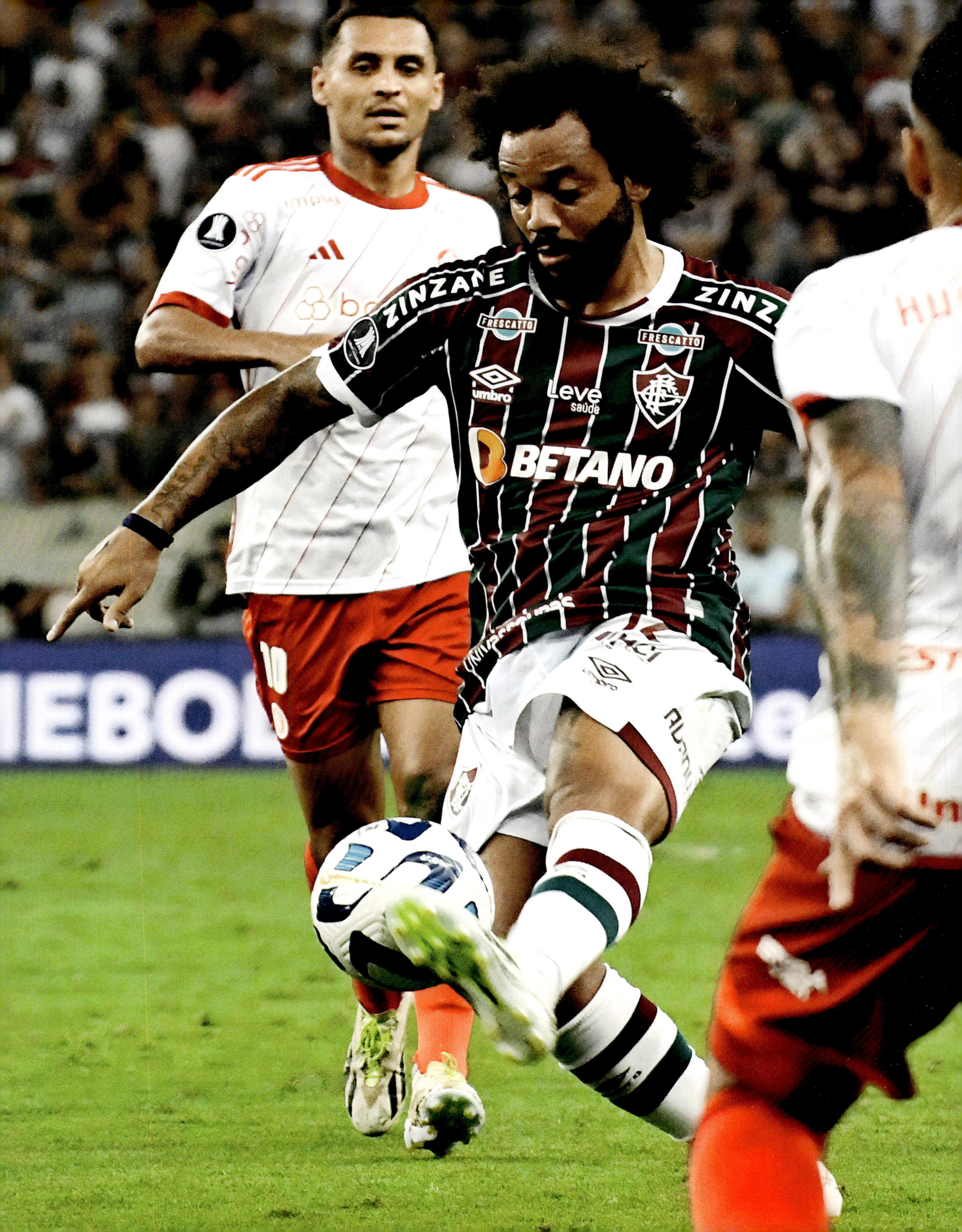
ZINZANE
FRESCATTO
FRESCATTO
ZINZ
umbro
Leve
saúde
BETANO

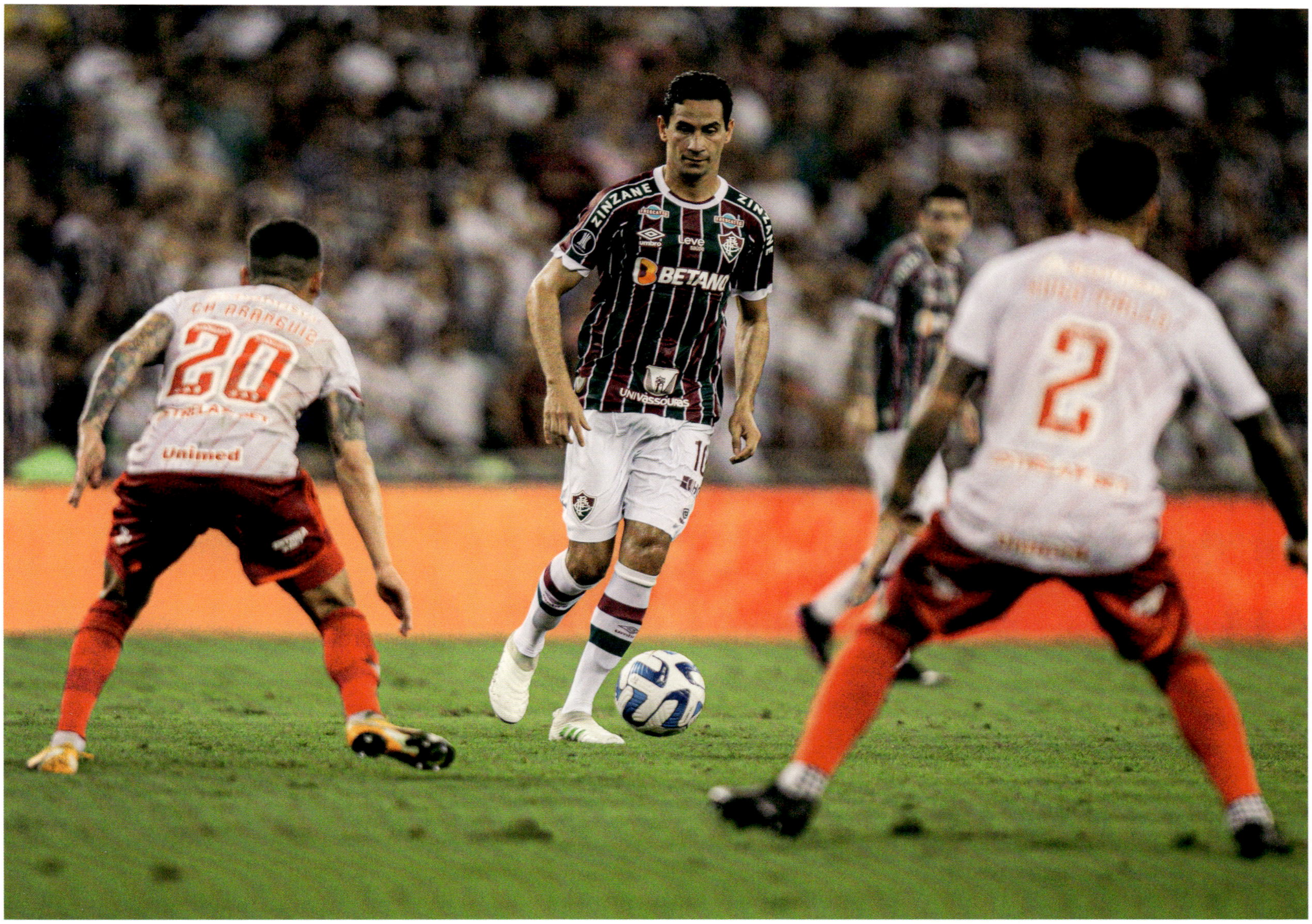

Com um a menos desde o fim do primeiro tempo, o Fluminense mostrou o motivo de ser conhecido como "Time de Guerreiros". Cada atleta se desdobrou para cobrir a ausência de Samuel Xavier, expulso injustamente. Apesar de um clima de tensão, em especial quando estava 2 a 1 para o Internacional, a torcida tricolor acreditou até o fim. Diante das circunstâncias, o 2 a 2 não foi ruim, até porque deixou o Flu vivo para o segundo jogo.

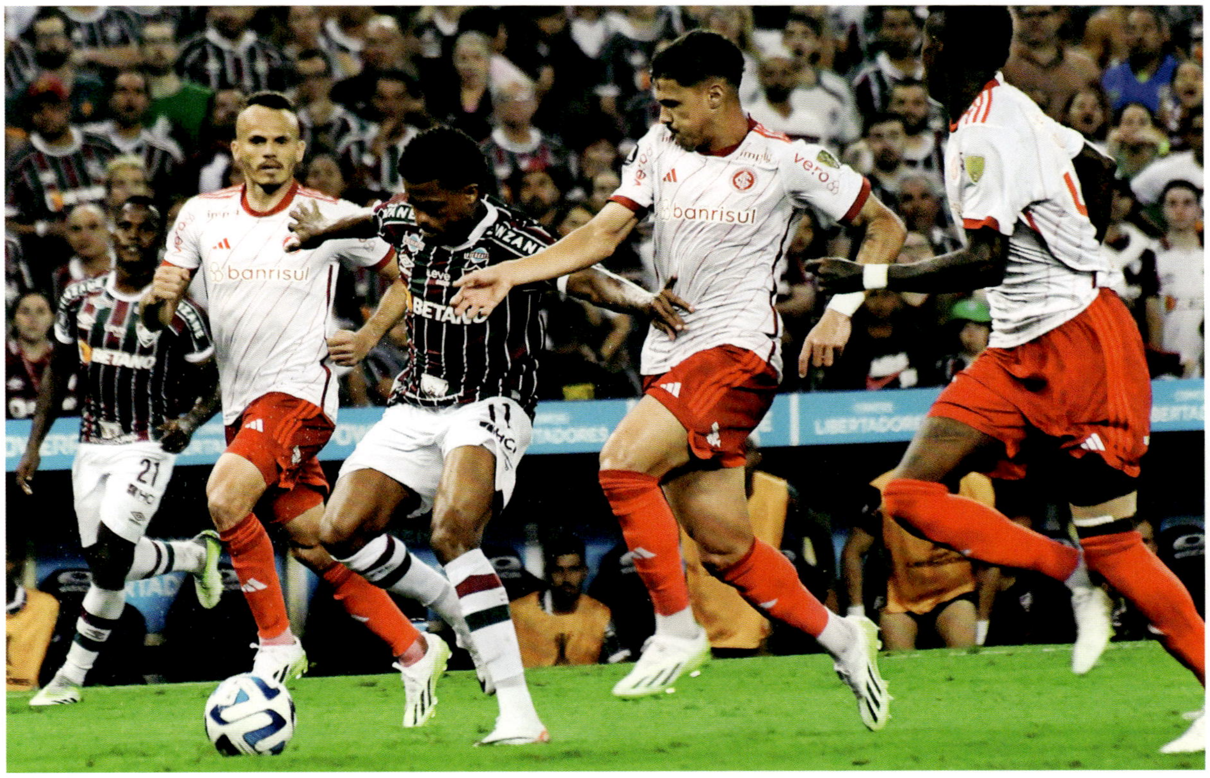

4 de outubro
Estádio Beira-Rio, Porto Alegre, Brasil

INTERNACIONAL 1 X 2 FLUMINENSE

Chegou a hora! Em noite histórica no Beira-Rio, com direito a virada espetacular, o Fluminense venceu o Internacional por 2 a 1 e conseguiu se classificar para a final. Inspirado pelo apoio de quatro mil tricolores presentes, o time foi guerreiro. Com gols de John Kennedy e Gérman Cano, o Flu garantiu a vaga na grande decisão.

Antes de a partida começar, o DJ do estádio protagonizou uma situação curiosa. Para tentar abafar os cânticos da inflamada torcida tricolor, que entrou cedo no Beira-Rio, veio a música “Tá Escrito”. O efeito foi contrário, até porque a letra da canção tinha tudo a ver com o momento e foi cantada de modo intenso pela torcida visitante.

Em campo, a partida começou em ritmo acelerado, com as duas equipes buscando o ataque. O primeiro lance de perigo surgiu aos 7 minutos, quando Cano recebeu próximo à entrada da grande área e arriscou direto para o gol, exigindo defesa de Rochet. Aos 9 minutos, Mercado abriu o placar para o Inter. O gol sofrido fez o Flu se soltar ainda mais à frente, mas até o fim do primeiro tempo o resultado se manteve inalterado.

Na segunda etapa, o Tricolor partiu em busca do empate e deu brechas para contra-ataques, todos desperdiçados. A insistência tricolor deu certo. Aos 35, Keno lançou e Cano, com direito a corta-luz de Marcelo, tocou para John Kennedy. O jovem partiu para dentro e com uma brilhante cavadinha mandou para o fundo do gol. Aos 41, veio a virada. Yony González recebeu de Cano pela direita, tocou de primeira para JK, que ajeitou sutilmente para Cano estufar a rede. Estava mesmo escrito. Quinze anos depois, o Flu chegava a mais uma final de CONMEBOL Libertadores no Maracanã. Restava saber se o adversário seria o Palmeiras ou o Boca Juniors.

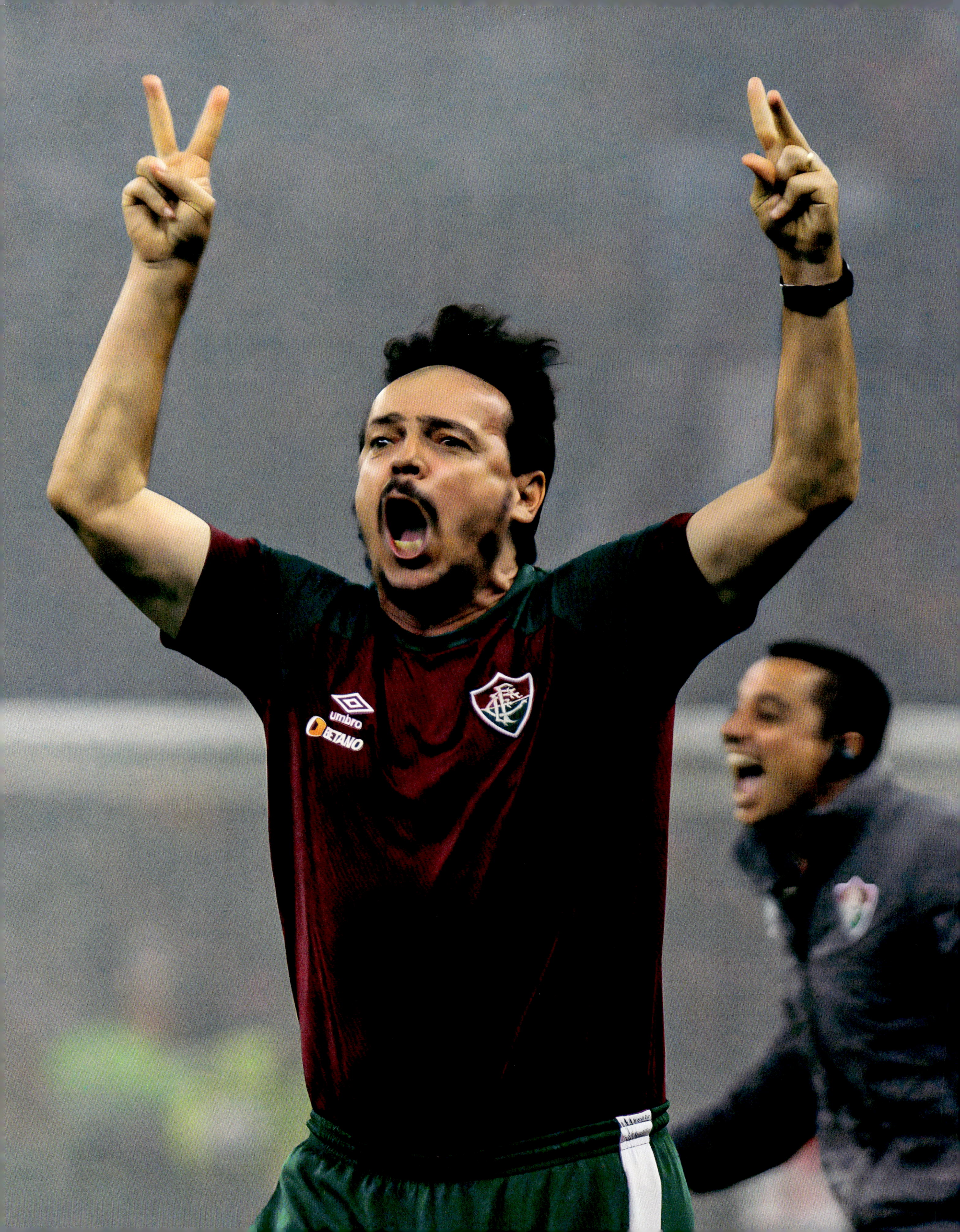
umbro
BETANO

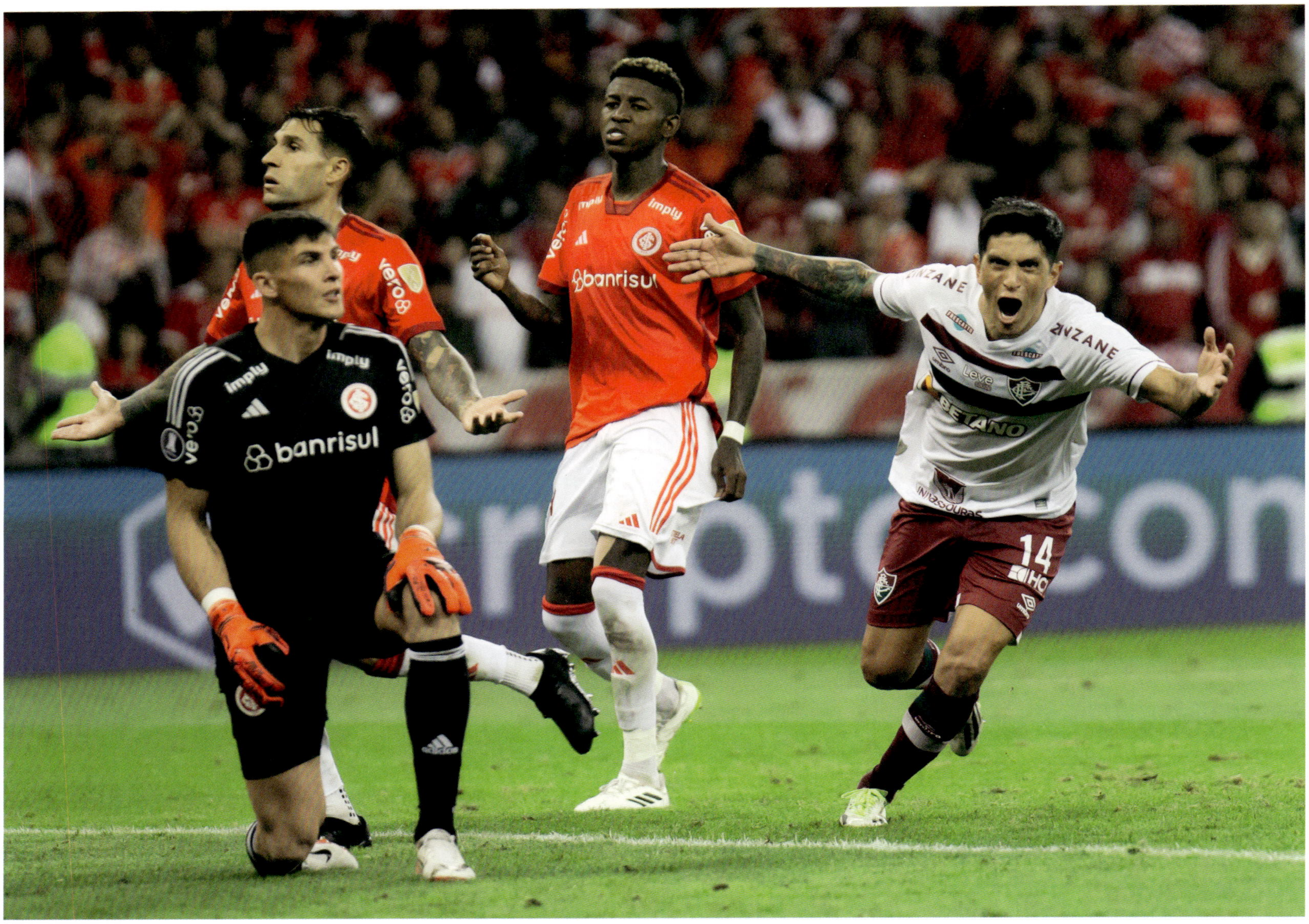

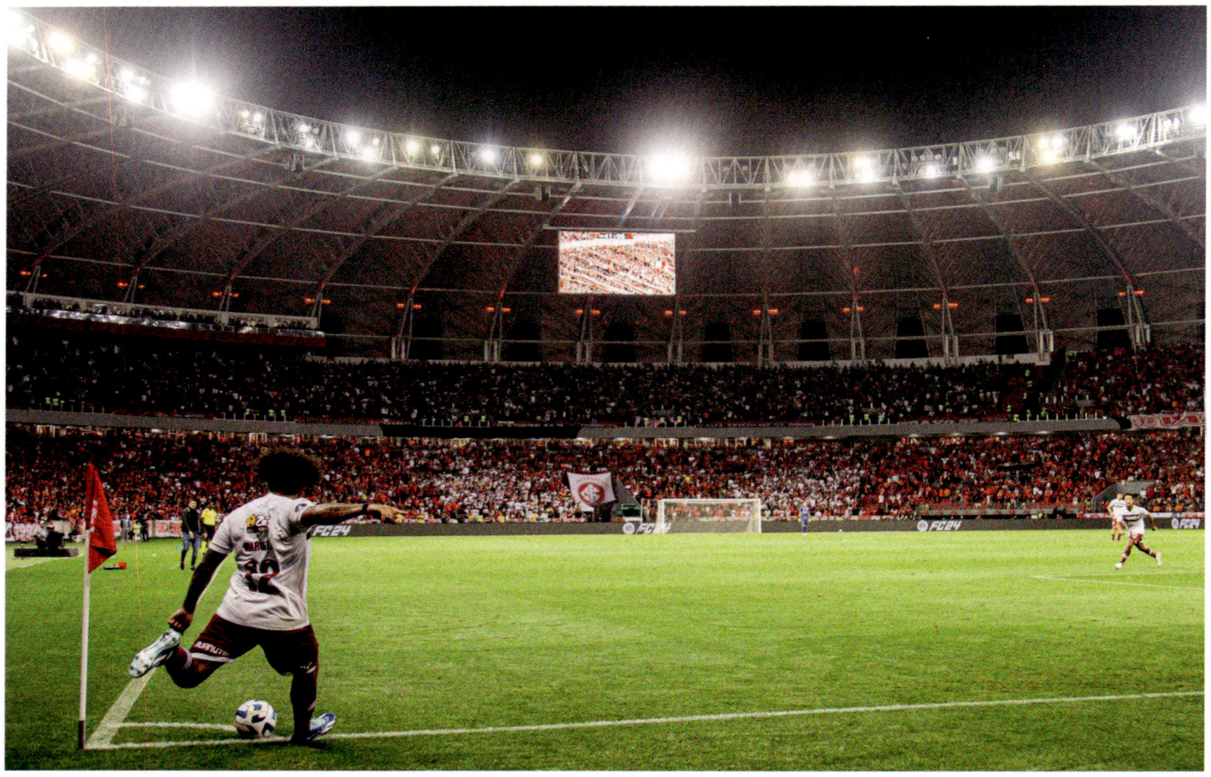

O Inter vencia por 1 a 0. O centroavante Enner Valencia desperdiçou algumas chances de ampliar. Estava escrito, porém, que daria tudo certo. John Kennedy empatou o jogo no fim do segundo tempo, e, logo depois, Germán Cano assinalou o seu gol de número 80 com a camisa tricolor. No mesmo Beira-Rio, onde o Fluminense perdeu injustamente a Copa do Brasil de 1992, o sonho da finalíssima da CONMEBOL Libertadores se transformou em realidade.

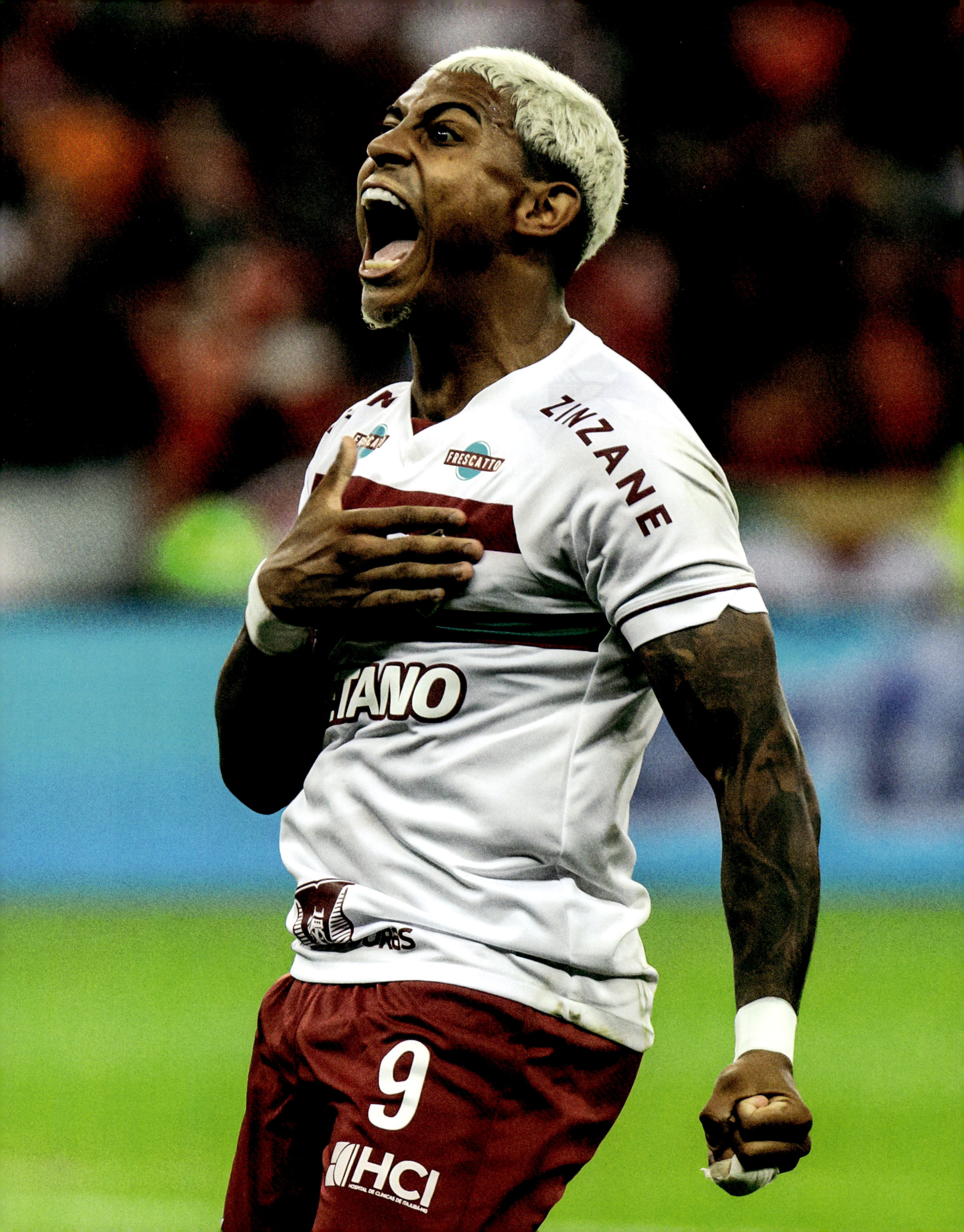
FRESCATTO
ZINZANE
9
HCI

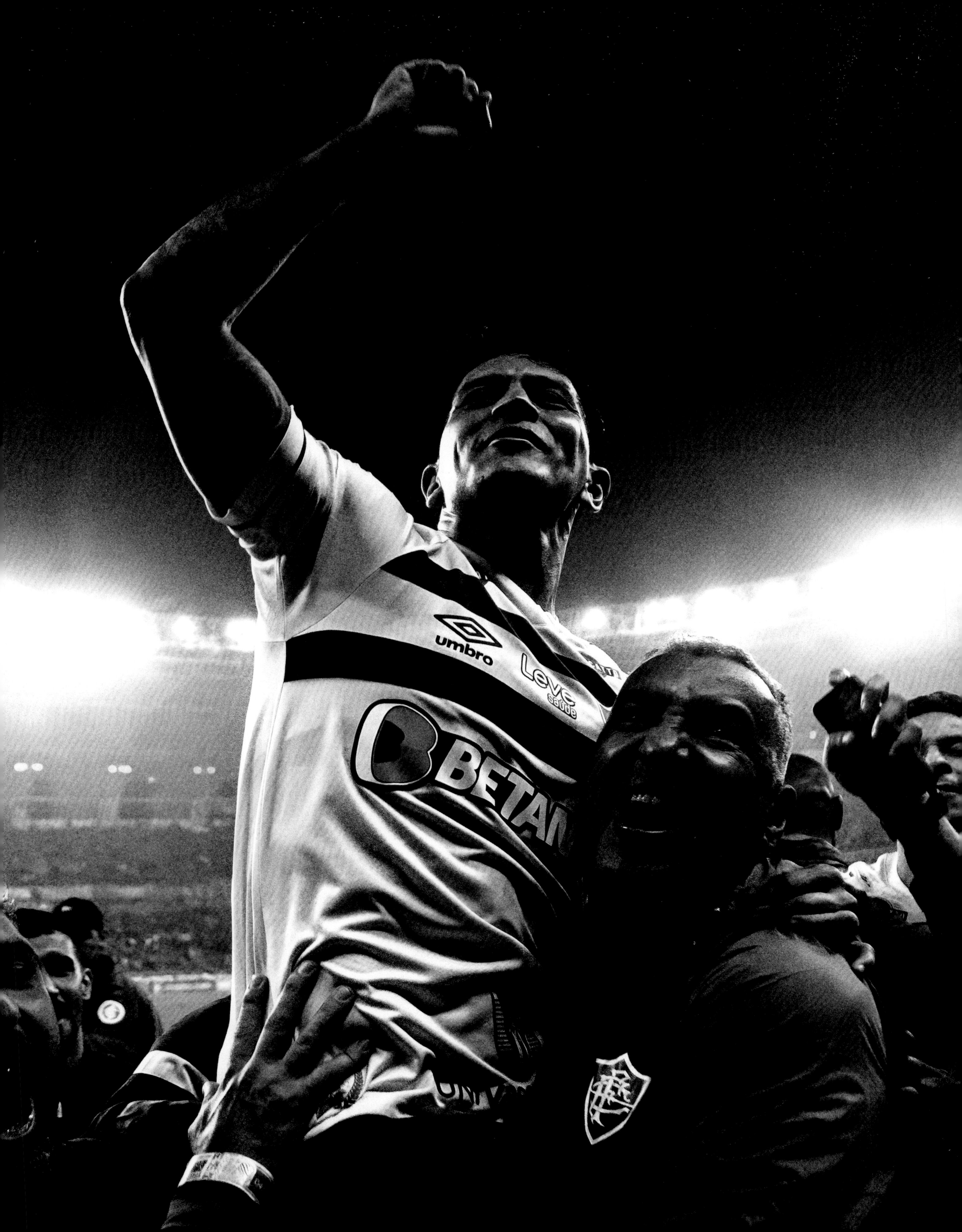
umbro
Leve
saúde

VAMOS, TRICOLORES
CHEGOU A HORA
VAMOS GANHAR
A LIBERTADORES

DÁ-LHE, FLUMINENSE
CLUBE COM MAIS HISTÓRIA
SEI QUE NÃO HÁ

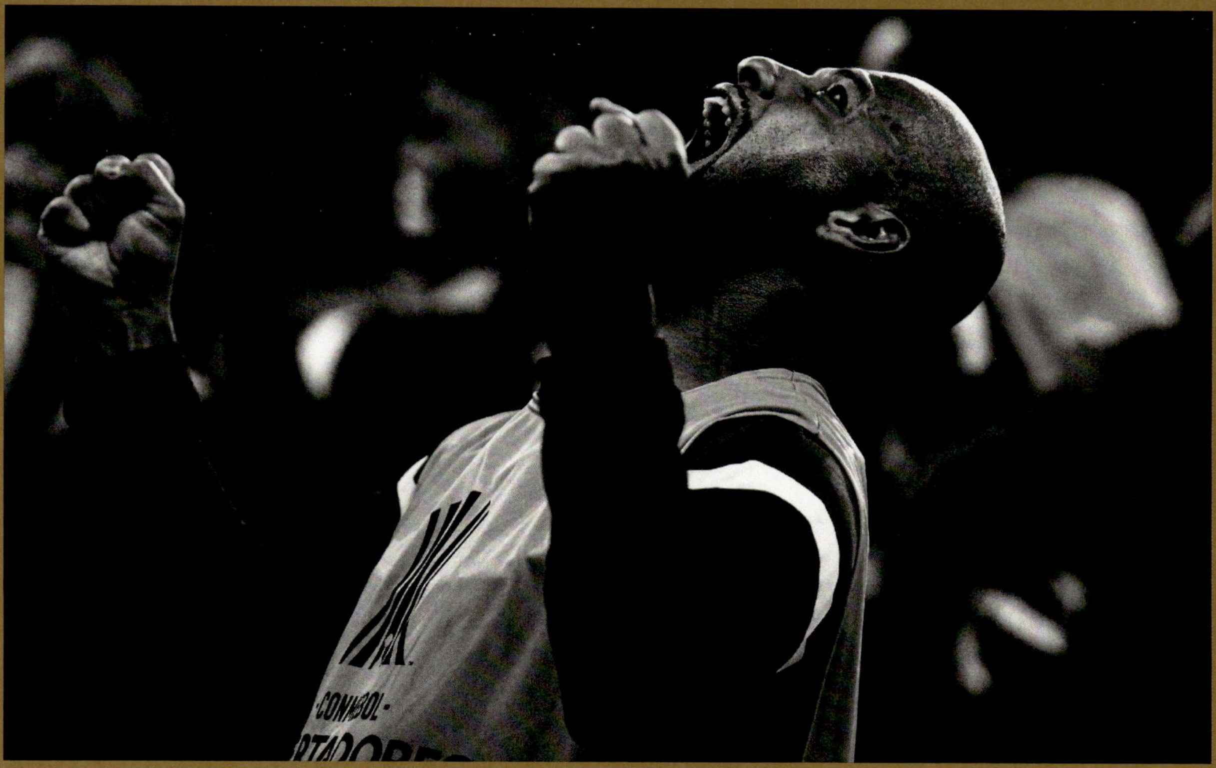

EU CANTO
POR SUAS CORES
MORRO PELO SEU
VERDE, BRANCO E GRENÁ

TORCIDA QUE SE LEVANTE
SE VIEMOS ATÉ AQUI
É PARA CANTAR

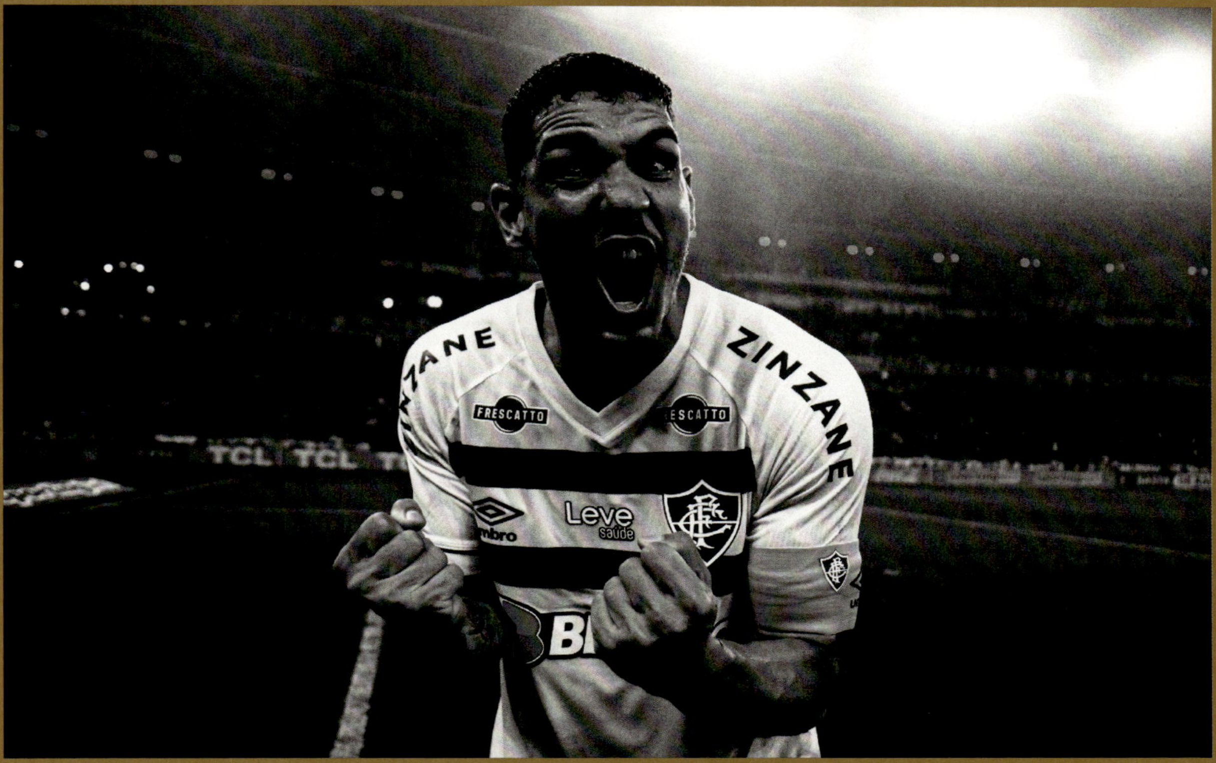

TEM JOGO DO GIGANTE
ISSO AQUI
É ARQUIBANCADA
NÃO É SOFÁ

VAMOS, TRICOLORES
CHEGOU A HORA
VAMOS GANHAR
A LIBERTADORES

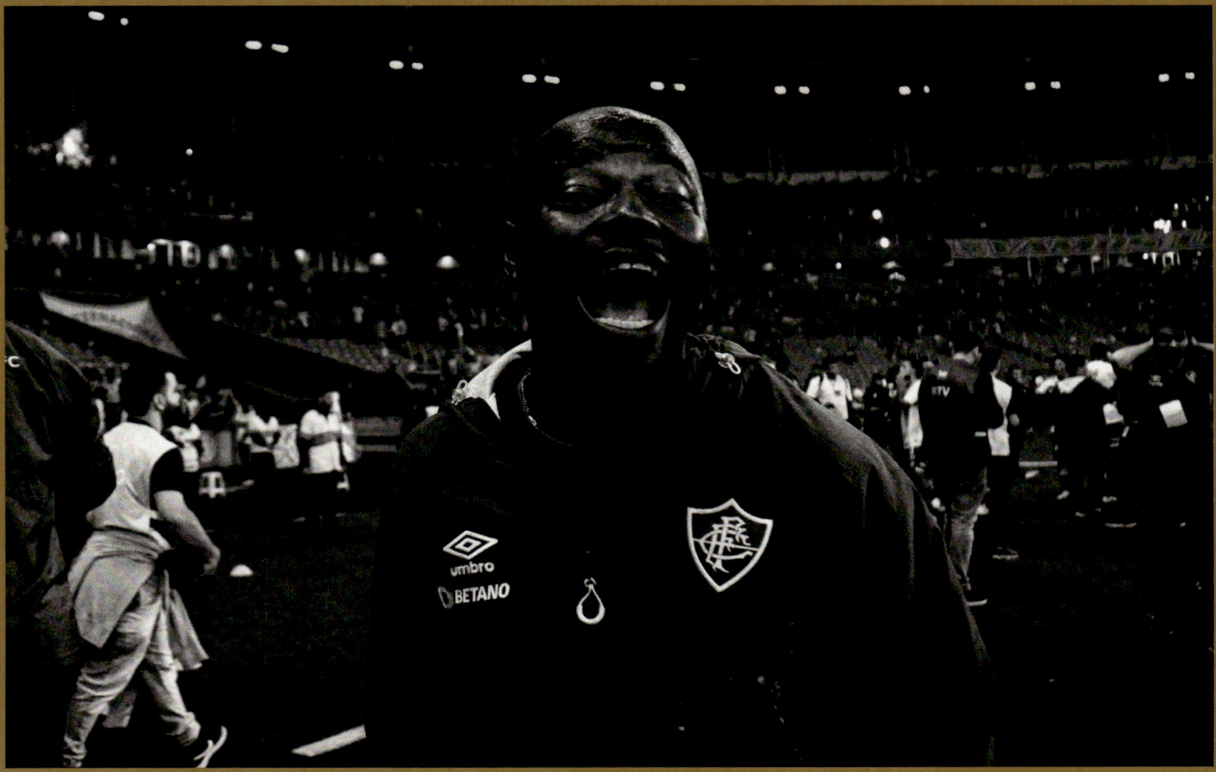

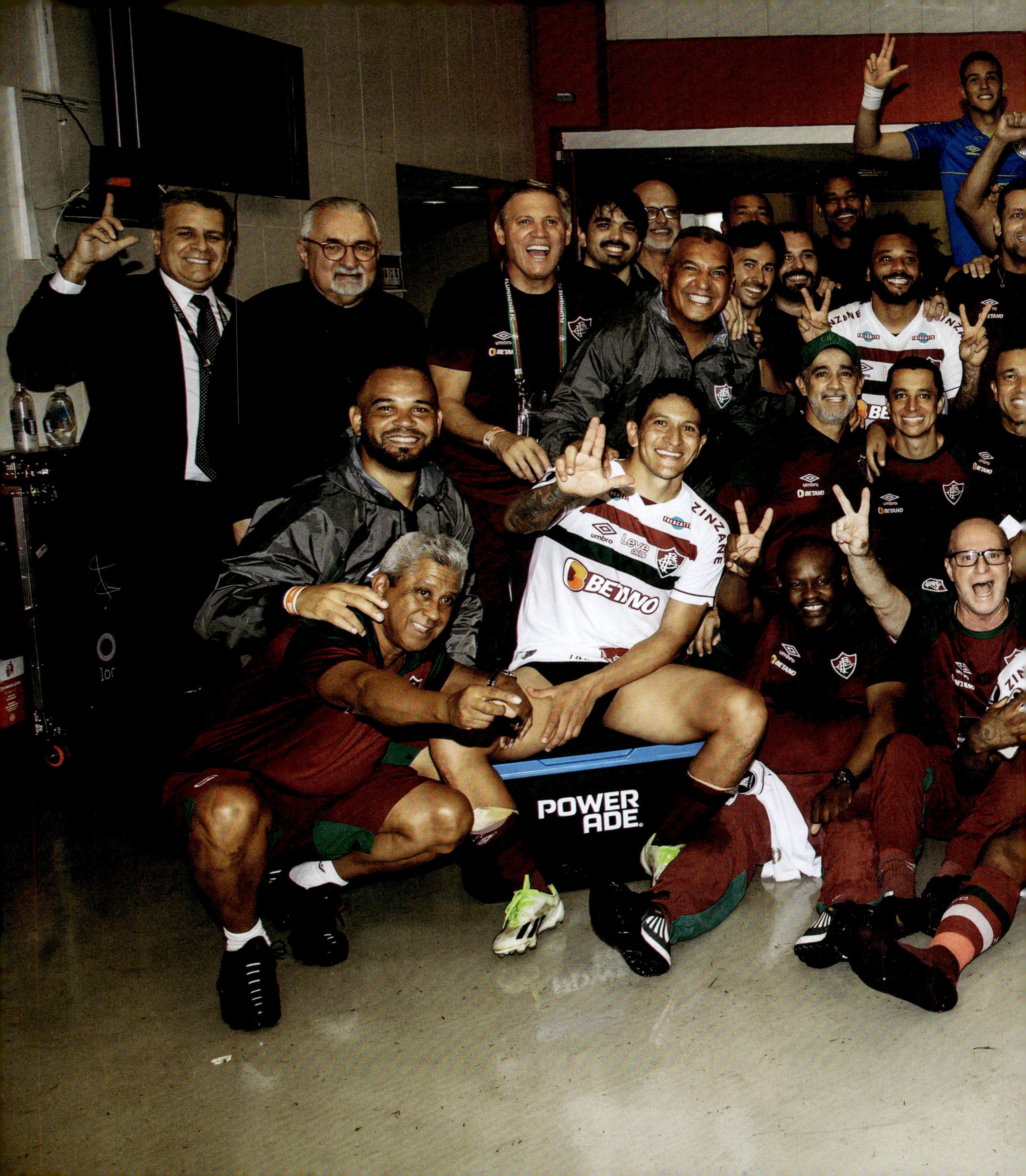
POWER
ADE.
BETANO
ZINZANE
umbro

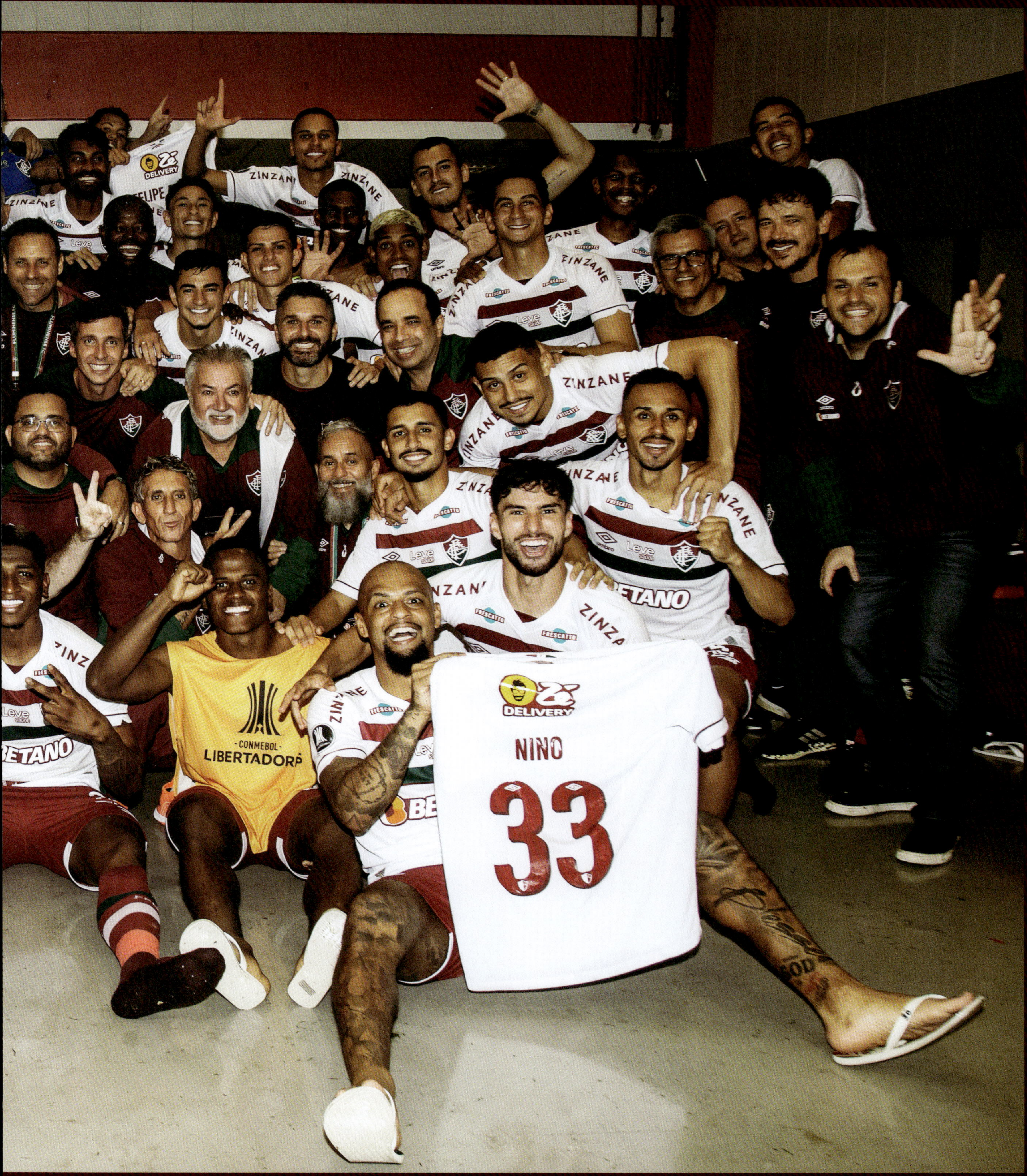
DELIVERY
NINO
33
ZINZANE
BETANO
CONMEBOL

4 de novembro
Maracanã, Rio de Janeiro, Brasil

BOCA JUNIORS 1 X 2 FLUMINENSE

Cada tricolor sonhou, profetizou e... realizou! O Fluminense é o grande campeão da América. Em uma tarde histórica no Maracanã, daquelas que para sempre serão lembradas, o Time de Guerreiros venceu o Boca Juniors por 2 a 1. A vitória trouxe o tão desejado título da CONMEBOL Libertadores.

O Fluminense iniciou a partida com domínio absoluto. A equipe trocava passes para tentar romper a barreira adversária. A insistência foi premiada aos 35 minutos. Keno tabelou com Arias, foi à linha de fundo e rolou para trás. Cano, artilheiro da competição com 13 gols, abriu o placar. No embalo da torcida, o Flu seguiu no ataque e levou perigo outras vezes até o fim da primeira etapa.

No segundo tempo, a equipe continuou controlando as ações. Apesar do amplo domínio tricolor, o Boca empatou aos 27, com Advíncula. Após o gol sofrido, o técnico Fernando Diniz fez uma alteração tripla. Entraram John Kennedy, Diogo Barbosa e Lima. Aos 49 minutos, quase saiu o gol salvador. Lima tocou na medida para Diogo Barbosa, que ajeitou e bateu cruzado para fora.

O jogo foi para a prorrogação. O momento histórico veio aos 9 minutos. Diogo Barbosa lançou Keno, que ajeitou de cabeça para John Kennedy soltar a bomba e colocar o Flu à frente. Após a comemoração, JK foi expulso. Ele vibrou com a torcida e tomou o segundo amarelo. Minutos depois, Fabra, do Boca, recebeu vermelho, após agredir Nino.

No segundo tempo da prorrogação, o Flu esteve mais próximo do terceiro gol do que o Boca do empate. A melhor chance foi quando Arias puxou contra-ataque, tabelou com Cano e lançou Guga, que acertou a trave. O árbitro demorou para terminar, mas não teve jeito. Enfim, chegou a hora. Merecidamente, o Tricolor atingiu a Glória Eterna.

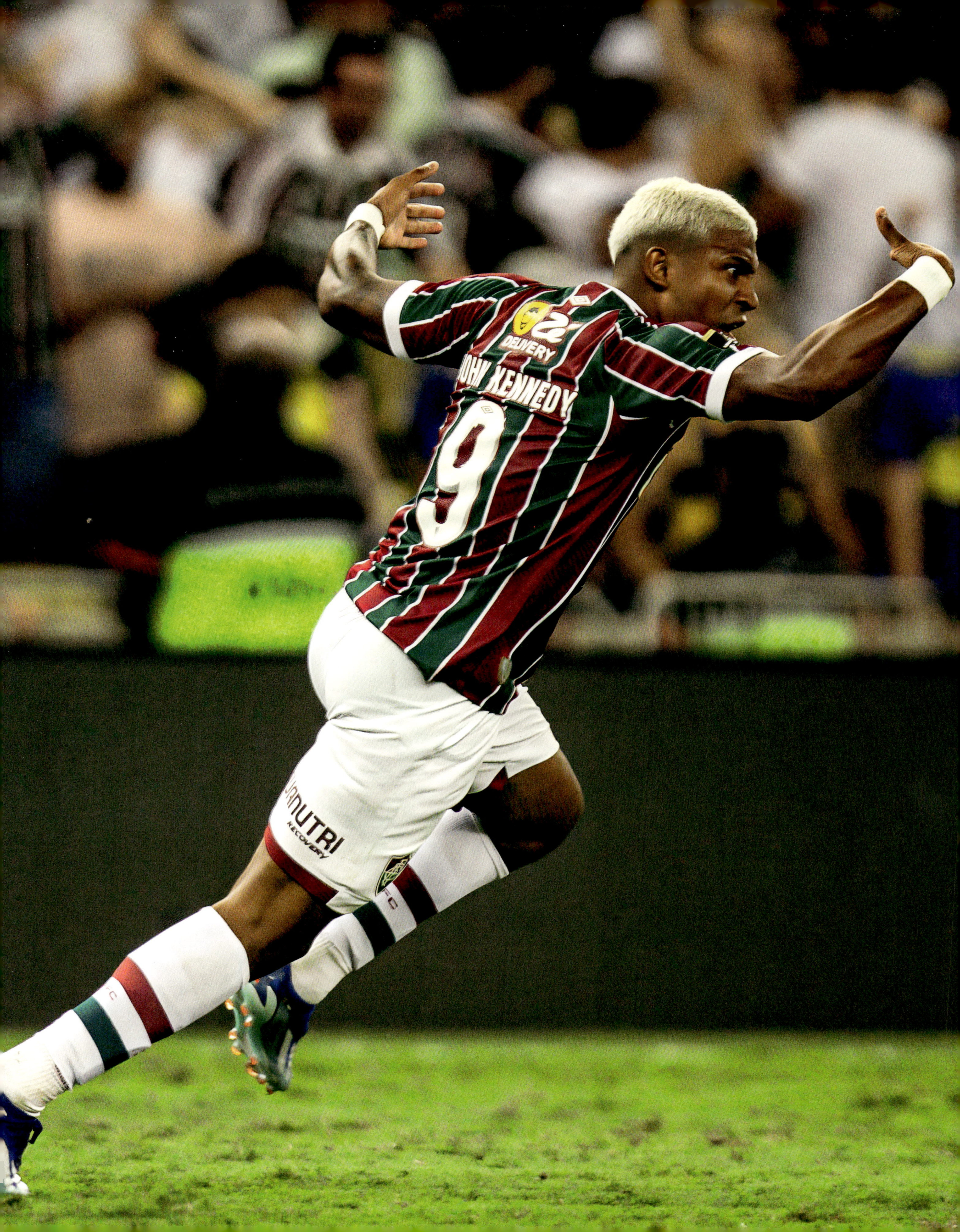
DELIVERY
KENNEDY
9
RECOVERY

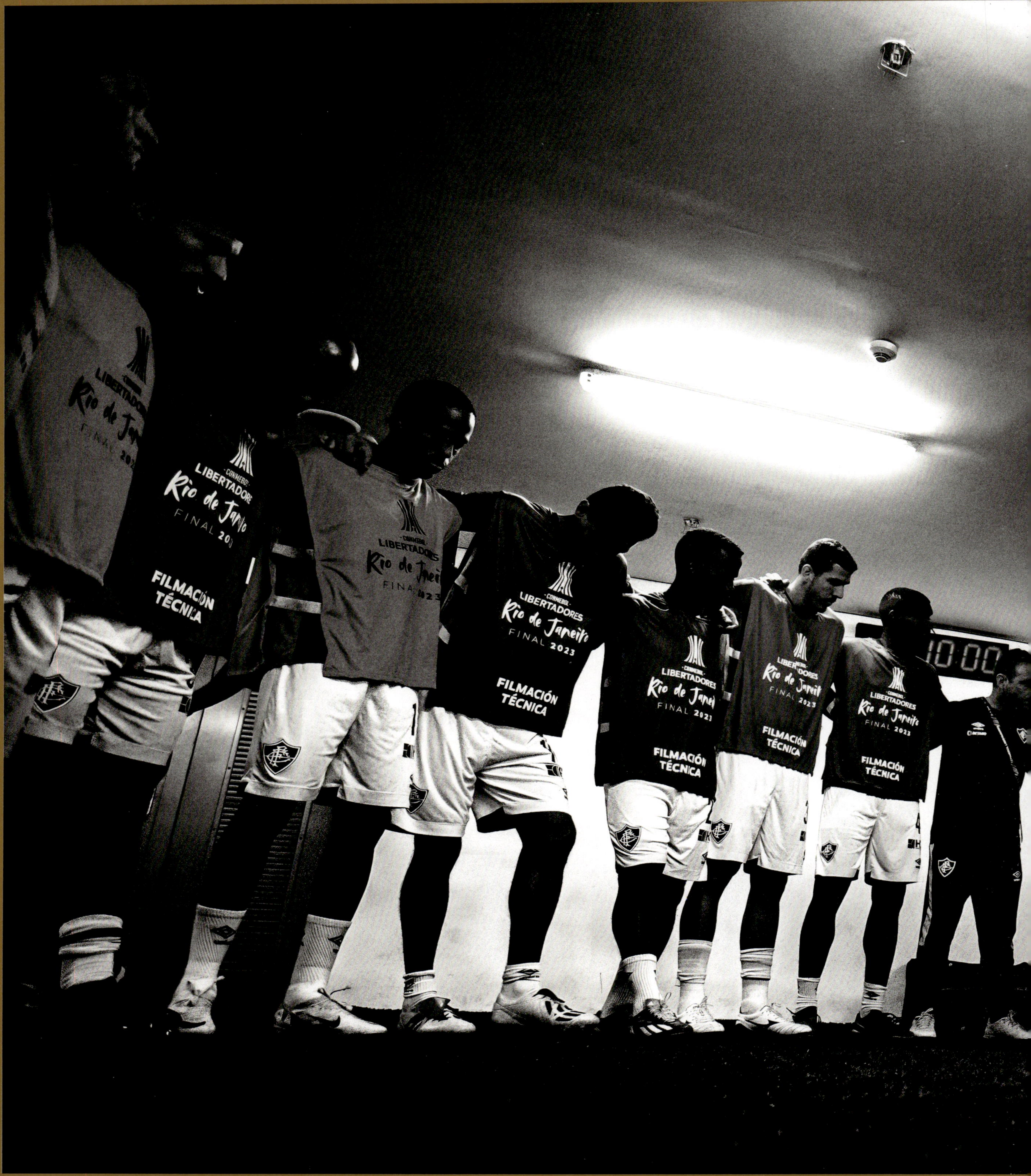
LIBERTADORES
Rio de Janeiro
FINAL 2023
FILMACIÓN
TÉCNICA
LIBERTADORES
Rio de Janeiro
FINAL 2023
FILMACIÓN
TÉCNICA
LIBERTADORES
Rio de Janeiro
FINAL 2023
FILMACIÓN
TÉCNICA

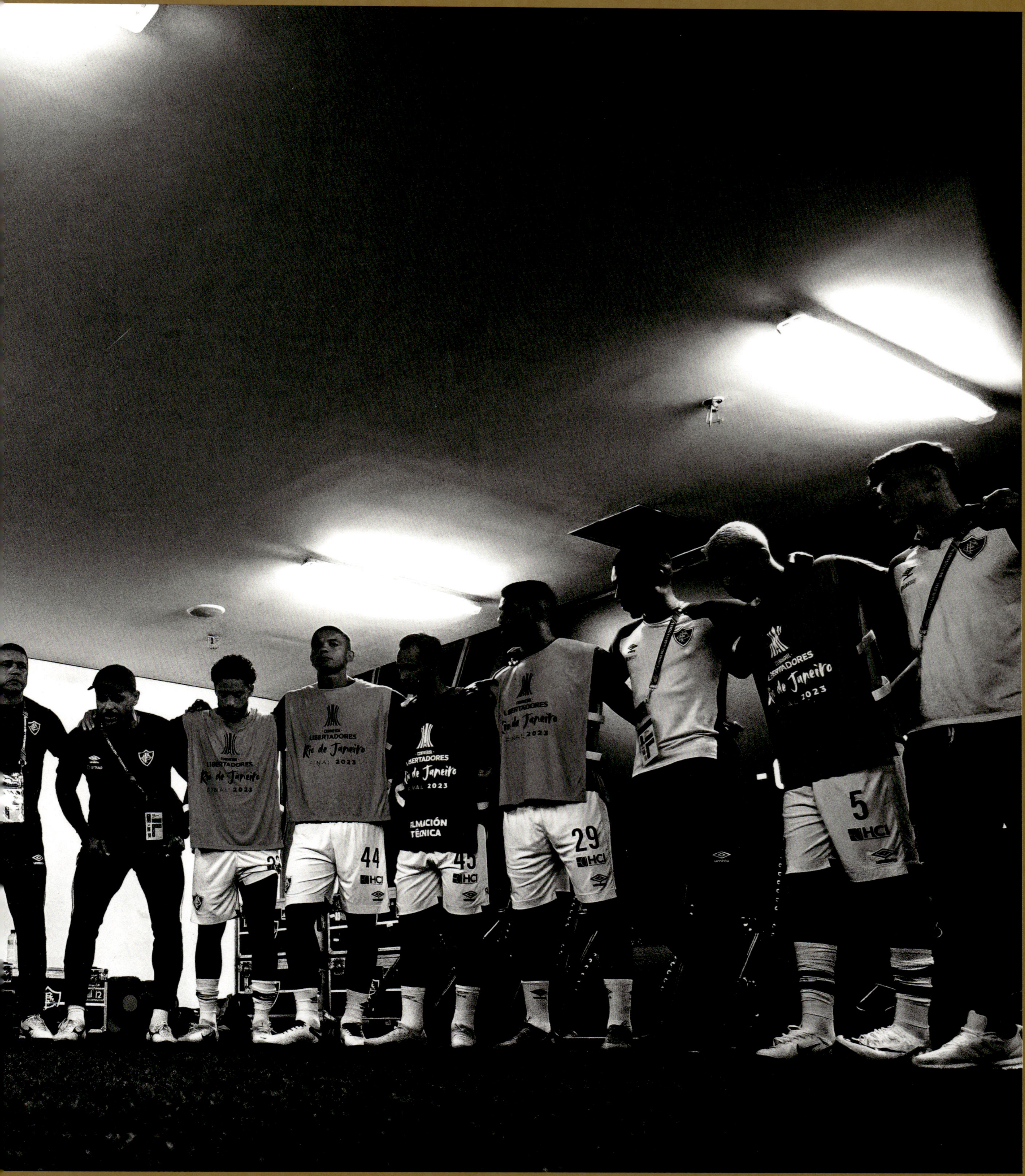
LIBERTADORES
Rio de Janeiro
FINAL 2023
44
29
5
HCI

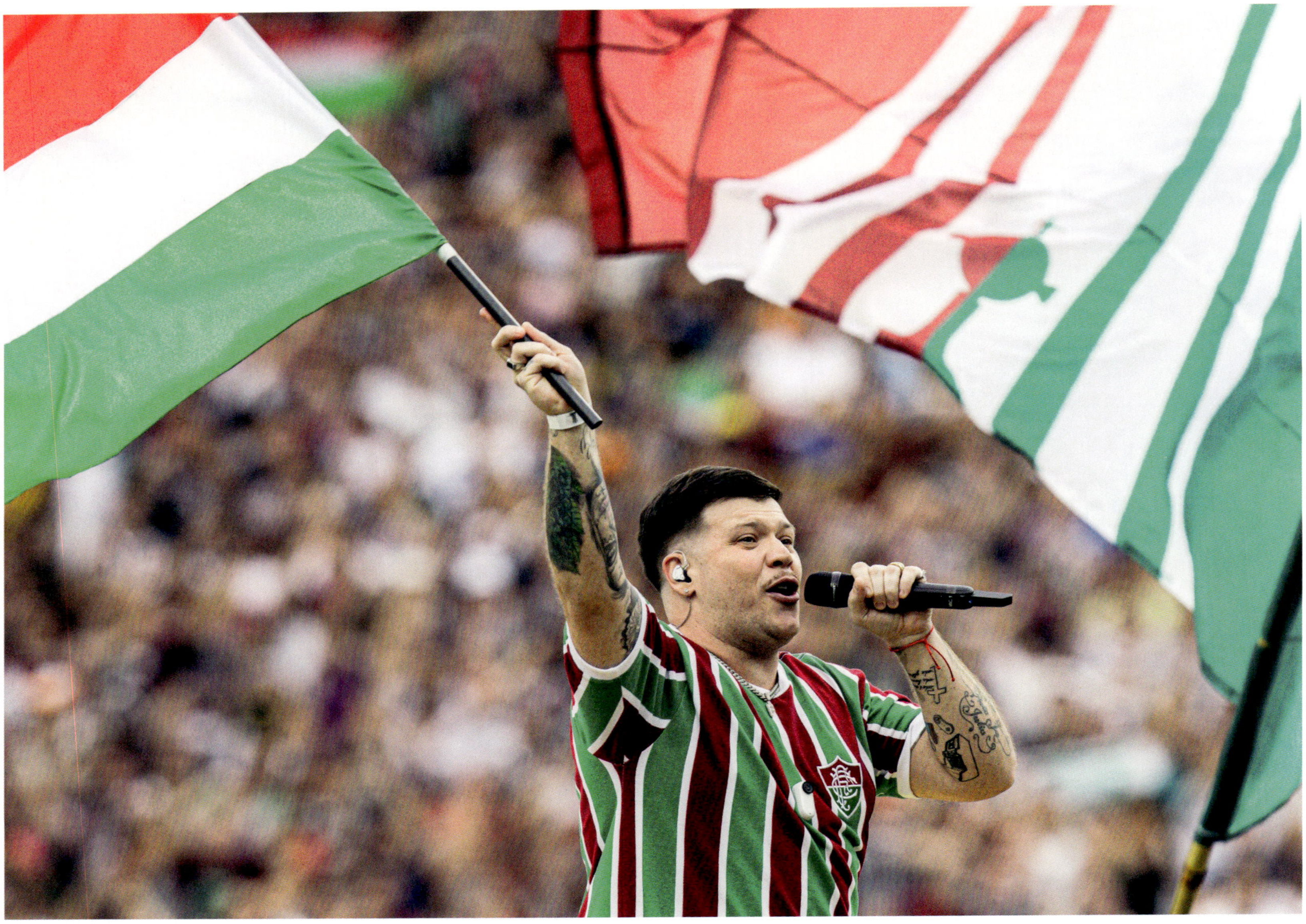

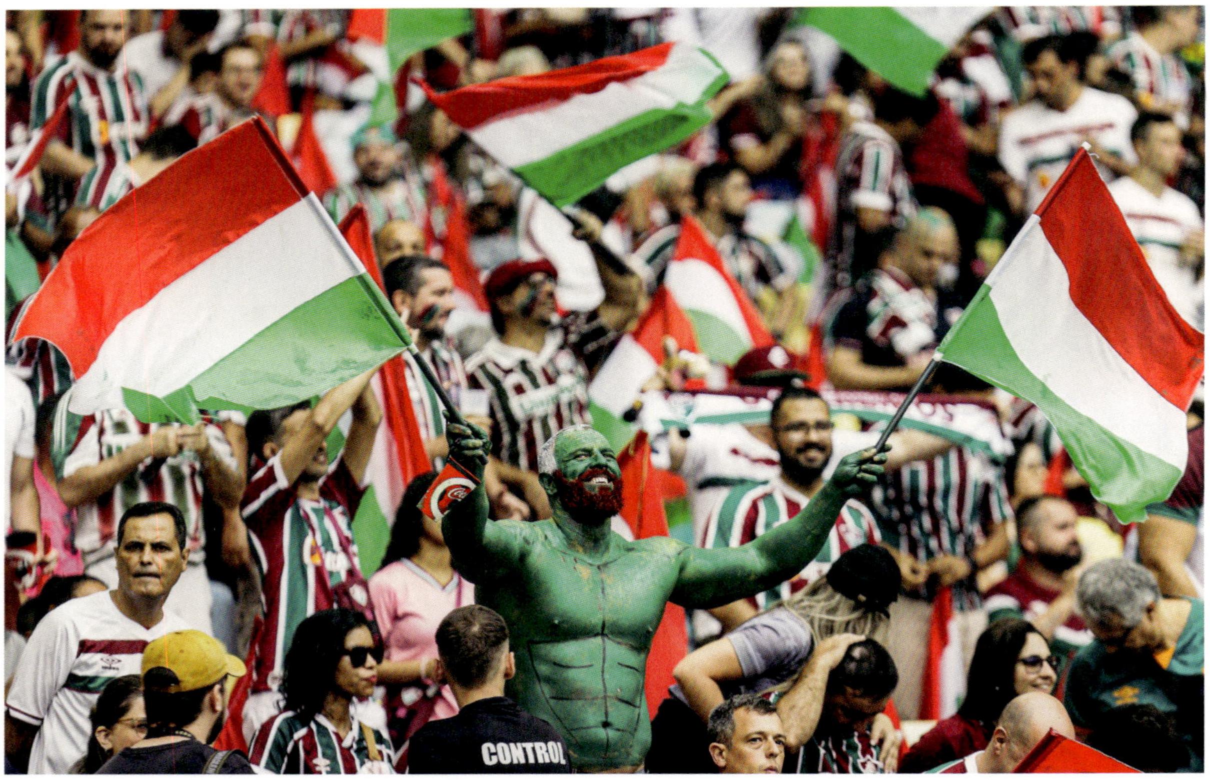

O clima no Maracanã durante todo o pré-jogo estava realmente especial. Antes de a bola rolar, o cantor Ferrugem foi uma das atrações. Com milhares de bandeiras tricolores na arquibancada, a torcida entoava os hits "Vamos, Tricolores", "Louco da Cabeça" e "Tá Escrito", canções que marcaram a trajetória da equipe ao longo da competição. Havia muita emoção no ar. Todos presenciavam um verdadeiro espetáculo no templo do futebol mundial. A festa era digna de uma grande final do maior torneio de clubes da América.

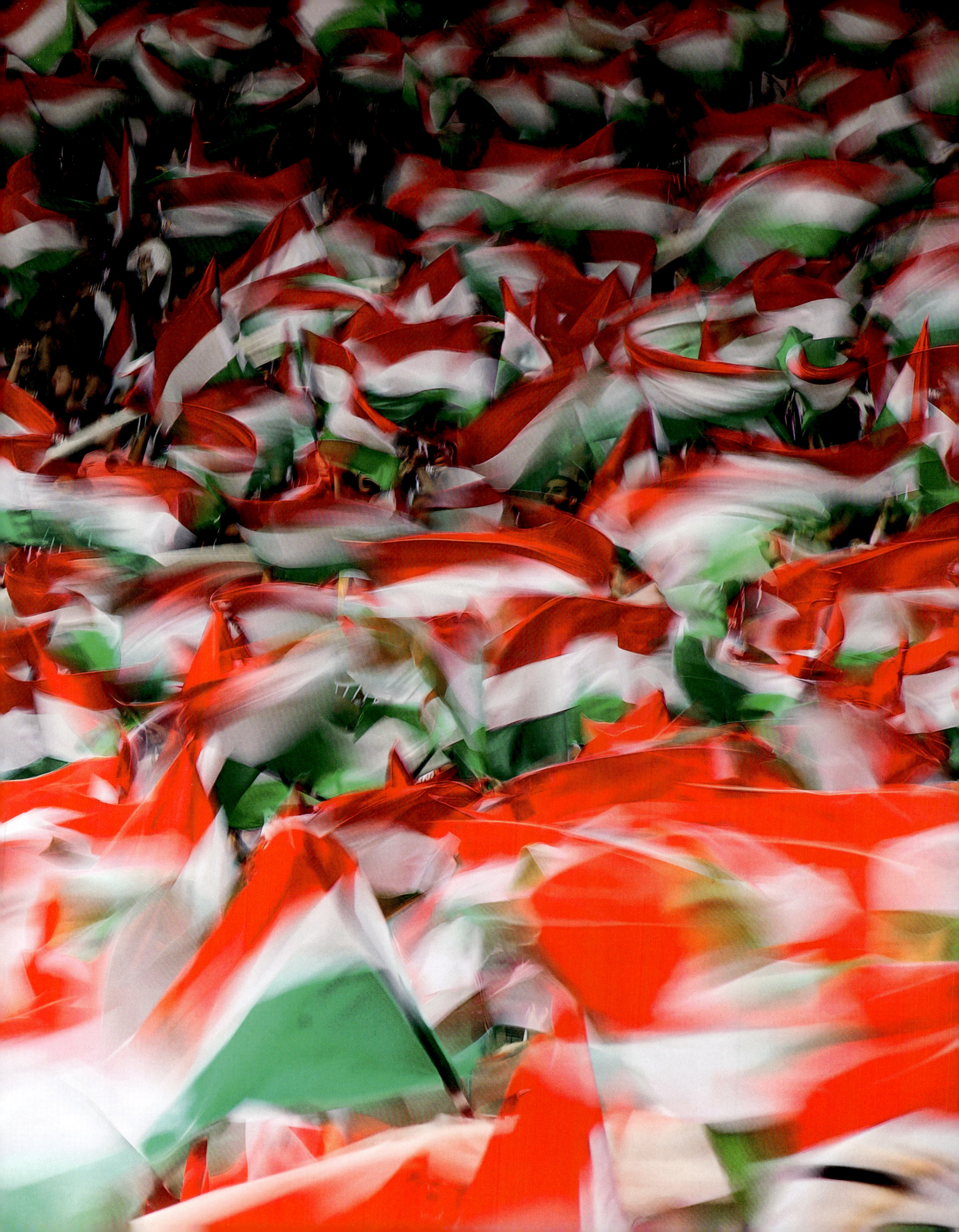

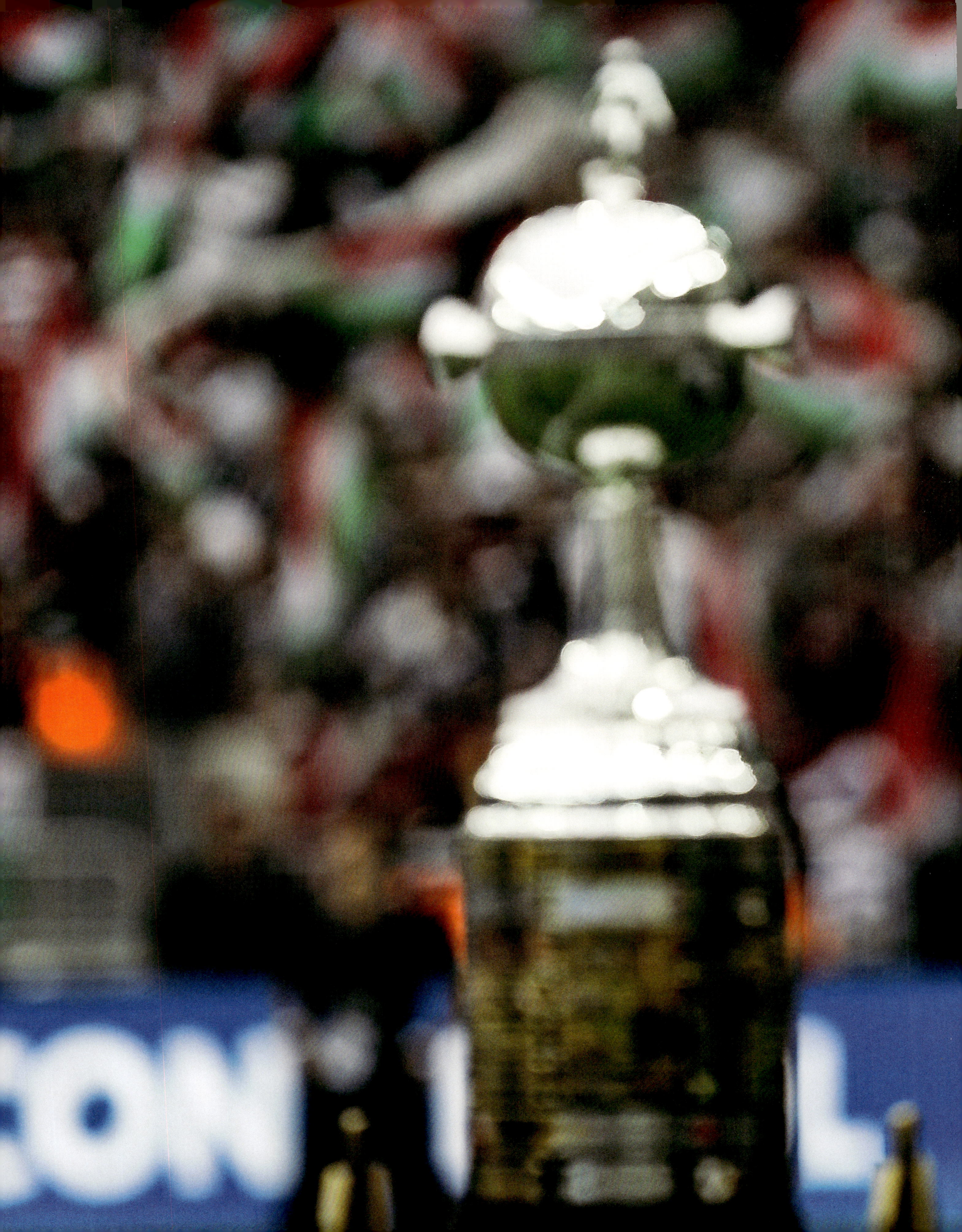

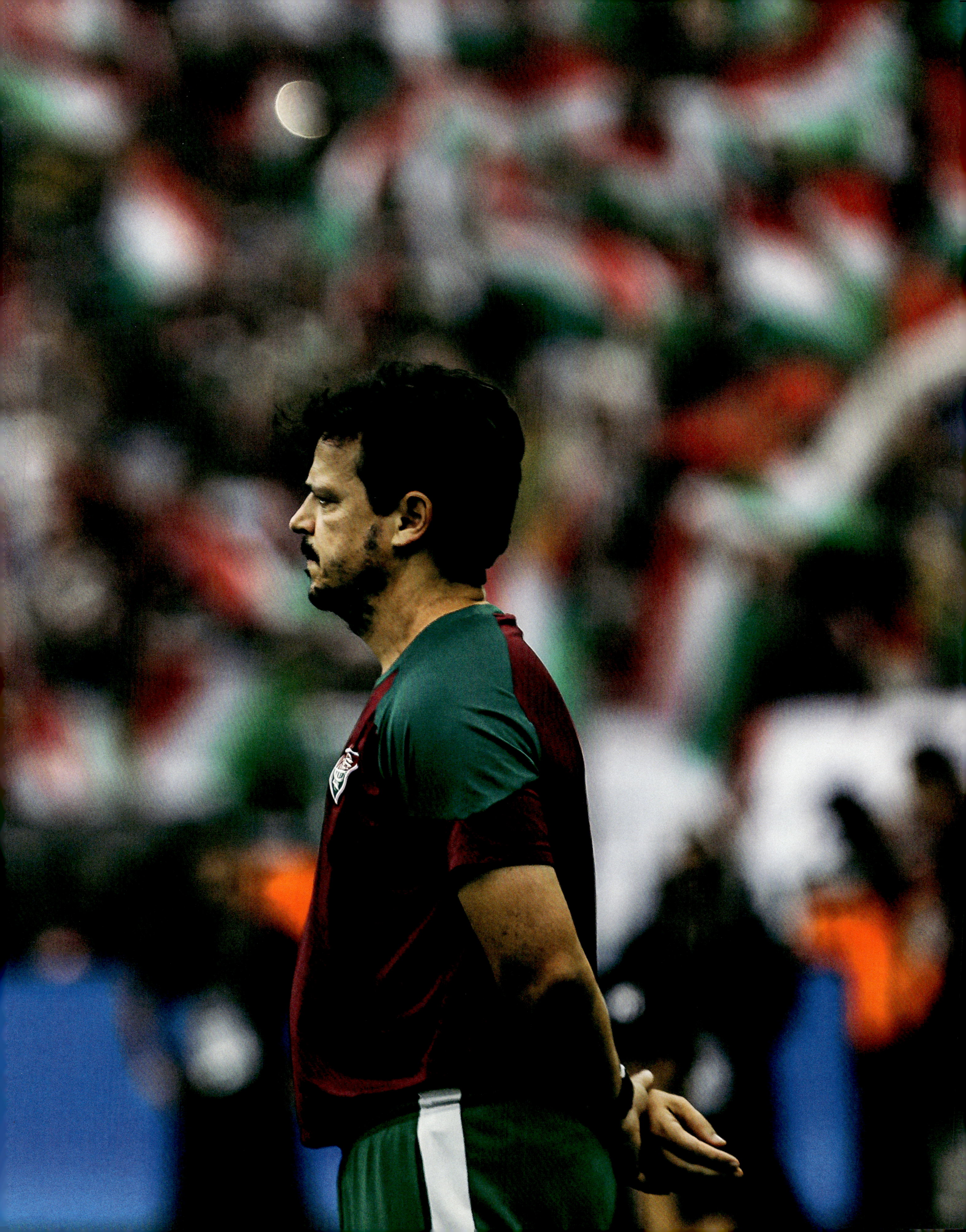

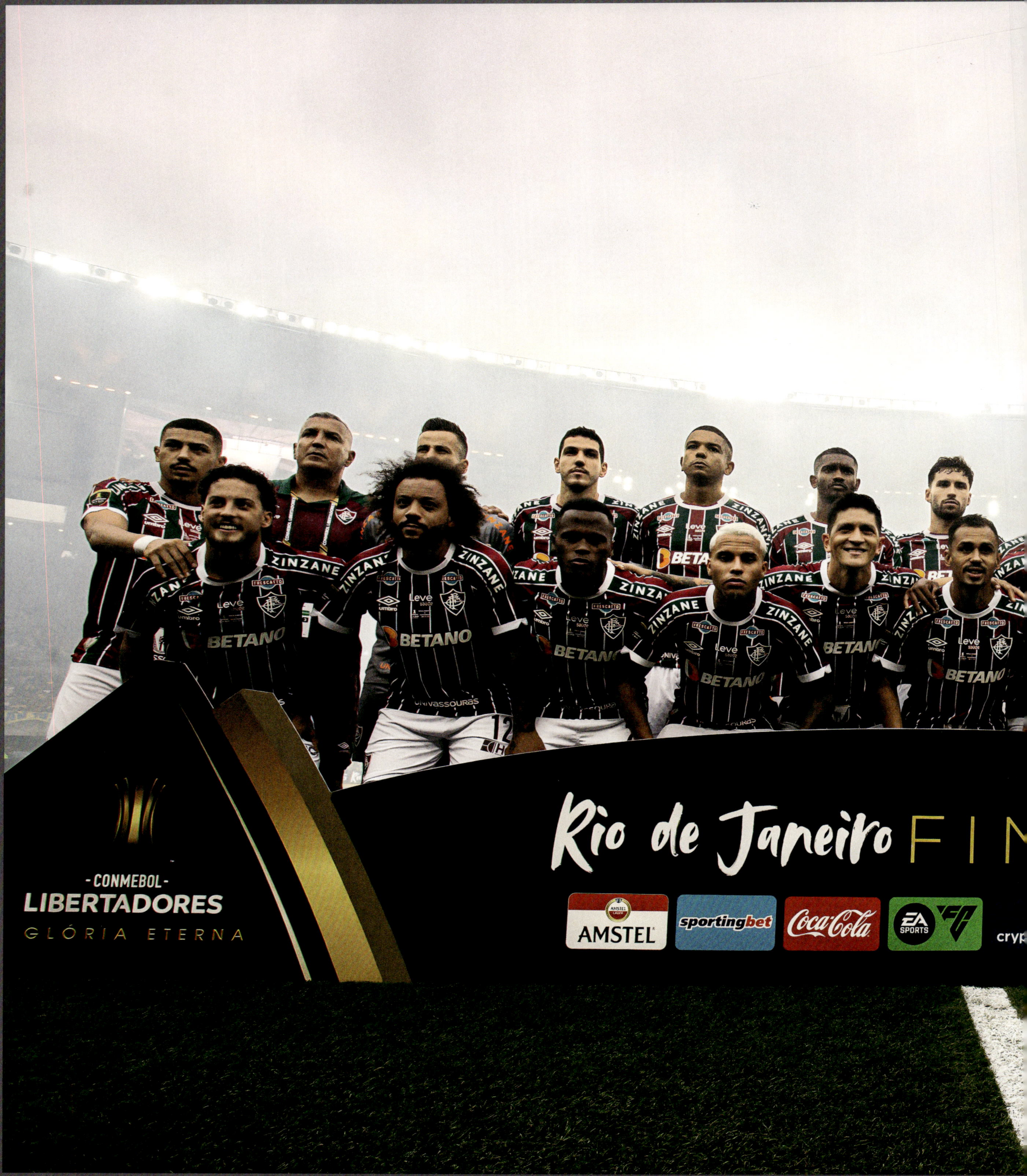
Rio de Janeiro FIN
-CONMEBOL-
LIBERTADORES
GLÓRIA ETERNA
AMSTEL
sportingbet
Coca-Cola
EA SPORTS

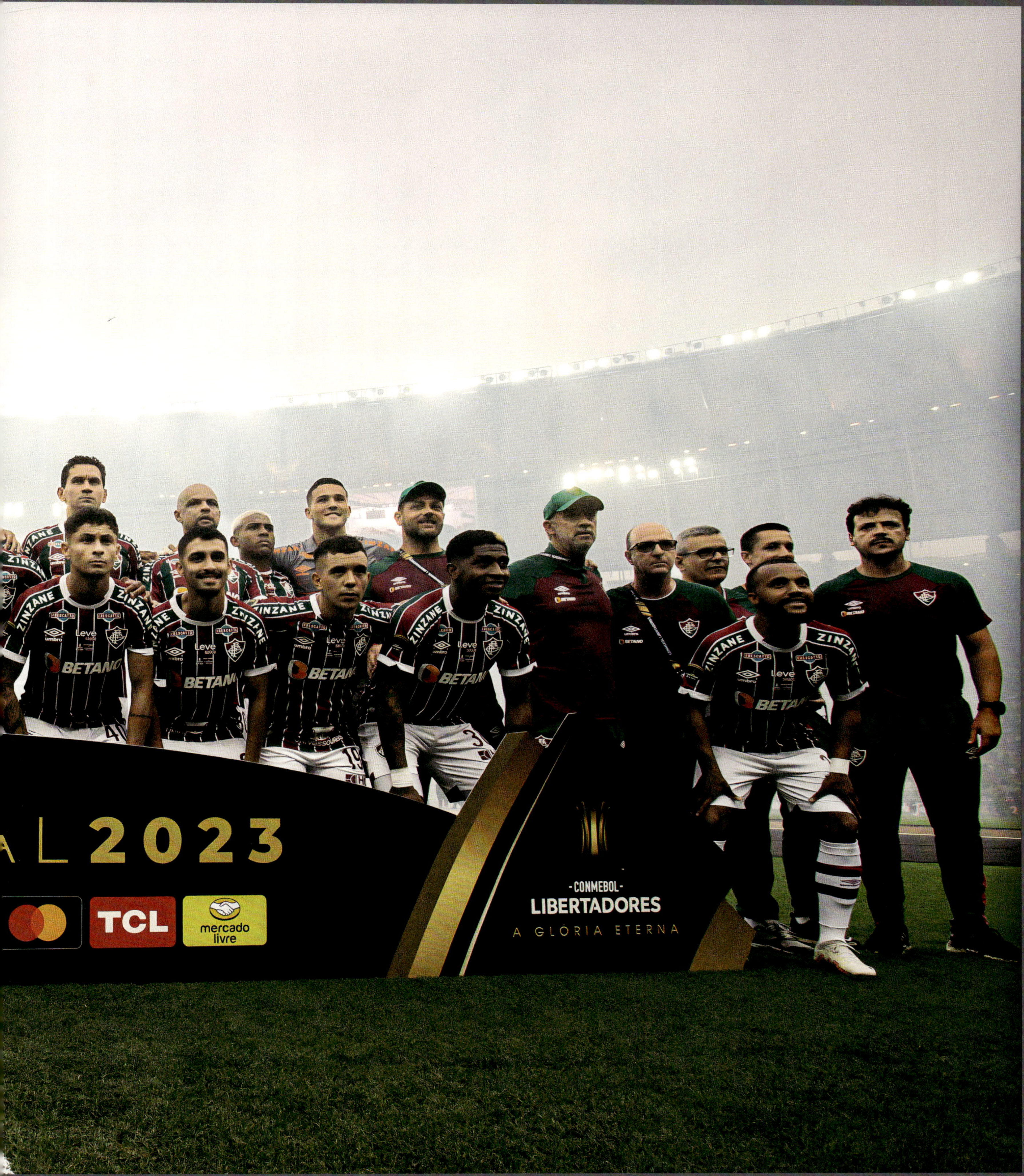
AL 2023
TCL
mercado livre
CONMEBOL
LIBERTADORES
A GLÓRIA ETERNA

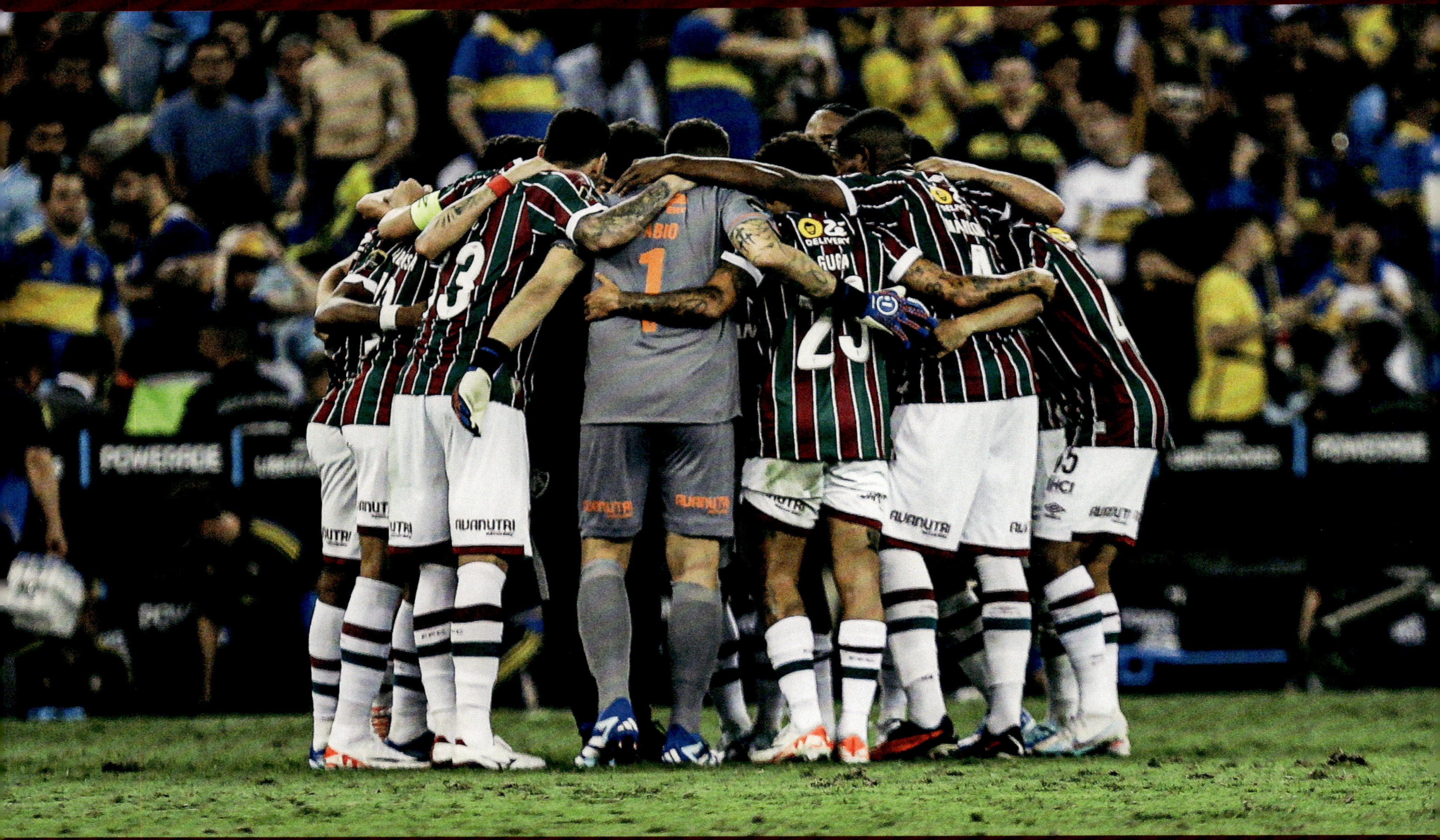
POWERADE

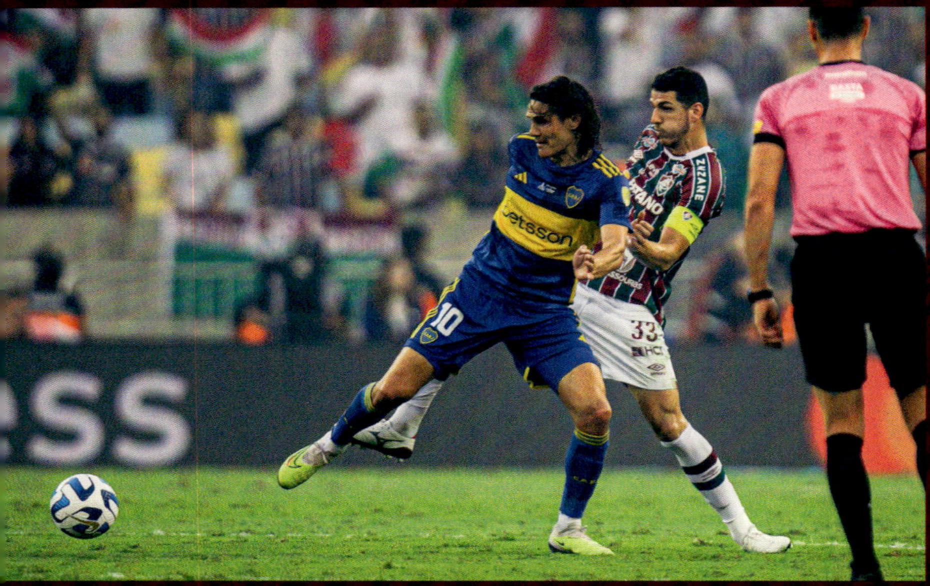
betsson

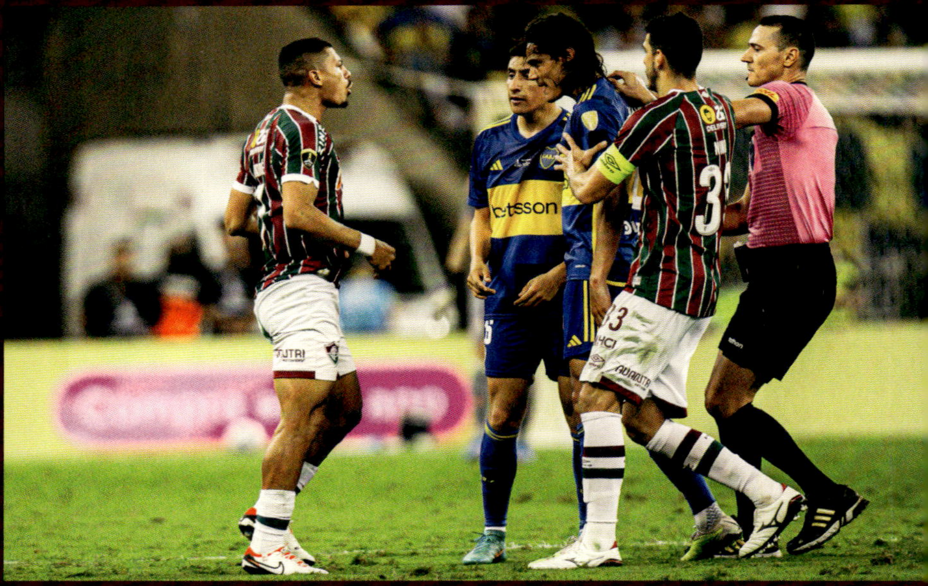
betsson

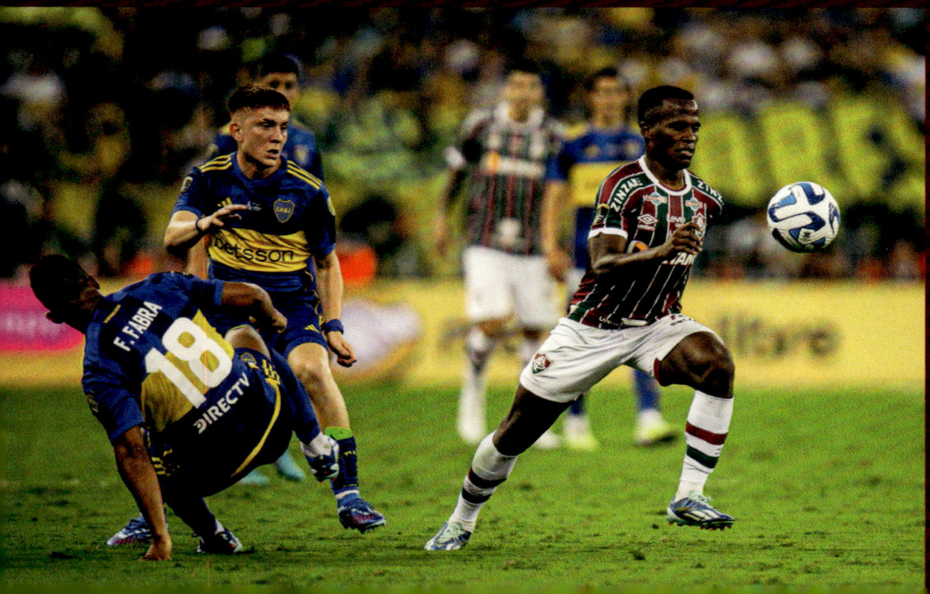
F. FABRA
18
DIRECTV
betsson

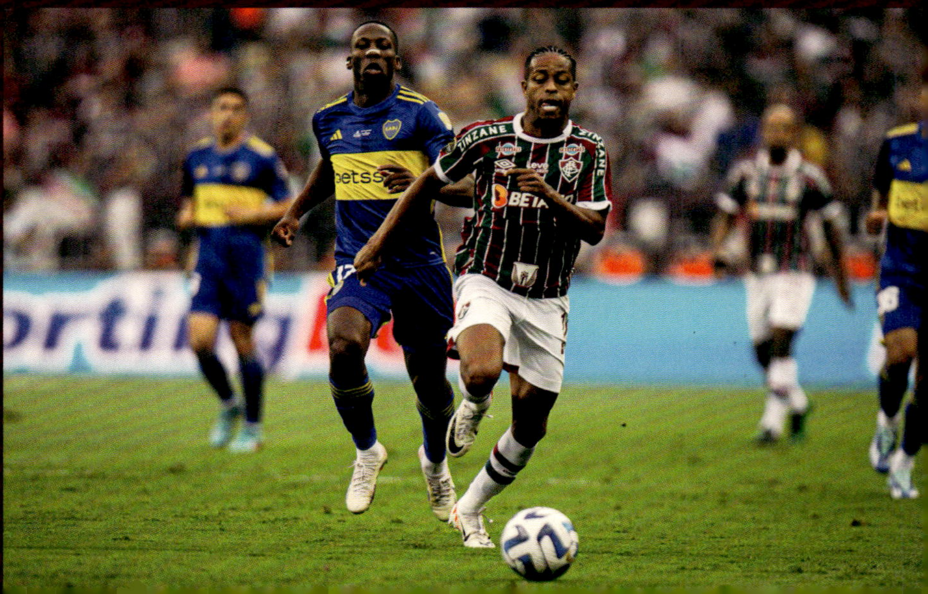
betsson

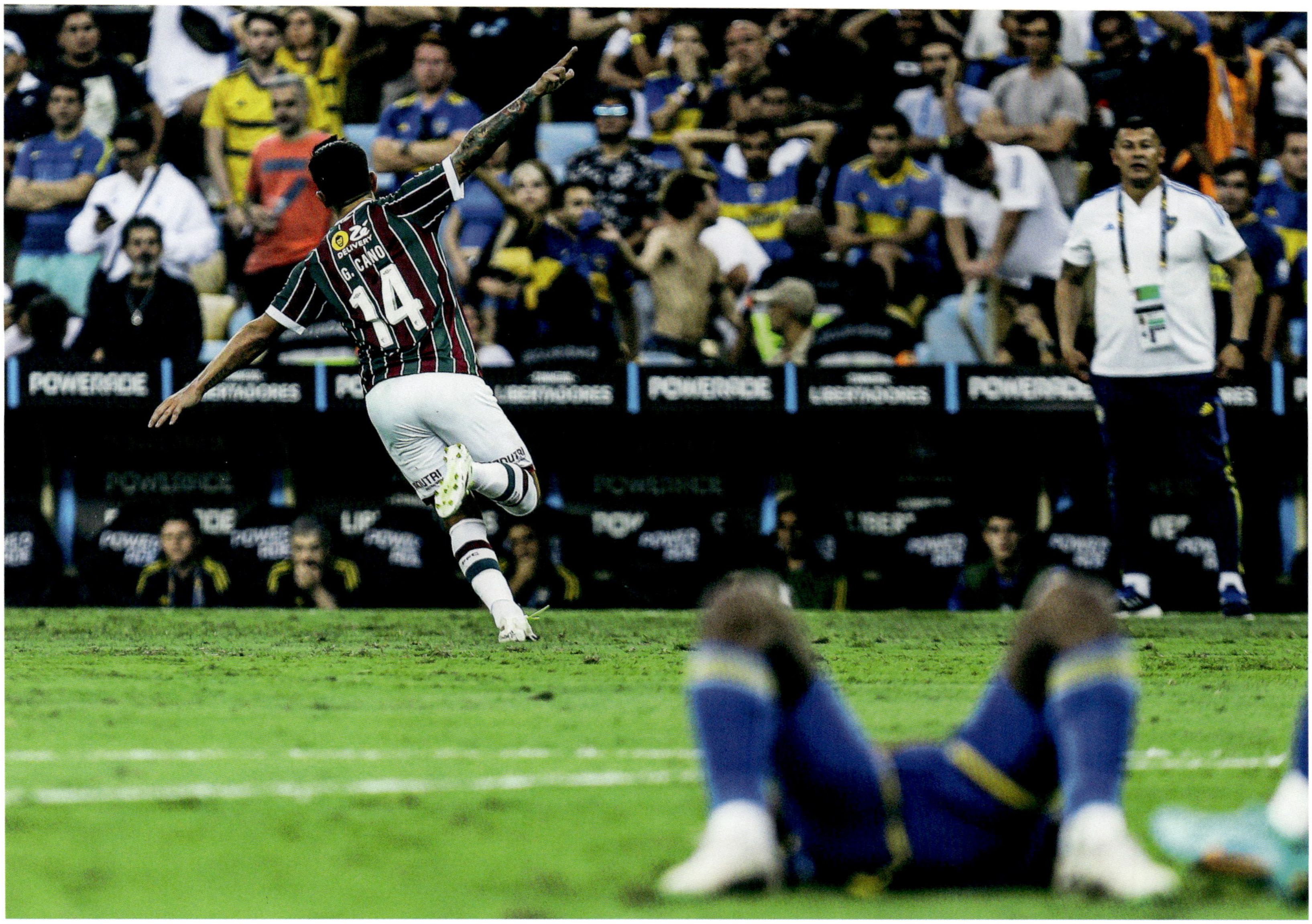

Germán Cano e John Kennedy fizeram os gols no segundo jogo da semifinal. Na finalíssima, contra o Boca Juniors, o enredo se repetiu. Só a ordem foi invertida. O argentino, artilheiro da CONMEBOL Libertadores com 13 gols, abriu o placar ainda no primeiro tempo. Coube ao predestinado Moleque de Xerém fazer o gol decisivo no primeiro tempo da prorrogação. As celebrações em formato de “duplo L” e do “urso” deram o tom da torcida tricolor.

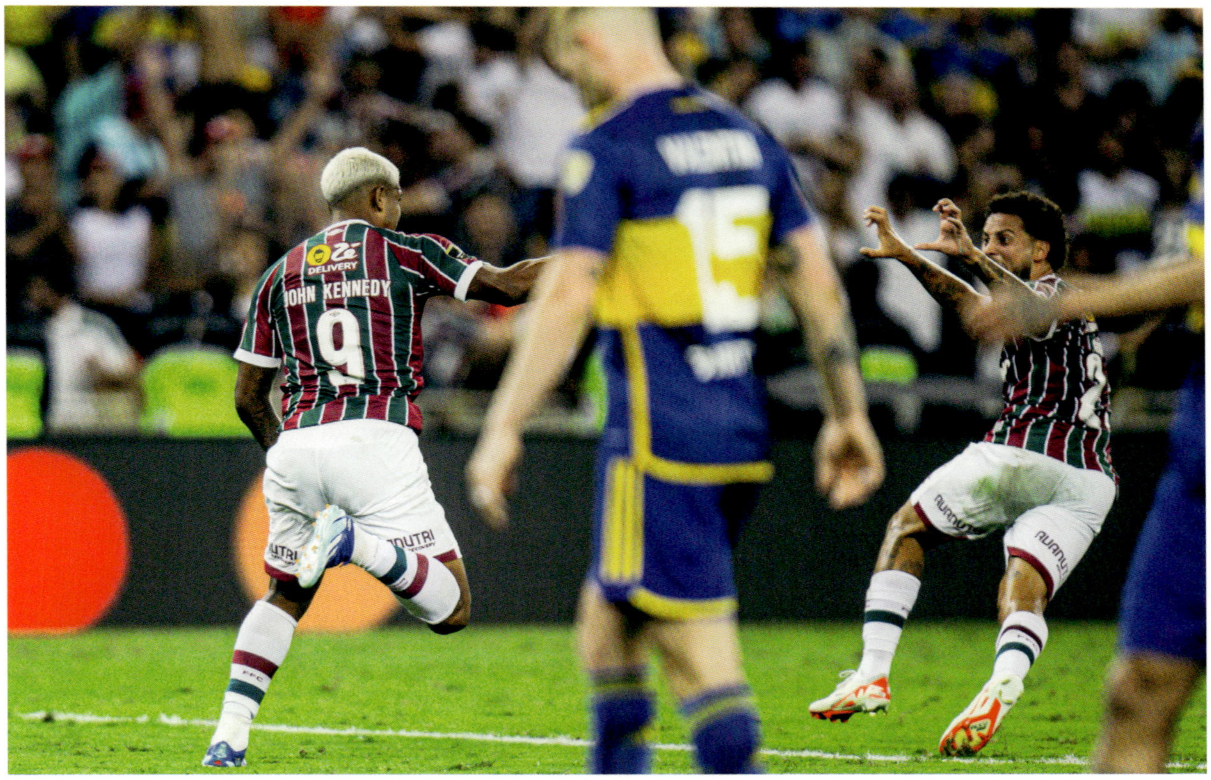

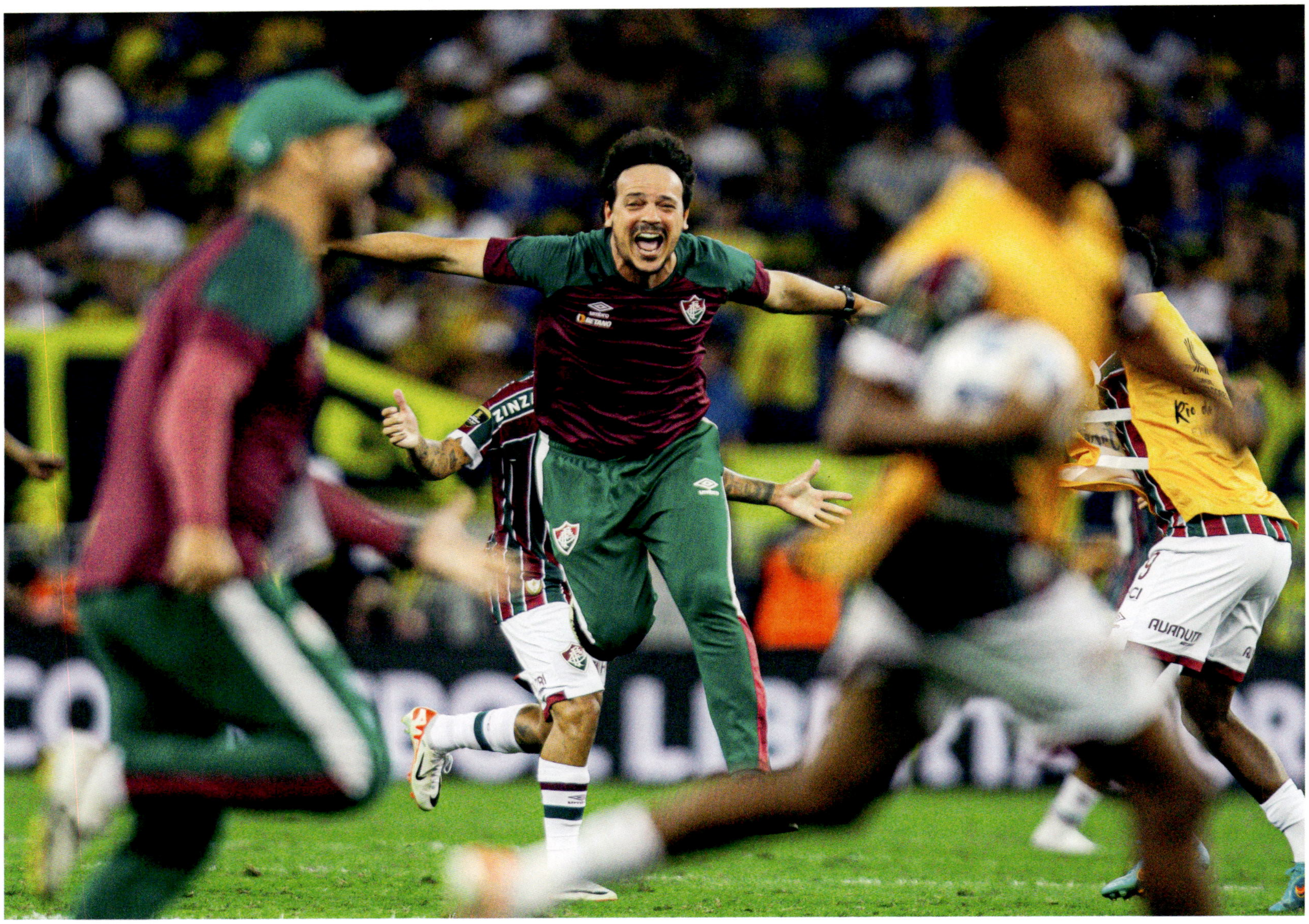

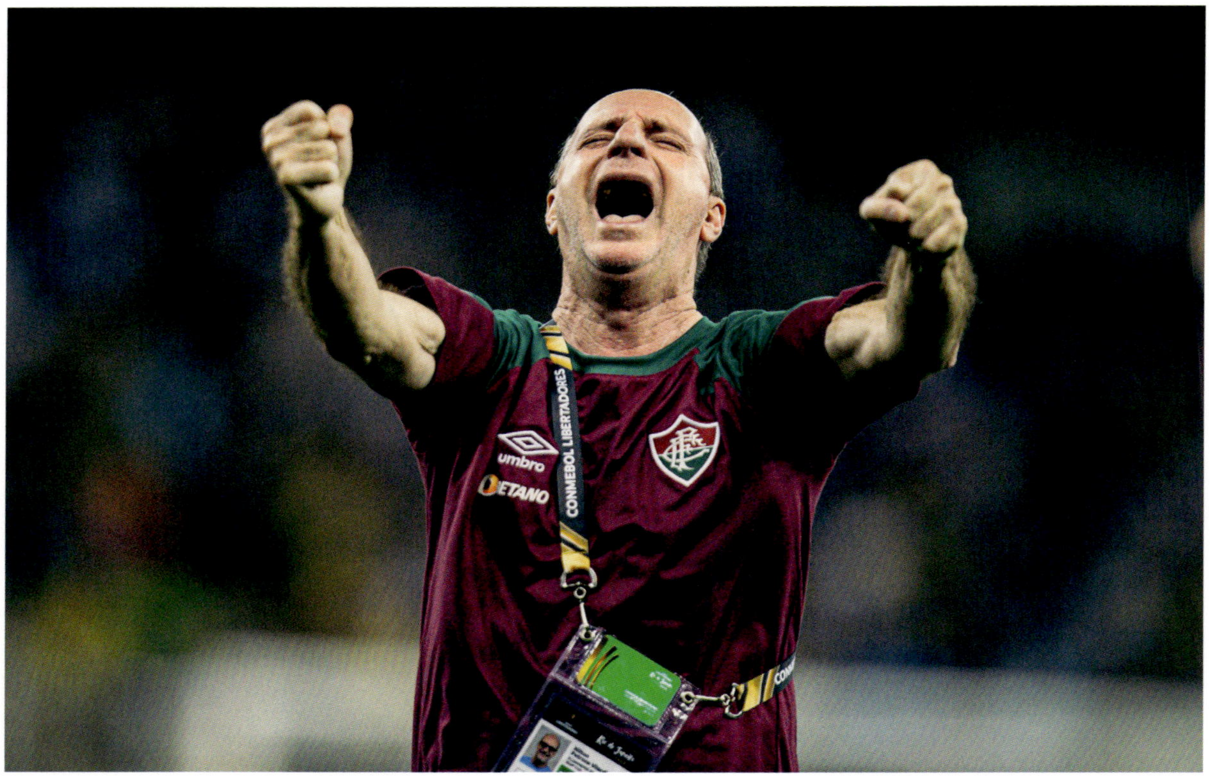

Após o apito final do árbitro colombiano Wilmar Roldán, uma festa inesquecível tomou conta do Maracanã. A justiça se fez presente e o time que mais demonstrou bom futebol ao longo da CONMEBOL Libertadores foi premiado com o título. O treinador Fernando Diniz e o fisioterapeuta Nilton Petrone, o Filé, não esconderam a emoção. O atacante Keno, autor das assistências para os dois gols, foi um dos heróis tricolores da conquista.

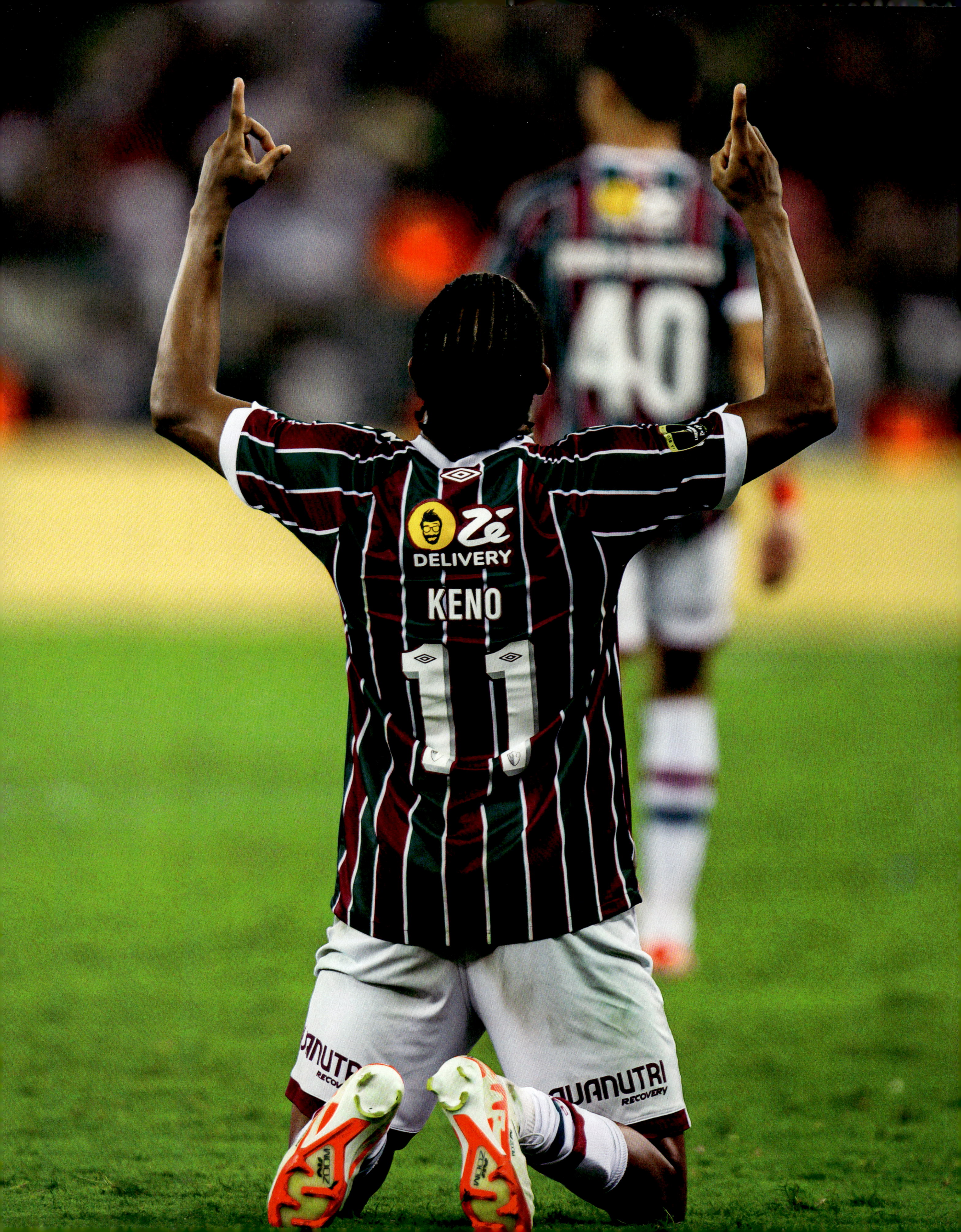
Zé
DELIVERY
KENO
11
40
AVANUTRI
RECOVERY

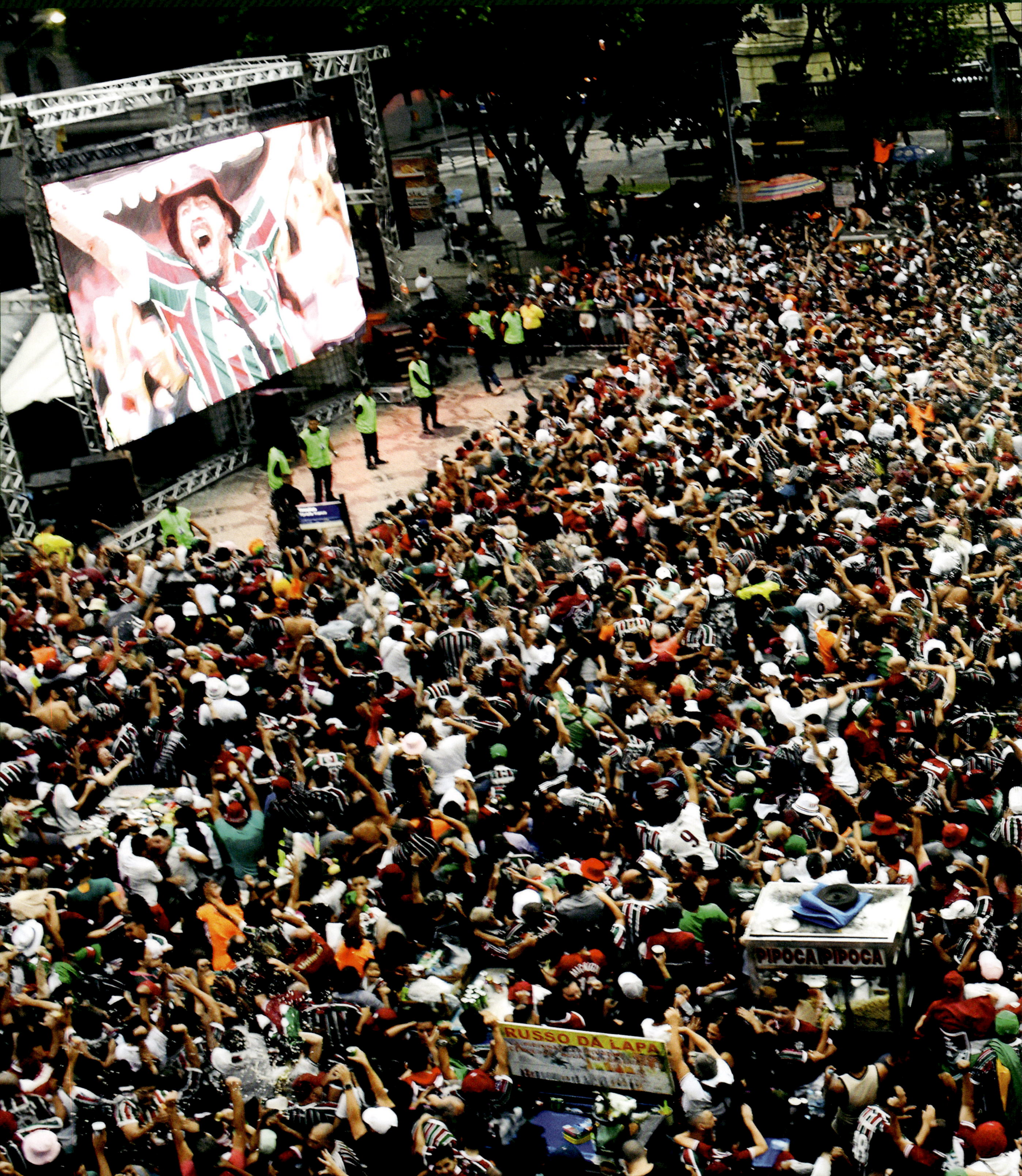
PIPOCA PIPOCA
RUSSO DA LAPA

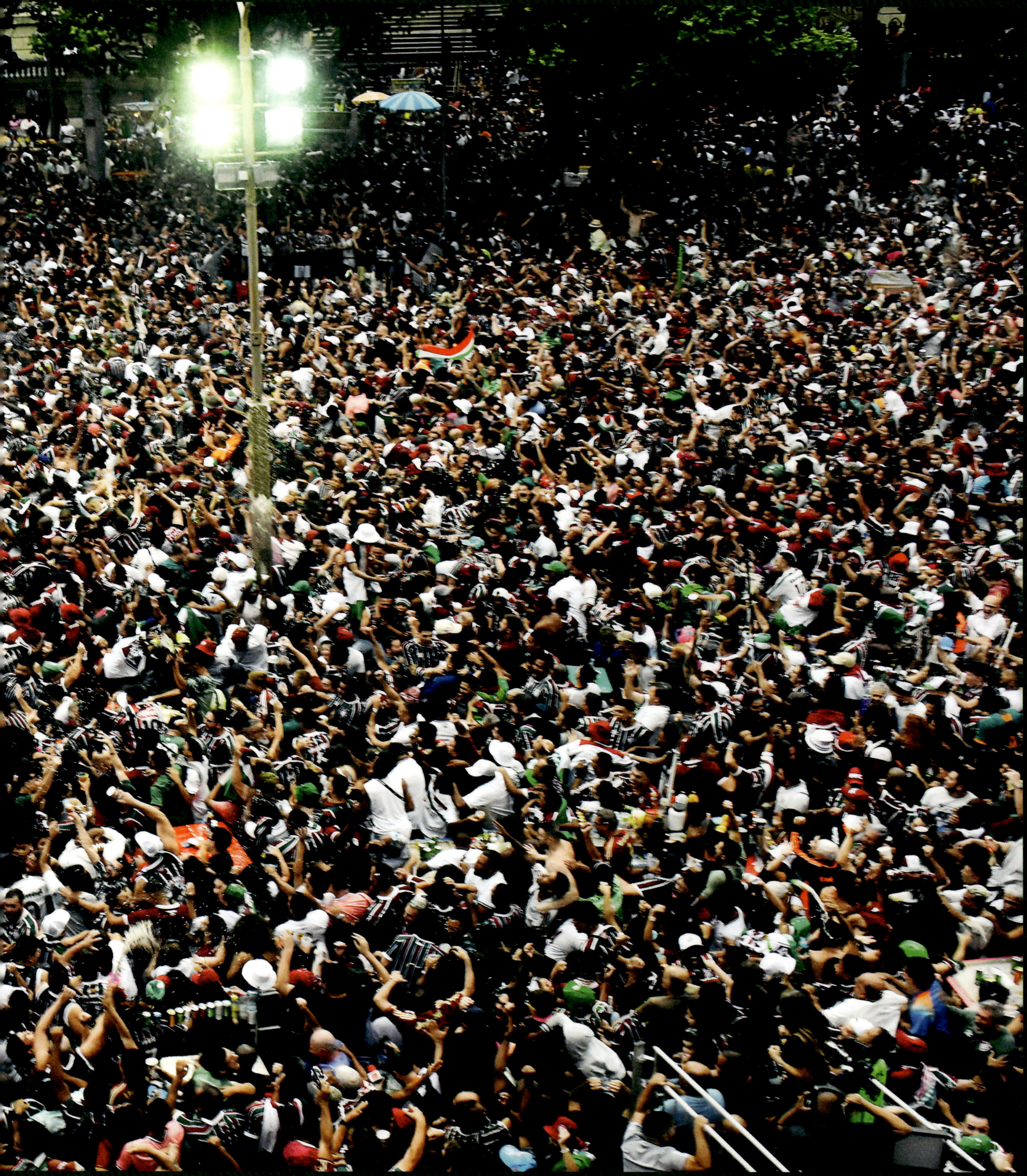

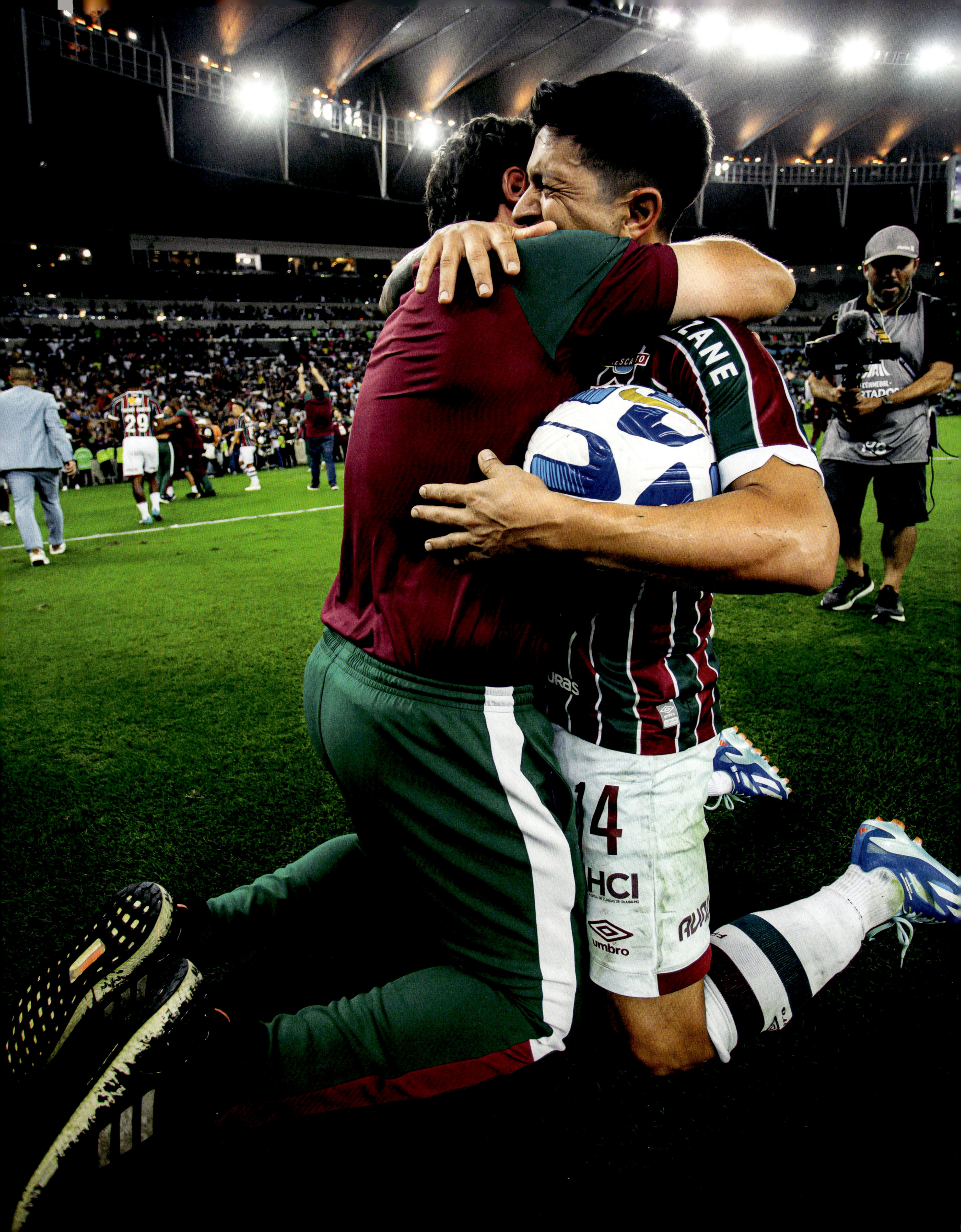
29
14
HCI
umbro

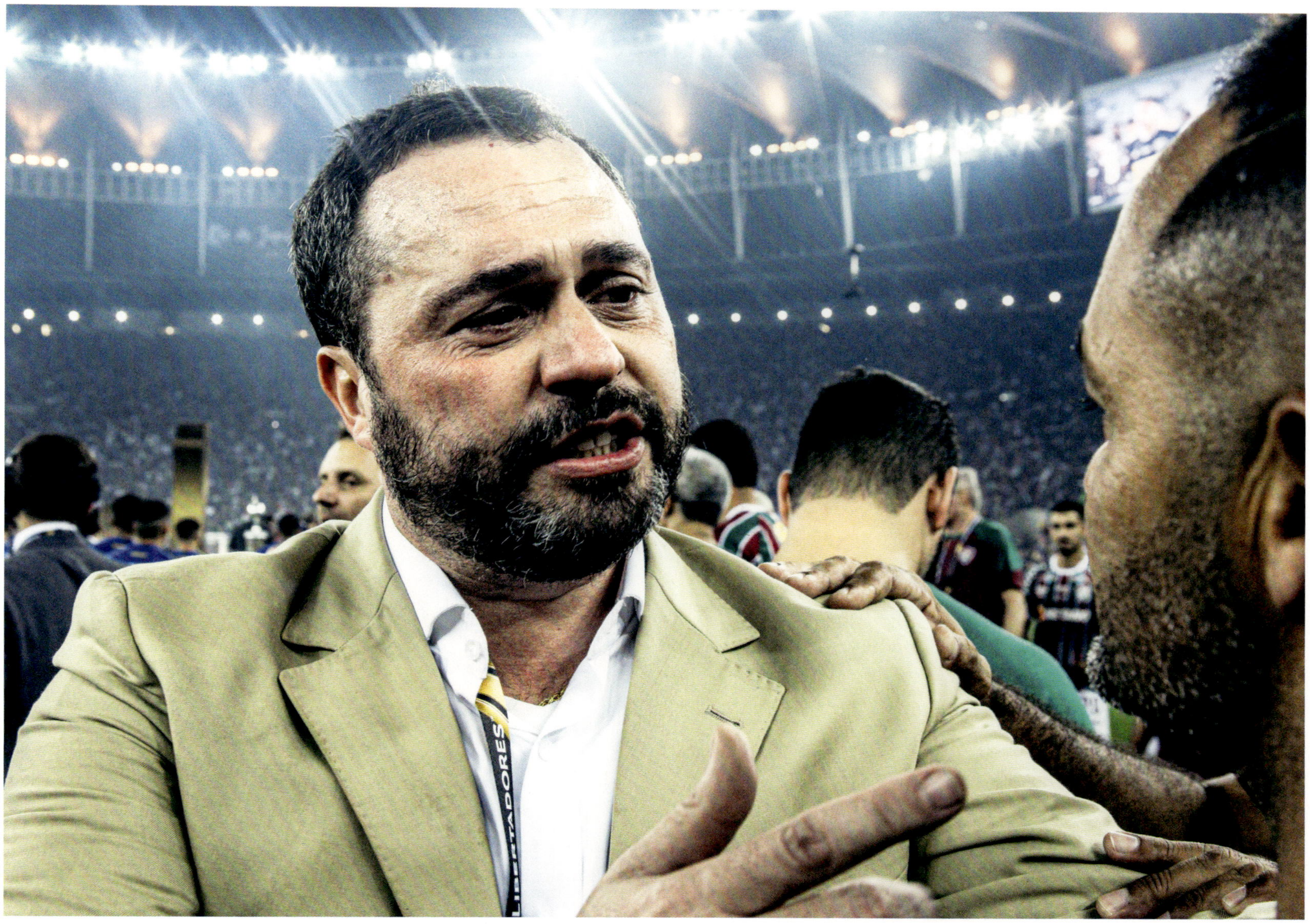

O técnico Fernando Diniz, que dividia o Fluminense com a Seleção Brasileira, e o artilheiro Germán Cano, com a bola do jogo, vibram com o momento mais importante de suas carreiras. O presidente Mário Bittencourt abraça os funcionários, todos fundamentais para a engrenagem do futebol funcionar. Já Fred Guedes, um dos maiores ídolos da história do clube, celebra um título que não conseguiu como atleta, mas atingiu como dirigente.

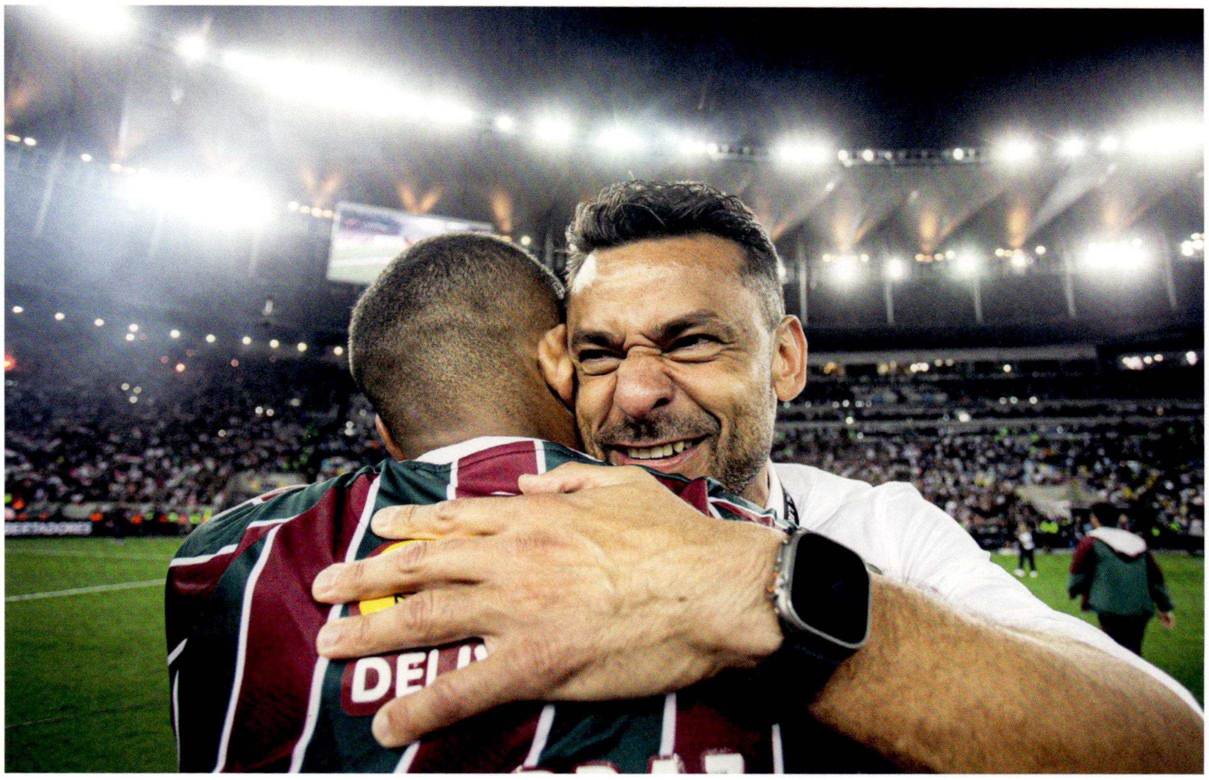

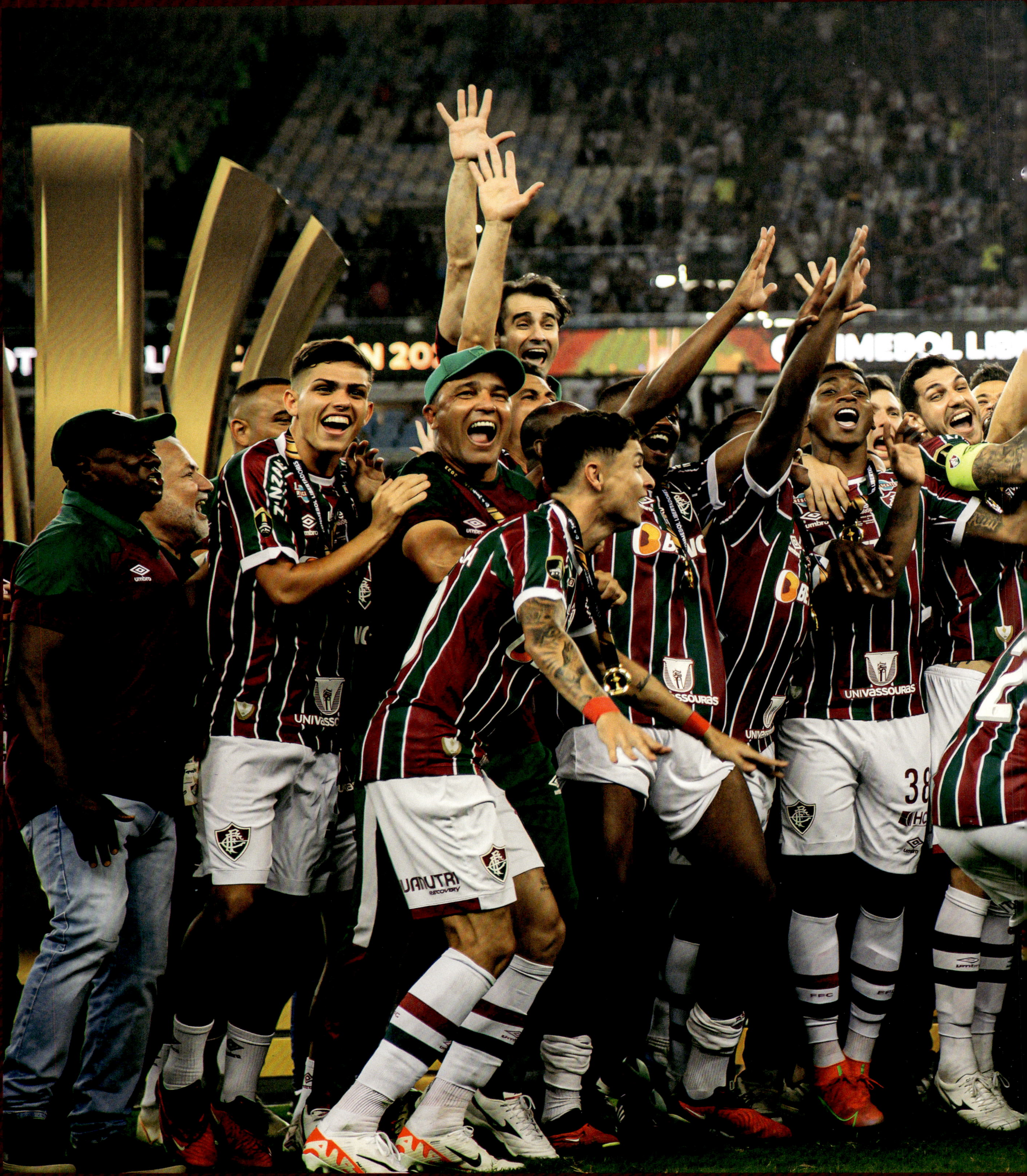
UNIVASSOURAS

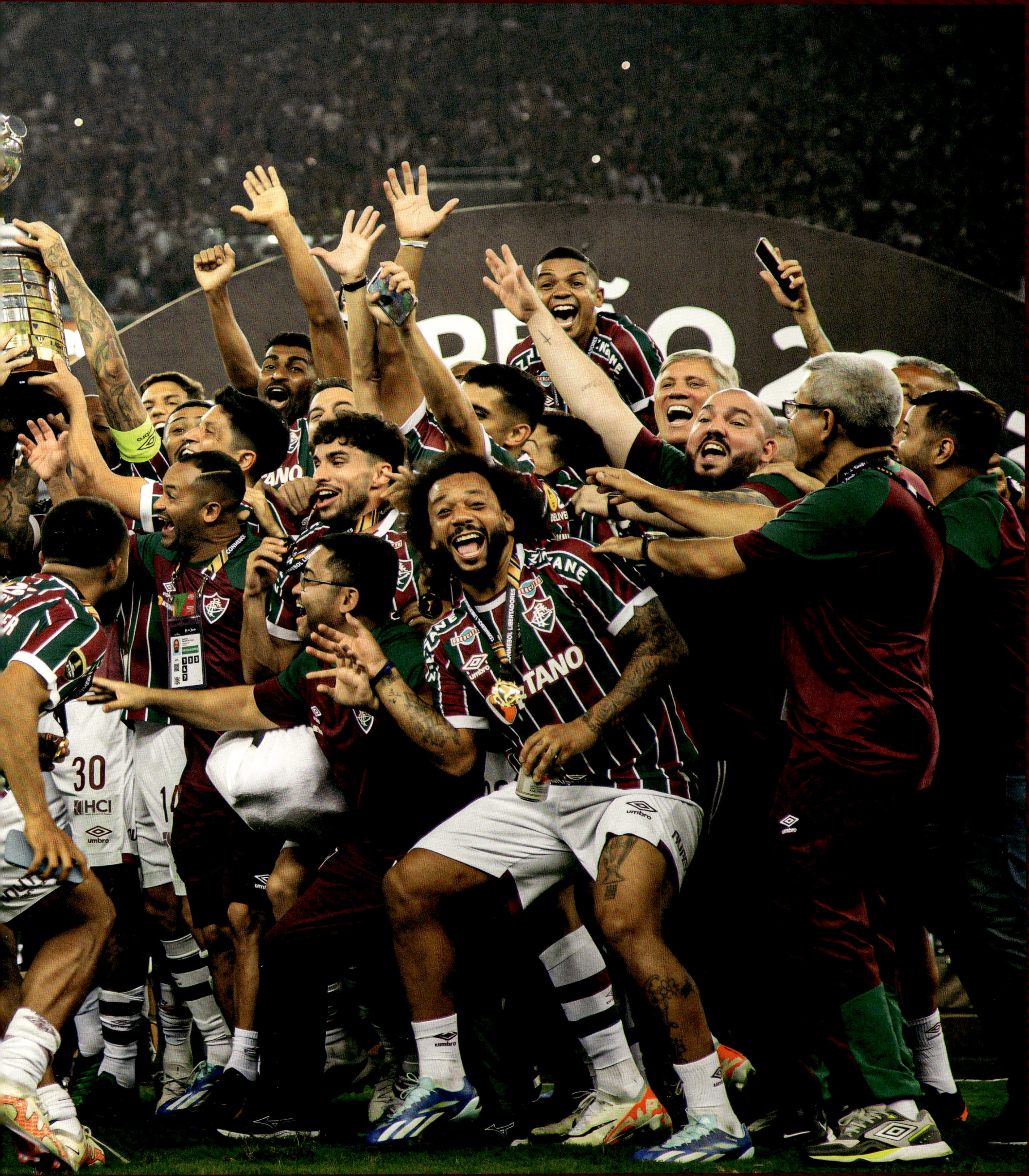
TANO
30
HCI
umbro

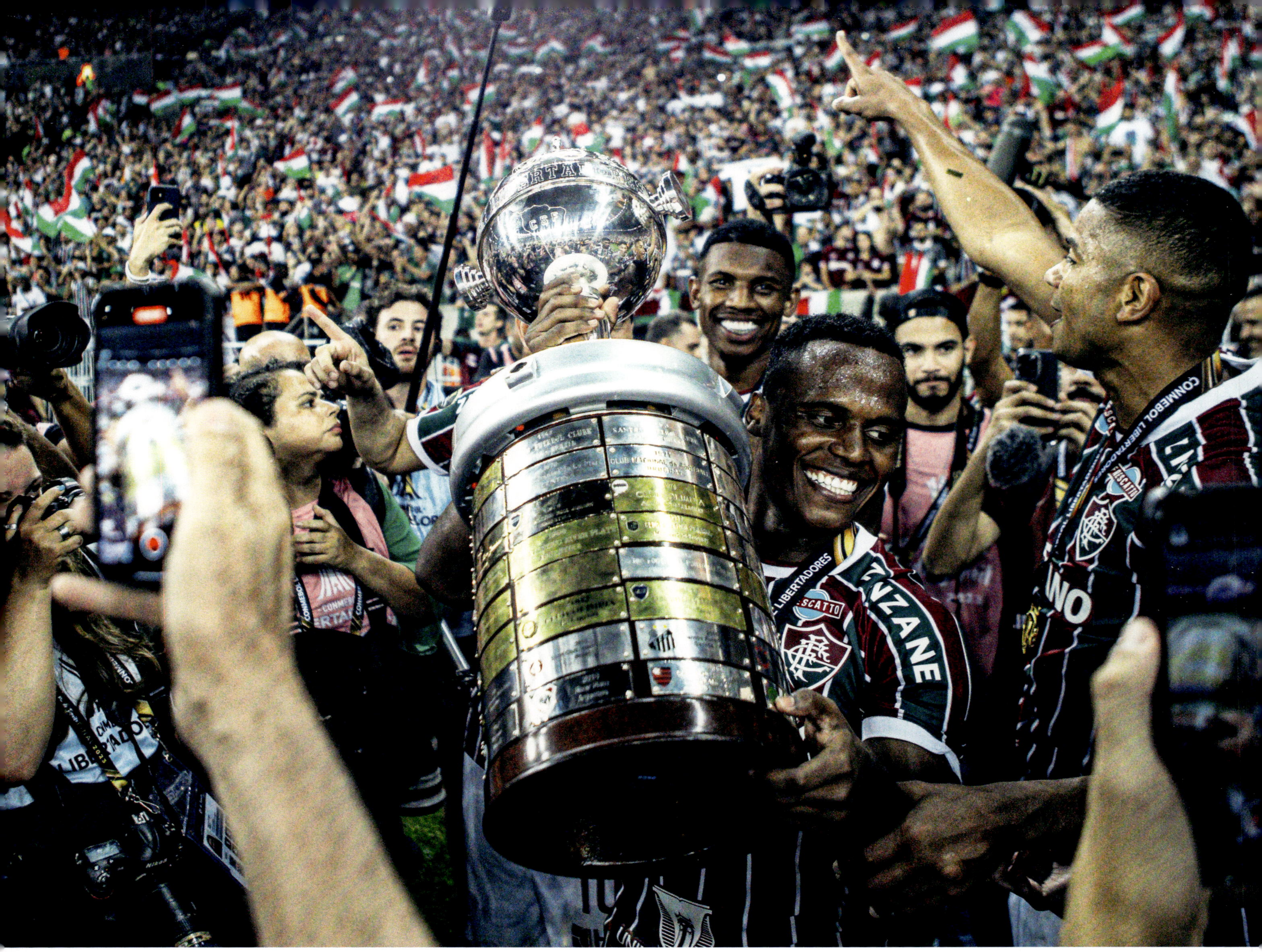

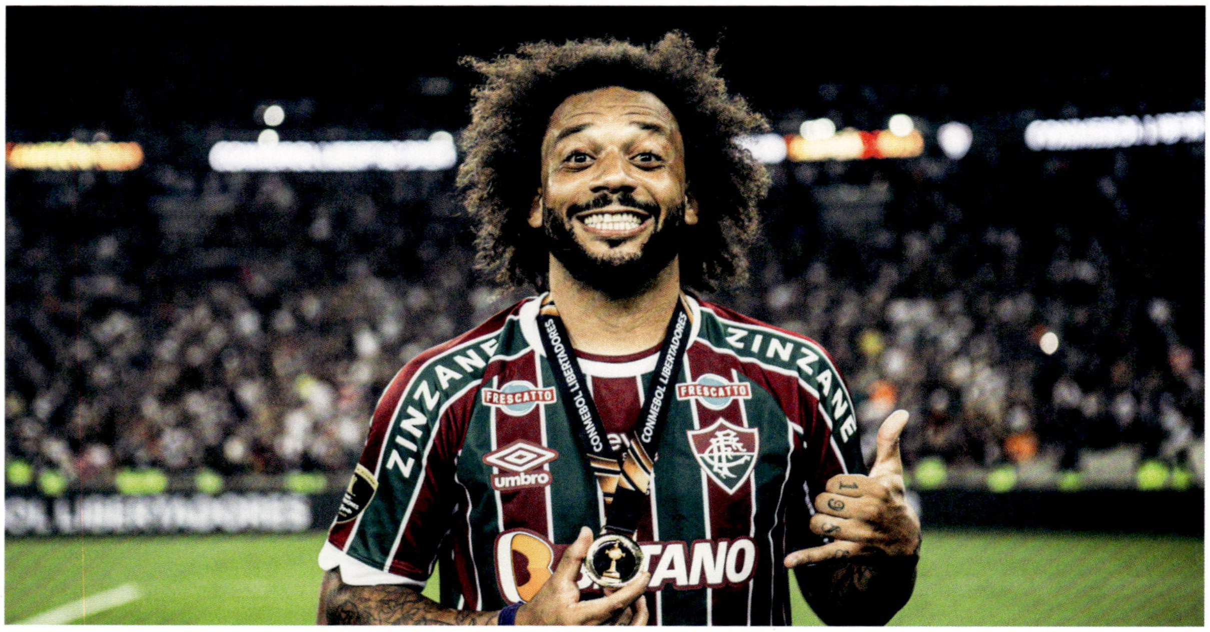

Jhon Arias carrega a taça e revela gratidão pela maneira como foi abraçado por todo o staff. Marcelo realiza o sonho de conquistar um título inédito pelo clube que o formou. Germán Cano não ignora a sua origem e fica em cima da trave com a bandeira da Argentina. Yony González abraça o prato da competição, que voltou a ser entregue após alguns anos ausente. E JK, que no início da temporada tinha sido emprestado para a Ferroviária de Araraquara, agradece a Fernando Diniz por ter acreditado nele.

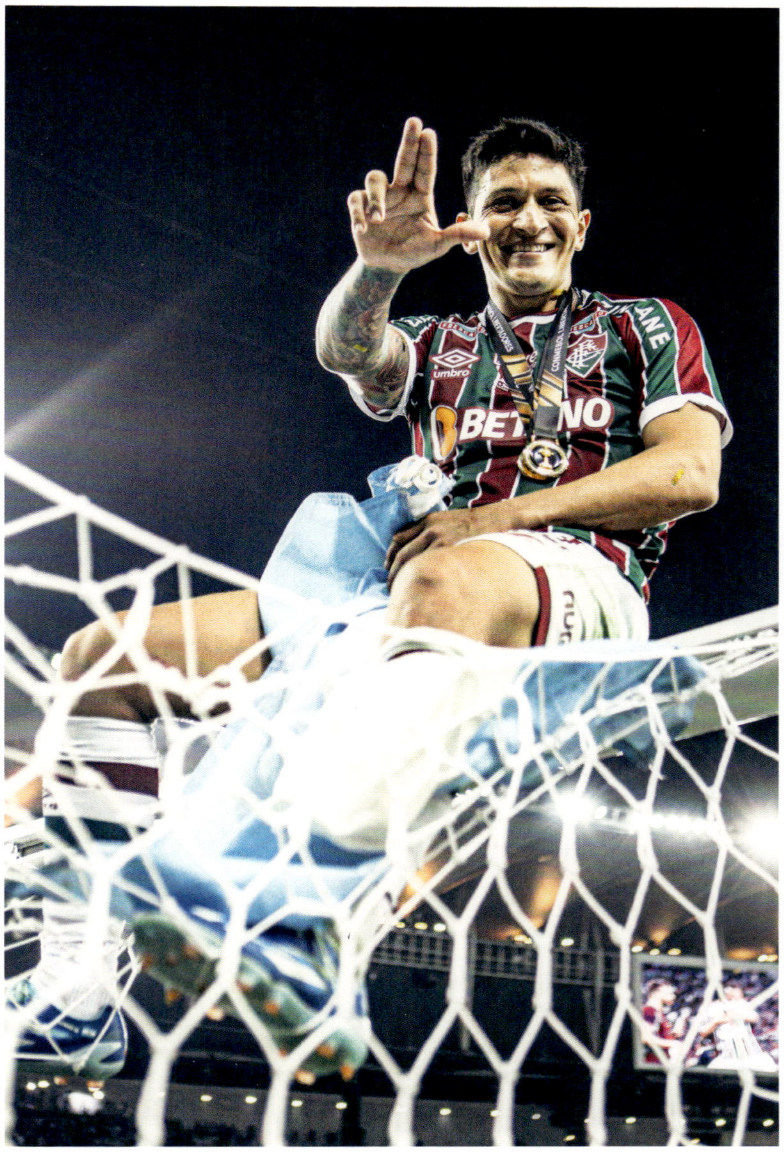

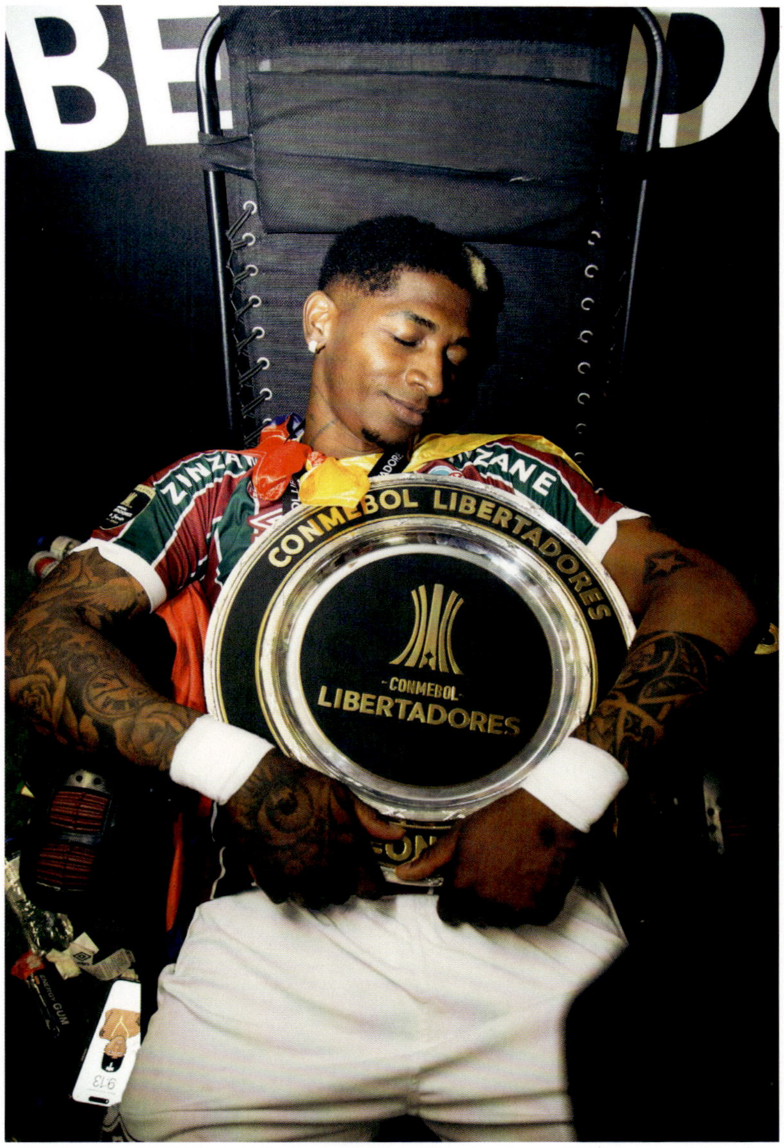
CONMEBOL LIBERTADORES
CONMEBOL
LIBERTADORES

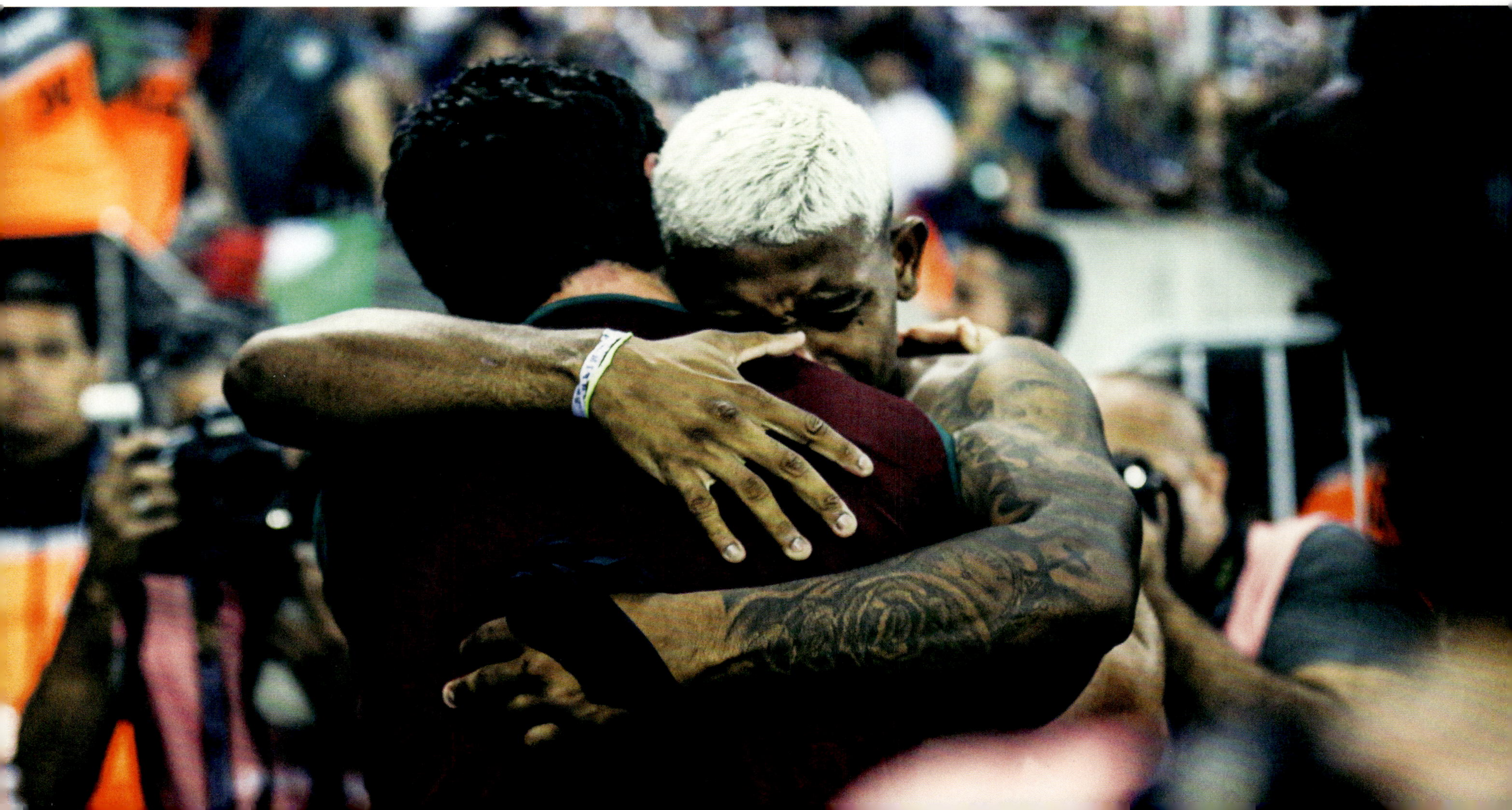

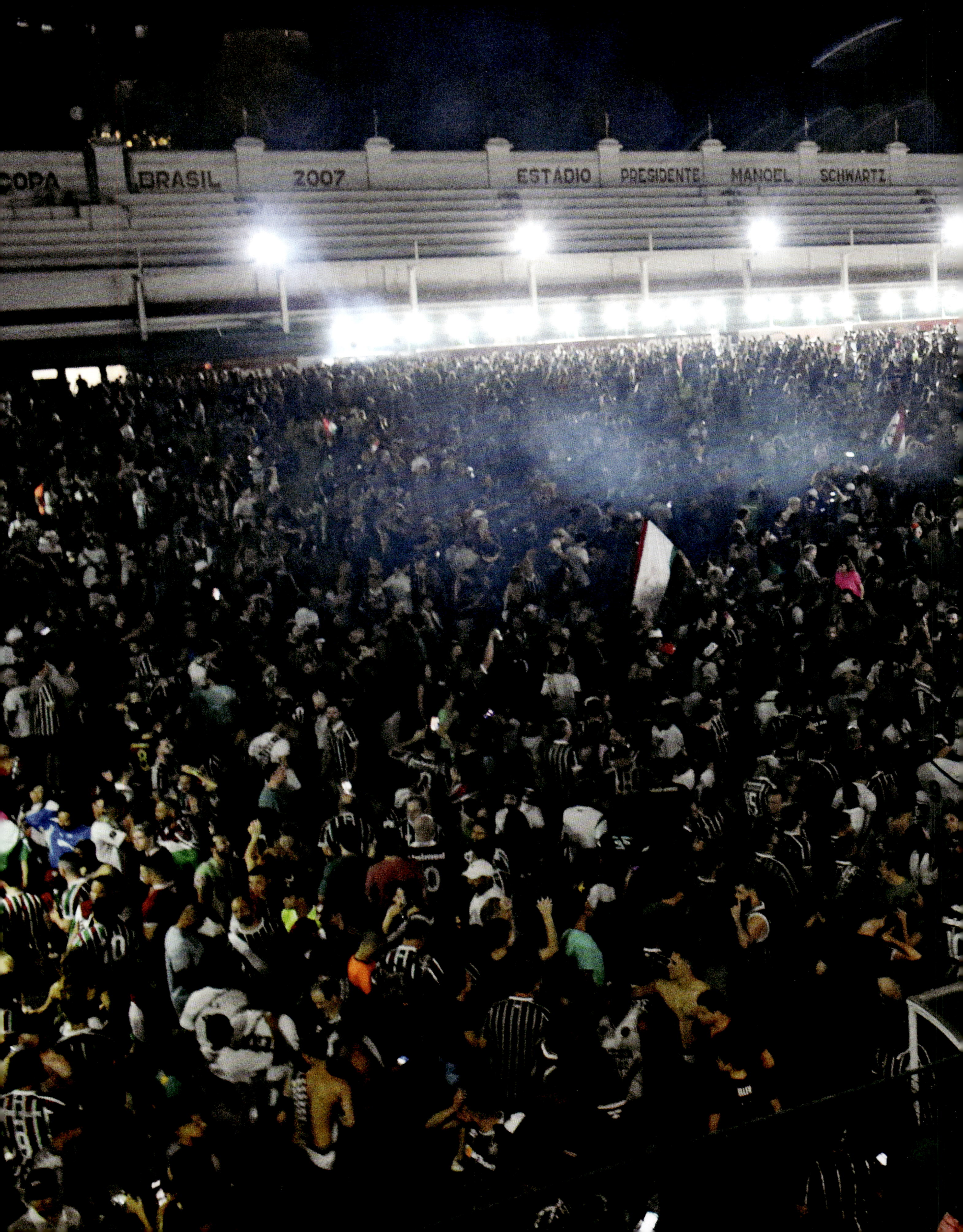
COPA
BRASIL
2007
ESTADIO
PRESIDENTE
MANOEL
SCHWARTZ

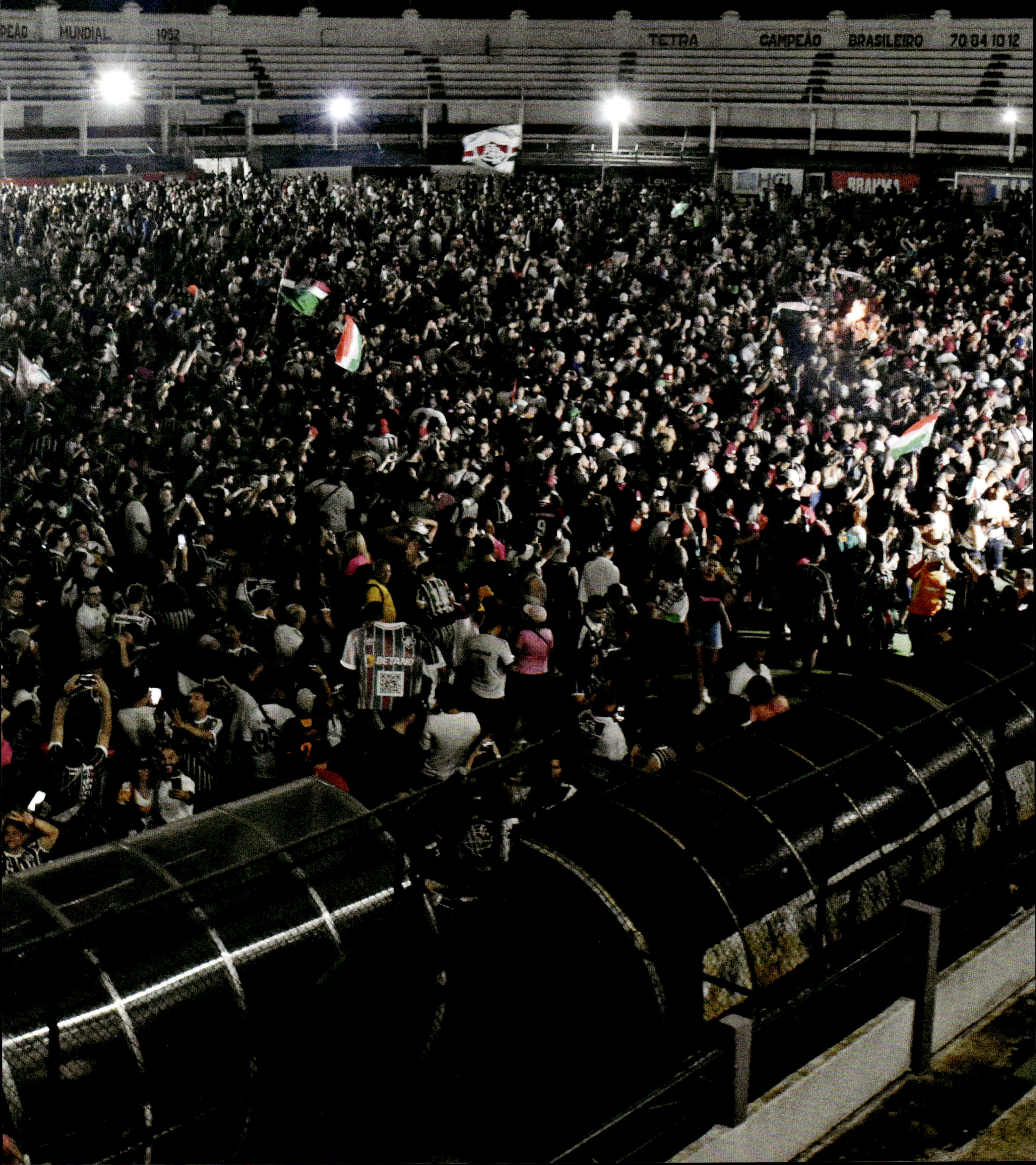
PEÃO MUNDIAL 1952
TETRA CAMPEÃO BRASILEIRO 70 84 10 12

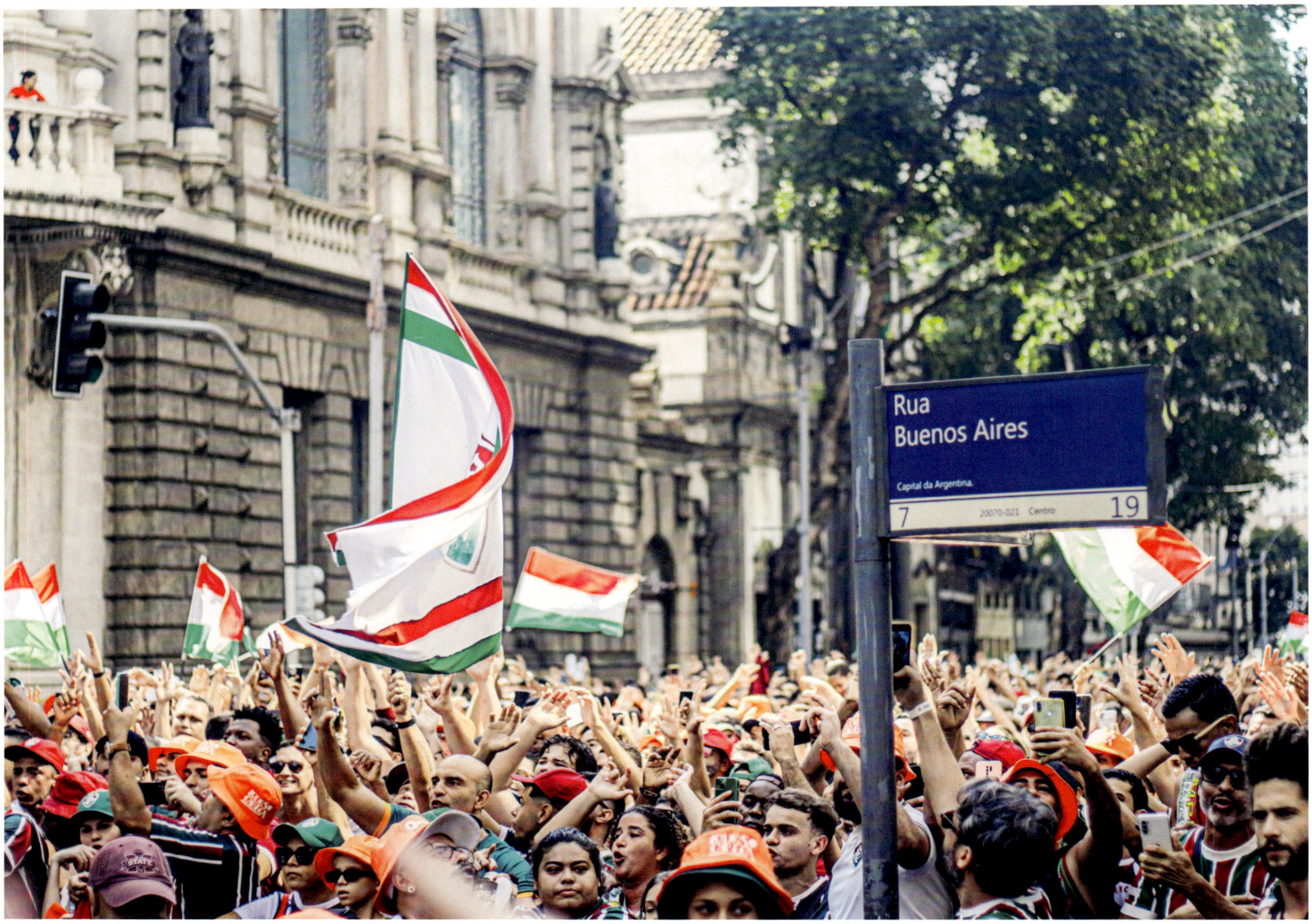

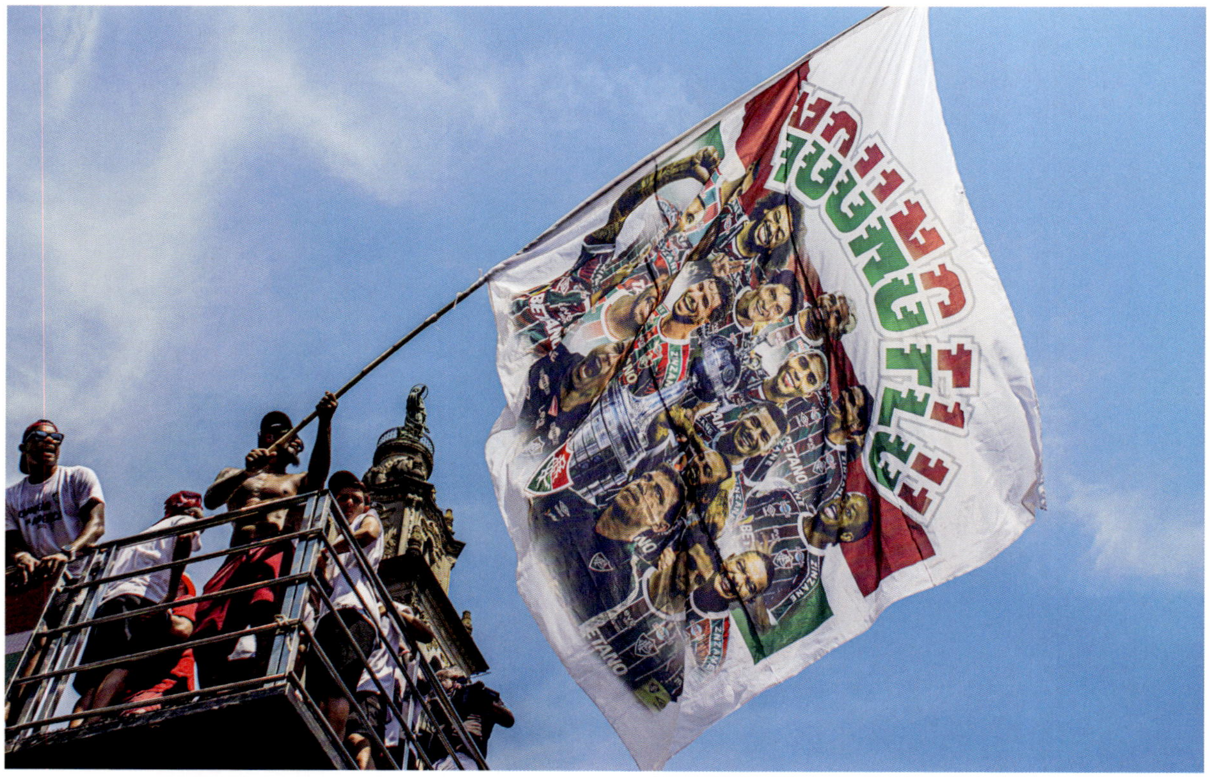

Com um histórico desfile em trio elétrico no centro do Rio de Janeiro, que contou com mais de 300 mil torcedores, o elenco tricolor celebrou a conquista da América. O simbólico início foi na Rua Buenos Aires, cidade em que a camisa do Fluminense chegou a ser proibida de ser usada. A torcida fez a festa. Inúmeras bandeiras apareceram ao longo do trajeto. Uma delas retratava os heróis do título.

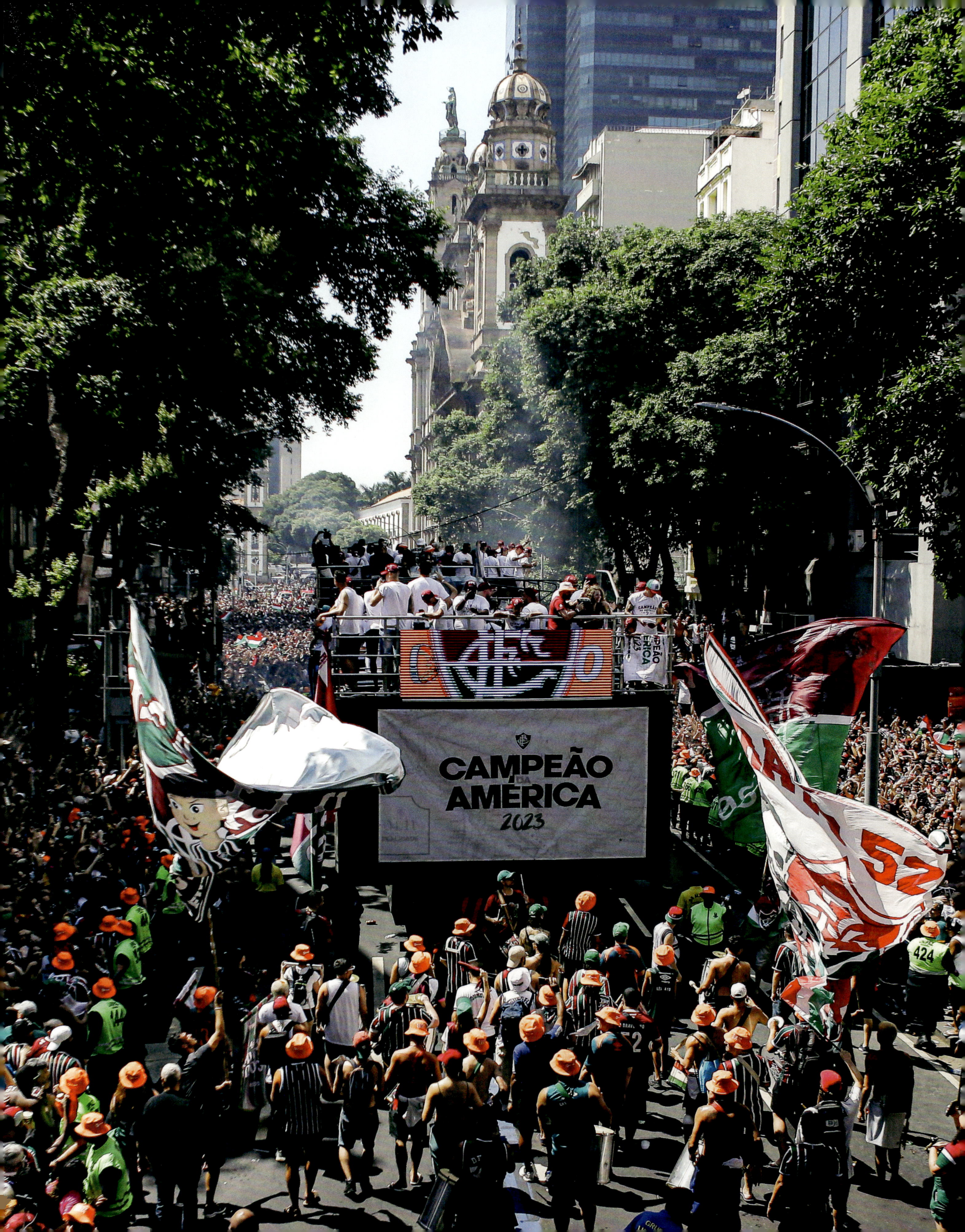
CAMPEÃO
DA
AMÉRICA
2023

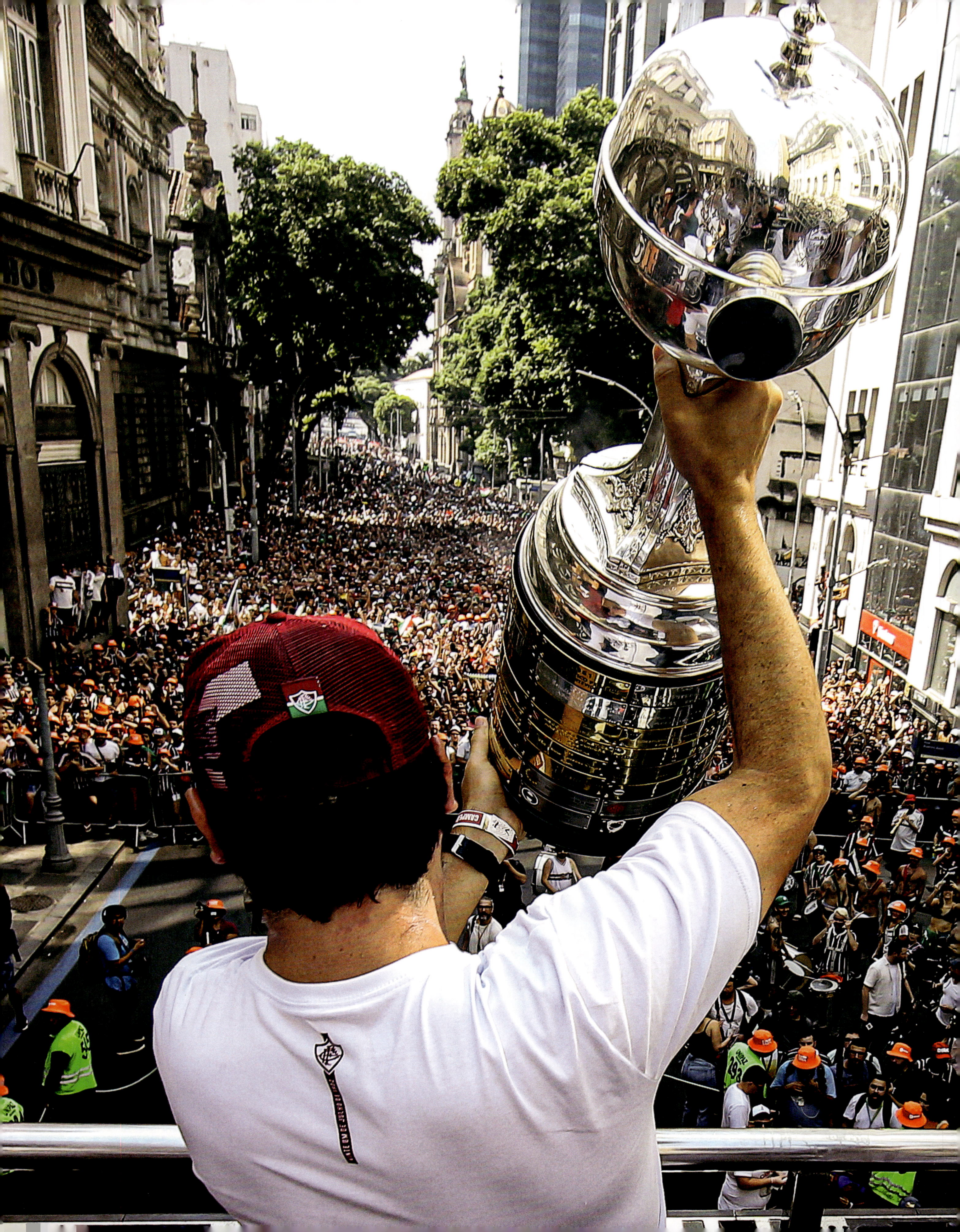

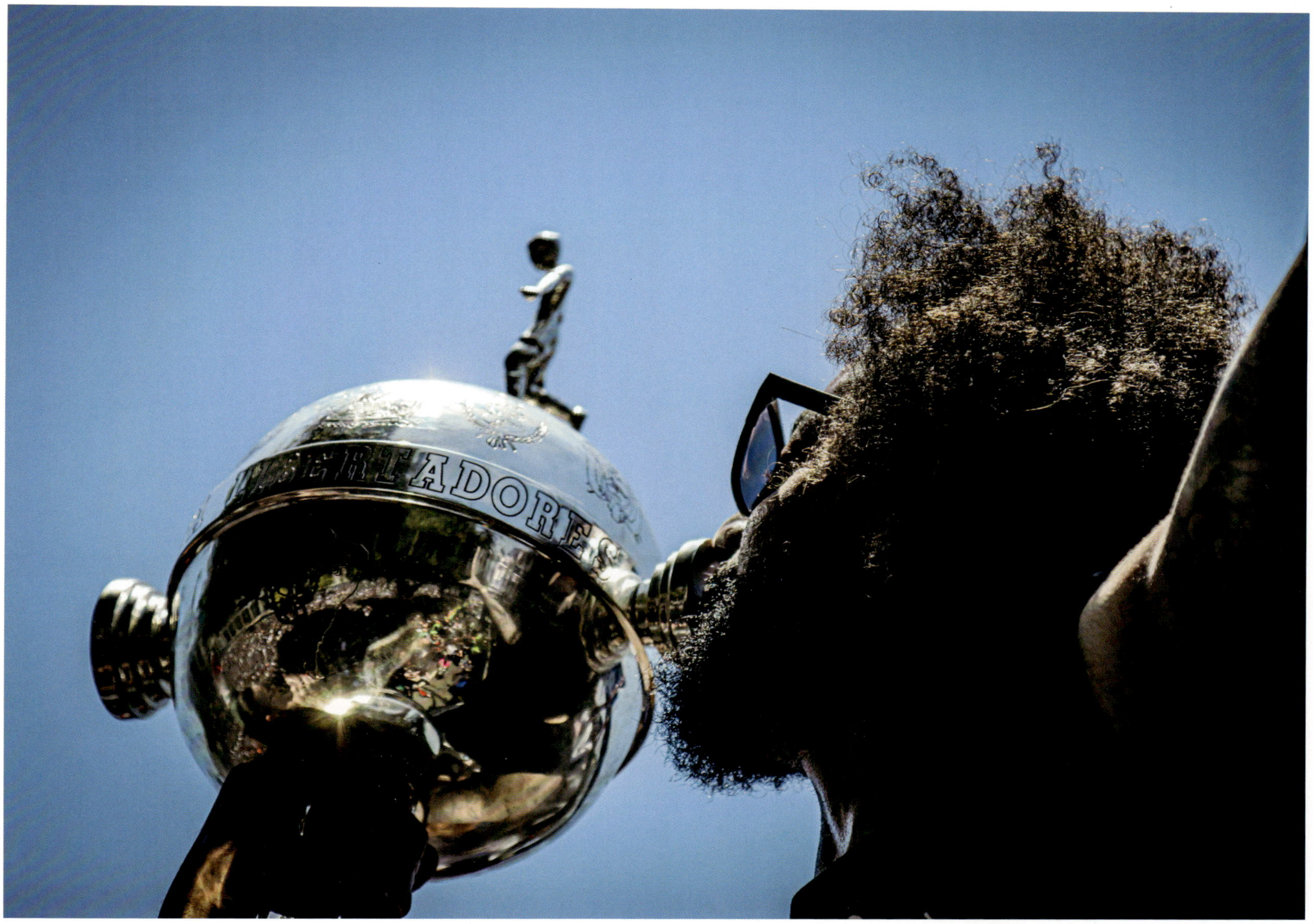

Em um típico domingo ensolarado carioca, como não poderia deixar de ser, elenco, comissão técnica e diretoria do clube foram celebrar a conquista da CONMEBOL Libertadores. Todos os atletas exibiam a taça para delírio de milhares de tricolores presentes. Aos gritos de "Vitória, Fluminense", o técnico Fernando Diniz era um dos mais aplaudidos. Já o presidente Mário Bittencourt, seguindo a sua origem de arquibancada, ajudava a puxar músicas da torcida.

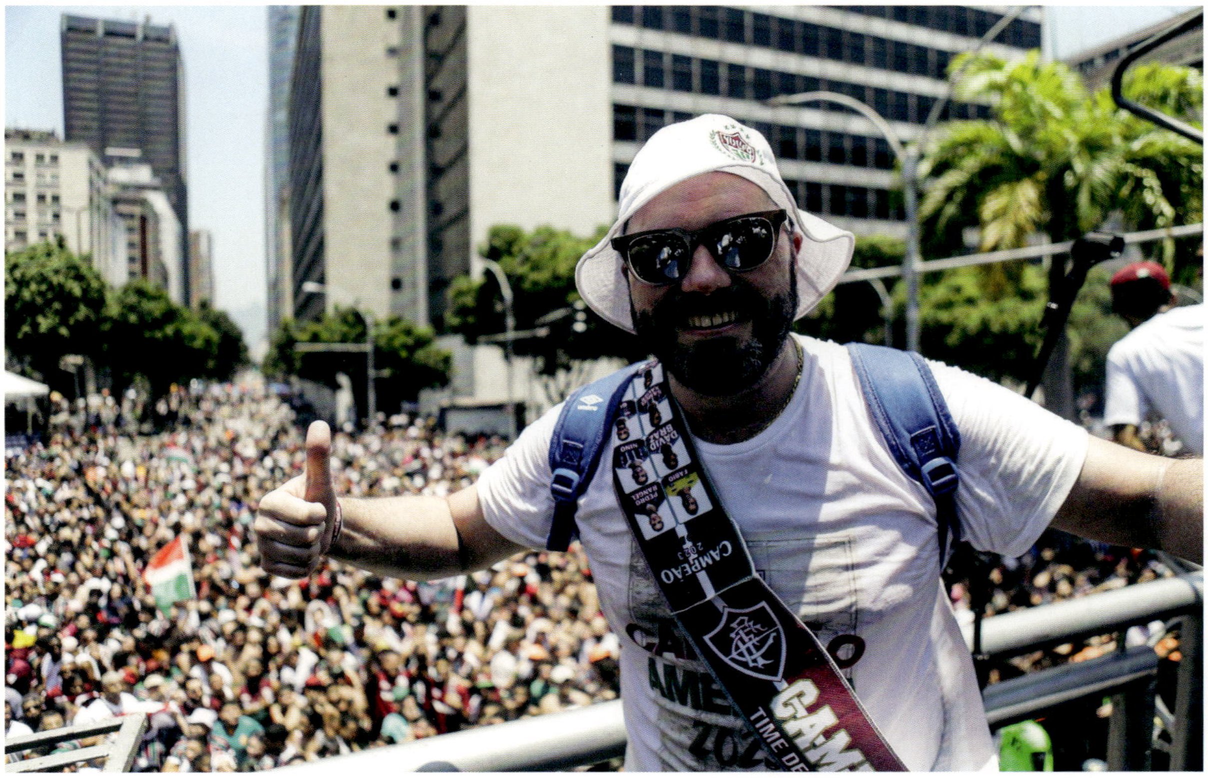

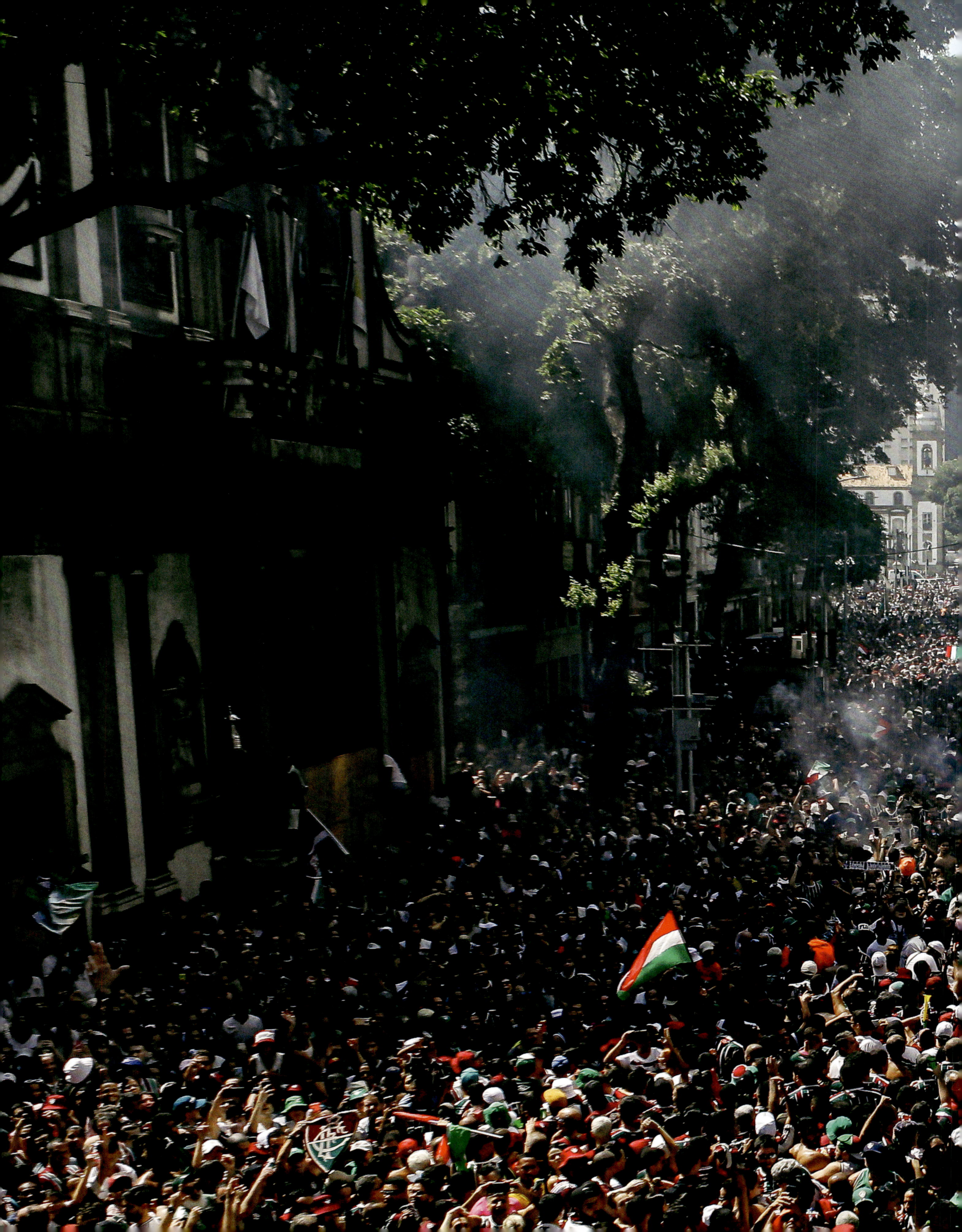

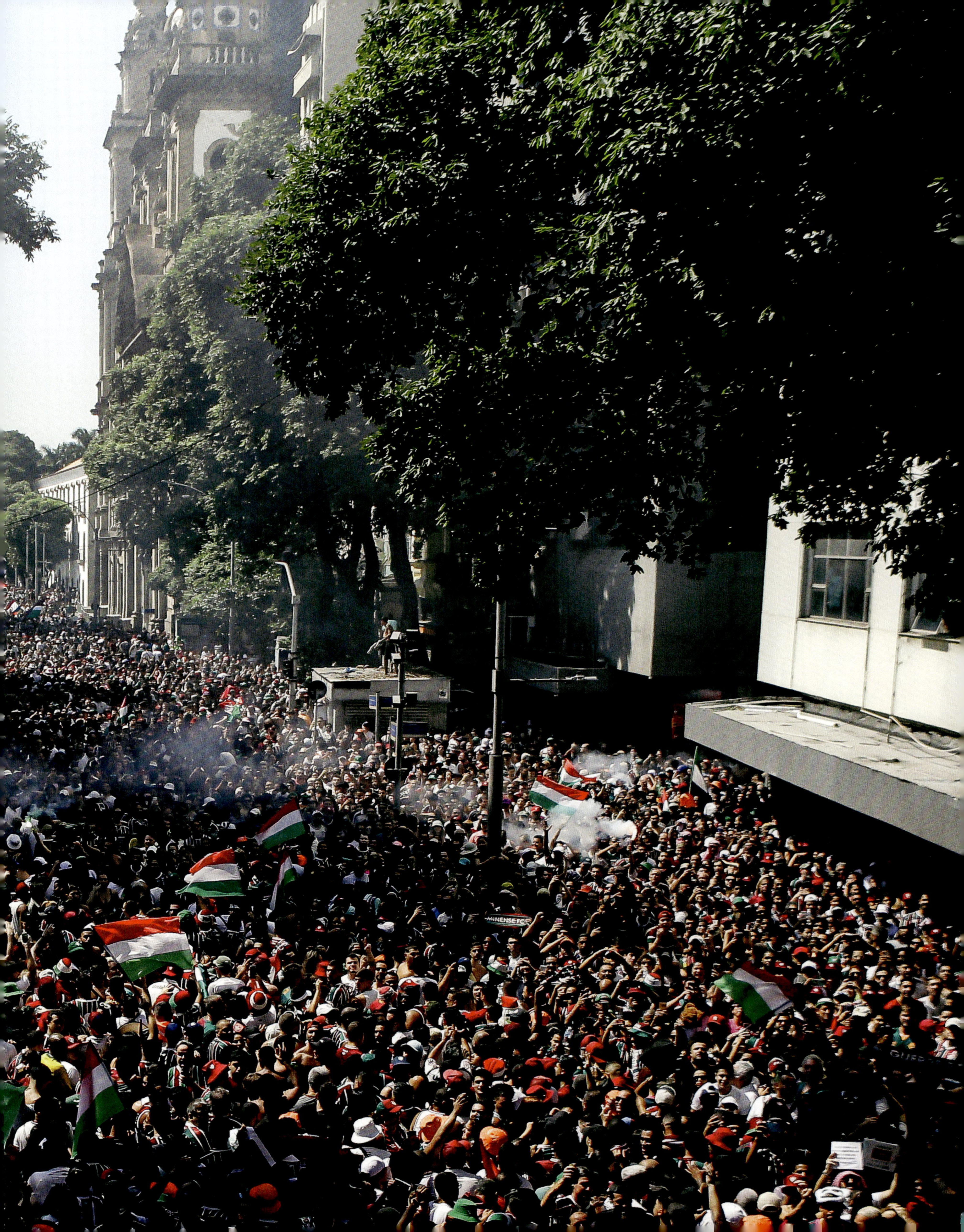

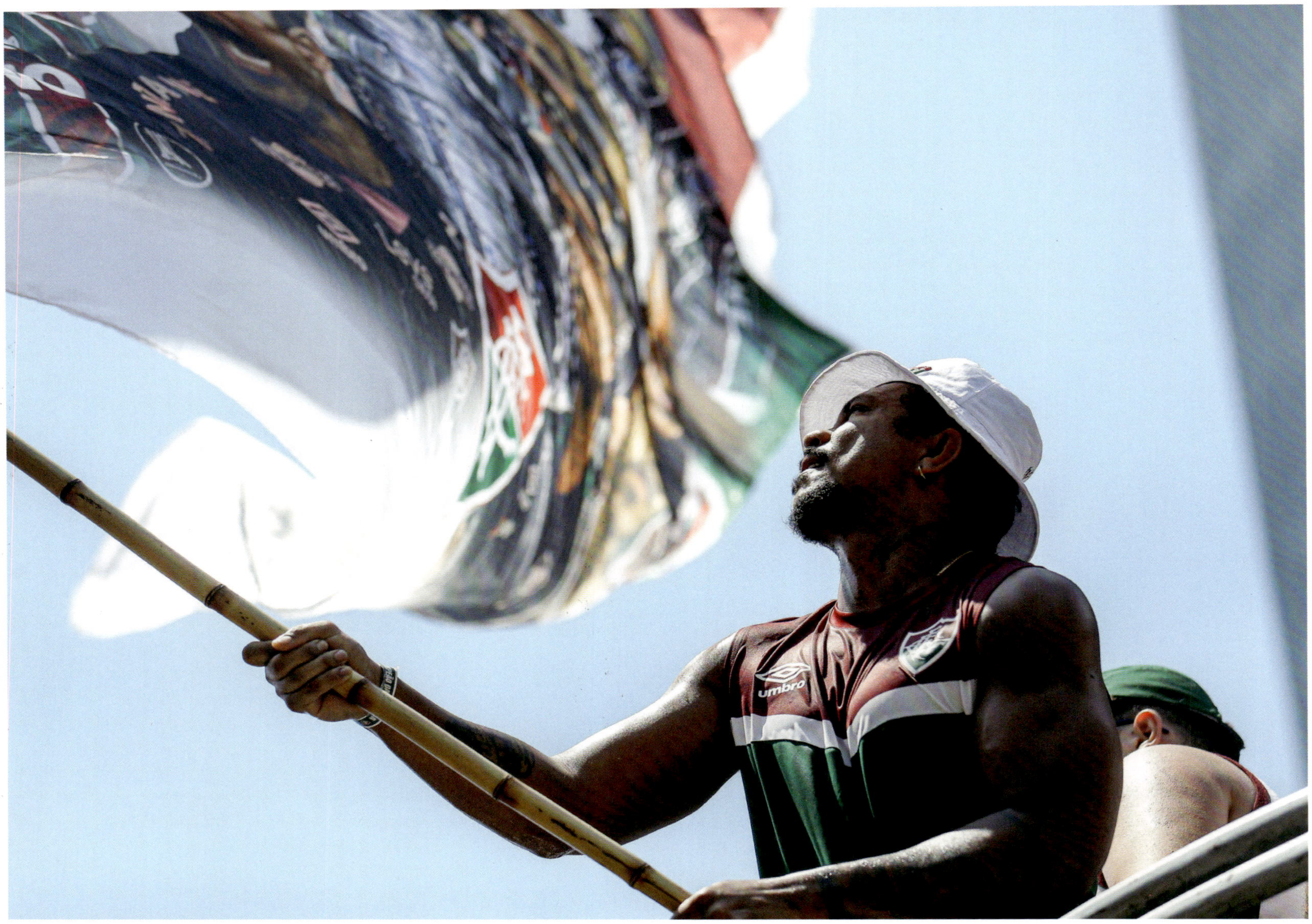

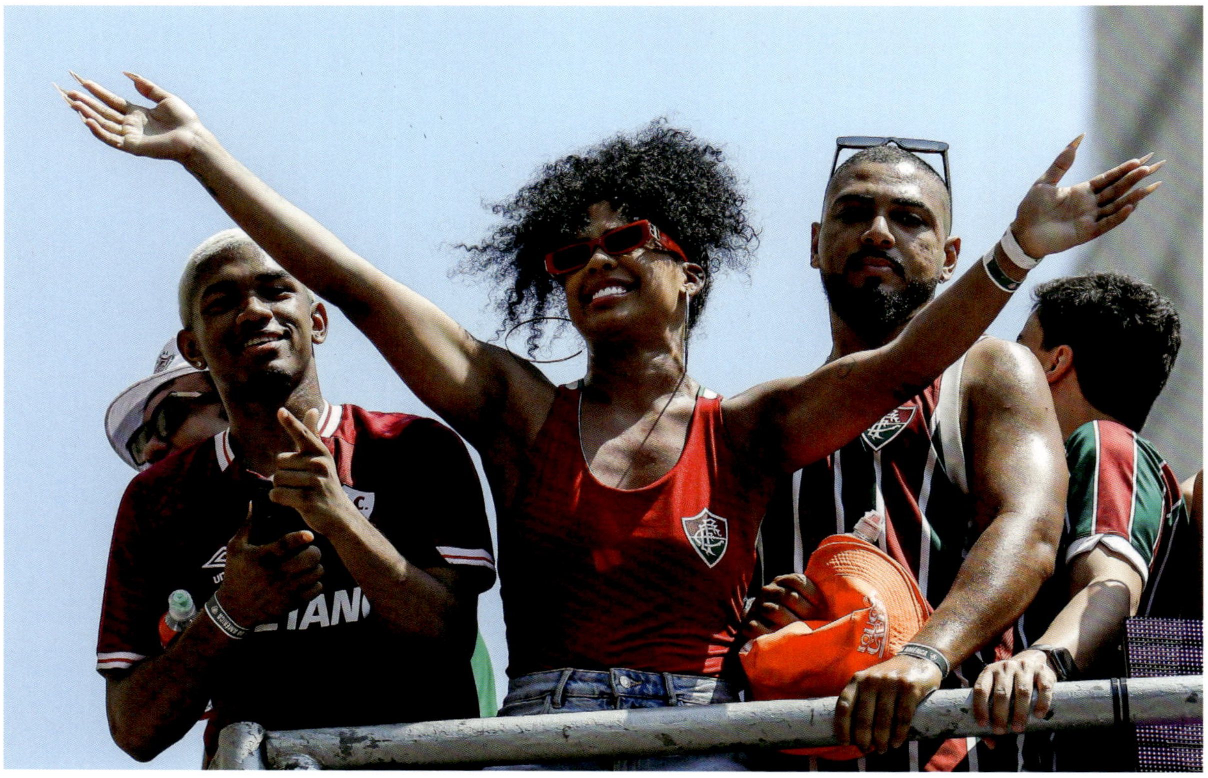

A festa rolou e marcou época. Presenças de destaque na edição da Flu Fest 2023, quando o Fluminense celebrou 121 anos, os cantores tricolores Xamã e Marvvila foram algumas das atrações do trio elétrico tricolor. Apesar do calor intenso no Rio de Janeiro, por mais de três horas, com direito a transmissão ao vivo da FluTV, a torcida do Time de Todos acompanhou o desfile dos campeões da América pelo centro da cidade.

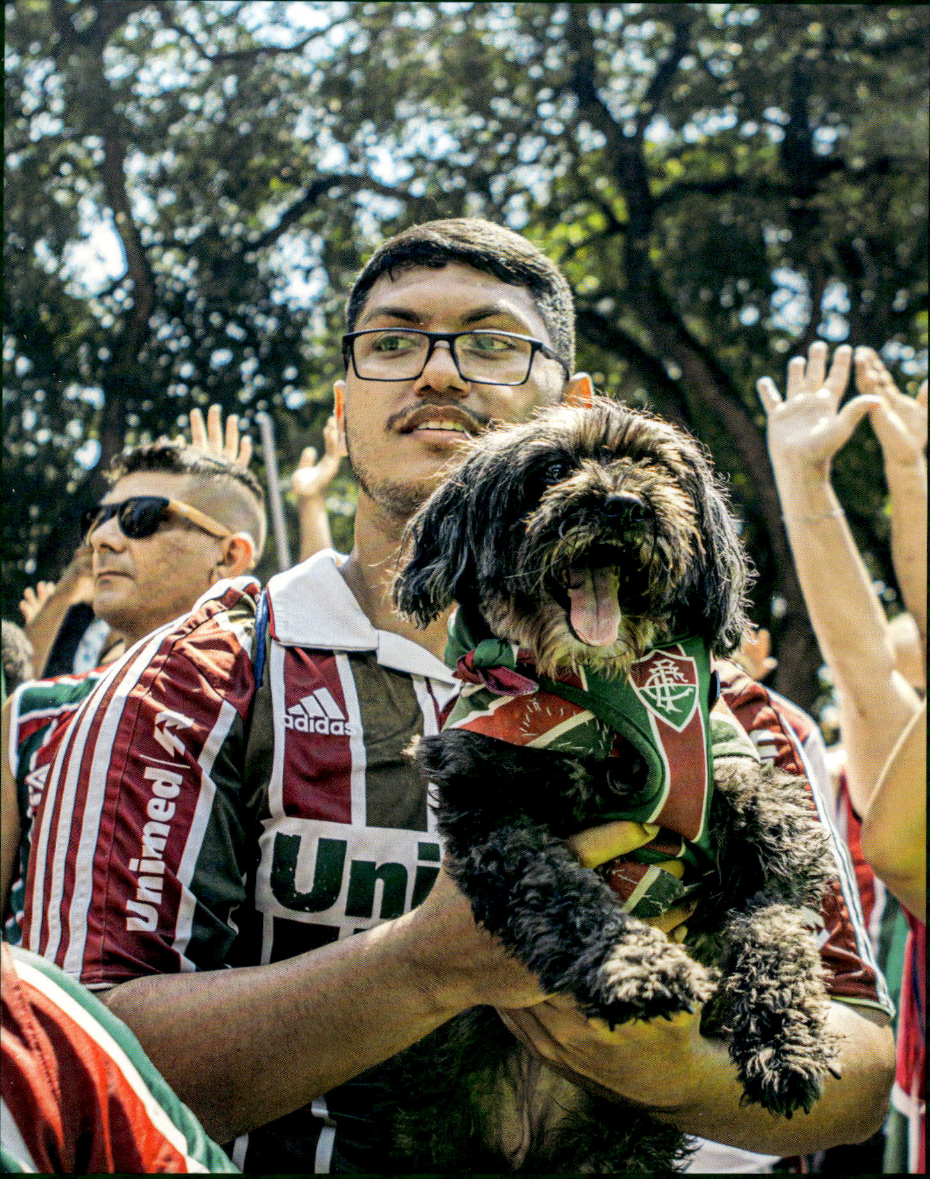
adidas
Unimed

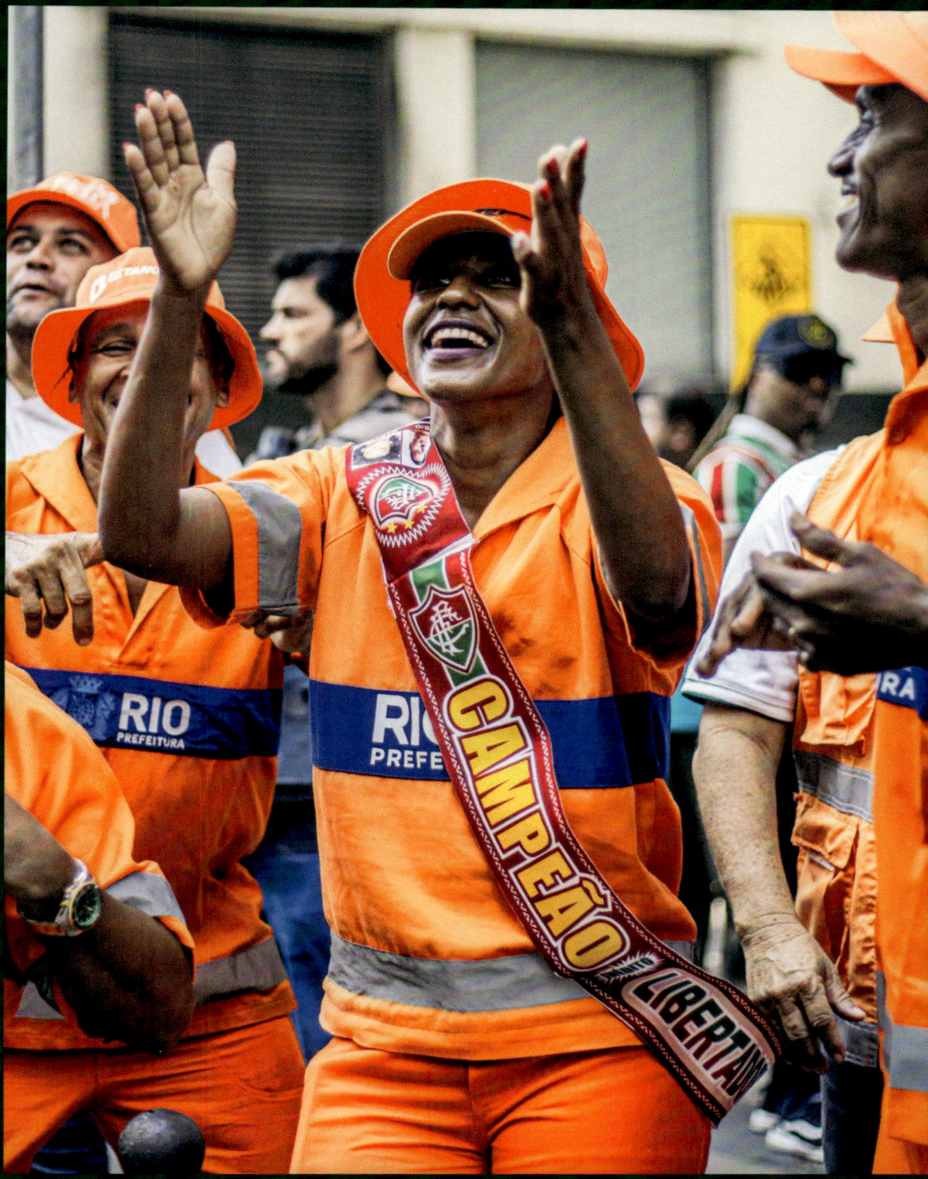
RIO
PREFEITURA
CAMPEÃO

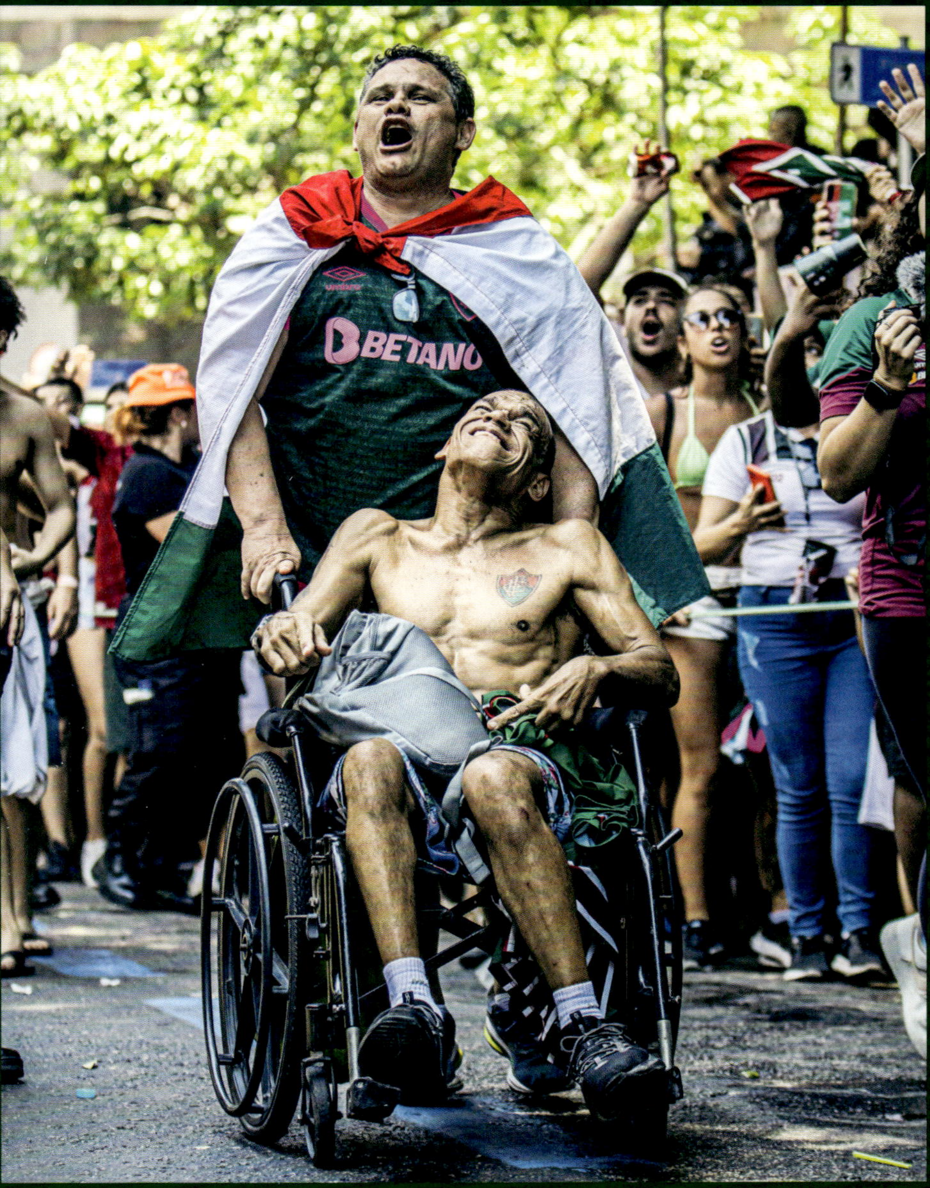
BETANO

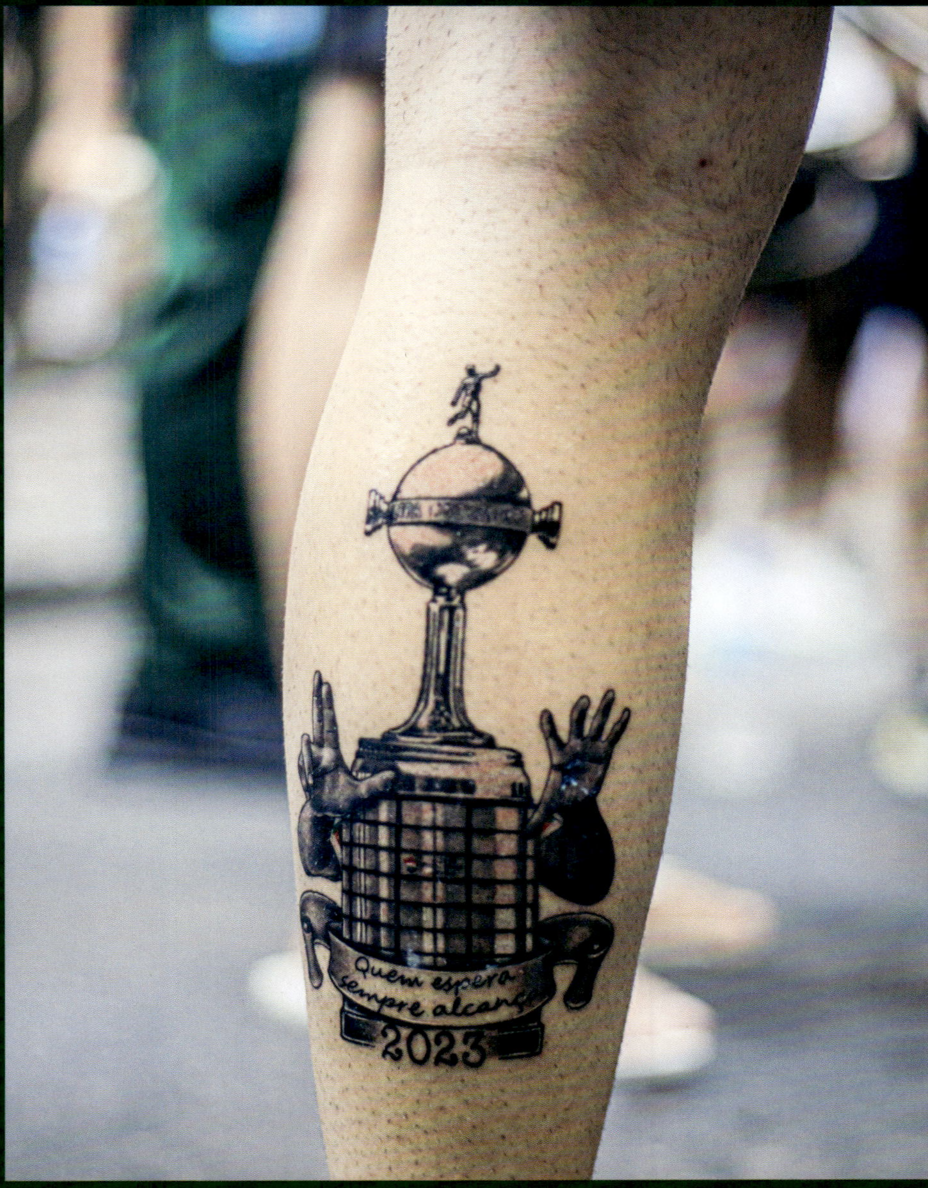
2023

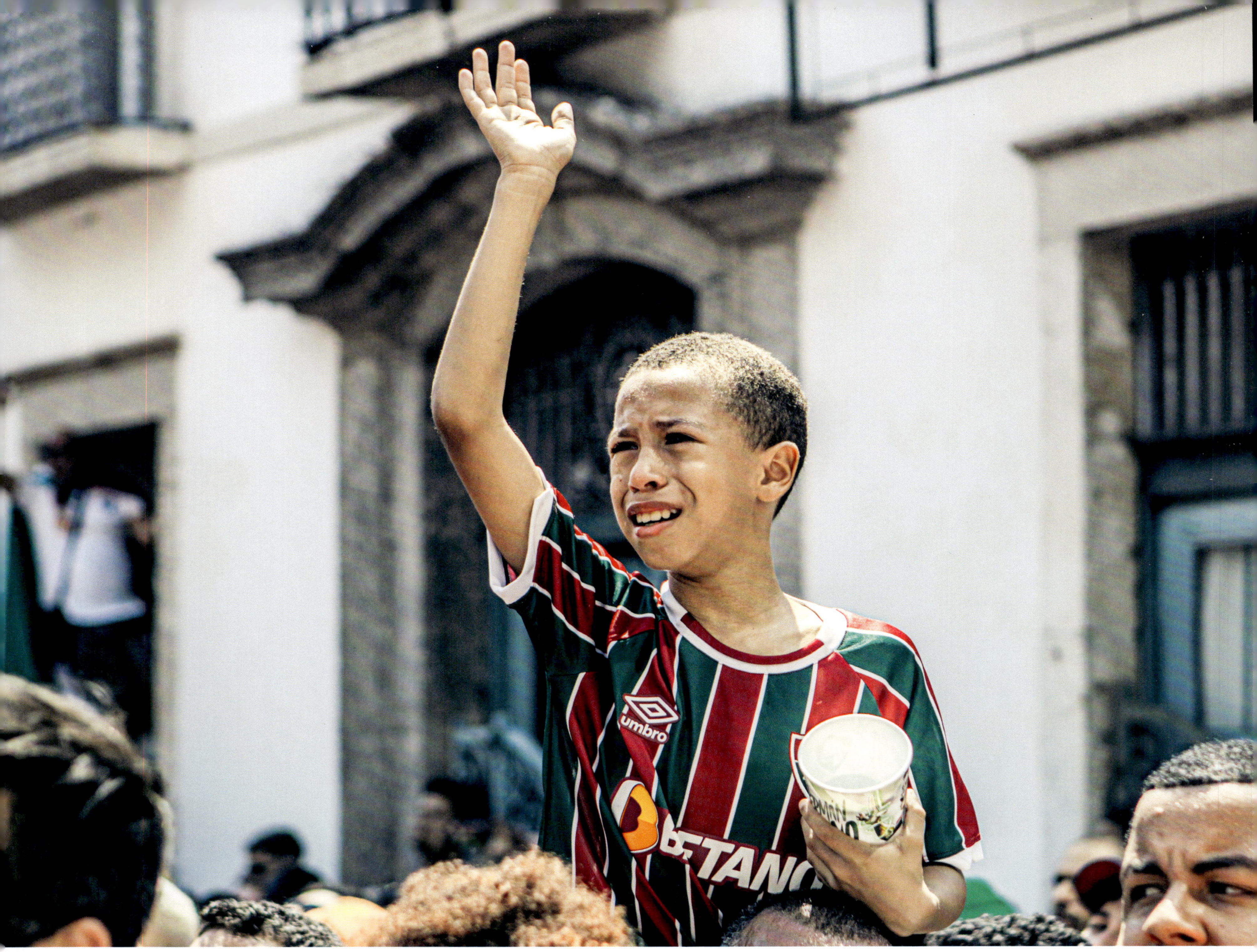

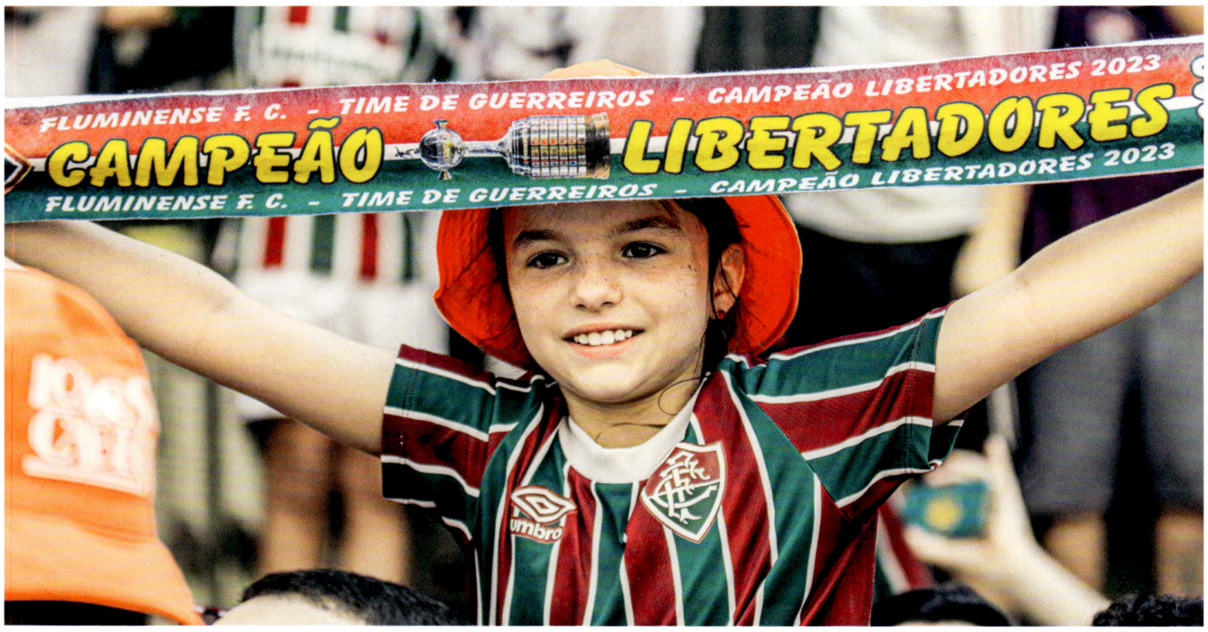

Tricolores de diferentes gerações, das mais variadas faixas etárias, estiveram presentes na festa pelo título. Muitos, inclusive, nem eram nascidos em 2008. O evento foi o mais democrático possível. As lentes das câmeras dos fotógrafos do Fluminense Football Club registraram inúmeras imagens para a eternidade. A Flu Kids, em especial, estava alucinada por ver seus ídolos tão de perto. Foi uma verdadeira catarse coletiva.

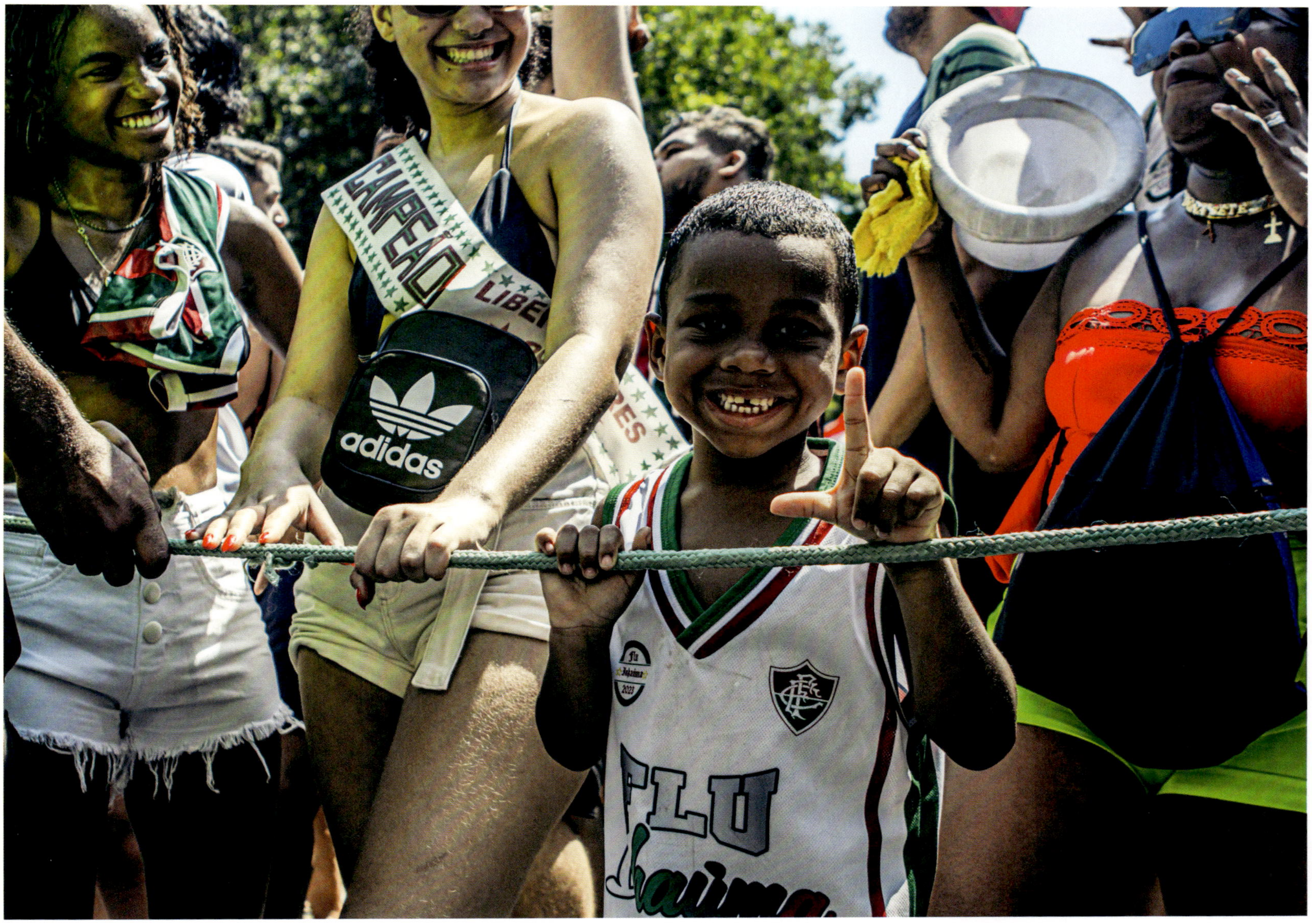
CAMPEÃO
adidas
FLU

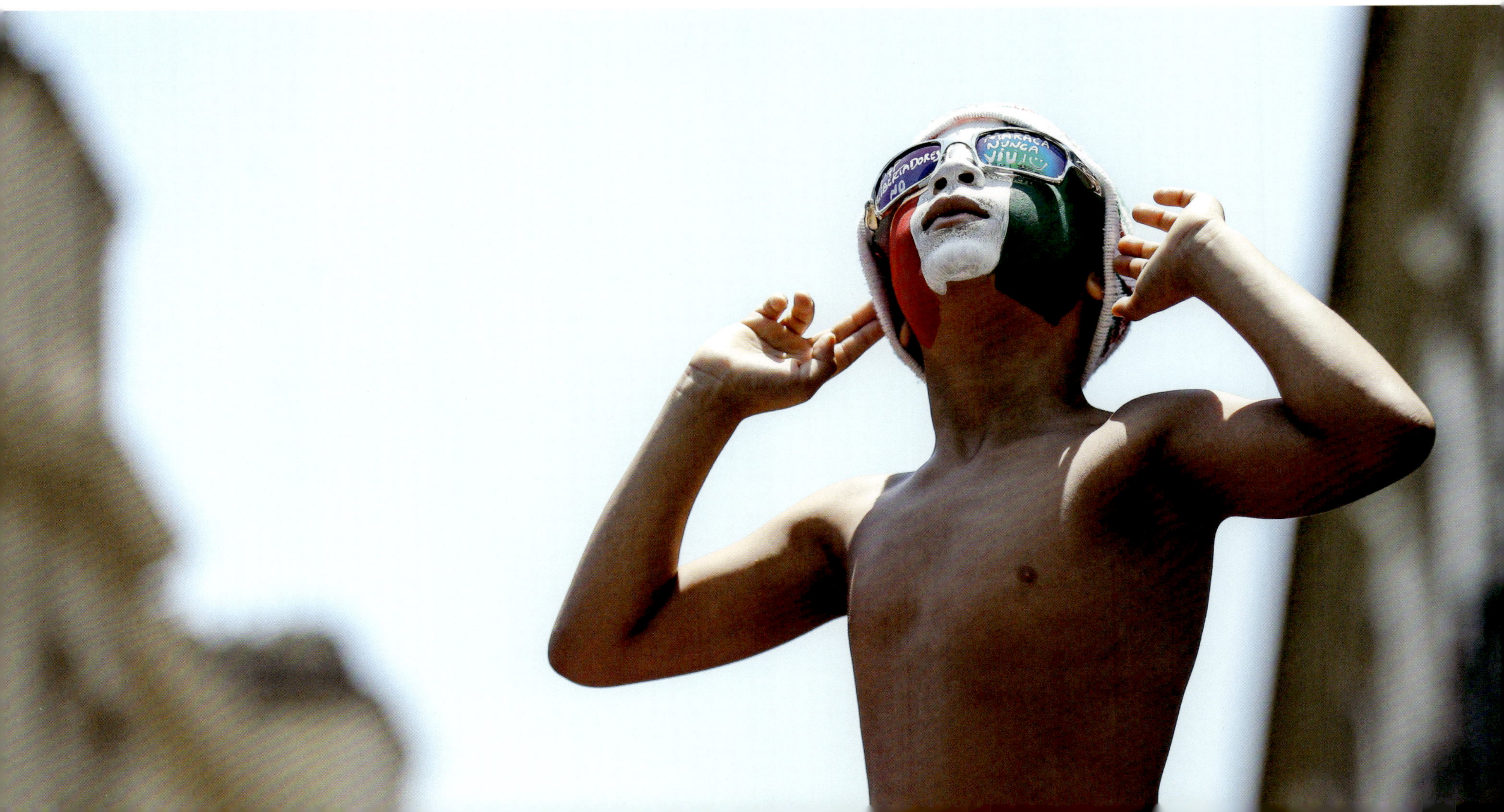

CARTA ABERTA DE NINO EM SUA DESPEDIDA
DO FLUMINENSE FOOTBALL CLUB

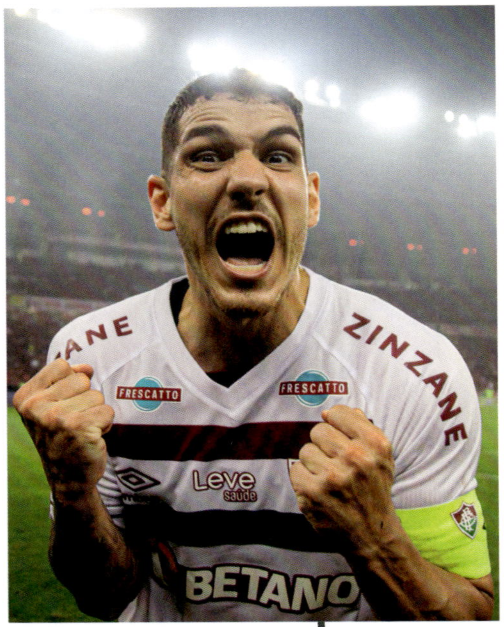

TEXTO PUBLICADO ORIGINALMENTE
PELO *THE PLAYERS' TRIBUNE*

TÁ ESCRITO

Eu já tinha ouvido aquela música, claro.

Quem cultiva a semente do amor
Segue em frente e não se apavora
Se na vida encontrar dissabor
Vai saber esperar a sua hora

Eu já tinha ouvido, mas não daquele jeito. Nem naquelas circunstâncias. Era muita gente cantando ao mesmo tempo e muito alto, forte, vibrante. Tinha uma felicidade, um astral diferente naquele mar de vozes que invadiu o nosso vestiário no Beira-Rio.

Por um segundo, enquanto eu calçava as chuteiras, pensei que fossem os torcedores do Inter.

“Não, não pode ser. Essa energia aí é coisa da nossa torcida, não tem outra não.”

De fato, era a galera tricolor cantando. A melodia tinha chegado devagar e agora tomava conta da nossa mente, dos nossos corpos e dos nossos corações.

Às vezes a felicidade demora a chegar
Aí é que a gente não pode deixar de sonhar
Guerreiro não foge da luta e não pode correr
Ninguém vai poder atrasar quem nasceu pra vencer

A gente entendeu o recado e subiu pro campo abraçado no sentimento que embalou o Fluminense na Libertadores: coragem.

Era o segundo jogo da semifinal e a atmosfera estava de arrepiar. A primeira partida, no Maracanã, já tinha sido mágica: o nosso plano era vencer e seguir pra Porto Alegre com a vantagem, porque todo mundo sabe que jogar lá é complicado. Antes dos 10 minutos já estava 1 a 0 pra gente, gol do Cano. Mas aos 44 perdemos o Samuel, expulso.

Aos 49 eles empataram. E viraram pra 2 a 1 aos 18 do segundo tempo. O nosso momento mais delicado na competição.

Perdendo em casa com um jogador a menos... Como chegaríamos pro jogo da volta lá no sul?

Nessas horas, a gente fica tão obcecado em reverter o momento ruim que é difícil perceber o que se passa fora do campo. Naquela noite no Maraca, porém, enquanto a gente se posicionava pra reiniciar a partida depois do segundo gol deles, naqueles poucos segundos, eu resolvi dar uma olhada em volta. Talvez eu buscasse ajuda, um sinal, alguma esperança.

Então, o que eu vi foi uma loucura. O estádio inteiro em festa. Não parecia que a gente tinha tomado gol, parecia que a gente tinha marcado. O time inteiro sentiu a vibração. Olhei pros meus companheiros, e na cara de cada um a mesma expressão de: "Beleza, nós vamos lá empatar." Não era um desejo, uma vontade. Era uma convicção.

"Vamos lá empatar logo isso!"

É dessa coragem que eu falo. A coragem que tá na música que a galera passou a cantar nos nossos jogos.

A coragem de acreditar.

Erga essa cabeça, mete o pé e vai na fé
Manda essa tristeza embora
Basta acreditar que um novo dia vai raiar
Sua hora vai chegar.

Aí, aos 32 do segundo tempo, o Arias cobrou escanteio, eu cabeceei pro Cano e ele empatou o jogo.

Ok, o Germán pôs a bola pra dentro, mas quem marcou aquele gol foi a nossa torcida. Aqueles caras na arquibancada tiveram a coragem de acreditar que eles podiam fazer a diferença. Tiveram a coragem de acreditar num time lutador, mas cheio de fantasmas do passado na Libertadores pra lidar.

Esses caras foram demais. Eles recolocaram o Fluminense dentro da semifinal. Foram eles que, percebendo o momento crítico, de que talvez a ponte pra decisão pudesse ruir, vestiram a camisa do Samuel e, jogando o segundo tempo com a gente, ajudaram a sustentar a gente nessa travessia.

Quando terminou a partida, a minha sensação era de estar dentro de uma das maiores demonstrações de amor da história do futebol. Eu não ia ver nada mais emocionante que aquilo, nem que vivesse mil anos. Mas o Fluminense é f***, mermão. Uma semana depois, no Beira-Rio, foi maior. Mesmo em inferioridade numérica na arquibancada, nossa torcida cantou ainda mais alto, pro Brasil inteiro ouvir e pra colocar a gente na final.

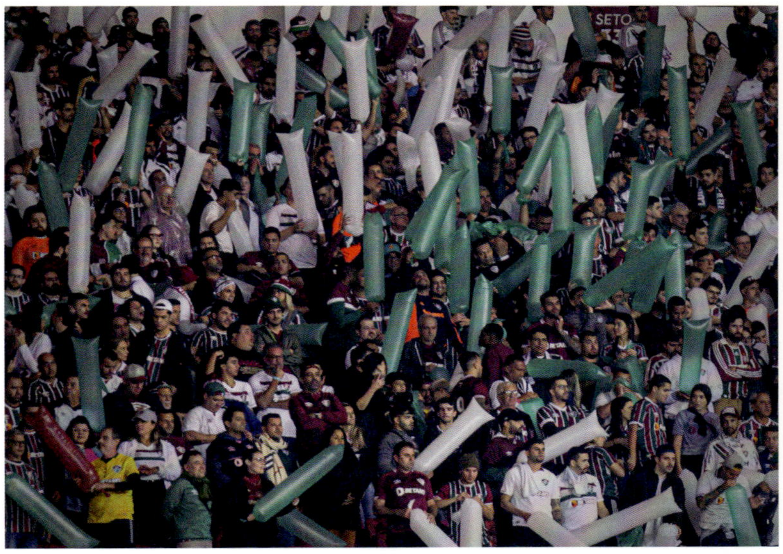

O grande barato de ter jogado nesse Fluminense campeão da América é que nós fomos um time de amigos. A gente criou uma amizade fora de campo que foi fundamental dentro. Nesse grupo não tinha jogador de cara feia por não ser relacionado nem pro banco. Não tinha jogador com raiva por atuar fora de posição ou por ser substituído. Não tinha jogador com inveja do sucesso do artilheiro.

Pelo contrário: o que tinha era a nossa coragem de enterrar o egoísmo e a vaidade e ficar feliz com cada colega que brilhava, que decidia os jogos. Ao longo da caminhada sempre esteve claro pra nós que, em famílias como a que nós formamos no Fluminense, o brilho de um filho é resultado do esforço de todos.

E quem começou a organizar a casa pra essa família prosperar foi o presidente Mário Bittencourt. Ele sempre me pareceu um cara que valoriza a importância da palavra "continuidade" no futebol. Na cabeça do Mário, manter o núcleo principal do elenco e a filosofia de jogo de um ano pro outro é a base de tudo.

Essa foi a semente de um Fluminense vencedor.

Demorou cinco anos pra brotar, crescer e dar frutos, mas valeu a pena. A árvore está bem enraizada, mais forte do que nunca. E eu, que cheguei em 2019, tenho orgulho de dizer que ajudei a regar.

Na verdade eu cresci junto, sabe? Cresci lutando contra o rebaixamento no Brasileirão, cresci perdendo clássicos e finais no Estadual, cresci sendo desclassificado na Libertadores, depois na pré-Libertadores contra o Olimpia, uma tristeza terrível que acabou servindo de adubo para a colheita que viria, e precisei crescer bem rápido quando me tornei o capitão do time.

Pra maioria das pessoas talvez não seja um fato tão relevante, mas eu nunca vou esquecer da emoção que senti.

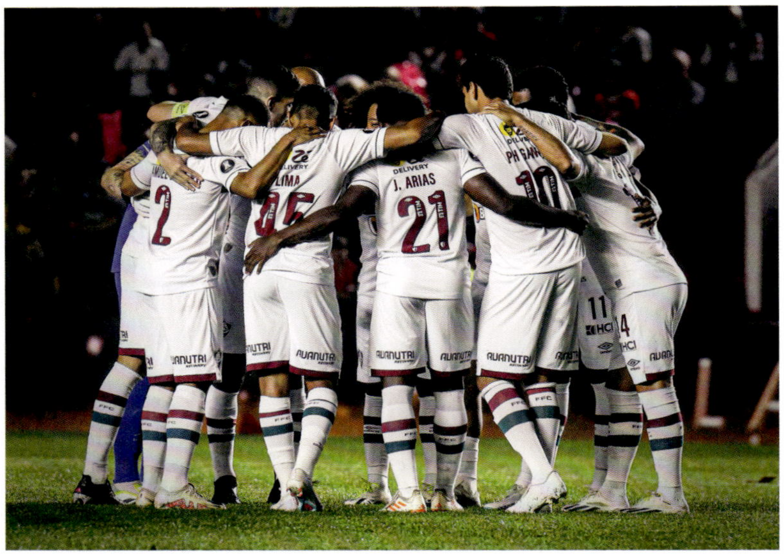

Foi num jogo da Libertadores de 2021, contra o Santa Fé, na Colômbia. O Fred foi substituído e, sem que eu esperasse, mandou me entregarem a braçadeira dele. Eu sou um cara cauteloso por natureza, mas em nenhum momento perguntei: "Oxe, por que eu?"

O Fred tinha 38 anos e estava se aposentando depois de uma vida gloriosa em Laranjeiras. Eu tinha 23, quinze a menos, e acho que ele enxergou em mim algumas características parecidas com as dele. Talvez as de um cara com as mesmas preocupações em relação ao bem-estar geral do grupo, um cara capaz de ouvir e se fazer ouvir pelos colegas, de ser a voz do treinador dentro do campo, de ser alguém que tomaria um tapa na cara numa final de Libertadores e ficaria no chão até que o agressor fosse expulso.

Eu aprendi direitinho com o melhor professor, é ou não é? Valeu, Fred!

Ter sido o capitão do Fluminense nesse período tão especial, ao lado de outra lenda como o Marcelo, me honra demais. Mas a responsabilidade é grande. O mais difícil é não encontrar as melhores palavras quando o time precisa delas.

Aquele jogo das oitavas contra o Argentinos Juniors, em Buenos Aires, por exemplo. Baita sufoco. Eles tinham um sistema de marcação difícil pra gente e, pra complicar, abriram 1 a 0 logo no comecinho. Depois, o Fábio fez uma série de defesas que pelamordedeus. Aí teve aquele lance em que o Marcelo sem querer machucou um adversário.

Ver o Marcelo abalado daquele jeito mexeu com a gente. As coisas não estavam boas. Se perdêssemos, seria complicado virar no Maracanã. Mas aos 42 do segundo tempo um golaço do Samuel nos salvou. Pra mim, foi o momento-chave da campanha.

Terminamos a partida em êxtase, acreditando na caminhada. E mesmo assim, quando descemos pro vestiário, eu não encontrei nem uma mísera palavra boa pra falar como capitão do time. Eu estava emocionalmente esgotado.

Naquele dia a minha cabeça voltou no tempo pra uma época em que eu vivia um momento oposto, de querer desistir do futebol. Eu tinha 17 anos. Depois de começar no Sport, estava no Mogi Mirim, pra onde fui levado pelo Rivaldo. Mas, sem ser relacionado para os jogos depois de dois anos, eu comecei a me perguntar aonde aquilo ia me levar.

Num fim de ano eu voltei de férias pra Recife e conversei com meu pai: "Olha, pai, eu trabalho duro todos os dias, mas não estou vendo meu esforço dar resultado. Acho que o futebol não é o meu caminho. Tô com vontade de parar com a bola e continuar os estudos."

Meu pai, um homem de origem humilde que sempre acreditou na educação e se tornou juiz, mas nunca menosprezou o poder dos nossos sonhos, me falou: "Filho, o futebol é o seu grande amor. Não vá desistir dele assim. Tente mais seis meses. Até o meio do ano Deus vai te colocar no profissional." Eu fiquei atônito: "Mas, pai, eu não sou relacionado nem pro banco do sub-17! Como é que em seis meses eu vou pro profissional?" Ele só me olhou com carinho e não disse mais nada.

Eu era volante, no começo. Mas quando voltei de férias a nossa equipe estava sem um zagueiro e eu pedi ao técnico para treinar na posição. Senti que era a minha última chance. Treinei de zagueiro e ele gostou. Comecei então a ser relacionado pro banco, porque me tornei um jogador 2 em 1: volante e zagueiro. Aí, numa partida o zagueiro titular é expulso, eu entro. Na outra, o volante titular se machuca, eu entro. Fui ficando no time e jogando mais.

No meio do ano o Rivaldo decide encerrar as categorias de base e eu: "Caramba, logo agora que eu tô engrenando?" Ele disse que alguns poucos jogadores da base iam ficar. E eu estava entre eles.

Do Mogi eu fui pro Criciúma e vivi um começo traumático lá. Nas sete primeiras rodadas do meu primeiro Campeonato Brasileiro, nós tínhamos seis derrotas e um empate. A nossa melhor partida foi uma em que eu fiz um gol contra e nós perdemos de 1 a 0. A torcida me vaiou, xingou, eu voltei pra casa arrasado pensando numa frase de um antigo treinador da base no Sport: "Às vezes o futebol pode ser uma máquina de triturar gente."

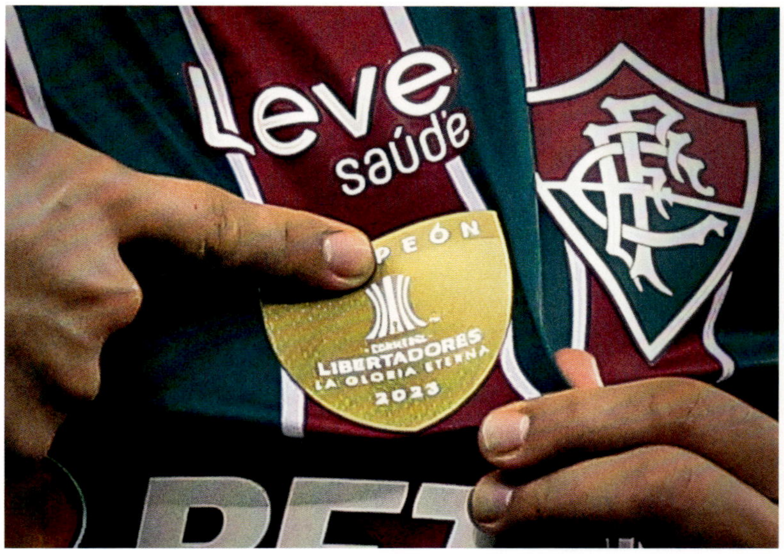

Eu já tinha muitas dúvidas sobre o futebol, muita insegurança e intranquilidade. Isso aumentou de um jeito quase insuportável. O futebol era o amor da minha vida, como bem disse meu pai. Mas era também a minha maior preocupação. Eu tinha muitas perguntas, sempre tive. E as respostas pra elas eu só comecei a receber nesse Fluminense do Fernando Diniz, um cara que conhece bem essa aflição.

Uma pergunta que sempre me atormentou foi:

"E se eu fracassar?"

O Diniz, que é um treinador apaixonado pelo futebol, me respondeu com outra pergunta:

"O que é fracassar?"

Esse cara me ensinou muita coisa, mas me ensinou principalmente a enxergar certas coisas que realmente importam de outro jeito. Eu tinha medo de fracassar. E talvez eu tenha transformado esse medo no meu combustível pra não fracassar. Mas é pesado viver assim. Então o que é fracassar? Falam muito em "dinizismo", que o dinizismo isso, o dinizismo aquilo. Pra mim o dinizismo é ter outra perspectiva sobre tudo, enxergar o mundo e a vida de outro jeito. Pra isso é preciso ter coragem. E amigos.

É desse clube corajoso e desses amigos de vestiário e arquibancada que me ensinaram a viver que eu me despeço com esta carta.

Acreditem em mim: não está sendo confortável fazer isso. Achei que as palavras me faltariam de novo, por causa dos sentimentos tão misturados.

Dá pra estar feliz e triste ao mesmo tempo?

Sinto uma alegria boa, uma leveza na alma, quando penso no que passamos juntos. Que bom que ouvi meu pai, Deus me abençoou e eu não desisti! Mas também bate uma tristeza danada de ir embora.

Sim, eu sei que é bom partir podendo levar tanta coisa boa na bagagem. E no Fluminense eu colecionei as maiores conquistas e as melhores lembranças da minha carreira. Mas é duro pensar que não vou mais ouvir toda semana o canto que tantas vezes nos empurrou e nos levantou, seja no Maracanã, em Porto Alegre ou na Arábia.

Ah, como eu gostaria de agradecer a cada torcedor pessoalmente, um por um. Olhar nos olhos de cada um e dizer: "Vocês não fazem ideia de como foram importantes."

Torcida tricolor, obrigado pela coragem. A coragem de sonharem comigo o sonho mais bonito de todos. Muito obrigado, de coração!

E, antes que eu chore e não consiga dizer mais nada, só me resta aceitar que chegou minha hora. Saio com a certeza de que ainda voltarei a ver um novo dia raiar em Laranjeiras.

Porque a nossa história não termina aqui.

Tá escrito...

OS ARTISTAS DO ESPETÁCULO

PRINCIPAIS NÚMEROS DE 2023

72 *jogos*
37 *vitórias*
13 *empates*
22 *derrotas*
115 *gols marcados*
74 *gols sofridos*
57,4% *de aproveitamento*
14,2 *finalizações por jogo*
62,2% *de posse de bola por jogo*
27 *jogos sem sofrer gols*

ARTILHEIROS

Germán Cano · 40 gols
John Kennedy e Jhon Arias · 12 gols
Lima · 7 gols
Keno e Nino · 5 gols
PH Ganso e Samuel Xavier · 4 gols
Felipe Melo e Martinelli · 3 gols
Alan, Alexsander, Gabriel Pirani, Lelê e Marcelo · 2 gols
André, Diogo Barbosa, Guga, João Neto, Léo Fernández, Marrony, Vitor Mendes e Yony González · 1 gol
Gols contra: Joanderson (Resende) e Kevem (Boavista)

GARÇONS

Jhon Arias · 17 assistências
Keno · 12 assistências
PH Ganso · 10 assistências
Lima · 5 assistências
John Kennedy e Martinelli · 4 assistências
Germán Cano, Guga e Samuel Xavier · 3 assistências
Alexsander, Diogo Barbosa, Lelê, Nino e Yony González · 2 assistências
David Braz, Giovanni, Léo Fernández e Marcelo · 1 assistência

MAIS PARTIDAS JOGADAS

Fábio · 67 jogos
Lima · 66 jogos
André · 62 jogos
Germán Cano e Jhon Arias · 61 jogos
Nino · 57 jogos
PH Ganso · 56 jogos
Samuel Xavier · 54 jogos
Keno · 53 jogos
Martinelli · 51 jogos
Felipe Melo · 47 jogos
Guga e John Kennedy · 41 jogos

MAIS MINUTOS JOGADOS

Fábio · 6.736 minutos
André · 5.943 minutos
Jhon Arias · 5.721 minutos
Germán Cano · 5.706 minutos
Nino · 5.436 minutos
Samuel Xavier · 4.990 minutos
Lima · 4.593 minutos
PH Ganso · 4.182 minutos
Martinelli · 3.956 minutos
Keno · 3.947 minutos
Guga · 2.734 minutos

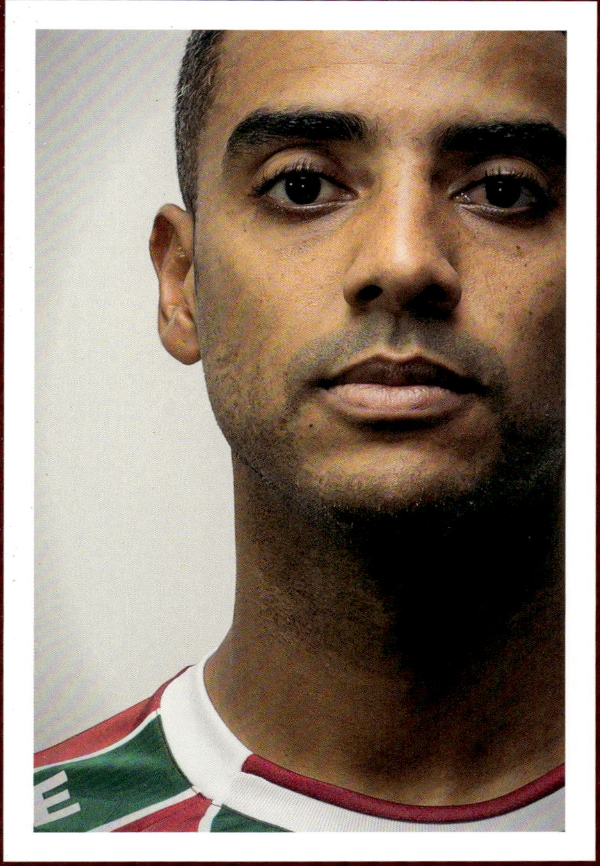

18 **ALAN**

Alan Douglas Borges de Carvalho
10/07/1989 · BARBOSA, SP

Atacante, 9 jogos, 2 gols

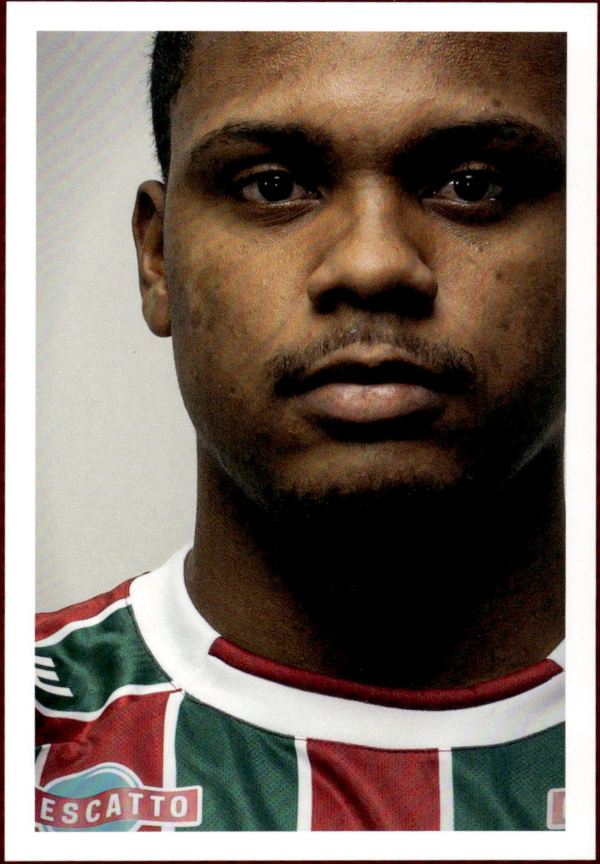

19 **ALEXANDRE JESUS**

Alexandre de Jesus Jeruzalem Junior
16/09/2001 · NOVA LIMA, MG

Centroavante, 2 jogos

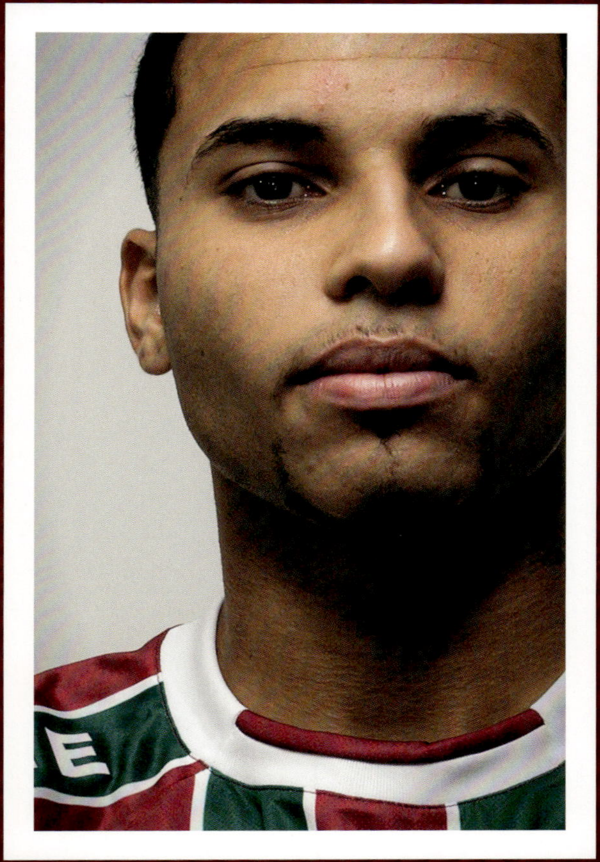

5 **ALEXSANDER**

Alexsander Cristhian Gomes da Costa
08/10/2003 · RIO DE JANEIRO, RJ

Volante, 36 jogos, 2 gols

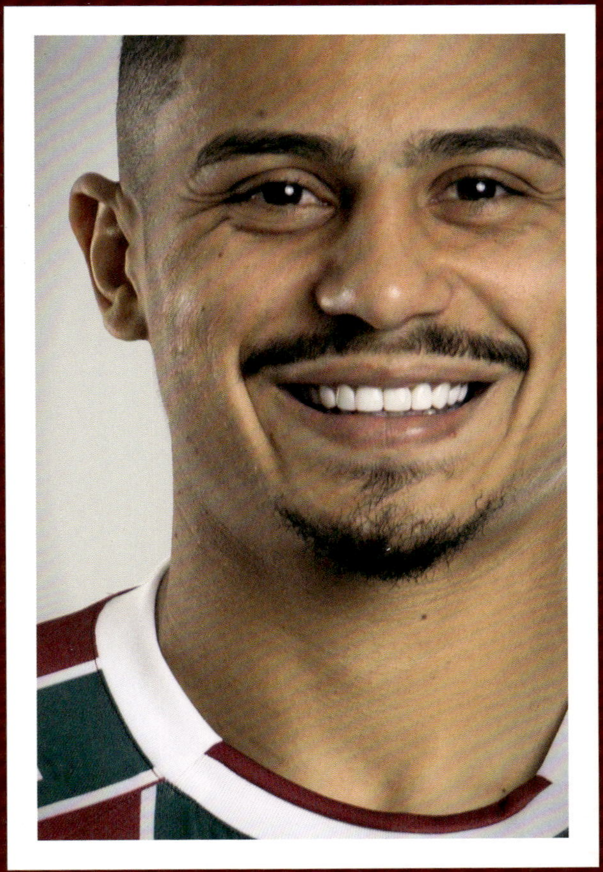

7 **ANDRÉ**

André Trindade da Costa Neto
16/07/2001 · IBIRATAIA, BA

Meia, 62 jogos, 1 gol

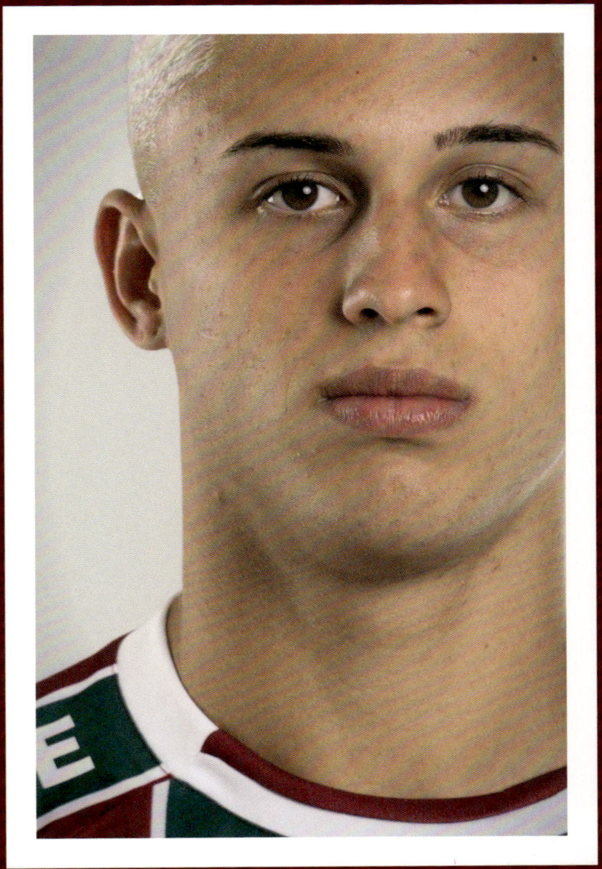

28 **ARTHUR**

Arthur Wenderrosky Sanches
24/02/2005 · NOVA FRIBURGO, RJ

Meia, 8 jogos

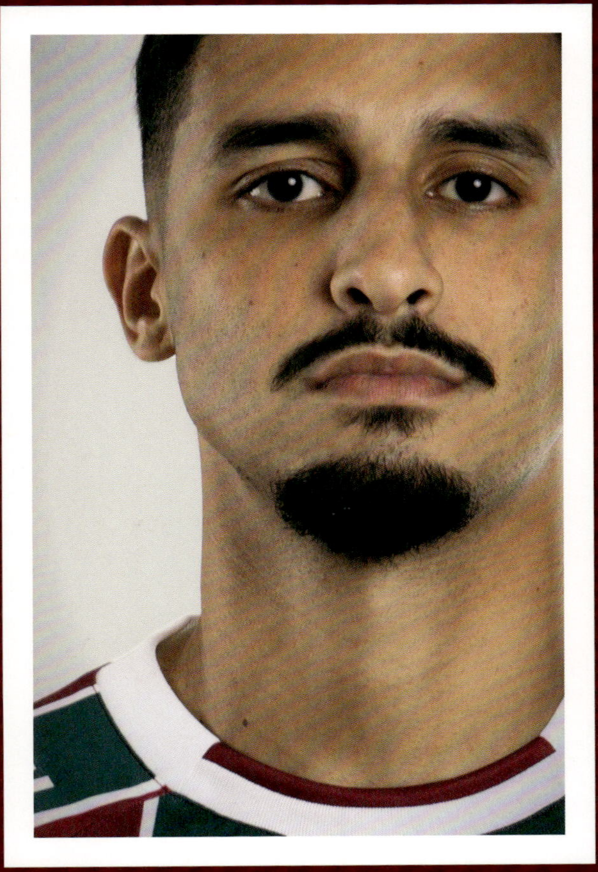

55 **DANIEL**

Daniel Sampaio Simões
11/01/1996 · RIO DE JANEIRO, RJ

Meia, 13 jogos

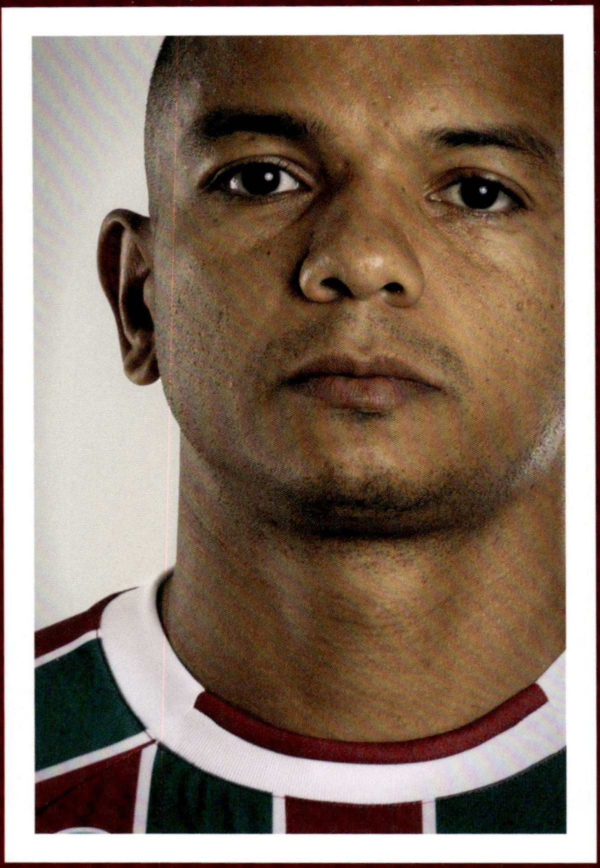

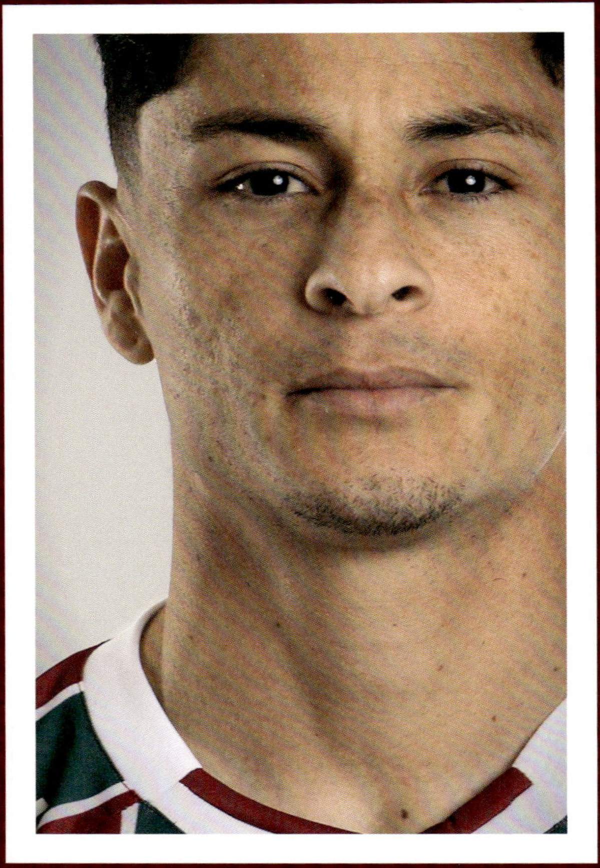

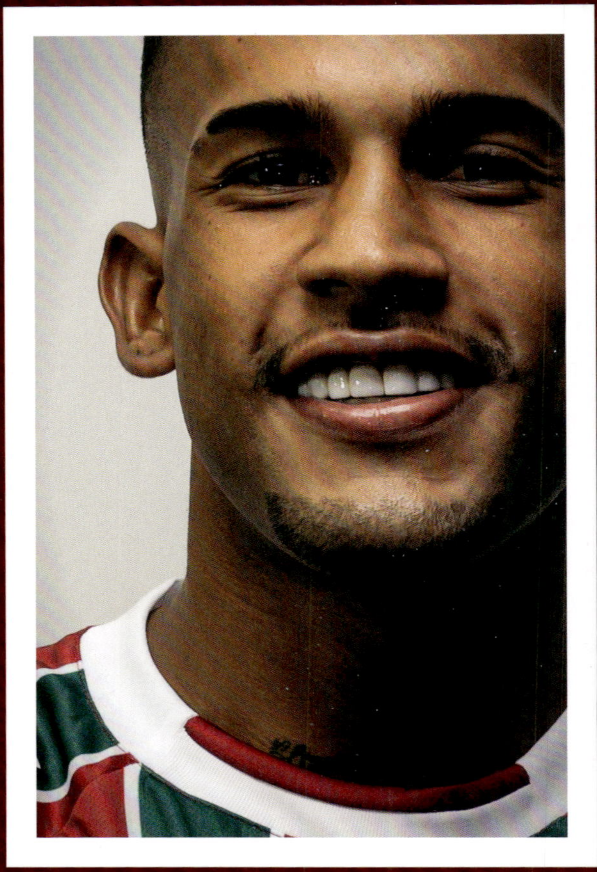

44 DAVID BRAZ
David Braz de Oliveira Filho
21/05/1987 · GUARULHOS, SP
Zagueiro, 31 jogos

16 DIOGO BARBOSA
Diogo Barbosa Mendanha
17/08/1992 · TERRA NOVA DO NORTE, MT
Lateral esquerdo, 26 jogos, 1 gol

34 EDINHO
Eder Maciel Lopes
23/08/2001 · BRASÍLIA, DF
Volante

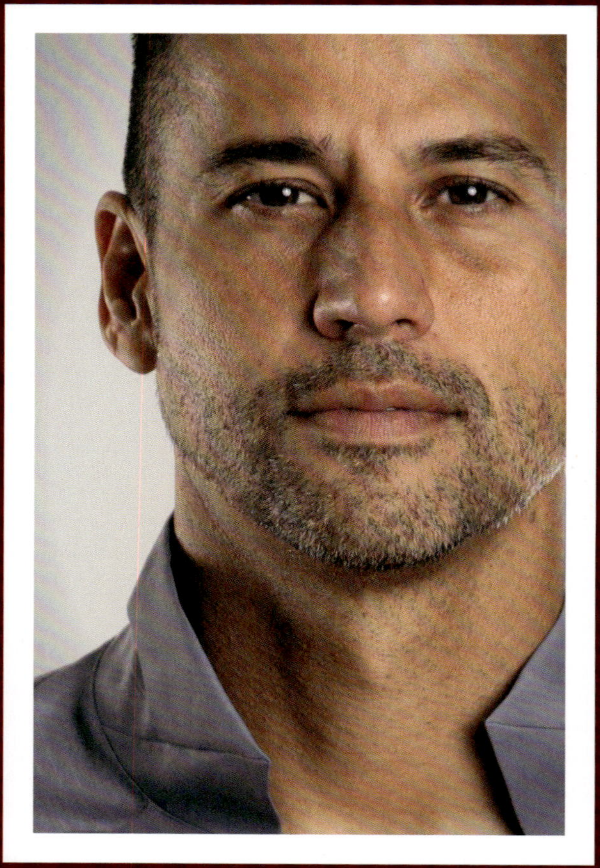

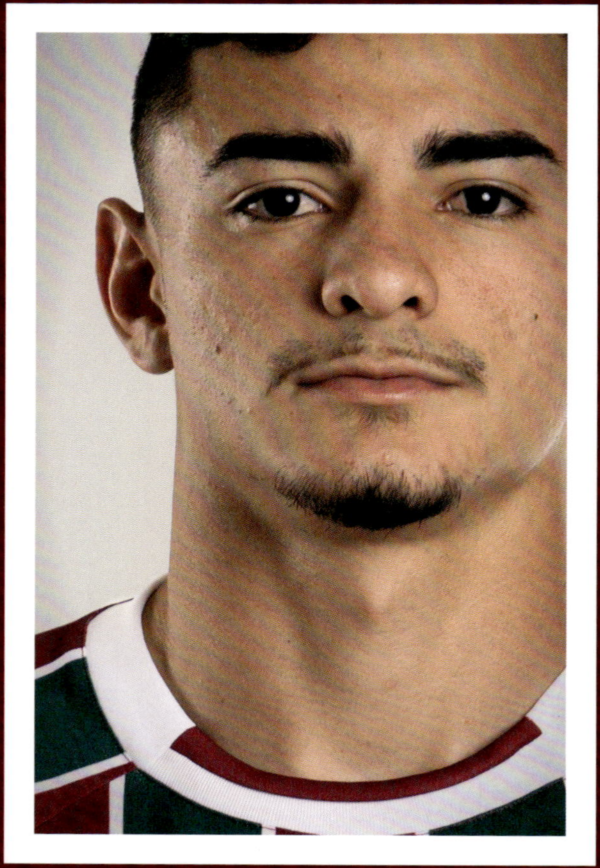

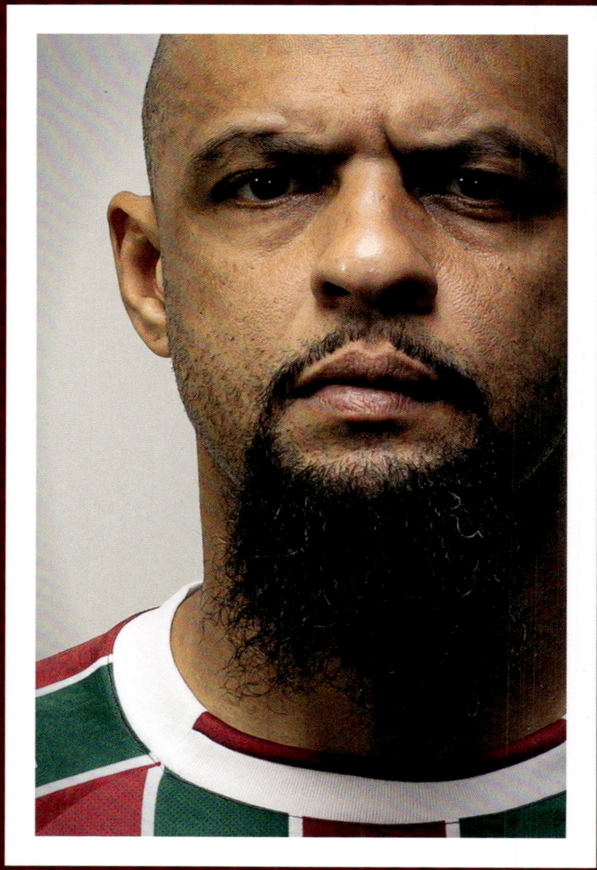

1 FÁBIO
Fabio Deivson Lopes Maciel
30/09/1980 · NOBRES, MT
Goleiro, 67 jogos

13 FELIPE ANDRADE
Felipe de Andrade Vieira
29/05/2002 · BOA VIAGEM, CE
Zagueiro, 8 jogos

30 FELIPE MELO
Felipe Melo de Carvalho
26/06/1983 · VOLTA REDONDA, RJ
Zagueiro, 47 jogos, 3 gols

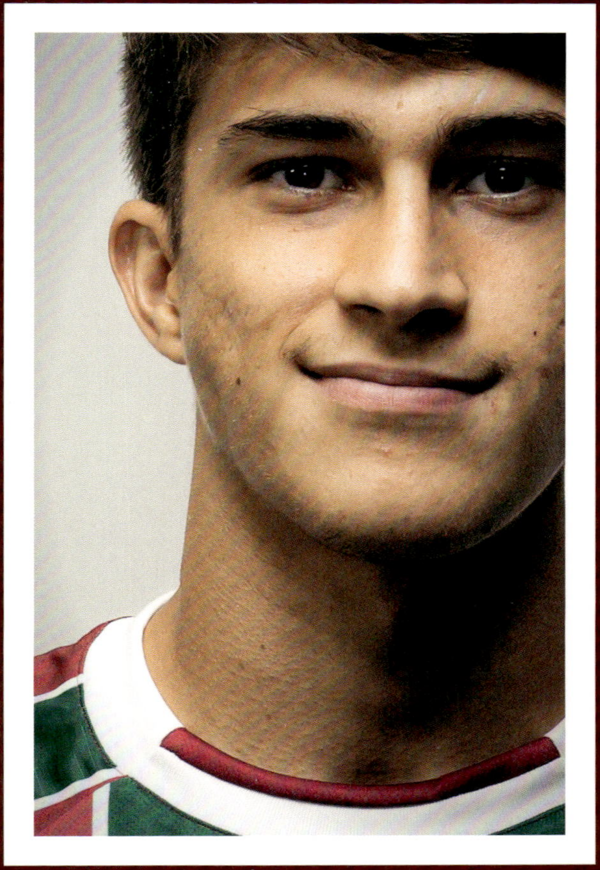

20 GABRIEL PIRANI

Gabriel Cordeiro Pirani
12/04/2002 · PENÁPOLIS, SP

Meia, 24 jogos, 2 gols

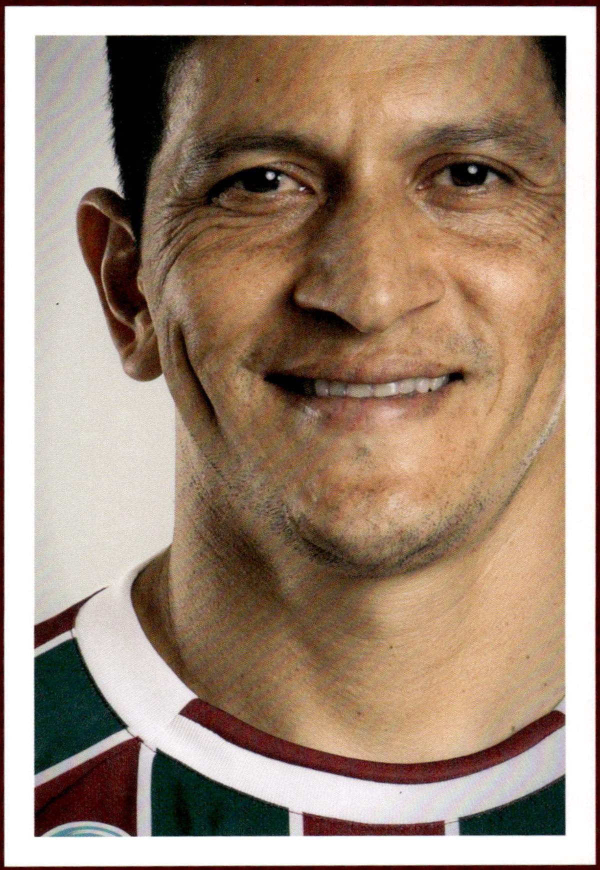

14 GERMÁN CANO

Germán Ezequiel Cano
02/01/1988 · LOMAS DE ZAMORA (ARG)

Centroavante, 61 jogos, 40 gols

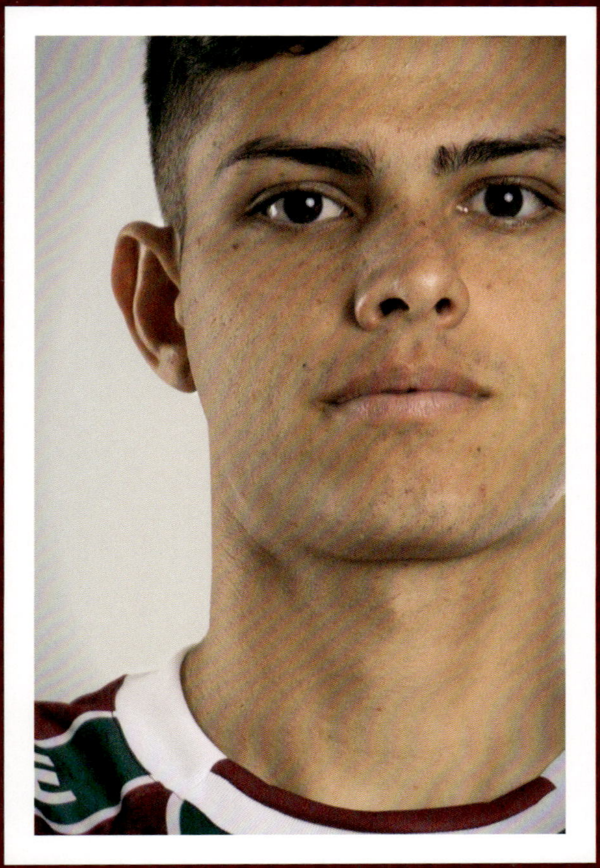

37 GIOVANNI

Giovanni Manson Ribeiro
31/01/2002 · BAURU, SP

Meia, 14 jogos

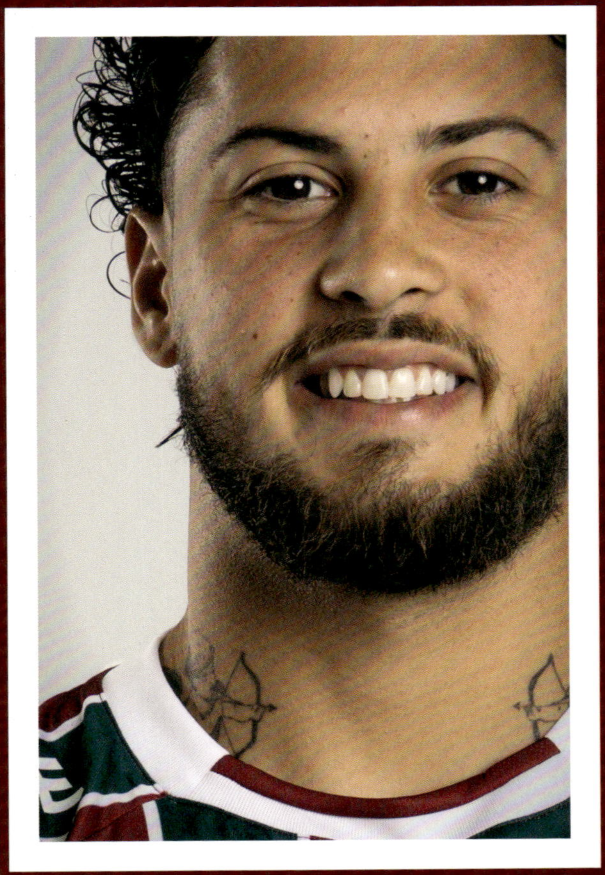

23 GUGA

Cláudio Rodrigues Gomes
29/08/1998 · RIO DE JANEIRO, RJ

Lateral direito, 41 jogos, 1 gol

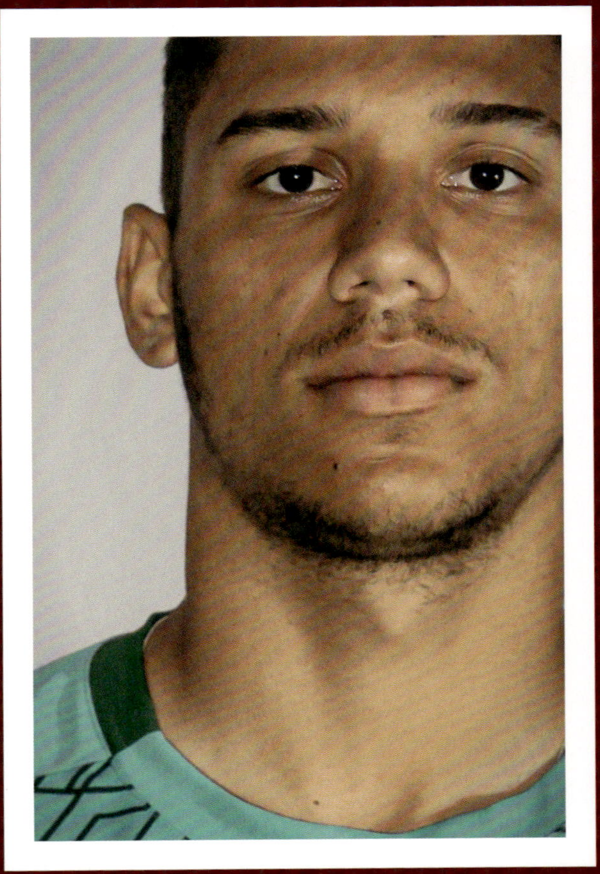

50 GUSTAVO RAMALHO

Gustavo Ramalho Bremer Pinto
16/09/2002 · NANUQUE, MG

Goleiro

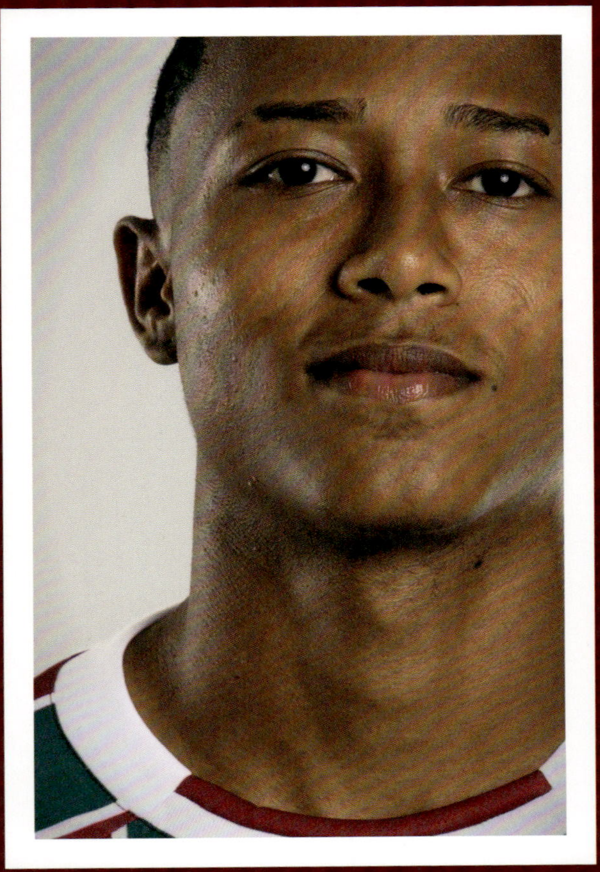

32 ISAAC

Isaac Rodrigues de Lima
24/04/2004 · TERESINA, PI

Atacante, 12 jogos

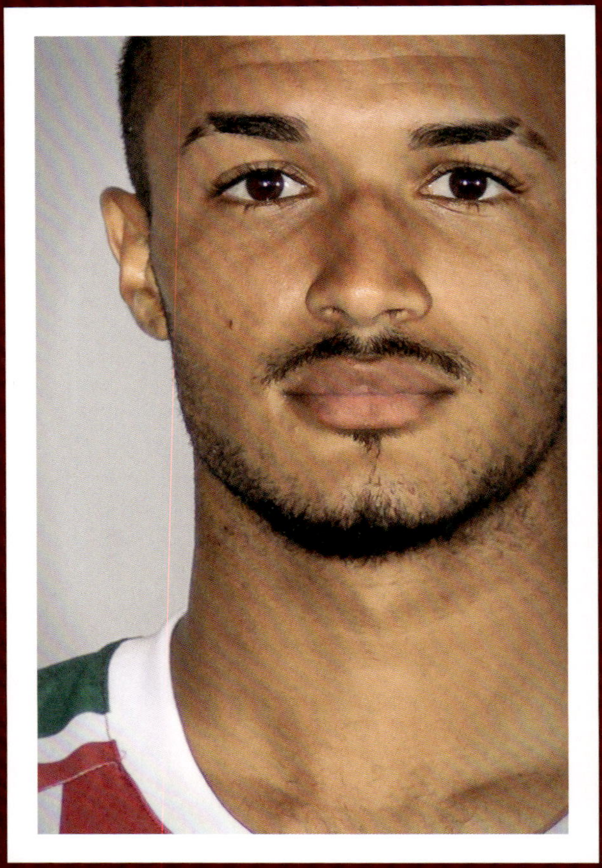

46 **JEFTÉ**
Jefté Vital da Silva Dias
21/12/2003 · MAGÉ, RJ
Lateral esquerdo

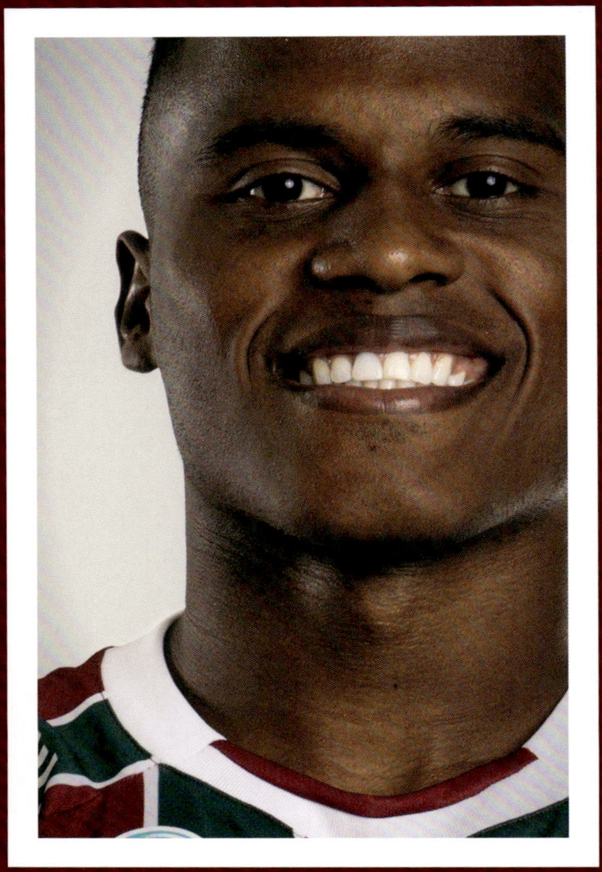

21 **JHON ARIAS**
Jhon Adolfo Arias Andrade
21/09/1997 · QUIBDÓ (COL)
Meia-atacante, 61 jogos, 12 gols

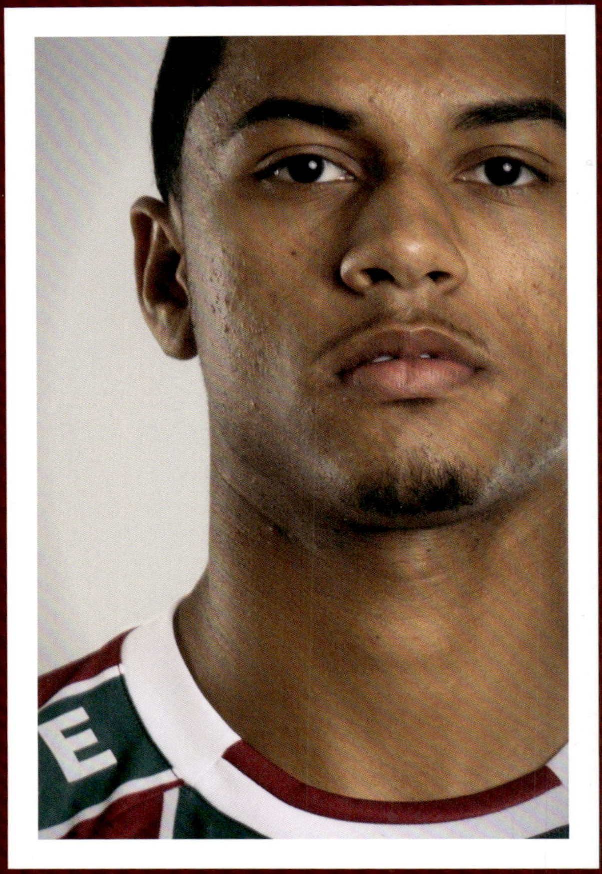

16 **JOÃO HENRIQUE**
João Henrique Mendes da Silva
28/02/2006 · SÃO GONÇALO, RJ
Lateral esquerdo, 1 jogo

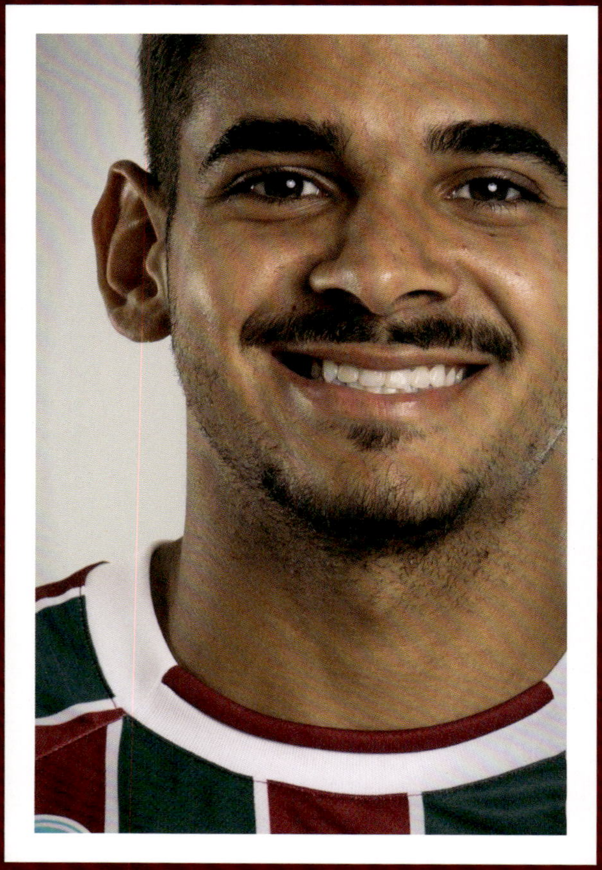

35 **JOÃO NETO**
João Batista da Cruz Santos Neto
10/07/2003 · DOM BASÍLIO, BA
Centroavante, 3 jogos, 1 gol

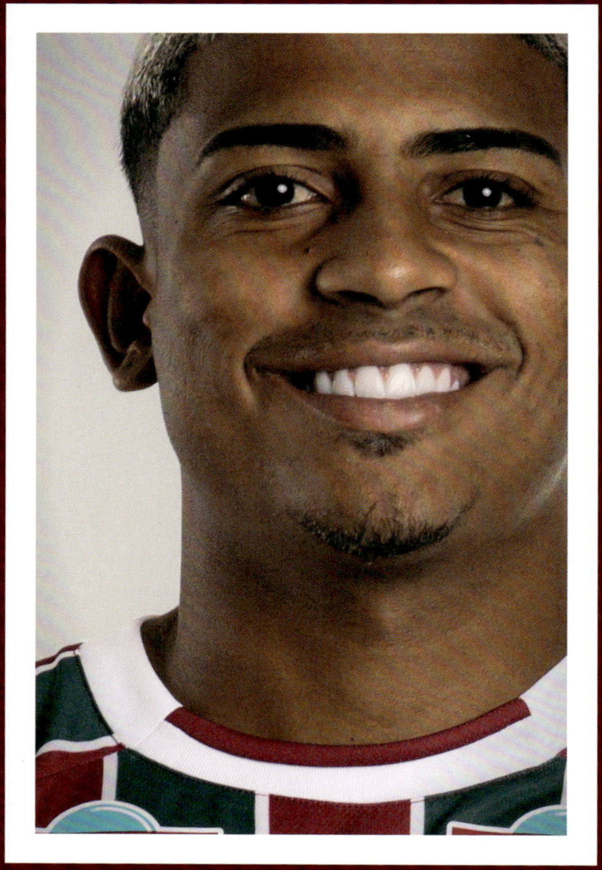

9 **JOHN KENNEDY**
John Kennedy Batista de Souza
18/05/2002 · ITAÚNA, MG
Centroavante, 41 jogos, 12 gols

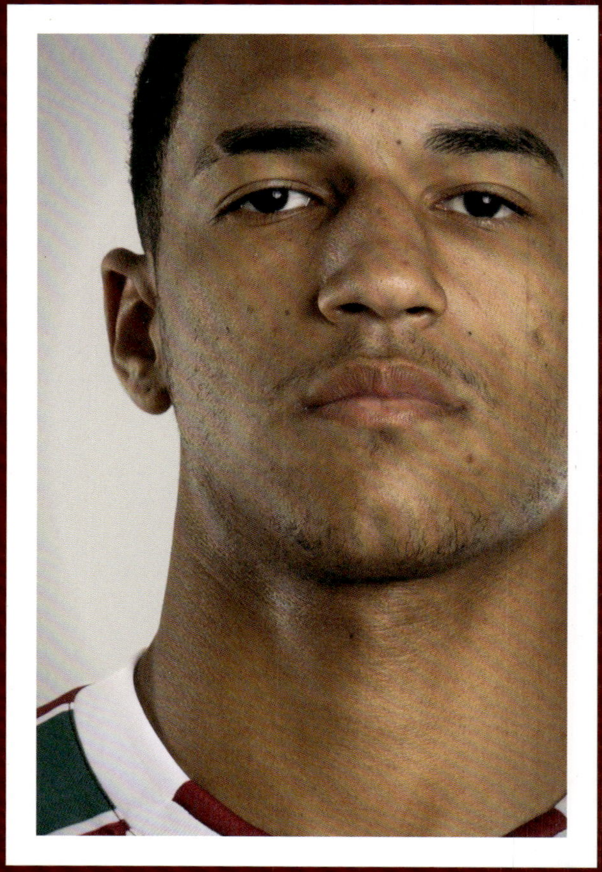

39 **KAUÃ ELIAS**
Kauã Elias Nogueira
28/03/2006 · UBERLÂNDIA, MG
Atacante, 1 jogo

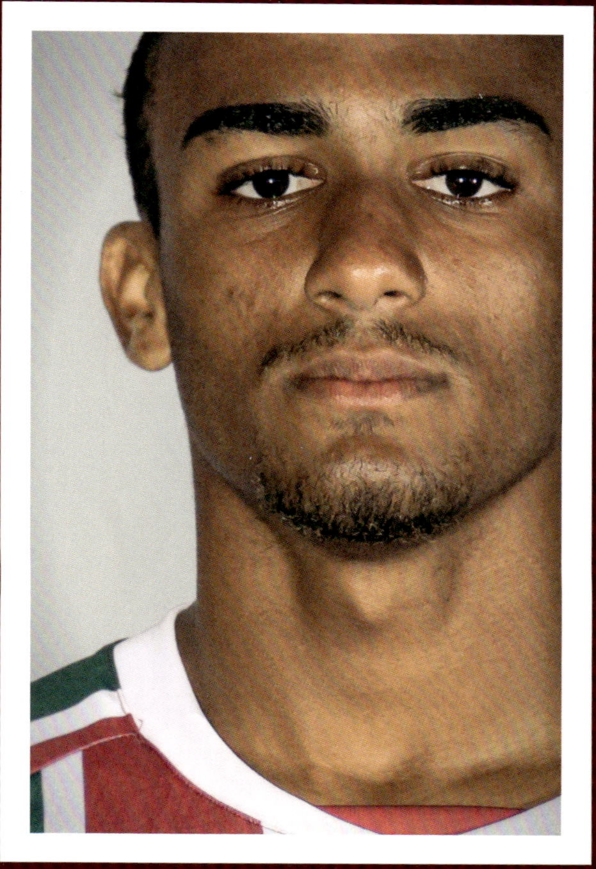

41 KAYKY ALMEIDA

Kayky Henrique A. Brandão da Silva
01/05/2005 · RIO DE JANEIRO, RJ

Zagueiro

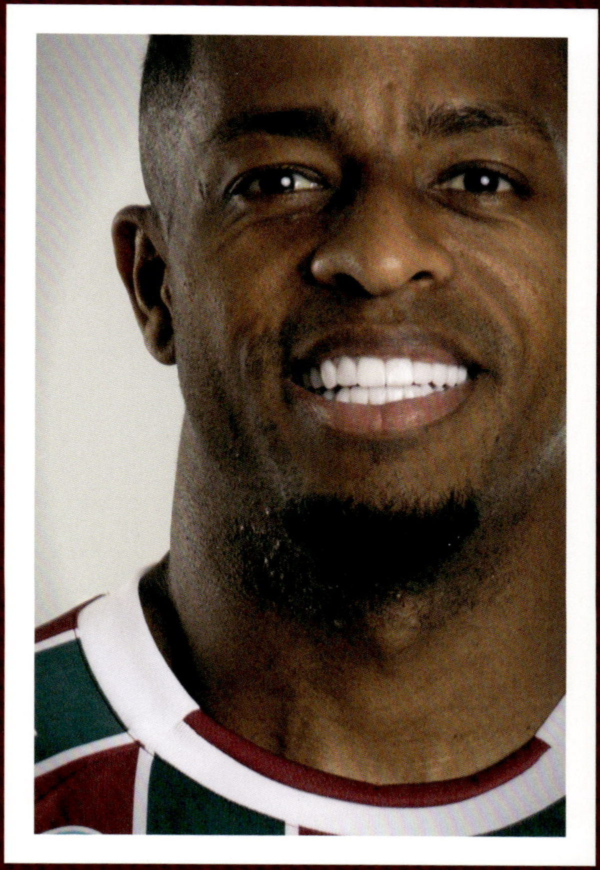

25 KENO

Marcos da Silva França
10/09/1989 · SALVADOR, BA

Atacante, 53 jogos, 5 gols

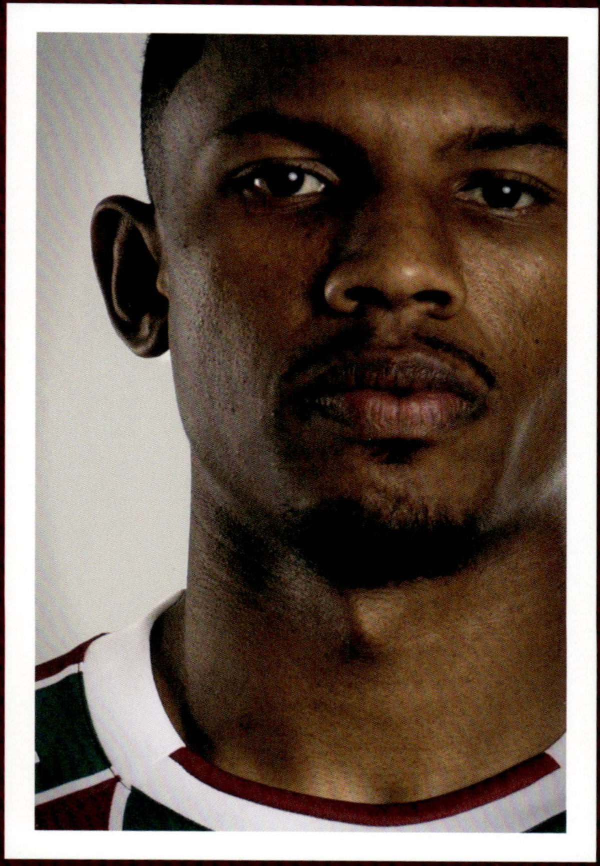

18 LELÊ

Leanderson da Silva Genésio
01/10/1997 · RIO DE JANEIRO, RJ

Atacante, 37 jogos, 2 gols

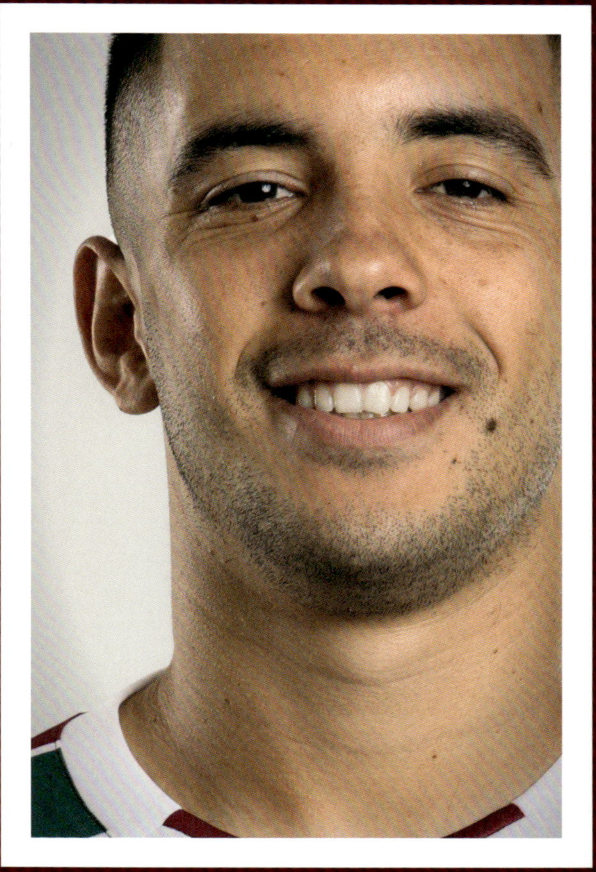

17 LÉO FERNÁNDEZ

Leonardo Cecílio Fernández López
08/11/1998 · MONTEVIDEO (URU)

Meia, 20 jogos, 1 gol

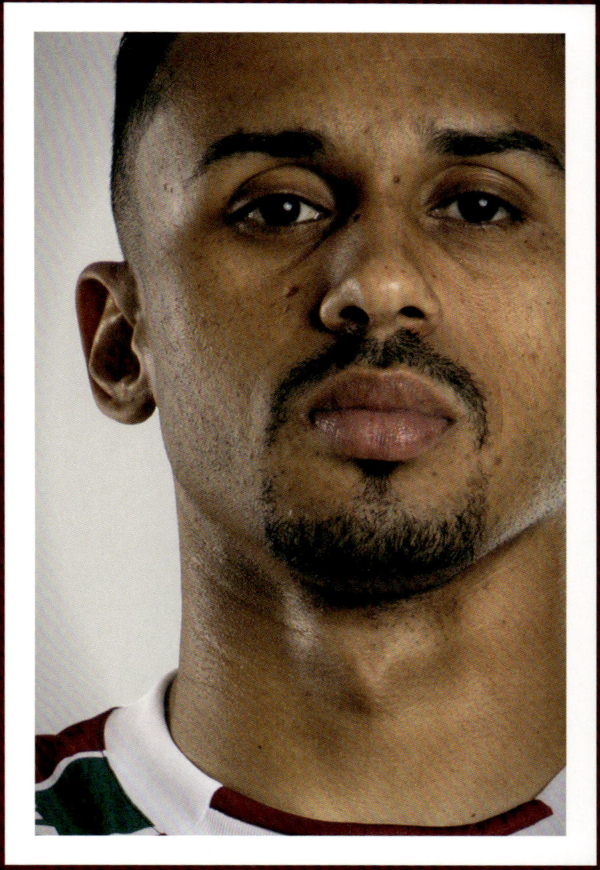

45 LIMA

Vinícius Moreira de Lima
11/06/1996 · ARAÇATUBA, SP

Meia, 66 jogos, 7 gols

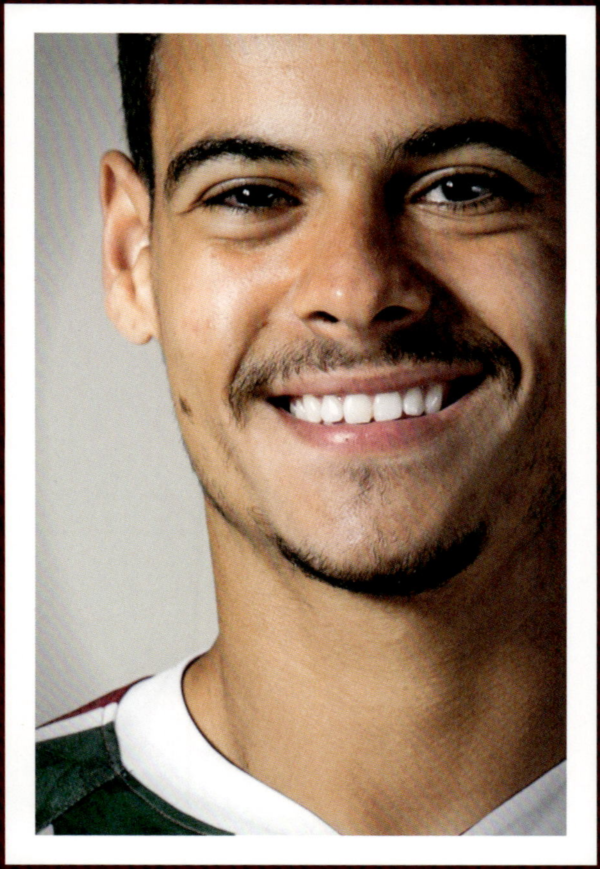

40 LUAN FREITAS

Luan de Freitas Molarinho Chagas
20/01/2001 · RIO DE JANEIRO, RJ

Zagueiro

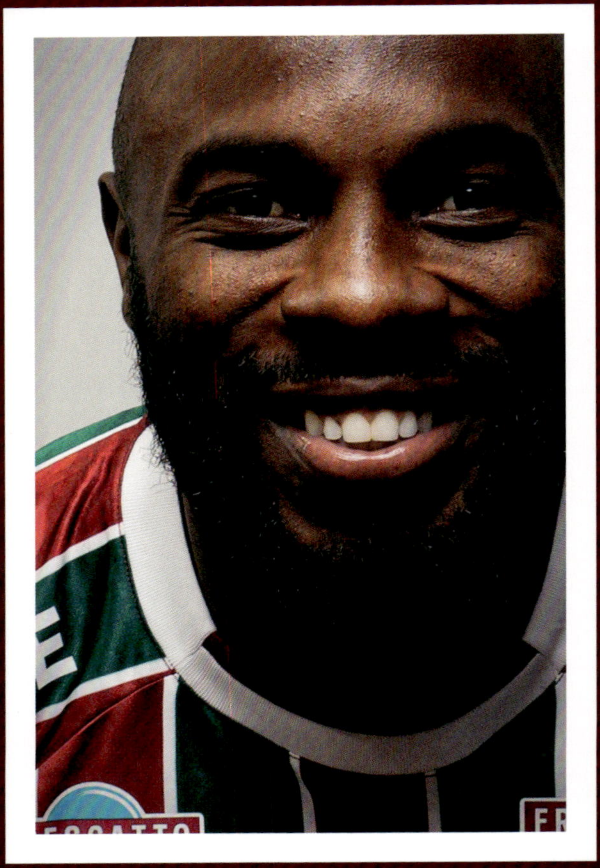

26 MANOEL

Manoel Messias Silva Carvalho
26/02/1990 · BACABAL, MA

Zagueiro, 15 jogos

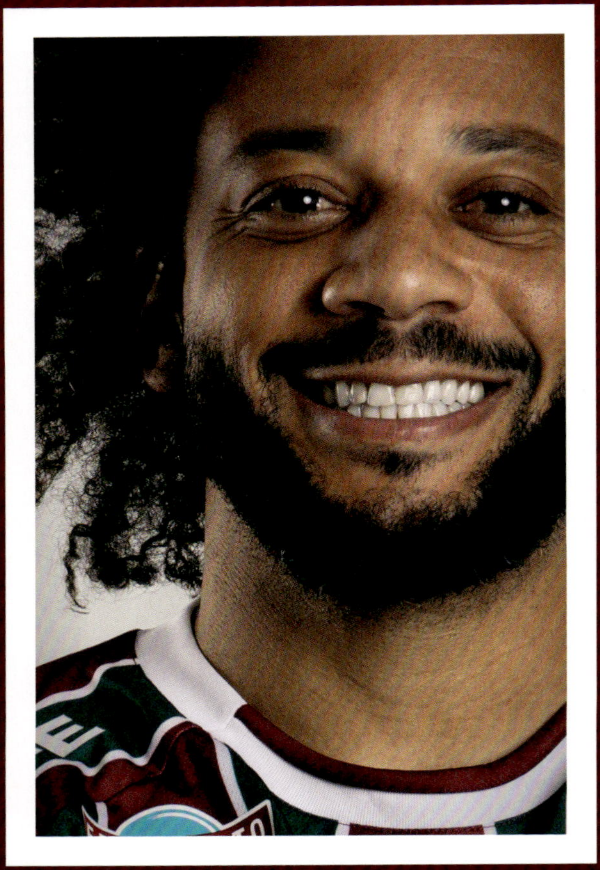

12 MARCELO

Marcelo Vieira da Silva Júnior
12/05/1988 · RIO DE JANEIRO, RJ

Lateral esquerdo, 32 jogos, 2 gols

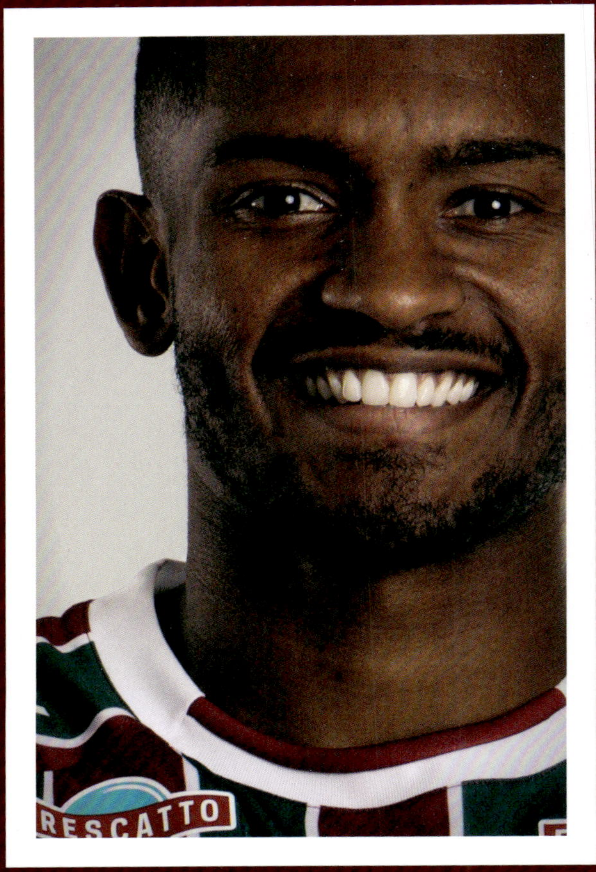

4 MARLON SANTOS

Marlon Santos da Silva Barbosa
07/09/1995 · DUQUE DE CAXIAS, RJ

Zagueiro, 22 jogos

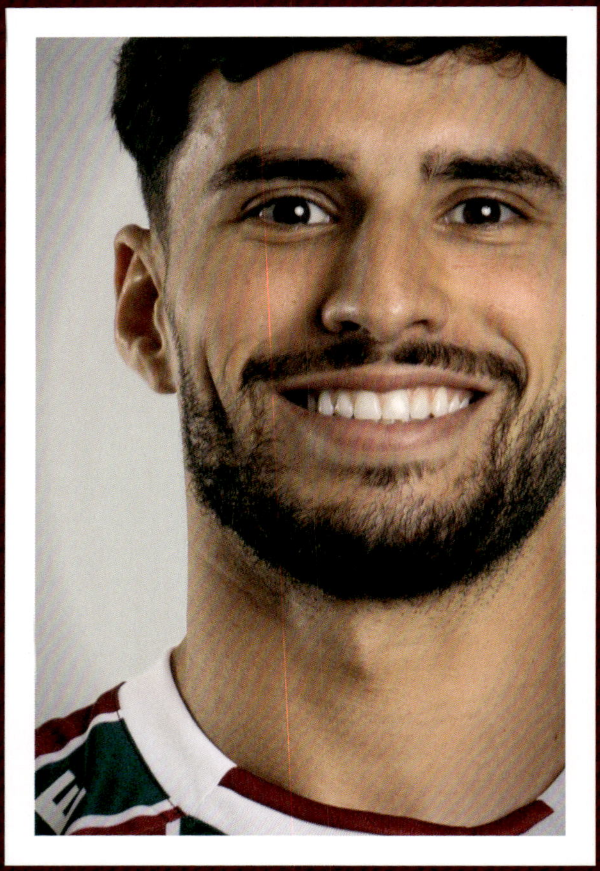

8 MARTINELLI

Matheus Martinelli Lima
05/10/2001 · PRESIDENTE PRUDENTE, SP

Meia, 51 jogos, 3 gols

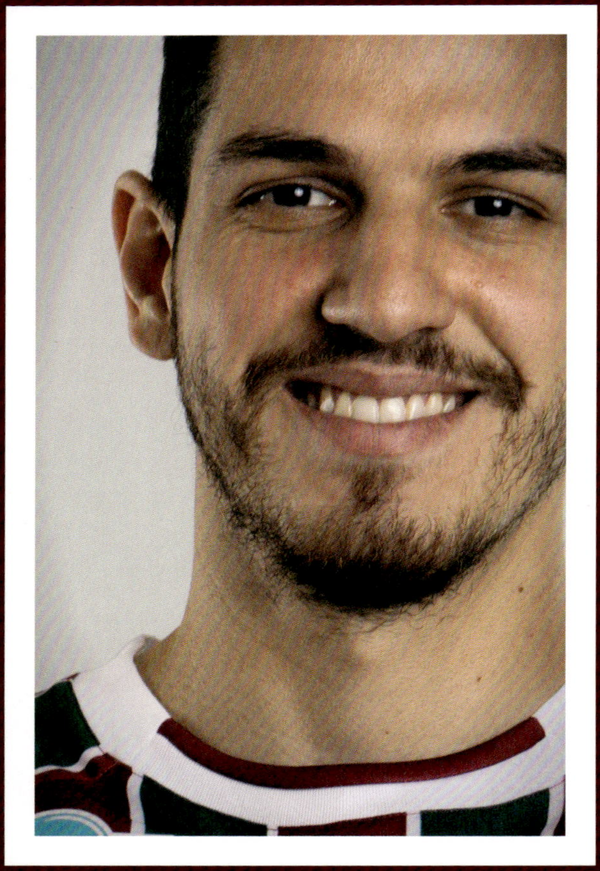

33 NINO

Marcilio Florencio Mota Filho
10/04/1997 · RECIFE, PE

Zagueiro, 57 jogos, 5 gols

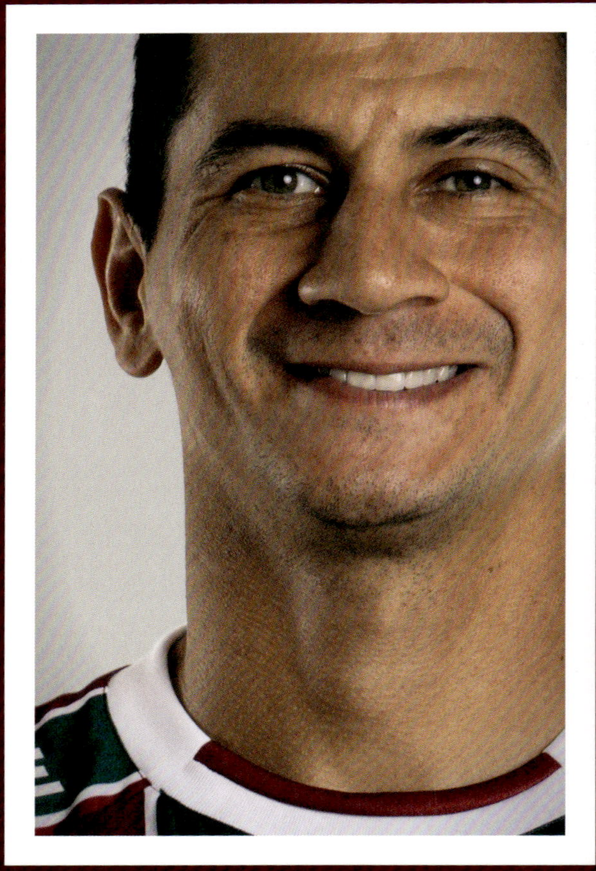

10 PAULO HENRIQUE GANSO

Paulo Henrique de Chagas Lima
12/10/1989 · ANANINDEUA, PA

Meia, 56 jogos, 4 gols

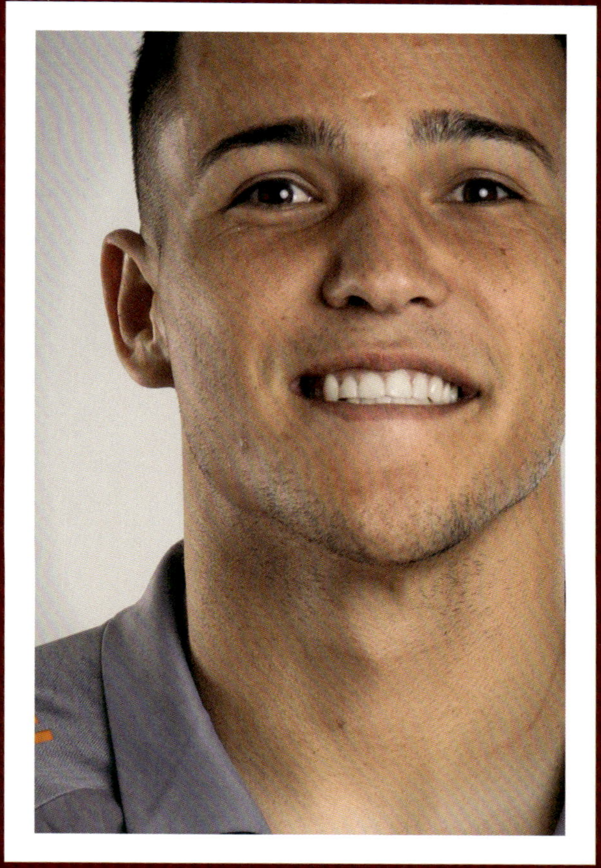

22 PEDRO RANGEL

Pedro Felipe de Faria Rangel
29/06/2000 · NEPOMUCENO, MG

Goleiro, 5 jogos

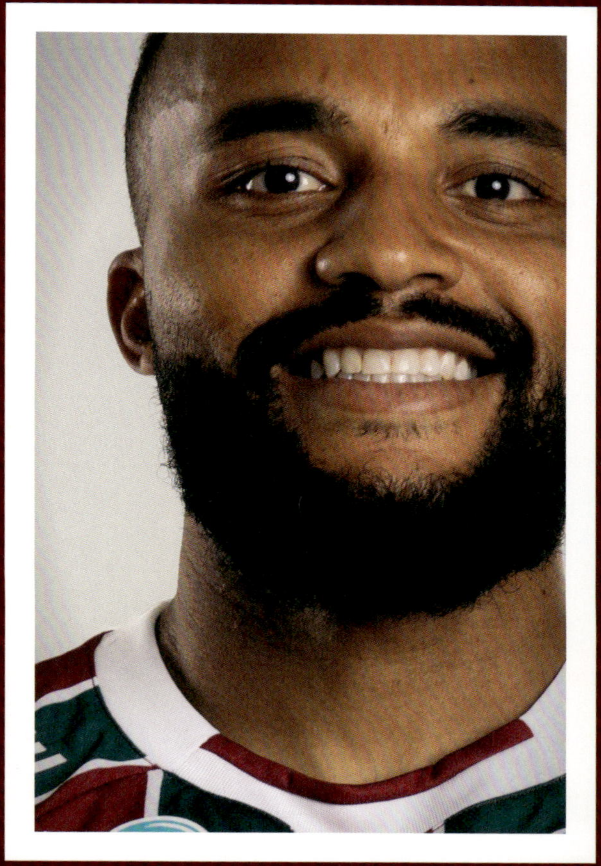

2 SAMUEL XAVIER

Samuel Xavier Brito
06/06/1990 · SÃO PAULO, SP

Lateral direito, 54 jogos, 4 gols

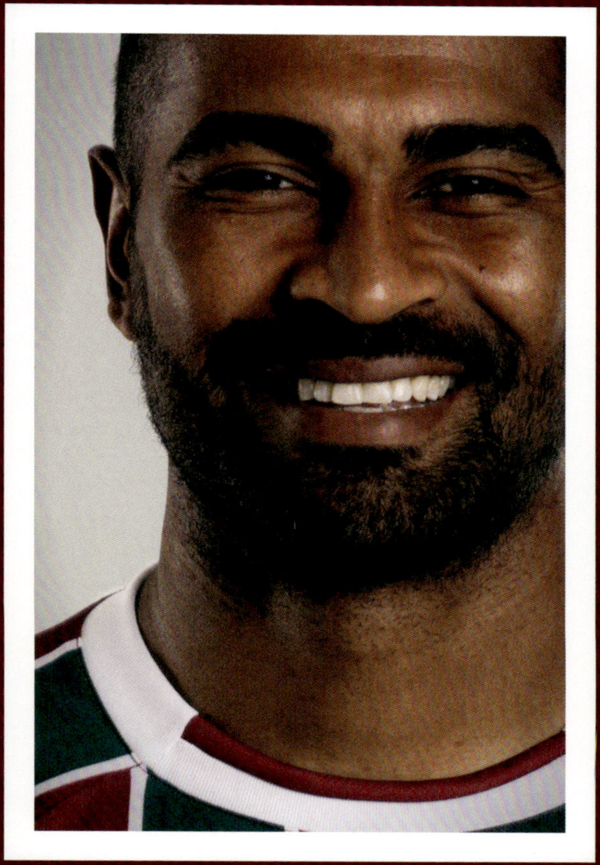

29 THIAGO SANTOS

Thiago dos Santos
05/09/1989 · CURITIBA, PR

Volante, 18 jogos

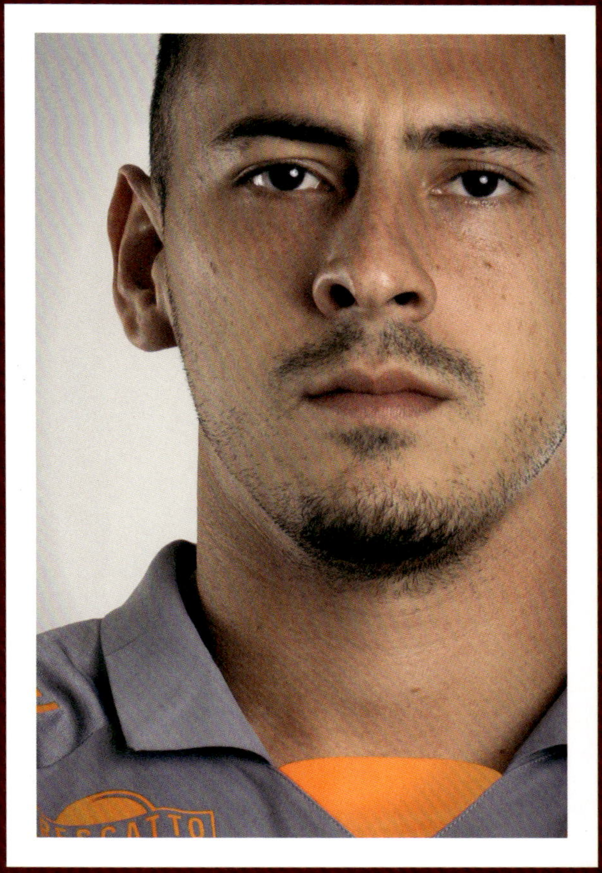

98 VITOR EUDES

Vitor Eudes de Souza Costa
21/10/1998 · CONTAGEM, MG

Goleiro, 1 jogo

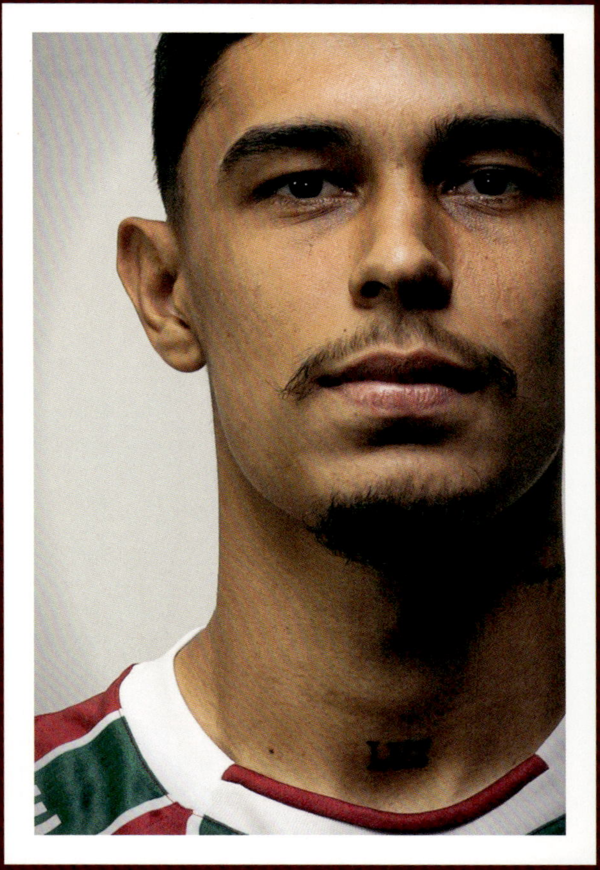

4 VITOR MENDES

Vitor Mendes Alves
13/05/1999 · BELÉM, PA

Zagueiro, 9 jogos, 1 gol

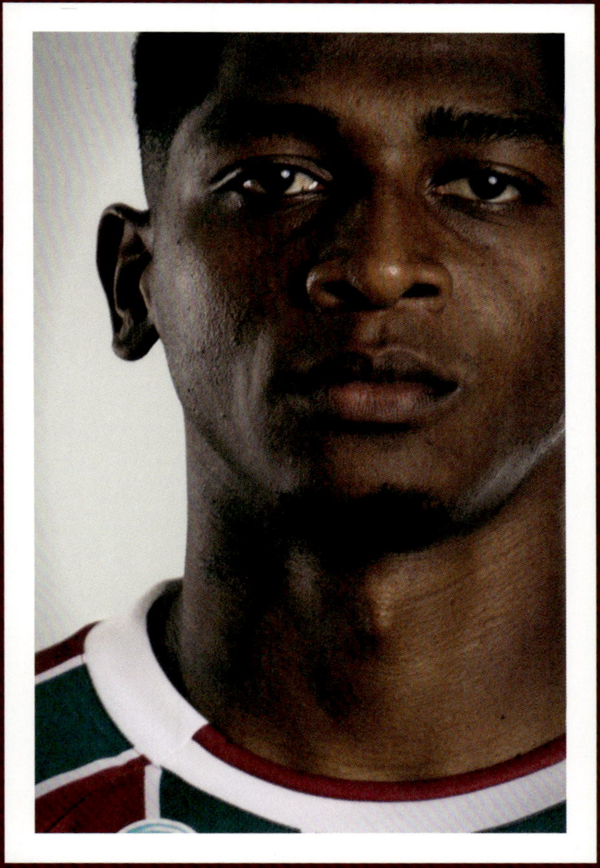

15 YONY GONZÁLEZ

Yony Alexander González Copete
11/07/1994 · MEDELLÍN (COL)

Atacante, 21 jogos, 1 gol

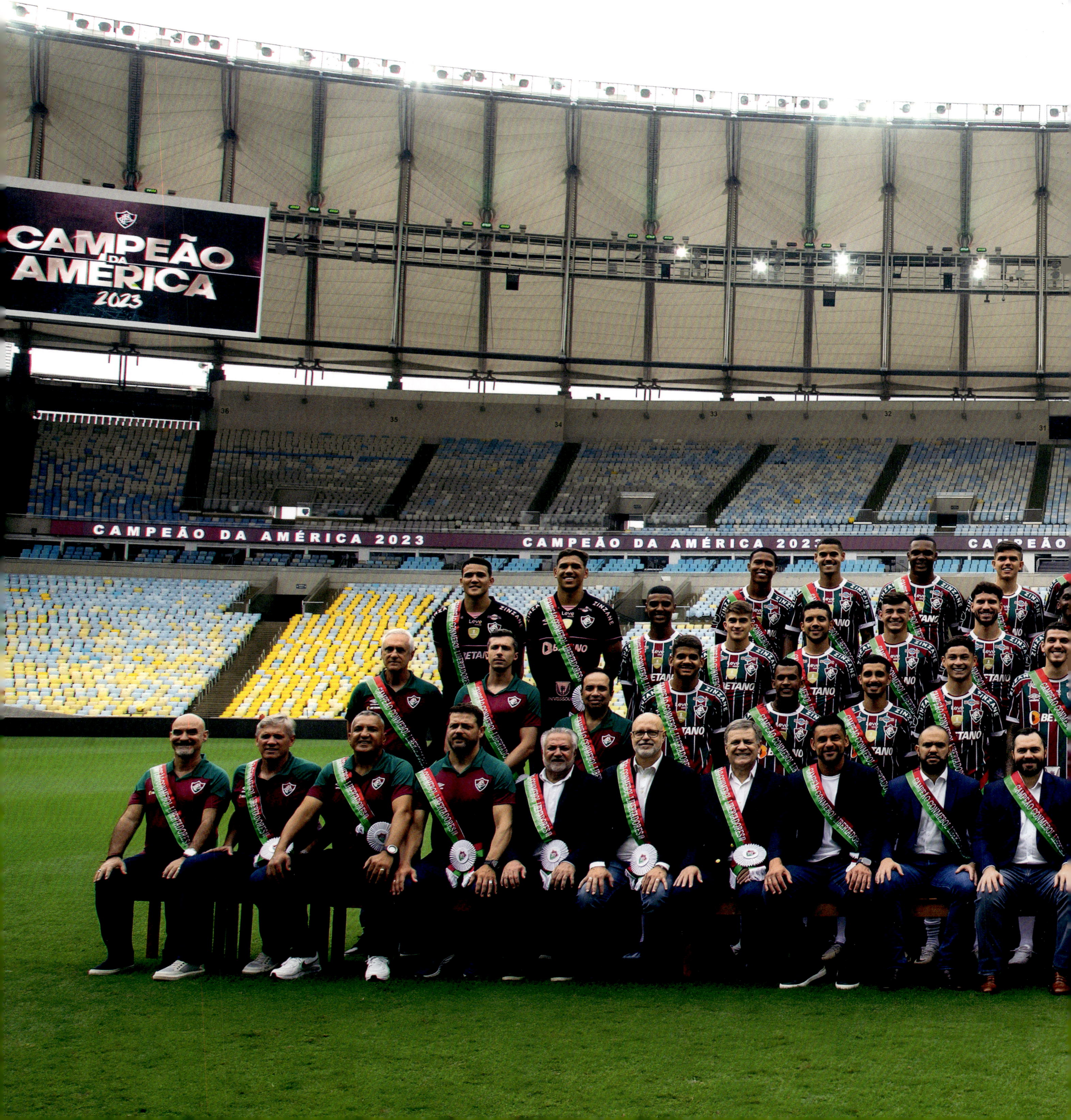
CAMPEÃO DA AMÉRICA 2023
CAMPEÃO DA AMÉRICA 2023
CAMPEÃO DA AMÉRICA 2023

SENTADOS
Ricardo Correia, Marcos Salgado, André Carvalho, Marcos Seixas, Rui Reisinger, Ronaldo França, Marcelo Penha, Fred Guedes, Mattheus Montenegro, Mário Bittencourt, Paulo Angioni, Fernando Diniz, Eduardo Barros, Wagner Bertelli, Marcão, Juliano Spinetti, Lucilene Dias, Emily Gonçalves, Renata Faro, Nilton Petrone e Douglas Santos

PRIMEIRA FILEIRA EM PÉ
Flávio Tenius, Gabriel Oliveira, Rodrigo Henriques, João Neto, Edinho, Daniel, Diogo Barbosa, Nino, Felipe Melo, Keno, Lelê, Thiago Santos, Lima, Samuel Xavier, David Braz, Arthur, Kauã Elias e Marcelo

SEGUNDA FILEIRA EM PÉ
Pedro Rangel, Gustavo Ramalho, Alan, Gabriel Pirani, Léo Fernández, Felipe Andrade, Martinelli, Yony González, Guga, Germán Cano, Kayky Almeida, João Henrique, John Kennedy, Vitor Eudes e Fábio

TERCEIRA FILEIRA EM PÉ
Isaac, Luan Freitas, Alexandre Jesus, Giovanni, Paulo Henrique Ganso, Jhon Arias, Marlon Santos, André e Alexsander

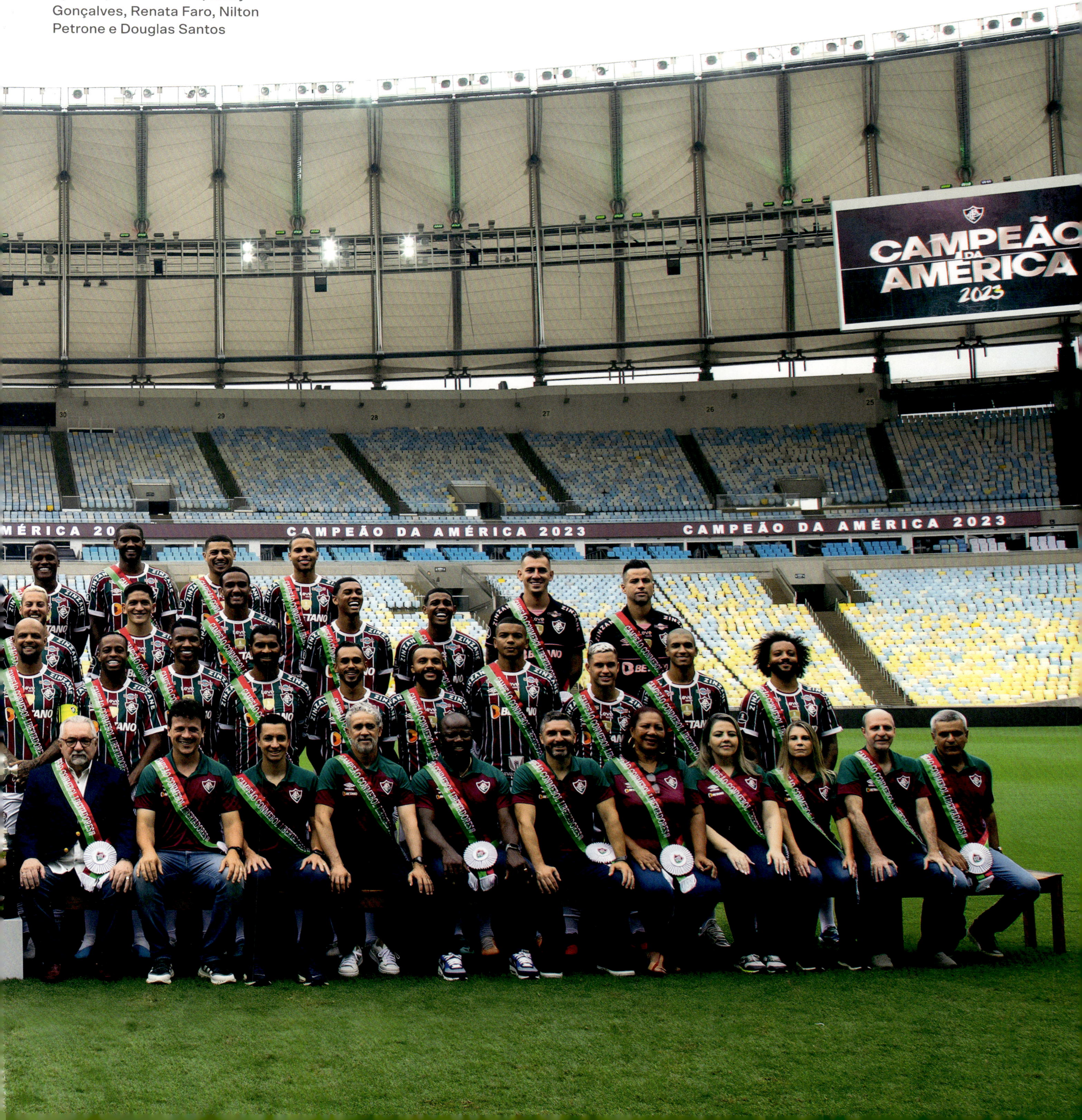

Veja e ouça a edição original do vídeo
com a narração de Pedro Bial:

TV

O CAMPO TEM A COR DA NOSSA ESPERANÇA

Em busca do bicampeonato mundial

PEDRO BIAL

Nós não temos medo, temos alegria. Estamos prontos. Trilhamos a estrada que nós mesmos abrimos. No deserto, o branco da harmonia. A areia vira pó de arroz a cada gota de suor que vertemos. Nosso valor não está só na experiência de Fábio, Felipe, Ganso, Keno, Cano. Nem se explica apenas pela juventude virtuosa de André, Martinelli, Alexsander, John Kennedy. Ou mesmo só pela superação sem idade de Samuca, Lima, Diogo. Nem pela maturidade precoce de Nino, ou pelo prodígio Jhon Arias. Antes, nossa grandeza sintetiza tudo isso. Experiência, juventude, superação. Para brilhar nos olhos de um eterno adolescente: Marcelo.

Nós não temos medo, temos alegria. Estamos prontos. Sob o sol árabe, o sangue do encarnado. A vida é um acaso, que muitos chamam de Deus. É o que faz a Lua girar em torno da Terra, a Terra em torno do Sol. A vida é um acaso. O Fluminense não. Esse Fluminense não é obra do acaso. Nosso destino, tricolor, foi trançado fio a fio, passe a passe, minuto a minuto, dia a dia. Destino pensado, treinado, premeditado e anunciado por Fernando Diniz. Um acaso desejado, construído por uma confiança tamanha que se entrega à sorte. O adversário é poderoso? Somos mais. Já vencemos os piores adversários, aqueles que assombram a frágil alma humana.

Nós não temos medo, temos alegria. Estamos prontos. Vamos fazer chover no deserto. O campo tem a cor de nossa esperança.

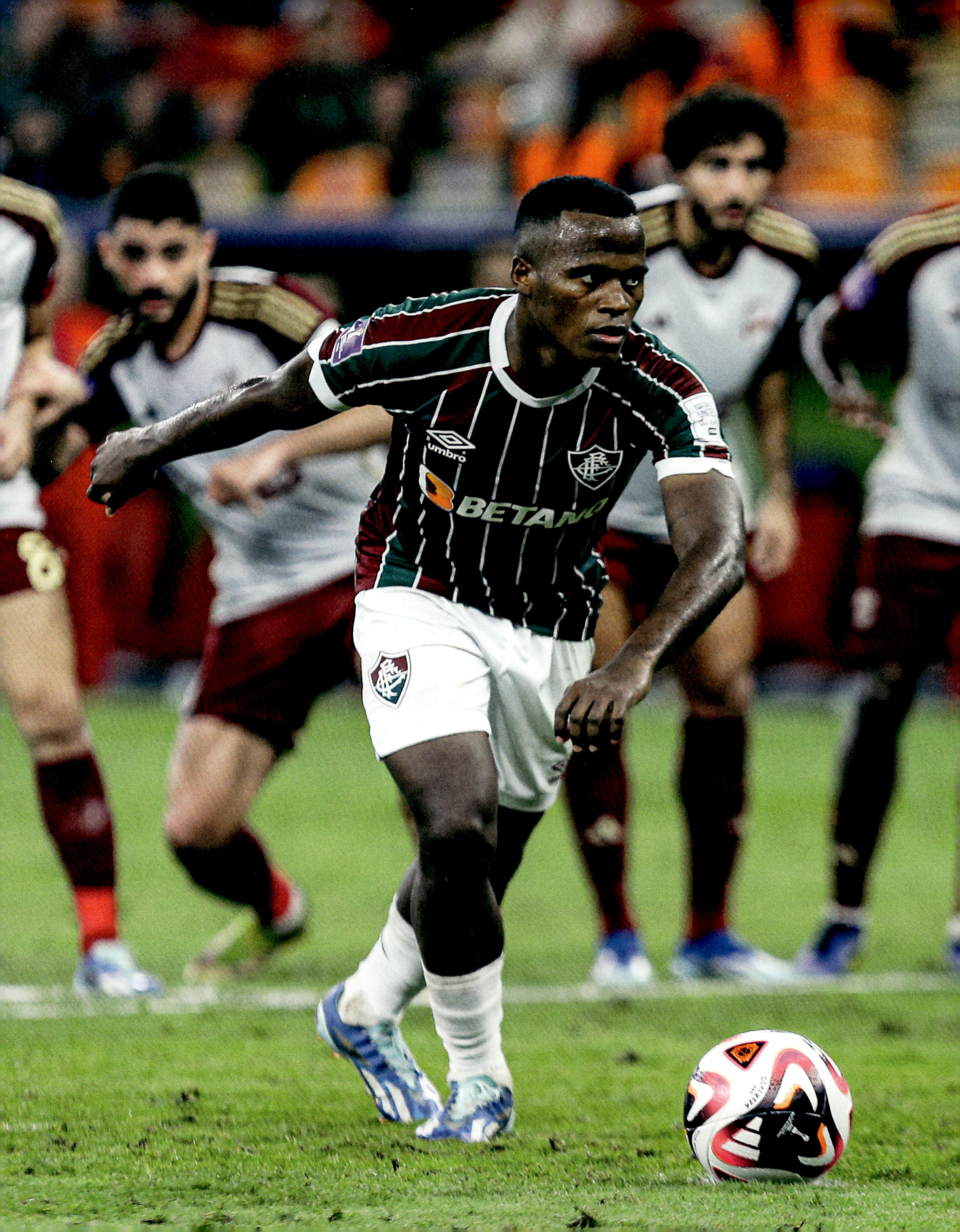
umbro
BETANO

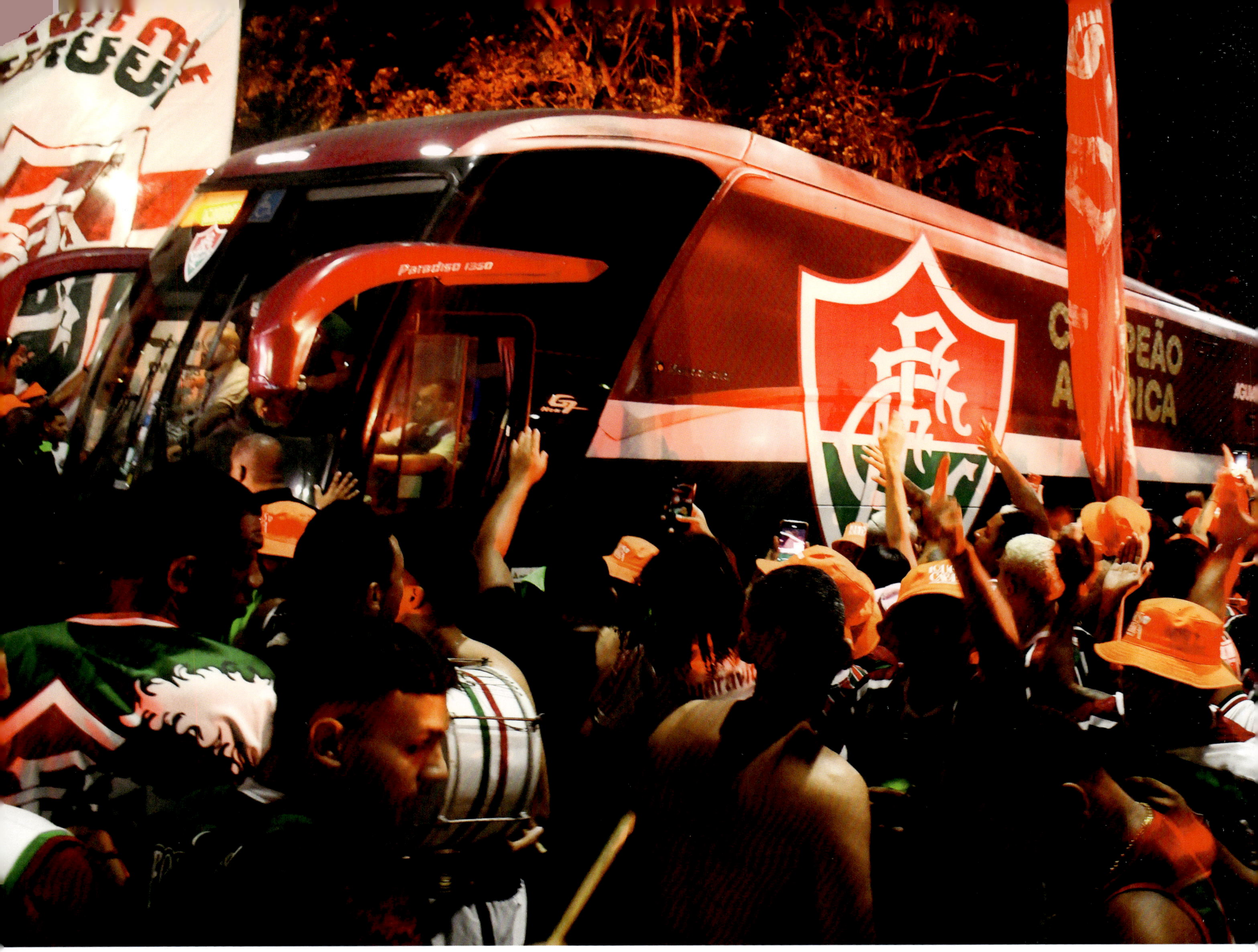

No aeroporto, antes do embarque para o Mundial, a torcida promoveu o tradicional AeroFlu, mais um pioneirismo tricolor desde a histórica arrancada em 2009. Na sede, inspirado na Flu Fest, o clube organizou a Casa Laranjeiras, antes, durante e após os jogos. Já em Jidá, na Arábia Saudita, com apoio de Alejandro Domínguez, presidente da CONMEBOL, Mário Bittencourt entregou o dossiê sobre o Mundial de 1952 para Gianni Infantino, presidente da FIFA.

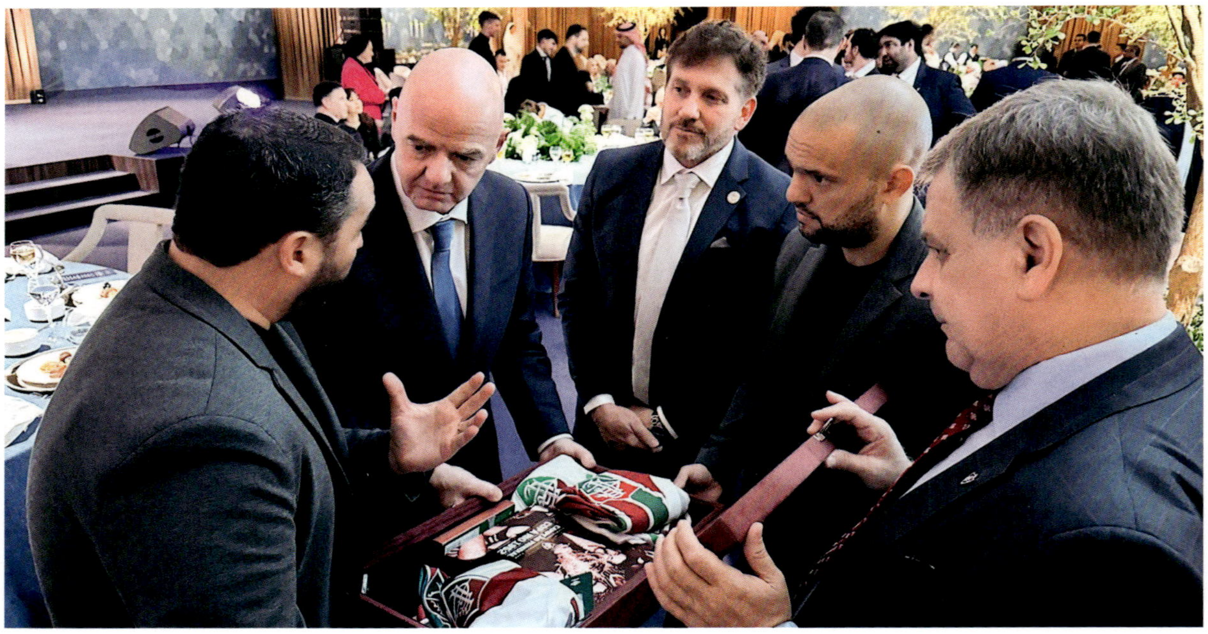

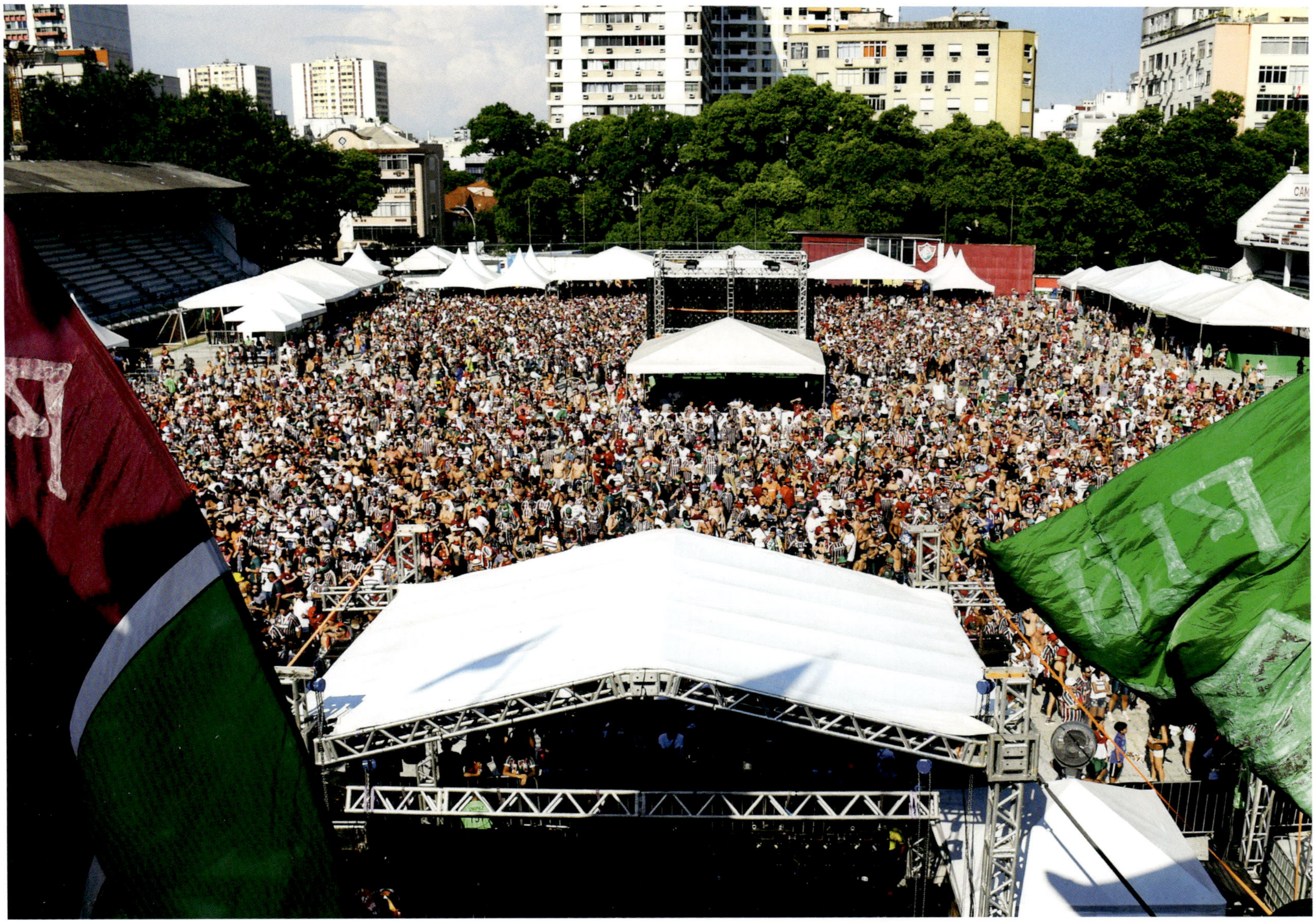

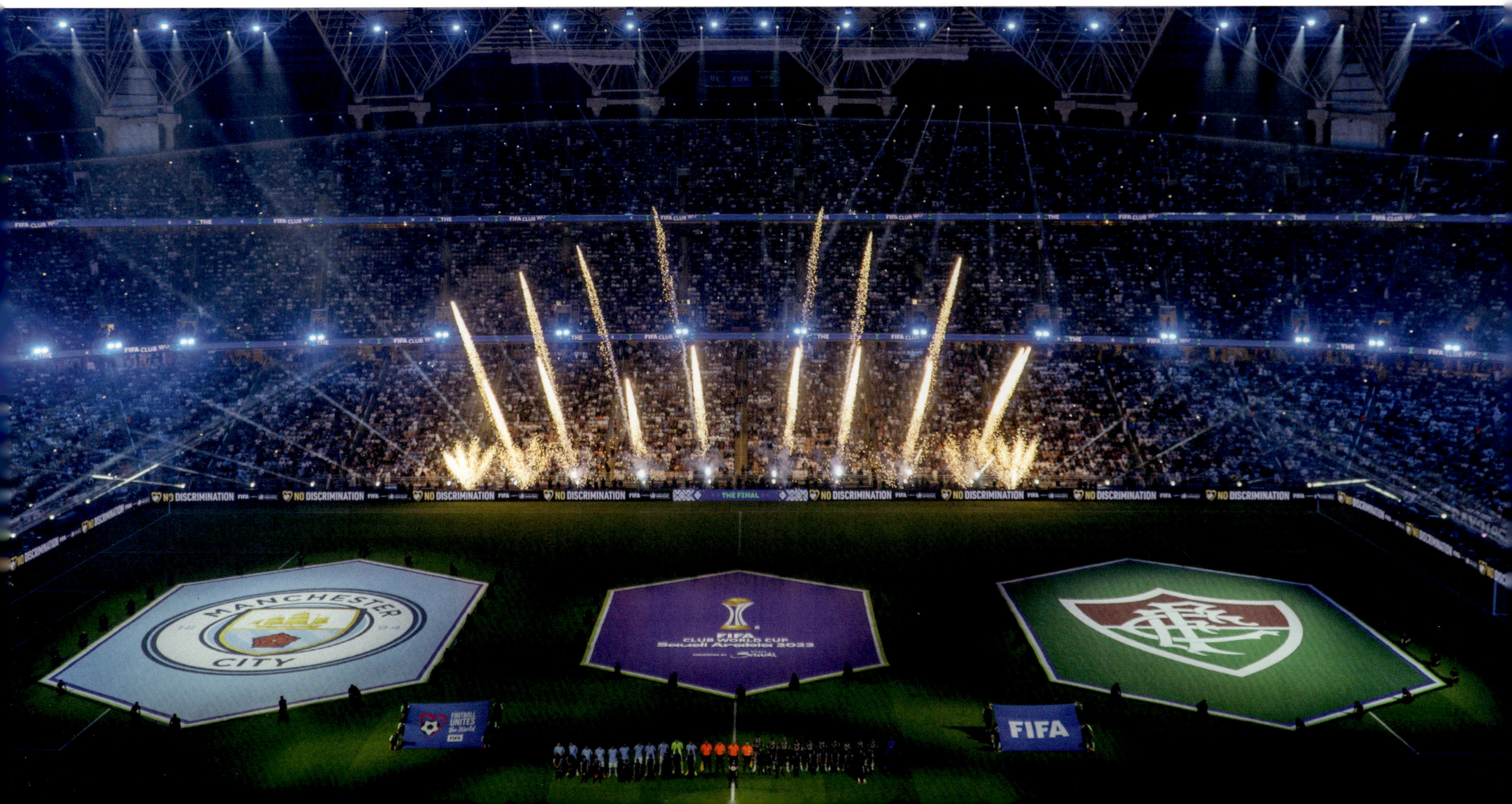
NO DISCRIMINATION
MANCHESTER
CITY
FIFA
CLUB WORLD CUP
Saudi Arabia 2023
FIFA

UNA VEZ MÁS
EN RIO
04/11/2023 - 29/02/2024
MARACANÃ-RJ

UMA NOITE ESPECIAL

Una vez más en Rio

O mágico 2023 durou exatos 425 dias para o Fluminense Football Club. A saga só terminou no início do ano seguinte. Para o roteiro ser perfeito, precisava de um capítulo final. O desfecho ocorreu em 29 de fevereiro de 2024. A final da CONMEBOL Recopa, confronto entre os vencedores dos dois principais torneios da CONMEBOL, reuniu Fluminense (campeão da CONMEBOL Libertadores) e LDU (campeão da CONMEBOL Sul-Americana). Dessa vez, porém, o fantasma da altitude de Quito, no Equador, não derrubou o Time de Guerreiros. Após perder o confronto de ida por 1 a 0, quando por sinal não teve um pênalti claro assinalado pela arbitragem, mais de 60 mil tricolores empurraram o Flu rumo ao título. O craque Jhon Arias fez os dois gols da vitória e entrou definitivamente para a galeria de grandes ídolos da história tricolor. Mais uma taça de uma conquista internacional desembarcou no museu recém-inaugurado do clube, em Laranjeiras. O quarto troféu em um período tão curto. Foi uma espécie de vingança para milhões de torcedores que sofreram com os injustos vice-campeonatos da CONMEBOL Libertadores em 2008 e da CONMEBOL Sul-Americana em 2009. Que noite especial. Pela terceira vez, o Fluminense faturou uma competição internacional em sua casa: o Maracanã. Sim. Isso mesmo. Mais uma vez, no Rio de Janeiro. Cidade de praia e carnaval.

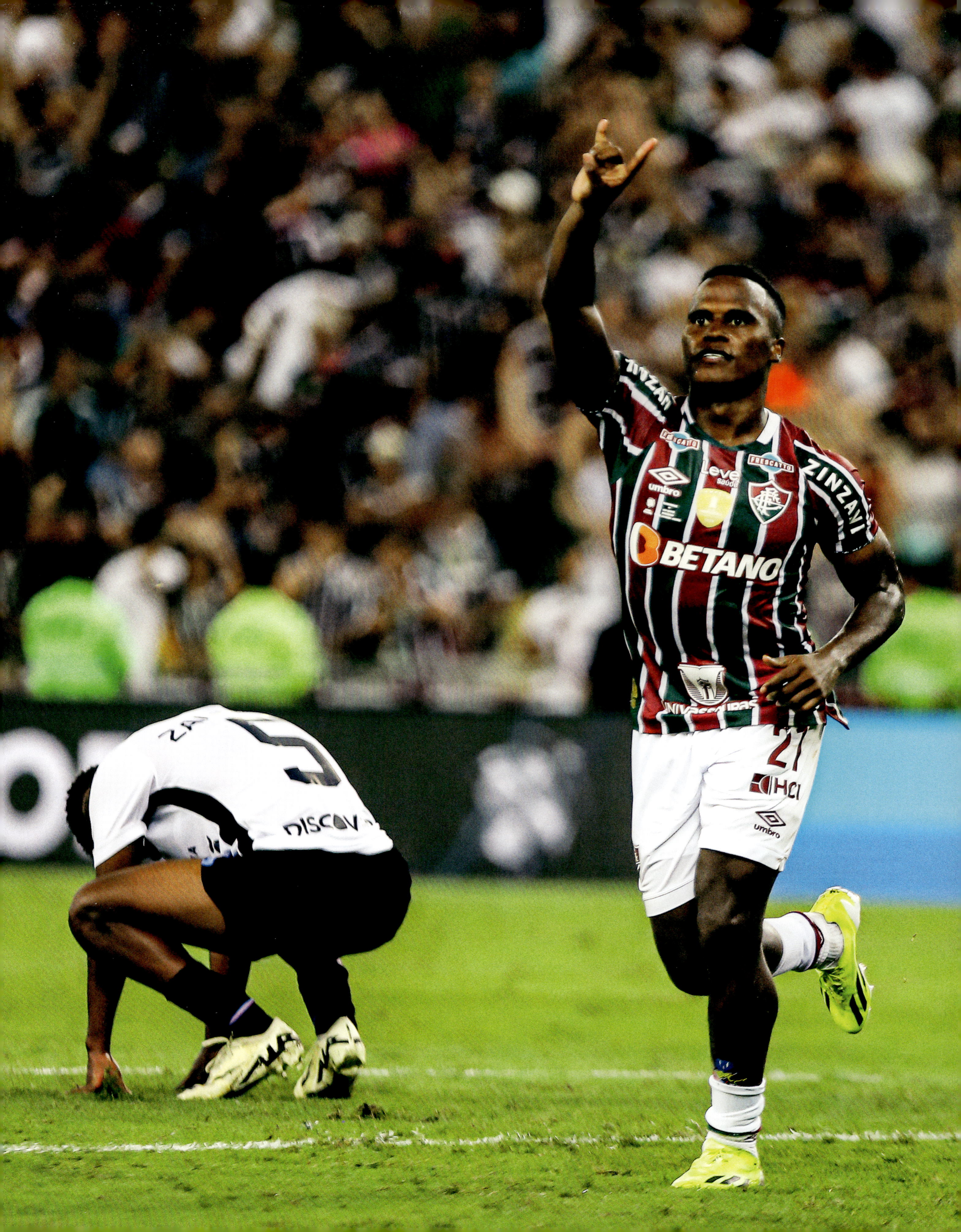
ZINZANI
BETANO
umbro

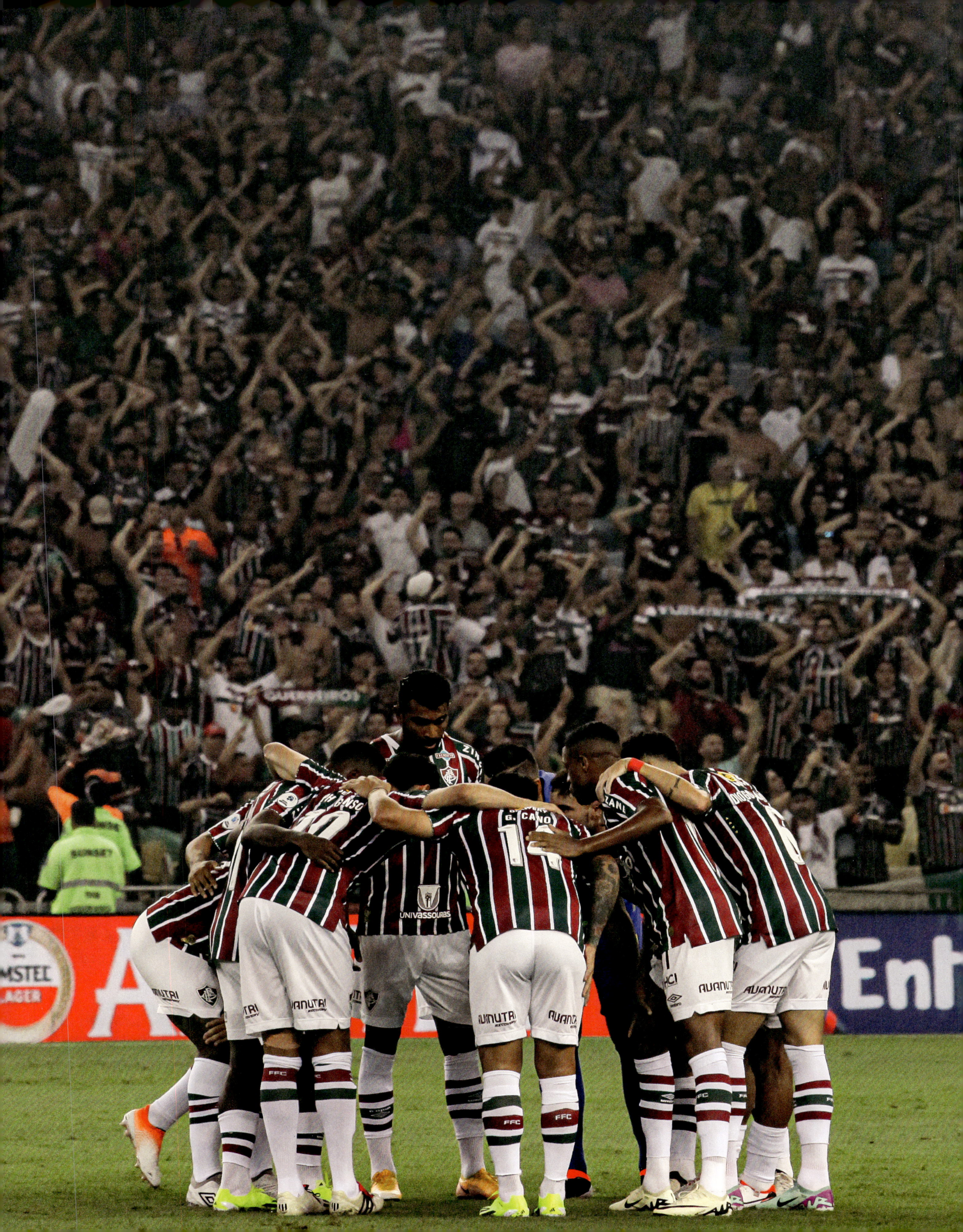
MSTEL
LAGER
G. CANO
UNIVASSOURAS
Ent

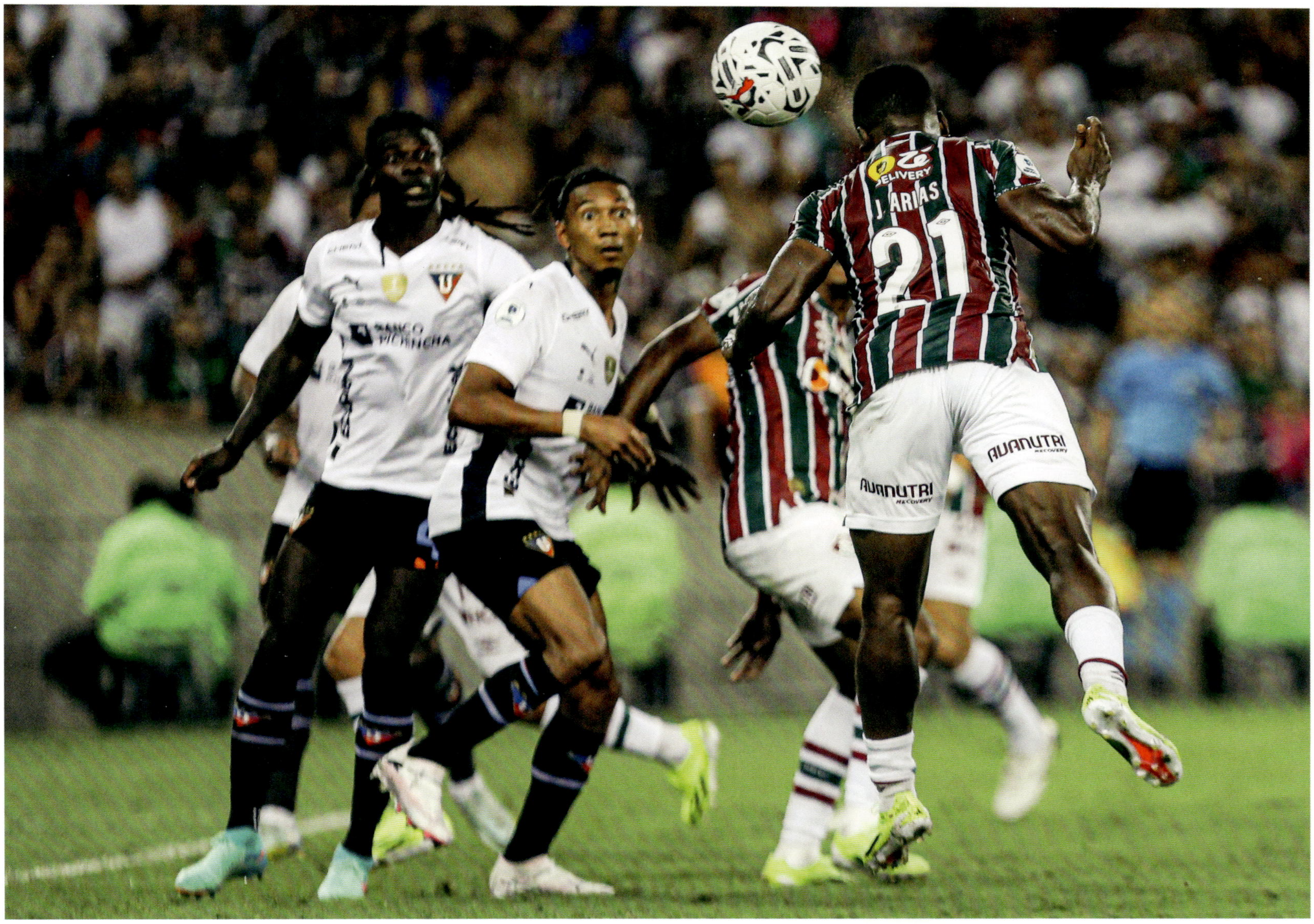

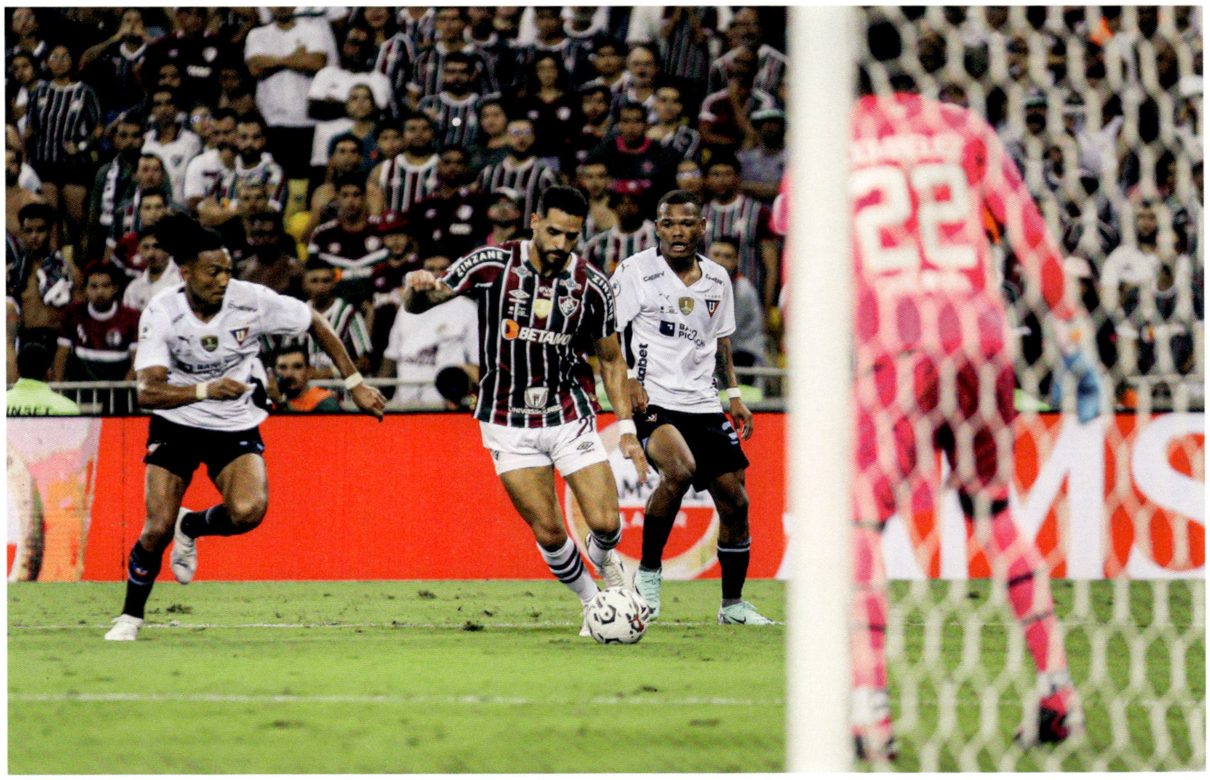

Com as entradas de Renato Augusto, Douglas Costa e Marcelo no meio do segundo tempo, o Fluminense passou a pressionar ainda mais a LDU. O primeiro gol nasceu após cruzamento de Samuel Xavier para Jhon Arias, que cabeceou com perfeição, no canto esquerdo do goleiro Alexander Domínguez. Já o segundo foi marcado de pênalti, também por Arias, no mesmo gol em que ocorreu a disputa de penalidades máximas contra o adversário em 2008.

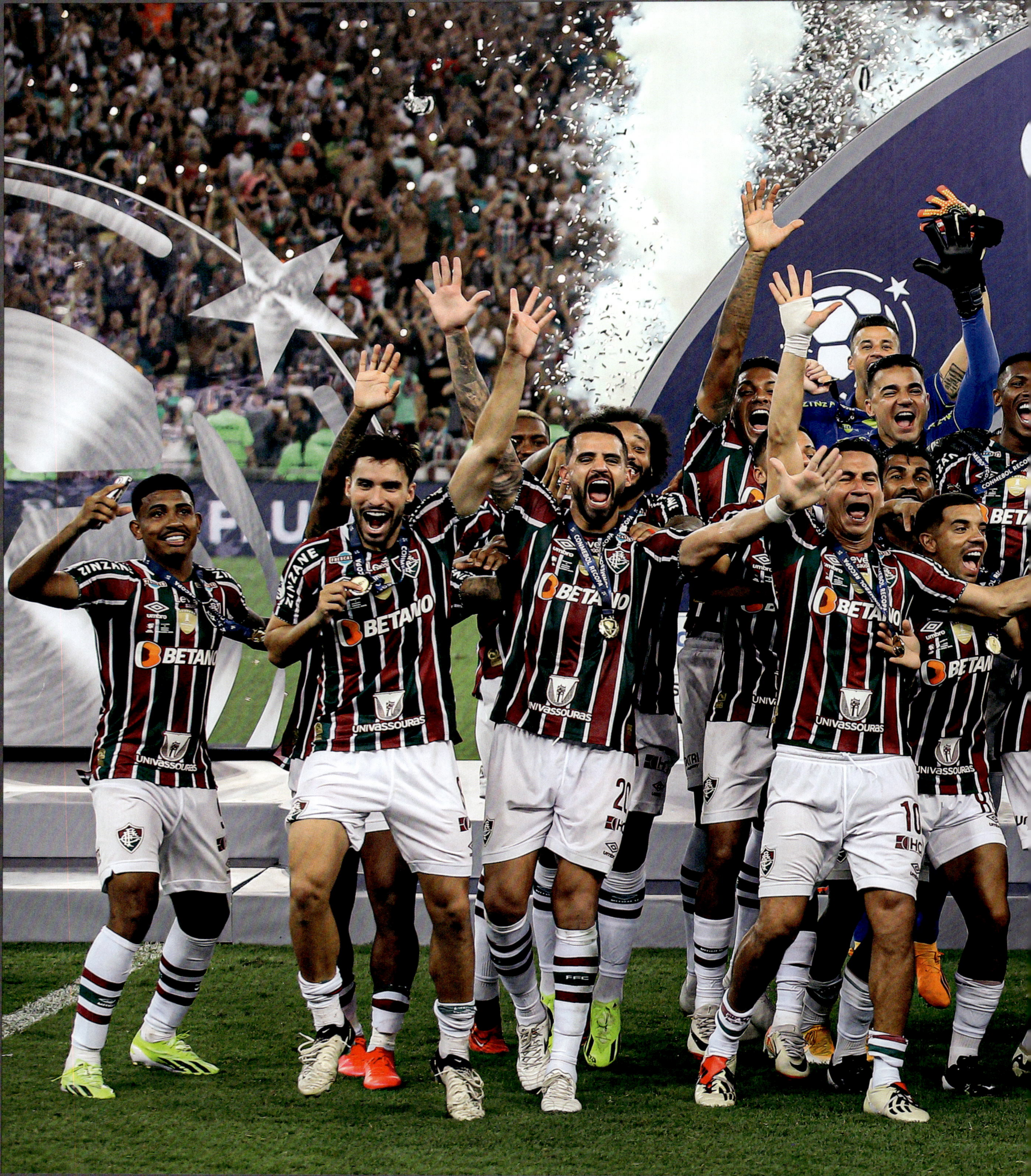
BETANO
Univassouras
ZINZANE

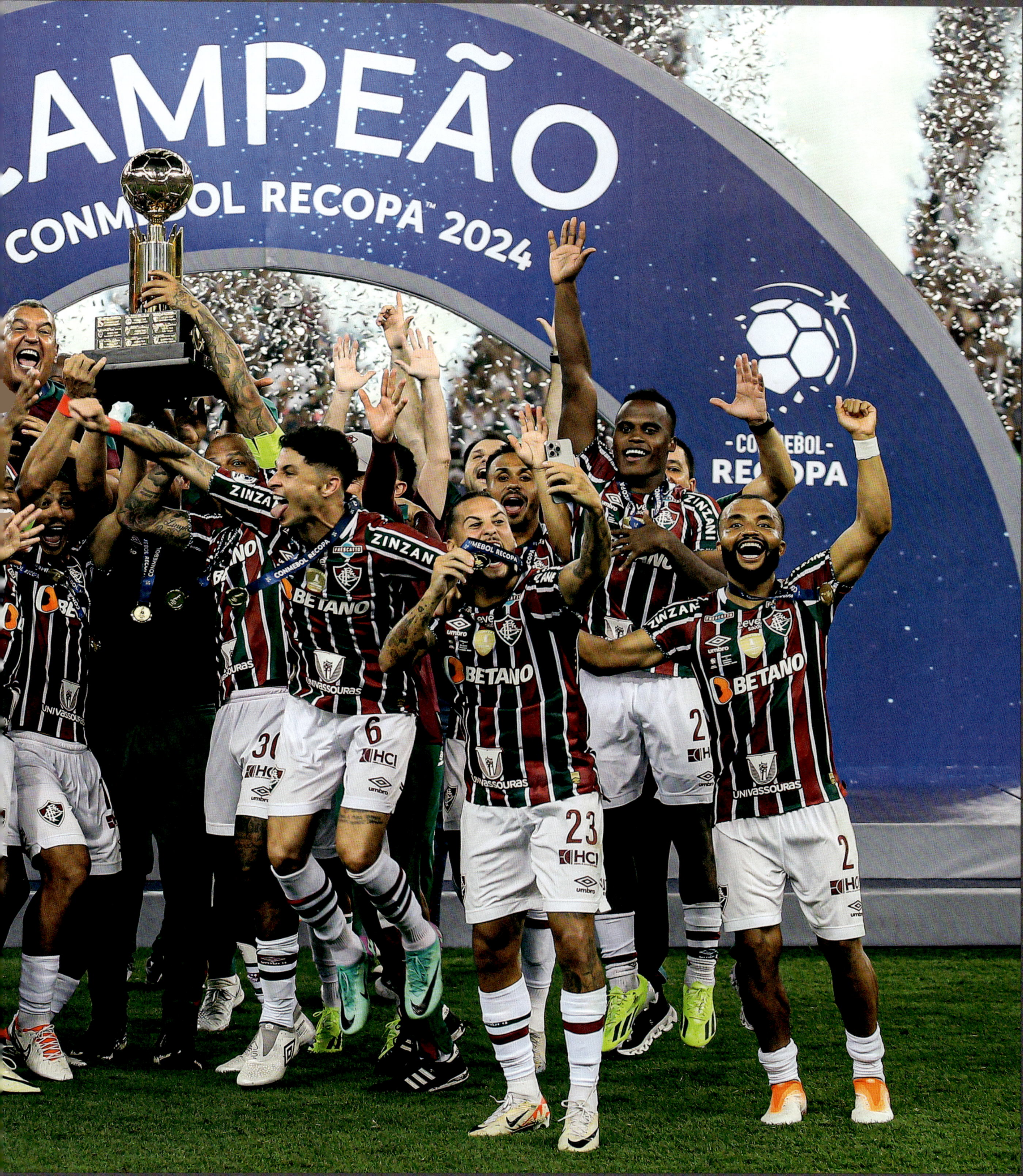
CAMPEÃO
CONMEBOL RECOPA 2024
CONMEBOL
RECOPA

FLUMINENSE FOOTBALL CLUB

ESTRUTURA DO FUTEBOL PROFISSIONAL NA CONMEBOL LIBERTADORES 2023

Presidente	MÁRIO BITTENCOURT
Diretor Executivo de Futebol	PAULO ANGIONI
Diretor de Planejamento Esportivo	FRED GUEDES
Representante do Clube na CONMEBOL	MARCELO PENHA
Coordenador do Futebol Profissional	RODRIGO HENRIQUES
Chefe de Scout	RICARDO CORREIA
Treinador	FERNANDO DINIZ

COMISSÃO TÉCNICA

Allan Neiva (Supervisor), André Carvalho (Preparador de Goleiros), Cadu Antunes (Auxiliar Técnico), Diego Arantes (Auxiliar de Preparação Física), Edgard Maba (Supervisor), Eduardo Barros (Auxiliar Técnico), Felipe Rodrigues (Analista de Desempenho), Flavio Tenius (Coordenador de Preparação de Goleiros), Flávio Vignoli (Auxiliar de Preparação Física), Gabriel Nery (Auxiliar de Fisiologia), Gabriel Oliveira (Coordenador de Análise de Desempenho), Gabriel Raposo (Auxiliar de Fisiologia), Henrique Vianna (Analista de Desempenho), Igor Cotrim (Auxiliar de Preparação Física), Jefferson Souza (Auxiliar de Preparação Física), Josmiro de Goes (Auxiliar de Preparação de Goleiros), Juliano Spineti (Coordenador de Fisiologia), Marcão Oliveira (Auxiliar Técnico), Marcão Salgado (Supervisor Técnico), Marcos Seixas (Preparador Físico), Matheus Cordeiro (Scout), Pedro Farias (Auxiliar de Fisiologia), Pedro Paulo Pereira (Cientista de Dados), Saulo Garcia (Analista de Desempenho) e Wagner Bertelli (Preparador Físico)

DEPARTAMENTO MÉDICO

Adailton Souza (Técnico de Enfermagem), Alvaro Aguilar (Fisioterapeuta), Arthur Nogueira (Subcoordenador Médico), Caio Sauro (Fisioterapeuta), Douglas Santos (Coordenador Médico), Emily Gonçalves (Coordenadora de Psicologia), Felipe Petrone (Fisioterapeuta), Holf Flügel (Fisioterapeuta), Jamilce Moreira (Nutricionista), Jorge Lopes (Médico), Lucilene Dias (Coordenadora de Assistência Social), Nilton Petrone (Coordenador de Fisioterapia), Renata Faro (Coordenadora de Nutrição), Ricardo Olivero (Médico), Roberto Tupinambá (Fisioterapeuta) e Tânia Reis (Secretária do Departamento Médico)

APOIO

Aluizio Santos (Roupeiro), Anderson Machado (Assistente Administrativo), André Luis Gomes (Massagista), André Queiroz (Analista de Registro), Antônio Nilton (Auxiliar de Rouparia), Charles Castro (Auxiliar Administrativo), Cristiano Pereira (Auxiliar Operacional), Deivid Souza (Auxiliar de Rouparia), Denilson Macedo (Roupeiro), Edna Macedo (Auxiliar de Lavanderia), Euclair Martins (Motorista), Flávio Torres (Produtor de Uniforme), Gonçalo Silva (Roupeiro), Gustavo Ribeiro (Gerente Geral do CTCC), Hugo Candido (Massagista), Jailda de Souza (Auxiliar de Serviços Gerais), Jerônimo Barreto (Massagista), Jhonatan Meira (Auxiliar Administrativo), José Varleine (Encarregado Operacional), Julianna Bessa (Analista Administrativo), Leonardo Pacheco (Auxiliar de Serviços Gerais), Luiz Fernando Soares (Segurança), Luis Claudio Abreu (Massagista), Manoel Carvalho (Roupeiro), Marcio Barbosa (Segurança), Melina Fernandes (Recepcionista), Nilceone Bento (Auxiliar de Serviços Gerais), Paula Brandão (Supervisora Administrativa), Paula Scofano (Secretária do Futebol), Pedro Paulo (Auxiliar Operacional), Roni Luiz (Motorista), Rosemeri Maria (Auxiliar de Serviços Gerais), Vaneide Gomes (Auxiliar de Lavanderia), Vera Lúcia (Auxiliar de Serviços Gerais), Victor Medeiros (Analista de Registro), Vinícius Sant'Anna (Auxiliar Operacional), Wagner Pereira (Auxiliar de Serviços Gerais) e Walter Velloso (Massagista)

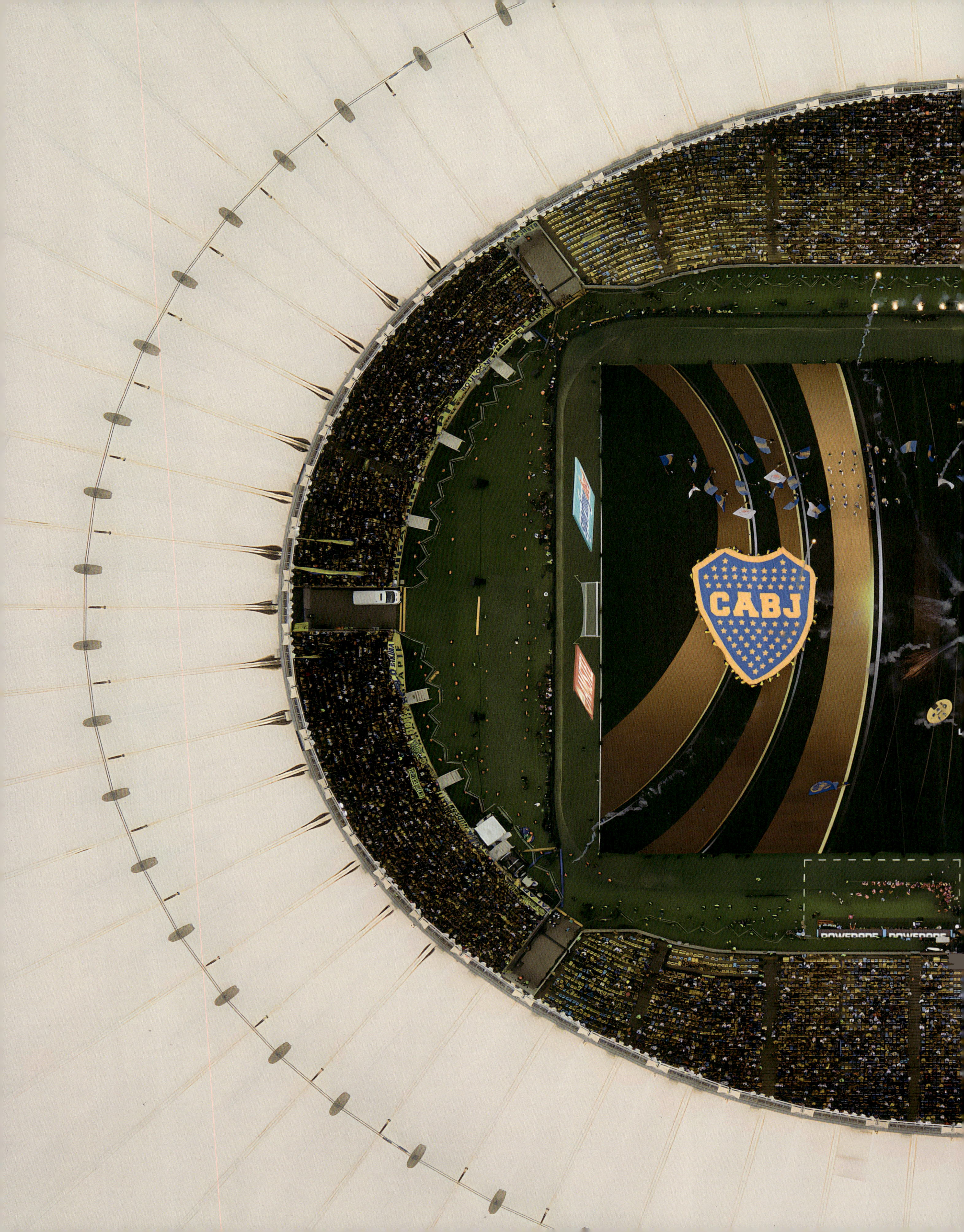
CABJ